LA DAME
DE
MONSOREAU
II

ALEXANDRE DUMAS

LA DAME
DE
MONSOREAU
II

Édition établie
par
Jacques BONY

GF-Flammarion

© 1995, Flammarion, Paris, pour cette édition.
ISBN 2-08-070851-1

CHAPITRE XLII

LE PRINCE ET L'AMI

Comme on l'a vu, Chicot avait vainement cherché le duc d'Anjou par les rues de Paris pendant la soirée de la Ligue.

Le duc de Guise, on se le rappelle, avait invité le prince à sortir : cette invitation avait inquiété l'ombrageuse altesse. François avait réfléchi, et, après réflexion, François dépassait le serpent en prudence.

Cependant, comme son intérêt à lui-même exigeait qu'il vît de ses propres yeux ce qui devait se passer ce soir-là, il se décida à accepter l'invitation, mais il prit en même temps la résolution de ne mettre le pied hors de son palais que bien et dûment accompagné.

De même que tout homme qui craint appelle une arme favorite à son secours, le duc alla chercher son épée, qui était Bussy d'Amboise.

Pour que le duc se décidât à cette démarche, il fallait que la peur le talonnât bien fort. Depuis sa déception à l'endroit de M. de Monsoreau, Bussy boudait, et François s'avouait à lui-même qu'à la place de Bussy, et en supposant qu'en prenant sa place il eût en même temps pris son courage, il aurait témoigné plus que du dépit au prince qui l'eût trahi d'une si cruelle façon.

Au reste Bussy, comme toutes les natures d'élite, sentait plus vivement la douleur que le plaisir : il est rare qu'un homme intrépide au danger, froid et calme

en face du fer et du feu, ne succombe pas plus facilement qu'un lâche aux émotions d'une contrariété.
Ceux que les femmes font pleurer le plus facilement,
ce sont les hommes qui se font le plus craindre des
hommes.

Bussy dormait pour ainsi dire dans sa douleur : il
avait vu Diane reçue à la cour, reconnue comme
comtesse de Monsoreau, admise par la reine Louise
au rang de ses dames d'honneur ; il avait vu mille
regards curieux dévorer cette beauté sans rivale, qu'il
avait pour ainsi dire découverte et tirée du tombeau où
elle était ensevelie. Il avait, pendant toute une soirée,
attaché ses yeux ardents sur la jeune femme qui ne
levait point ses yeux appesantis, et dans tout l'éclat de
cette fête, Bussy, injuste comme tout homme qui aime
véritablement, Bussy, oubliant le passé et détruisant
lui-même dans son esprit tous les fantômes de bonheur que le passé y avait fait naître, Bussy ne s'était
pas demandé combien Diane devait souffrir de tenir
ainsi ses yeux baissés, elle qui pouvait, en face d'elle,
apercevoir un visage voilé par une tristesse sympa-
thique au milieu de toutes ces figures indifférentes ou
sottement curieuses.

— Oh ! se dit Bussy à lui-même en voyant qu'il
attendait inutilement un regard, les femmes n'ont
d'adresse et d'audace que lorsqu'il s'agit de tromper
un tuteur, un époux ou une mère ; elles sont gauches,
elles sont lâches lorsqu'il s'agit de payer une dette de
simple reconnaissance ; elles ont tellement peur de
paraître aimer, elles attachent un prix si exagéré à leur
moindre faveur, que, pour désespérer celui qui prétend à elles, elles ne regardent point, quand tel est leur
caprice, à lui briser le cœur. Diane pouvait me dire
franchement : merci de ce que vous avez fait pour
moi, monsieur de Bussy, mais je ne vous aime pas.
J'eusse été tué du coup ou j'en eusse guéri. Mais non !
elle préfère me laisser l'aimer inutilement ; mais elle
n'y a rien gagné, car je ne l'aime plus, je la méprise.

Et il s'éloigna du cercle royal la rage dans le cœur.

En ce moment ce n'était plus cette noble figure que toutes les femmes regardaient avec amour et tous les hommes avec terreur : c'était un front terni, un œil faux, un sourire oblique.

Bussy, en sortant, se vit passer dans un grand miroir de Venise et se trouva lui-même insupportable à voir.

— Mais je suis fou, dit-il ; comment, pour une qui me dédaigne, je me rendrais odieux à cent qui me recherchent ! Mais pourquoi me dédaigne-t-elle, ou plutôt pour qui ?

Est-ce pour ce long squelette à face livide qui, toujours planté à dix pas d'elle, la couve sans cesse de son jaloux regard... et qui, lui aussi, feint de ne pas me voir ? Et dire cependant que, si je le voulais, dans un quart d'heure, je le tiendrais muet et glacé sous mon genou avec dix pouces de mon épée dans le cœur ; dire que, si je voulais, je pourrais jeter sur cette robe blanche le sang de celui qui y a cousu ces fleurs ; dire que, si je voulais, ne pouvant être aimé, je serais au moins terrible et haï !

Oh ! sa haine ! sa haine ! plutôt que son indifférence.

Oui, mais ce serait banal et mesquin : c'est ce que feraient un Quélus et un Maugiron, si un Quélus et un Maugiron savaient aimer. Mieux vaut ressembler à ce héros de Plutarque que j'ai tant admiré, à ce jeune Antiochus mourant d'amour, sans risquer un aveu, sans proférer une plainte. Oui, je me tairai ! Oui, moi qui ai lutté corps à corps avec tous les hommes effrayants de ce siècle ; moi qui ai vu Crillon, le brave Crillon lui-même, désarmé devant moi, et qui ai tenu sa vie à ma merci ; oui, j'éteindrai ma douleur et l'étoufferai dans mon âme, comme a fait Hercule du géant Antée, sans lui laisser toucher une seule fois du pied l'Espérance, sa mère. Non, rien ne m'est impossible à moi, Bussy, que, comme Crillon, on a surnommé le brave, et tout ce que les héros ont fait, je le ferai.

Et sur ces mots, il déraidit la main convulsive avec laquelle il déchirait sa poitrine, il essuya la sueur de son front et marcha lentement vers la porte ; son poing allait frapper rudement la tapisserie : il se commanda la patience et la douceur, et il sortit le sourire sur les lèvres et le calme sur le front, avec un volcan dans le cœur.

Il est vrai que, sur sa route, il rencontra M. le duc d'Anjou et détourna la tête, car il sentait que toute sa fermeté d'âme ne pourrait aller jusqu'à sourire, et même saluer le prince qui l'appelait son ami et qui l'avait trahi si odieusement.

En passant, le prince prononça le nom de Bussy, mais Bussy ne se retourna même point.

Bussy rentra chez lui. Il plaça son épée sur la table, ôta son poignard de sa gaine, dégrafa lui-même pourpoint et manteau, et s'assit dans un grand fauteuil en appuyant sa tête à l'écusson de ses armes qui en ornait le dossier.

Ses gens le virent absorbé : ils crurent qu'il voulait reposer et s'éloignèrent. Bussy ne dormait pas ; il rêvait.

Il passa de cette façon plusieurs heures sans s'apercevoir qu'à l'autre bout de la chambre un homme, assis comme lui, l'épiait curieusement sans faire un geste, sans prononcer un mot, attendant, selon toute probabilité, l'occasion d'entrer en relation, soit par un mot, soit par un signe.

Enfin, un frisson glacial courut sur les épaules de Bussy et fit vaciller ses yeux ; l'observateur ne bougea point.

Bientôt les dents du comte claquèrent les unes contre les autres ; ses bras se raidirent ; sa tête, devenue trop pesante, glissa le long du dossier du fauteuil et tomba sur son épaule.

En ce moment l'homme qui l'examinait se leva de sa chaise en poussant un soupir et s'approcha de lui.

— Monsieur le comte, dit-il, vous avez la fièvre.

Le comte leva son front qu'empourprait la chaleur de l'accès.

— Ah ! c'est toi, Remy, dit-il.

— Oui, comte, je vous attendais ici.

— Ici, et pourquoi ?

— Parce que là où l'on souffre on ne reste pas longtemps.

— Merci, mon ami, dit Bussy en prenant la main du jeune homme.

Remy garda entre les siennes cette main terrible, devenue plus faible que la main d'un enfant, et la pressant avec affection et respect contre son cœur :

— Voyons, dit-il, il s'agit de savoir, monsieur le comte, si vous voulez demeurer ainsi : voulez-vous que la fièvre gagne et vous abatte ? restez debout ; voulez-vous la dompter ? mettez-vous au lit et faites-vous lire quelque beau livre où vous puissiez puiser l'exemple et la force.

Le comte n'avait plus rien à faire au monde qu'à obéir ; il obéit.

C'est donc en son lit que le trouvèrent tous les amis qui le vinrent visiter.

Pendant toute la journée du lendemain, Remy ne quitta point le chevet du comte ; il avait la double attribution de médecin du corps et de médecin de l'âme ; il avait des breuvages rafraîchissants pour l'un, il avait de douces paroles pour l'autre.

Mais le lendemain, qui était le jour où M. de Guise était venu au Louvre Bussy regarda autour de lui, Remy n'y était point.

— Il s'est fatigué, pensa Bussy ; c'est bien naturel ! pauvre garçon ! qui doit avoir tant besoin d'air, de soleil et de printemps ; et puis Gertrude l'attendait sans doute ; Gertrude n'est qu'une femme de chambre, mais elle l'aime... Une femme de chambre qui aime vaut mieux qu'une reine qui n'aime pas.

La journée se passa ainsi, Remy ne reparut pas ; justement parce qu'il était absent, Bussy le désirait ; il se sentait contre ce pauvre garçon de terribles mouvements d'impatience.

— Oh ! murmura-t-il une fois ou deux, moi qui croyais encore à la reconnaissance et à l'amitié ! Non, désormais je ne veux plus croire à rien.

Vers le soir, quand les rues commençaient à s'emplir de monde et de rumeurs, quand le jour déjà disparu ne permettait plus de distinguer les objets dans l'appartement, Bussy entendit des voix très hautes et très nombreuses dans son antichambre.

Un serviteur accourut alors tout effaré.

— Monseigneur, le duc d'Anjou, dit-il.

— Fais entrer, répliqua Bussy en fronçant le sourcil à l'idée que son maître s'inquiétait de lui, ce maître dont il méprisait jusqu'à la politesse.

Le duc entra. La chambre de Bussy était sans lumière ; les cœurs malades aiment l'obscurité, car ils peuplent l'obscurité de fantômes.

— Il fait trop sombre chez toi, Bussy, dit le duc ; cela doit te chagriner.

Bussy garda le silence ; le dégoût lui fermait la bouche.

— Es-tu donc malade gravement, continua le duc, que tu ne me réponds pas ?

— Je suis fort malade en effet, Monseigneur, murmura Bussy.

— Alors, c'est pour cela que je ne t'ai point vu chez moi depuis deux jours ? dit le duc.

— Oui, Monseigneur, dit Bussy.

Le prince, piqué de ce laconisme, fit deux ou trois tours par la chambre en regardant les sculptures qui se détachaient dans l'ombre et en maniant les étoffes.

— Tu es bien logé, Bussy, ce me semble du moins, dit le duc.

Bussy ne répondit pas.

— Messieurs, dit le duc à ses gentilshommes, demeurez dans la chambre à côté ; il faut croire que décidément mon pauvre Bussy est bien malade. Çà, pourquoi n'a-t-on pas prévenu Miron ? Le médecin d'un roi n'est pas trop bon pour Bussy.

Un serviteur de Bussy secoua la tête : le duc regarda ce mouvement.

— Voyons, Bussy, as-tu des chagrins ? demanda le prince presque obséquieusement.

— Je ne sais pas, répondit le comte.

Le duc s'approcha, pareil à ces amants qu'on rebute, et qui, à mesure qu'on les rebute, deviennent plus souples et plus complaisants.

— Voyons ! parle-moi donc, Bussy ! dit-il.

— Et que vous dirai-je, Monseigneur ?

— Tu es fâché contre moi, hein ? ajouta-t-il à voix basse.

— Moi, fâché ! de quoi ? D'ailleurs, on ne se fâche point contre les princes. A quoi cela servirait-il ?

Le duc se tut.

— Mais, dit Bussy à son tour, nous perdons le temps en préambules. Allons au fait, Monseigneur.

Le duc regarda Bussy.

— Vous avez besoin de moi, n'est-ce pas ? dit ce dernier avec une dureté incroyable.

— Ah ! monsieur de Bussy !

— Eh ! sans doute vous avez besoin de moi, je le répète ; croyez-vous que je pense que c'est par amitié que vous me venez voir ? Non, pardieu ! car vous n'aimez personne.

— Oh ! Bussy ! toi, me dire de pareilles choses !

— Voyons, finissons-en ; parlez, Monseigneur, que vous faut-il ? Quand on appartient à un prince, quand ce prince dissimule au point de vous appeler mon ami, eh bien ! il faut lui savoir gré de la dissimulation et lui faire tout sacrifice, même celui de la vie. Parlez.

Le duc rougit ; mais comme il était dans l'ombre, personne ne vit cette rougeur.

— Je ne voulais rien de toi, Bussy, et tu te trompes, dit-il, en croyant ma visite intéressée. Je désire seulement, voyant le beau temps qu'il fait, et tout Paris étant ému ce soir de la signature de la Ligue, t'avoir en ma compagnie pour courir un peu la ville.

Bussy regarda le duc.

— N'avez-vous pas Aurilly ? dit-il.

— Un joueur de luth !

— Ah ! Monseigneur ! vous ne lui donnez pas toutes ses qualités ; je croyais qu'il remplissait encore près de vous d'autres fonctions, et, en dehors d'Aurilly, d'ailleurs, vous avez encore dix ou douze gentilshommes dont j'entends les épées retentir sur les boiseries de mon antichambre.

La portière se souleva lentement.

— Qui est là ? demanda le duc avec hauteur, et qui entre sans se faire annoncer dans la chambre où je suis ?

— Moi, Remy, répondit le Haudouin en faisant une entrée majestueuse et nullement embarrassée.

— Qu'est-ce que Remy ? demanda le duc.

— Remy, Monseigneur, répondit le jeune homme, c'est le médecin.

— Remy, dit Bussy, c'est plus que le médecin, Monseigneur, c'est l'ami.

— Ah ! fit le duc blessé.

— Tu as entendu ce que Monseigneur désire, demanda Bussy en s'apprêtant à sortir du lit.

— Oui, que vous l'accompagniez, mais...

— Mais quoi ? dit le duc.

— Mais vous ne l'accompagnerez pas, Monseigneur, répondit le Haudouin.

— Et pourquoi cela ? s'écria François.

— Parce qu'il fait trop froid dehors, Monseigneur.

— Trop froid ? dit le duc surpris qu'on osât lui résister.

— Oui, trop froid. En conséquence, moi qui réponds de la santé de M. de Bussy à ses amis, et surtout à moi-même, je lui défends de sortir.

Bussy n'en allait pas moins sauter en bas du lit, mais la main de Remy rencontra la sienne et la lui serra d'une façon significative.

— C'est bon, dit le duc. Puisqu'il courrait si gros risque à sortir, il restera.

Et Son Altesse, piquée outre mesure, fit deux pas vers la porte.

Bussy ne bougea point.

Le duc revint vers le lit.

— Ainsi, c'est décidé, dit-il, tu ne te risques point ?

— Vous le voyez, Monseigneur, dit Bussy, le médecin le défend.

— Tu devrais voir Miron, Bussy, c'est un grand docteur.

— Monseigneur, j'aime mieux un médecin ami qu'un médecin savant, dit Bussy.

— En ce cas, adieu.

— Adieu, Monseigneur !

Et le duc sortit avec grand fracas.

A peine fut-il dehors que Remy, qui l'avait suivi des yeux jusqu'à ce qu'il fût sorti de l'hôtel, accourut près du malade.

— Çà, dit-il, Monseigneur, qu'on se lève, et tout de suite, s'il vous plaît.

— Pour quoi faire, me lever ?

— Pour venir faire un tour avec moi. Il fait trop chaud dans cette chambre.

— Mais tu disais tout à l'heure au duc qu'il faisait trop froid dehors !

— Depuis qu'il est sorti, la température a changé.

— De sorte que... ? dit Bussy en se soulevant avec curiosité.

— De sorte qu'en ce moment, répondit le Haudouin, je suis convaincu que l'air vous serait bon.

— Je ne comprends pas, dit Bussy.

— Est-ce que vous comprenez quelque chose aux potions que je vous donne ? vous les avalez cependant. Allons ! sus ! levons-nous : une promenade avec M. le duc d'Anjou était dangereuse, avec le médecin elle est salutaire ; c'est moi qui vous le dis ; n'avez-vous donc plus confiance en moi ? alors il faut me renvoyer.

— Allons donc, dit Bussy, puisque tu le veux.

— Il le faut.

Bussy se leva pâle et tremblant.

— L'intéressante pâleur, dit Remy, le beau malade !

— Mais où allons-nous ?

— Dans un quartier dont j'ai analysé l'air aujourd'hui même.

— Et cet air ?

— Est souverain pour votre maladie, Monseigneur.

Bussy s'habilla.

— Mon chapeau et mon épée, dit-il.

Il se coiffa de l'un et ceignit l'autre.

Puis tous deux sortirent.

CHAPITRE XLIII

ÉTYMOLOGIE DE LA RUE DE LA JUSSIENNE

Remy prit son malade par-dessous le bras, tourna à gauche, prit la rue Coquillière et la suivit jusqu'au rempart.

— C'est étrange, dit Bussy, tu me conduis du côté des marais de la Grange-Batelière, et tu prétends que ce quartier est sain ?

— Oh ! Monsieur, dit Remy, un peu de patience, nous allons tourner autour de la rue Pagevin, nous allons laisser à droite la rue Breneuse, et nous allons rentrer dans la rue Montmartre ; vous verrez, la belle rue que la rue Montmartre !

— Crois-tu donc que je ne la connais pas ?

— Eh bien ! alors, si vous la connaissez, tant mieux ! je n'aurai pas besoin de perdre du temps à vous en faire voir les beautés, et je vous conduirai tout de suite dans une jolie petite rue. Venez toujours, je ne vous dis que cela.

Et en effet, après avoir laissé la porte Montmartre à gauche et avoir fait deux cents pas à peu près dans la rue, Remy tourna à droite.

— Ah çà, mais tu le fais exprès, s'écria Bussy ; nous retournons d'où nous venons.

— Ceci, dit Remy, est la rue de la Gypecienne, ou de l'Égyptienne, comme vous voudrez, rue que le peuple commence déjà à nommer rue de la Gyssienne, et qu'il finira par appeler avant peu la rue de la Jussienne, parce que c'est plus doux, et que le génie des langues tend toujours, à mesure qu'on s'avance vers le Midi, à multiplier les voyelles. Vous devez savoir cela, vous, Monseigneur, qui avez été en Pologne ; les coquins n'en sont-ils pas encore à leurs quatre consonnes de suite, ce qui fait qu'ils ont l'air, en parlant, de broyer de petits cailloux et de jurer en les broyant ?

— C'est très juste, dit Bussy ; mais comme je ne crois pas que nous soyons venus ici pour faire un cours de philologie, voyons, dis-moi : où allons-nous ?

— Voyez-vous cette petite église ? dit Remy sans répondre autrement à ce que lui disait Bussy. Hein ! Monseigneur ! comme elle est fièrement campée, avec sa façade sur la rue et son abside sur le jardin de la communauté ! Je parie que vous ne l'avez, jusqu'à ce jour, jamais remarquée ?

— En effet, dit Bussy, je ne la connaissais pas.

Et Bussy n'était pas le seul seigneur qui ne fût jamais entré dans cette église de Sainte-Marie-l'Égyptienne, église toute populaire, et qui était connue aussi des fidèles qui la fréquentaient sous le nom de chapelle Quoqhéron.

— Eh bien ! dit Remy, maintenant que vous savez comment s'appelle cette église, Monseigneur, et que vous en avez suffisamment examiné l'extérieur, entrons-y, et vous verrez les vitraux de la nef : ils sont curieux.

Bussy regarda le Haudouin, et il vit sur le visage du jeune homme un si doux sourire qu'il comprit que le jeune docteur avait, en le faisant entrer dans l'église, un autre but que celui de lui faire voir des vitraux qu'on ne pouvait voir, attendu qu'il faisait nuit.

Mais il y avait autre chose encore que l'on pouvait voir, car l'intérieur de l'église était éclairé pour l'office du salut : c'étaient ces naïves peintures du seizième siècle, comme l'Italie, grâce à son beau climat, en garde encore beaucoup, tandis que, chez nous, l'humidité d'un côté et le vandalisme de l'autre, ont effacé à qui mieux mieux sur nos murailles ces traditions d'un âge écoulé, et ces preuves d'une foi qui n'est plus.

En effet, le peintre avait peint à fresque pour François Ier et par les ordres de ce roi, la vie de sainte Marie l'Égyptienne ; or, au nombre des sujets les plus inté-

ressants de cette vie, l'artiste imagier, naïf et grand ami
de la vérité, sinon anatomique, du moins historique,
avait, dans l'endroit le plus apparent de la chapelle,
placé ce moment difficile où sainte Marie, n'ayant
point d'argent pour payer le batelier, s'offre elle-même
comme salaire de son passage.

Maintenant il est juste de dire que, malgré la véné-
ration des fidèles pour Marie l'Égyptienne convertie,
beaucoup d'honnêtes femmes du quartier trouvaient
que le peintre aurait pu mettre ailleurs ce sujet, ou tout
au moins le traiter d'une façon moins naïve ; et la
raison qu'elles donnaient, ou plutôt qu'elles ne donnaient point, était que certains détails de la fresque
détournaient trop souvent la vue des jeunes courtauds
de boutique que les drapiers leurs patrons amenaient à
l'église les dimanches et fêtes.

Bussy regarda le Haudouin, qui, devenu courtaud
pour un instant, donnait une grande attention à cette
peinture.

— As-tu la prétention, lui dit-il, de faire naître en
moi des idées anacréontiques avec ta chapelle de
Sainte-Marie-l'Égyptienne ? S'il en est ainsi, tu t'es
trompé d'espèce. Il faut amener ici des moines et des
écoliers.

— Dieu m'en garde, dit le Haudouin : *Omnis cogi-
tatio libidinosa cerebrum inficit.*

— Eh bien ! alors ?

— Dame ! écoutez donc, on ne peut cependant pas
se crever les yeux quand on entre ici.

— Voyons, tu avais un autre but en m'amenant ici,
n'est-ce pas, que de me faire voir les genoux de sainte
Marie l'Égyptienne !

— Ma foi, non, dit Remy.

— Alors j'ai vu, partons.

— Patience ! voici que l'office s'achève. En sortant
maintenant, nous dérangerions les fidèles.

Et le Haudouin retint doucement Bussy par le bras.

— Ah ! voilà que chacun se retire, dit Remy. Faisons comme les autres, s'il vous plaît ?

Bussy se dirigea vers la porte avec une indifférence
et une distraction visibles.

— Eh bien ! dit le Haudouin, voilà que vous allez sortir sans prendre de l'eau bénite. Où diable avez-vous donc la tête ?

Bussy, obéissant comme un enfant, s'achemina vers la colonne dans laquelle était incrusté le bénitier.

Le Haudouin profita de ce mouvement pour faire un signe d'intelligence à une femme qui, sur le geste du jeune docteur, s'achemina de son côté vers la même colonne où tendait Bussy.

Aussi, au moment où le comte portait la main vers le bénitier, en forme de coquille, que soutenaient deux Égyptiens en marbre noir, une main un peu grosse et un peu rouge, qui cependant était une main de femme, s'allongea vers la sienne et humecta ses doigts de l'eau lustrale.

Bussy ne put s'empêcher de porter ses yeux de la main grosse et rouge au visage de la femme ; mais à l'instant même il recula d'un pas et pâlit subitement, car il venait de reconnaître, dans la propriétaire de cette main, Gertrude, à moitié cachée sous un voile de laine noire.

Il resta le bras étendu sans songer à faire le signe de la croix, tandis que Gertrude passait en le saluant et profilait sa haute taille sous le porche de la petite église.

A deux pas derrière Gertrude, dont les coudes robustes faisaient faire place, venait une femme soigneusement enveloppée dans un mantelet de soie, une femme dont les formes élégantes et jeunes, dont le pied charmant, dont la taille délicate, firent songer à Bussy qu'il n'y avait au monde qu'une taille, qu'un pied, qu'une forme semblables.

Remy n'eut rien à lui dire, il le regarda seulement ; Bussy comprenait maintenant pourquoi le jeune homme l'avait amené rue Sainte-Marie-l'Égyptienne, et l'avait fait entrer dans l'église.

Bussy suivit cette femme, le Haudouin suivit Bussy.

C'eût été une chose amusante que cette procession de quatre figures se suivant d'un pas égal, si la tristesse et la pâleur de deux d'entre elles n'eussent décelé de cruelles souffrances.

Gertrude, toujours marchant la première, tourna l'angle de la rue Montmartre, fit quelques pas en suivant cette rue puis tout à coup se jeta à droite dans une impasse sur laquelle s'ouvrait une porte.

Bussy hésita.

— Eh bien ! monsieur le comte, demanda Remy, vous voulez donc que je vous marche sur les talons ?

Bussy continua sa route.

Gertrude, qui marchait toujours la première, tira une clef de sa poche et fit entrer sa maîtresse, qui passa devant elle sans retourner la tête.

Le Haudouin dit deux mots à la camériste, s'effaça et laissa passer Bussy ; puis Gertrude et lui entrèrent de front, refermèrent la porte et l'impasse se retrouva déserte.

Il était sept heures et demie du soir, on allait atteindre les premiers jours de mai ; à l'air tiède qui indiquait les premières haleines du printemps, les feuilles commençaient à se développer au sein de leurs enveloppes crevassées.

Bussy regarda autour de lui : il se trouvait dans un petit jardin de cinquante pieds carrés, entouré de murs très hauts, sur le sommet desquels la vigne vierge et le lierre, élançant leurs pousses nouvelles, faisaient ébouler de temps à autre quelques petites parcelles de plâtre, et jetaient à la brise ce parfum âcre et vigoureux que le frais du soir arrache à leurs feuilles.

De longues ravenelles, joyeusement élancées hors des crevasses du vieux mur de l'église, épanouissaient leurs boutons rouges comme un cuivre sans alliage.

Enfin les premiers lilas, éclos au soleil de la matinée, venaient de leurs suaves émanations ébranler le cerveau encore vacillant du jeune homme, qui se demandait si tant de parfums, de chaleur et de vie ne lui venaient pas à lui, si seul, si faible, si abandonné il y avait une heure à peine, ne lui venaient pas uniquement de la présence d'une femme si tendrement aimée.

Sous un berceau de jasmin et de clématites, sur un petit banc de bois adossé au mur de l'église, Diane s'était assise, le front penché, les mains inertes et tombant à ses côtés, et l'on voyait s'effeuiller, froissée entre ses doigts, une giroflée qu'elle brisait sans s'en douter et dont elle éparpillait les fleurs sur le sable.

A ce moment un rossignol, caché dans un marronnier voisin, commença sa longue et mélancolique chanson, brodée de temps en temps de notes éclatantes comme des fusées.

Bussy était seul dans ce jardin avec madame de Monsoreau, car Remy et Gertrude se tenaient à distance : il s'approcha d'elle ; Diane leva la tête.

— Monsieur le comte, dit-elle d'une voix timide, tout détour serait indigne de nous : si vous m'avez trouvée tout à l'heure à l'église Sainte-Marie-l'Égyptienne, ce n'est point le hasard qui vous y a conduit.

— Non, Madame, dit Bussy, c'est le Haudouin qui m'a fait sortir sans me dire dans quel but, et je vous jure que j'ignorais...

— Vous vous trompez au sens de mes paroles, Monsieur, dit tristement Diane. Oui, je sais bien que c'est M. Remy qui vous a conduit à l'église, et de force peut-être ?

— Madame, dit Bussy, ce n'est point de force... Je ne savais pas qui j'y devais voir.

— Voilà une dure parole, monsieur le comte, murmura Diane en secouant la tête et en levant sur Bussy un regard humide. Avez-vous l'intention de me faire comprendre que si vous eussiez connu le secret de Remy, vous ne l'eussiez point accompagné ?

— Oh ! Madame !

— C'est naturel, c'est juste ; Monsieur, vous m'avez rendu un service signalé, et je ne vous ai point encore remercié de votre courtoisie. Pardonnez-moi et agréez toutes mes actions de grâces.

— Madame...

Bussy s'arrêta ; il était tellement étourdi qu'il n'avait à son service ni paroles ni idées.

— Mais j'ai voulu vous prouver, moi, continua Diane en s'animant, que je ne suis pas une femme ingrate ni un cœur sans mémoire. C'est moi qui ai prié

M. Remy de me procurer l'honneur de votre entretien ; c'est moi qui ai indiqué ce rendez-vous : pardonnez-moi si je vous ai déplu.

Bussy appuya une main sur son cœur.

— Oh ! Madame ! dit-il, vous ne le pensez pas.

Les idées commençaient à revenir à ce pauvre cœur
brisé, et il lui semblait que cette douce brise du soir
qui lui apportait de si doux parfums et de si tendres
paroles, lui enlevait en même temps un nuage de
dessus les yeux.

— Je sais, continua Diane, qui était la plus forte,
parce que depuis longtemps elle était préparée à cette
entrevue, je sais combien vous avez eu de mal à faire
ma commission. Je connais toute votre délicatesse. Je
vous connais et vous apprécie, croyez-le bien. Jugez
donc ce que j'ai dû souffrir à l'idée que vous
méconnaîtriez les sentiments de mon cœur.

— Madame, dit Bussy, depuis trois jours je suis
malade.

— Oui, je le sais, répondit Diane avec une rougeur
qui trahissait tout l'intérêt qu'elle prenait à cette maladie, et je souffrais plus que vous, car M. Remy, il me
trompait sans doute, M. Remy me laissait croire...

— Que votre oubli causait ma souffrance. Oh !
c'est vrai.

— Donc, j'ai dû faire ce que je fais, comte, reprit
madame de Monsoreau. Je vous vois, je vous remercie
de vos soins obligeants et vous en jure une reconnaissance éternelle... maintenant croyez que je parle du
fond du cœur.

Bussy secoua tristement la tête et ne répondit pas.

— Doutez-vous de mes paroles ? reprit Diane.

— Madame, répondit Bussy, les gens qui ont de
l'amitié pour quelqu'un témoignent cette amitié
comme ils peuvent : vous me saviez au palais le soir de
votre présentation à la cour ; vous me saviez devant
vous, vous deviez sentir mon regard peser sur toute
votre personne, et vous n'avez pas seulement levé les
yeux sur moi ; vous ne m'avez pas fait comprendre,
par un mot, par un geste, par un signe que vous saviez

que j'étais là ; après cela, j'ai tort, Madame ; peut-être
ne m'avez-vous pas reconnu ; vous ne m'aviez vu que
deux fois.

Diane répondit par un regard de si triste reproche
que Bussy en fut remué jusqu'au fond des entrailles.

— Pardon, Madame, pardon, dit-il ; vous n'êtes
point une femme comme toutes les autres, et cependant vous agissez comme les femmes vulgaires ; ce
mariage ?

— Ne savez-vous pas comment j'ai été forcée à le
conclure ?

— Oui, mais il était facile à rompre.

— Impossible, au contraire.

— Mais rien ne vous avertissait donc que près de
vous veillait un homme dévoué ?

Diane baissa les yeux.

— C'était cela surtout qui me faisait peur, dit-elle.

— Et voilà à quelles considérations vous m'avez
sacrifié. Oh ! songez à ce que m'est la vie depuis que
vous appartenez à un autre.

— Monsieur, dit la comtesse avec dignité, une
femme ne change point de nom sans qu'il n'en résulte
un grand dommage pour son honneur, lorsque deux
hommes vivent qui portent, l'un le nom qu'elle a
quitté, l'autre le nom qu'elle a pris.

— Toujours est-il que vous avez gardé le nom de
Monsoreau par préférence.

— Le croyez-vous ! balbutia Diane. Tant mieux !

Et ses yeux se remplirent de larmes.

Bussy, qui lui vit laisser retomber sa tête sur sa
poitrine, marcha avec agitation devant elle.

— Enfin, dit Bussy, me voilà redevenu ce que
j'étais, Madame, c'est-à-dire un étranger pour vous.

— Hélas ! fit Diane.

— Votre silence le dit assez.

— Je ne puis parler que par mon silence.

— Votre silence, Madame, est la suite de votre
accueil du Louvre. Au Louvre, vous ne me voyiez
pas ; ici vous ne me parlez pas.

— Au Louvre, j'étais en présence de M. de Monsoreau, M. de Monsoreau me regardait, et il est jaloux.

— Jaloux ! Eh ! que lui faut-il donc, mon Dieu ! quel bonheur peut-il envier, quand tout le monde envie son bonheur ?

— Je vous dis qu'il est jaloux, Monsieur ; depuis quelques jours il a vu rôder quelqu'un autour de notre nouvelle demeure.

— Vous avez donc quitté la petite maison de la rue Saint-Antoine ?

— Comment ! s'écria Diane emportée par un mouvement irréfléchi, cet homme, ce n'était donc pas vous ?

— Madame, depuis que votre mariage a été annoncé publiquement, depuis que vous avez été présentée, depuis cette soirée du Louvre, enfin, où vous n'avez pas daigné me regarder, je suis couché, la fièvre me dévore, je me meurs ; vous voyez que votre mari ne saurait être jaloux de moi, du moins, puisque ce n'est pas moi qu'il a pu voir autour de votre maison.

— Eh bien ! monsieur le comte, s'il est vrai, comme vous me l'avez dit, que vous eussiez quelque désir de me revoir, remerciez cet homme inconnu, car, connaissant M. de Monsoreau comme je le connais, cet homme m'a fait trembler pour vous, et j'ai voulu vous voir pour vous dire : Ne vous exposez pas ainsi, monsieur le comte, ne me rendez pas plus malheureuse que je ne le suis.

— Rassurez-vous, Madame ; je vous le répète, ce n'était pas moi.

— Maintenant, laissez-moi achever tout ce que j'avais à vous dire. Dans la crainte de cet homme, que nous ne connaissons pas, mais que M. de Monsoreau connaît peut-être, dans la crainte de cet homme, il exige que je quitte Paris ; de sorte que, ajouta Diane en tendant la main à Bussy, de sorte que, monsieur le comte, vous pouvez regarder cet entretien comme le dernier... Demain je pars pour Méridor.

— Vous partez, Madame ? s'écria Bussy.

— Il n'est que ce moyen de rassurer M. de Monsoreau, dit Diane ; il n'est que ce moyen de retrouver ma tranquillité. D'ailleurs, de mon côté, je déteste Paris, je déteste le monde, la cour, le Louvre. Je suis heureuse de m'isoler avec mes souvenirs de jeune fille ; il me semble qu'en repassant par le sentier de mes jeunes années, un peu de mon bonheur d'autrefois retombera sur ma tête comme une douce rosée. Mon père m'accompagne. Je vais retrouver là-bas Monsieur et madame de Saint-Luc, qui regrettent de ne pas m'avoir près d'eux. Adieu, monsieur de Bussy.

Bussy cacha son visage entre ses deux mains.

— Allons, murmura-t-il, tout est fini pour moi.

— Que dites-vous là ? s'écria Diane en se levant.

— Je dis, Madame, que cet homme qui vous exile, que cet homme qui m'enlève le seul espoir qui me restait, c'est-à-dire celui de respirer le même air que vous, de vous entrevoir derrière une jalousie, de toucher votre robe en passant, d'adorer enfin un être vivant et non pas une ombre, je dis, je dis que cet homme est mon ennemi mortel, et que, dussé-je y périr, je détruirai cet homme de mes mains.

— Oh ! monsieur le comte !

— Le misérable ! s'écria Bussy, comment ! ce n'est point assez pour lui de vous avoir pour femme, vous, la plus belle et la plus chaste des créatures, il est encore jaloux ! Jaloux ! monstre ridicule et dévorant, il absorberait le monde.

— Oh ! calmez-vous, comte, calmez-vous, mon Dieu !... il est excusable peut-être.

— Il est excusable ! c'est vous qui le défendez, Madame.

— Oh ! si vous saviez ! dit Diane en couvrant son visage de ses deux mains, comme si elle eût craint que, malgré l'obscurité, Bussy n'en distinguât la rougeur.

— Si je savais ? répéta Bussy. Eh ! Madame, je sais une chose, c'est qu'on a tort de penser au reste du monde quand on est votre mari.

— Mais, dit Diane d'une voix entrecoupée, sourde, ardente ; mais si vous vous trompiez monsieur le comte, s'il ne l'était pas !

Et la jeune femme, à ces paroles, effleurant de sa main froide les mains brûlantes de Bussy, se leva et s'enfuit, légère comme une ombre, dans les détours sombres du petit jardin, saisit le bras de Gertrude et disparut en l'entraînant avant que Bussy, ivre, insensé, radieux, eût seulement essayé d'étendre les bras pour la retenir.

Il poussa un cri et se leva chancelant.

Remy arriva juste pour le retenir dans ses bras et le faire asseoir sur le banc que Diane venait de quitter.

CHAPITRE XLIV

COMMENT D'ÉPERNON EUT SON POURPOINT DÉCHIRÉ ET COMMENT SCHOMBERG FUT TEINT EN BLEU

Tandis que maître La Hurière entassait signatures sur signatures, tandis que Chicot consignait Gorenflot à la *Corne d'Abondance*, tandis que Bussy revenait à la vie dans ce bienheureux petit jardin tout plein de parfums, de chants et d'amour, Henri, sombre de tout ce qu'il avait vu par la ville, irrité des prédications qu'il avait entendues dans les églises, furieux des saluts mystérieux recueillis par son frère d'Anjou, qu'il avait vu passer devant lui dans la rue Saint-Honoré, accompagné de M. de Guise et de M. de Mayenne, avec toute une suite de gentilshommes que semblait commander M. de Monsoreau, Henri, disons-nous, était rentré au Louvre en compagnie de Maugiron et de Quélus.

Le roi, selon son habitude, était sorti avec ses quatre amis ; mais, à quelques pas du Louvre, Schomberg et d'Épernon, ennuyés de voir Henri soucieux, et comptant qu'au milieu d'un pareil remue-ménage il y avait des chances pour le plaisir et les aventures, Schomberg et d'Épernon avaient profité de la première bousculade pour disparaître au coin de la rue de l'Astruce, et tandis que le roi et ses deux amis continuaient leur promenade par le quai, ils s'étaient laissé emporter par la rue d'Orléans.

Ils n'avaient pas fait cent pas que chacun avait déjà son affaire. D'Épernon avait passé sa sarbacane entre les jambes d'un bourgeois qui courait, et qui s'en était allé du coup rouler à dix pas, et Schomberg avait enlevé la coiffe d'une femme qu'il avait crue laide et vieille, et qui s'était trouvée par fortune jeune et jolie.

Mais tous deux avaient mal choisi leur jour pour s'attaquer à ces bons Parisiens, d'ordinaire si patients ; il courait par les rues cette fièvre de révolte qui bat quelquefois tout à coup des ailes dans les murs des capitales : le bourgeois culbuté s'était relevé et avait crié : Au parpaillot ! C'était un zélé, on le crut, et on s'élança vers d'Épernon ; la femme décoiffée avait crié : Au mignon ! ce qui était bien pis ; et son mari, qui était un teinturier, avait lâché sur Schomberg ses apprentis.

Schomberg était brave ; il s'arrêta, voulut parler haut et mit la main à son épée. D'Épernon était prudent, il s'enfuit.

Henri ne s'était plus occupé de ses deux mignons, il les connaissait pour avoir l'habitude de se tirer d'affaire tous deux : l'un, grâce à ses jambes ; l'autre, grâce à ses bras ; il avait donc fait sa tournée, comme nous avons vu, et, sa tournée faite, il était revenu au Louvre.

Il était rentré dans son cabinet d'armes, et, assis sur son grand fauteuil, il tremblait d'impatience, cherchant un bon sujet de se mettre en colère.

Maugiron jouait avec Narcisse, le grand lévrier du roi.

Quélus, les poings appuyés contre ses joues, s'était accroupi sur un coussin et regardait Henri.

— Ils vont, ils vont, lui disait le roi. Leur complot marche ; tantôt tigres, tantôt serpents, quand ils ne bondissent pas, ils rampent.

— Eh ! sire, dit Quélus, est-ce qu'il n'y a pas toujours des complots dans un royaume ? Que diable voudriez-vous que fissent les fils de rois, les frères de rois, les cousins de rois, s'ils ne complotaient pas ?

— Tenez, en vérité, Quélus, avec vos maximes

absurdes et vos grosses joues boursouflées, vous me
faites l'effet d'être, en politique, de la force du Gilles
de la foire Saint-Laurent.

Quélus pivota sur son coussin et tourna irrévéren-
cieusement le dos au roi.

— Voyons, Maugiron, reprit Henri, ai-je raison ou
tort, mordieu ! et doit-on me bercer avec des fadaises
et des lieux communs, comme si j'étais un roi vulgaire
ou un marchand de laine qui craint de perdre son chat
favori ?

— Eh ! sire, dit Maugiron, qui était toujours et en
tout point de l'avis de Quélus, si vous n'êtes pas un roi
vulgaire, prouvez-le en faisant le grand roi. Que
diable ! voilà Narcisse, c'est un bon chien, c'est une
bonne bête ; mais quand on lui tire les oreilles, il
grogne, et quand on lui marche sur les pattes, il mord.

— Bon ! dit Henri, voilà l'autre qui me compare à
mon chien.

— Non pas, sire, dit Maugiron ; vous voyez bien,
au contraire, que je mets Narcisse fort au-dessus de
vous, puisque Narcisse sait se défendre et que Votre
Majesté ne le sait pas.

Et à son tour il tourna le dos à Henri.

— Allons, me voilà seul, dit le roi ; fort bien, continuez mes bon amis, pour qui l'on me reproche de
dilapider le royaume ; abandonnez-moi, insultez-moi,
égorgez-moi tous ; je n'ai que des bourreaux autour de
ma personne, parole d'honneur. Ah ! Chicot ! mon
pauvre Chicot ! où es-tu ?

— Bon ! dit Quélus, il ne nous manquait plus que
cela. Voilà qu'il appelle Chicot, à présent.

— C'est tout simple, répondit Maugiron.

Et l'insolent se mit à mâchonner entre ses dents
certain proverbe latin qui se traduit en français par
l'axiome : *Dis-moi qui tu hantes, je te dirai qui tu es.*

Henri fronça le sourcil, un éclair de terrible cour-
roux illumina ses grands yeux noirs, et pour cette fois,
certes, c'était bien un regard de roi que le prince lança
sur ses indiscrets amis.

Mais, sans doute épuisé par cette velléité de colère,

Henri retomba sur sa chaise et frotta les oreilles d'un des petits chiens de sa corbeille.

En ce moment un pas rapide retentit dans les antichambres, et d'Épernon apparut sans toquet, sans manteau, et son pourpoint tout déchiré.

Quélus et Maugiron se retournèrent, et Narcisse s'élança vers le nouveau venu en jappant, comme si des courtisans du roi il ne reconnaissait que les habits.

— Jésus-Dieu ! s'écria Henri, que t'est-il donc arrivé ?

— Sire, dit d'Épernon, regardez-moi ; voici de quelle façon l'on traite les amis de Votre Majesté.

— Et qui t'a traité ainsi ? demanda le roi.

— Mordieu ! votre peuple, ou plutôt celui de M. le duc d'Anjou, qui criait : Vive la Ligue ! vive la messe ! vive Guise ! vive François ! vive tout le monde enfin, excepté vive le roi.

— Et que lui as-tu donc fait, à ce peuple, pour qu'il te traite ainsi ?

— Moi ? rien. Que voulez-vous qu'un homme fasse à un peuple ? Il m'a reconnu pour ami de Votre Majesté, et cela lui a suffi.

— Mais Schomberg ?

— Quoi, Schomberg ?

— Schomberg n'est pas venu à ton secours ? Schomberg ne t'a pas défendu ?

— Corbœuf ! Schomberg avait assez à faire pour son propre compte.

— Comment cela ?

— Oui, je l'ai laissé aux mains d'un teinturier dont il avait décoiffé la femme, et qui, avec ses cinq ou six garçons, était en train de lui faire passer un mauvais quart d'heure.

— Par la mordieu ! s'écria le roi, et où l'as-tu laissé, mon pauvre Schomberg ? dit Henri en se levant, j'irai moi-même à son aide. Peut-être pourra-t-on dire, ajouta Henri en regardant Maugiron et Quélus, que mes amis m'ont abandonné, mais on ne dira pas au moins que j'ai abandonné mes amis.

— Merci, sire, dit une voix derrière Henri, merci,

me voilà, *Gott verdamme mich*, je m'en suis tiré tout
seul, mais ce n'est pas sans peine.

— Oh ! Schomberg ! c'est la voix de Schomberg !
crièrent les trois mignons. Mais où diable es-tu ?

— Pardieu, où je suis, vous me voyez bien, s'écria
la même voix.

En effet, des profondeurs obscures du cabinet, on
vit s'avancer, non pas un homme, mais une ombre.

— Schomberg ! s'écria le roi, d'où viens-tu, d'où
sors-tu, et pourquoi es-tu de cette couleur ?

En effet Schomberg, des pieds à la tête, sans exception d'aucune partie de ses vêtements ou de sa personne, Schomberg était du plus beau bleu de roi qu'il
fût possible de voir.

— *Der Teufel !* s'écria-t-il ; les misérables ! Je ne
m'étonne plus si tout ce peuple courait après moi.

— Mais qu'y a-t-il donc ? demanda Henri. Si tu
étais jaune, cela s'expliquerait par la peur ; mais bleu !

— Il y a, qu'ils m'ont trempé dans une cuve, les
coquins ; j'ai cru qu'ils me trempaient tout bonnement
dans une cuve d'eau, et c'était dans une cuve d'indigo.

— Oh ! mordieu ! dit Quélus en éclatant de rire, ils
sont punis par où ils ont péché. C'est très cher,
l'indigo, et tu leur emportes au moins pour vingt écus
de teinture.

— Je te conseille de plaisanter, toi ; j'aurais voulu te
voir à ma place.

— Et tu n'en as pas étripé quelqu'un ? demanda
Maugiron.

— J'ai laissé mon poignard quelque part, voilà tout
ce que je sais, enfoncé jusqu'à la garde dans un fourreau de chair ; mais, en une seconde, tout a été dit : j'ai
été pris, soulevé, emporté, trempé dans la cuve et
presque noyé.

— Et comment t'es-tu tiré de leurs mains ?

— J'ai eu le courage de commettre une lâcheté, sire.

— Et qu'as-tu fait ?

— J'ai crié : Vive la Ligue !

— C'est comme moi, dit d'Épernon ; seulement on
m'a forcé d'ajouter : Vive le duc d'Anjou !

— Et moi aussi, dit Schomberg en mordant ses mains de rage ; moi aussi je l'ai crié. Mais ce n'est pas le tout.

— Comment ! dit le roi, ils t'ont encore fait crier autre chose, mon pauvre Schomberg ?

— Non, ils ne m'ont pas fait crier autre chose, et c'est bien assez comme cela, Dieu merci ! mais au moment où je criais : Vive le duc d'Anjou !...

— Eh bien ?

— Devinez qui passait ?

— Comment veux-tu que je devine ?

— Bussy, son damné Bussy, lequel m'a entendu crier vive son maître.

— Le fait est qu'il n'a rien dû y comprendre, dit Quélus.

— Parbleu ! comme il était difficile de voir ce qui se passait ! j'avais le poignard sur la gorge et j'étais dans une cuve.

— Comment, dit Maugiron, il ne t'a pas porté secours ? cela se devait cependant de gentilhomme à gentilhomme.

— Lui, il paraît qu'il avait à songer à bien autre chose ; il ne lui manquait que des ailes pour s'envoler ; à peine touchait-il encore la terre.

— Et puis, dit Maugiron, il ne t'aura peut-être pas reconnu ?

— La belle raison !

— Étais-tu déjà passé au bleu ?

— Ah ! c'est juste, dit Schomberg.

— Dans ce cas il serait excusable, reprit Henri, car, en vérité, mon pauvre Schomberg, je ne te reconnais pas moi-même.

— N'importe, répliqua le jeune homme qui n'était pas pour rien d'origine allemande, nous nous retrouverons autre part qu'au coin de la rue Coquillière, et un jour que je ne serai pas dans une cuve.

— Oh ! moi, dit d'Épernon, ce n'est pas au valet que j'en veux, c'est au maître ; ce n'est pas à Bussy que je voudrais avoir affaire, c'est à monseigneur le duc d'Anjou.

— Oui, oui, s'écria Schomberg, monseigneur le
duc d'Anjou qui veut nous tuer par le ridicule, en
attendant qu'il nous tue par le poignard.

— Au duc d'Anjou, dont on chantait les louanges
par les rues. Vous les avez entendues, sire, dirent
ensemble Quélus et Maugiron.

— Le fait est que c'est lui qui est duc et maître dans
Paris à cette heure, et non plus le roi ; essayez un peu
de sortir, lui dit d'Épernon, et vous verrez si l'on vous
respectera plus que nous.

— Ah ! mon frère ! mon frère ! murmura Henri
d'un ton menaçant.

— Ah ! oui, sire, vous direz encore bien des fois,
comme vous venez de le dire : Ah ! mon frère ! mon
frère ! sans prendre aucun parti contre ce frère, dit
Schomberg, et cependant, je vous le déclare, et c'est
clair pour moi, ce frère est à la tête de quelque
complot.

— Eh ! mordieu ! s'écria Henri, c'est ce que je
disais à ces Messieurs, quand tu es entré tout à
l'heure, d'Épernon ; mais ils m'ont répondu en haussant les épaules et en me tournant le dos.

— Sire, dit Maugiron, nous avons haussé les
épaules et tourné le dos, non point parce que vous
disiez qu'il y avait un complot, mais parce que nous ne
vous voyions pas en humeur de le comprimer.

— Et maintenant, continua Quélus, nous nous
retournons vers vous pour vous redire : Sauvez-nous,
sire, ou plutôt sauvez-vous, car, nous tombés, vous
êtes mort ; demain M. de Guise vient au Louvre,
demain il demandera que vous nommiez un chef à la
Ligue ; demain vous nommerez le duc d'Anjou
comme vous avez promis de le faire, et alors, une fois
le duc d'Anjou chef de la Ligue, c'est-à-dire à la tête
de cent mille Parisiens échauffés par les orgies de cette
nuit, le duc d'Anjou fera de vous ce qu'il voudra.

— Ah ! ah ! dit Henri, et en cas de résolution
extrême, vous seriez donc disposés à me seconder ?

— Oui, sire, répondirent les jeunes gens d'une
seule voix.

— Pourvu cependant, sire, dit d'Épernon, que Votre Majesté me donne le temps de mettre un autre toquet, un autre manteau et un autre pourpoint.

— Passe dans ma garde-robe, d'Épernon, et mon valet de chambre te donnera tout cela ; nous sommes de même taille.

— Et pourvu que vous me donniez le temps, à moi, de prendre un bain.

— Passe dans mon étuve, Schomberg, et mon baigneur aura soin de toi.

— Sire, dit Schomberg, nous pouvons donc espérer que l'insulte ne restera pas sans vengeance ?

Henri étendit la main en signe de silence, et, baissant la tête sur sa poitrine, parut réfléchir profondément.

Puis, au bout d'un instant :

— Quélus, dit-il, informez-vous si M. d'Anjou est rentré au Louvre.

Quélus sortit. D'Épernon et Schomberg attendaient avec les autres la réponse de Quélus, tant leur zèle s'était ranimé par l'imminence du danger ; ce n'est point pendant la tempête, c'est pendant le calme qu'on voit les matelots récalcitrants.

— Sire, demanda Maugiron, Votre Majesté prend donc un parti ?

— Vous allez voir, répliqua le roi.

Quélus revint.

— M. le duc n'est pas encore rentré, dit-il.

— C'est bien, répondit le roi. D'Épernon, allez changer d'habit ; Schomberg, allez changer de couleur ; et vous, Quélus, et vous, Maugiron, descendez dans le préau et faites-moi bonne garde jusqu'à ce que mon frère rentre.

— Et quand il rentrera ? demanda Quélus.

— Quand il rentrera, vous ferez fermer toutes les portes ; allez.

— Bravo, sire ! dit Quélus.

— Sire, dit d'Épernon, dans dix minutes je suis ici.

— Moi, sire, je ne puis dire quand j'y serai, ce sera selon la qualité de la teinture.

— Venez le plus tôt possible, répondit le roi, voilà tout ce que j'ai à vous dire.

— Mais Votre Majesté va donc rester seule ? demanda Maugiron.

— Non, Maugiron, je reste avec Dieu, à qui je vais demander sa protection pour notre entreprise.

— Priez-le bien, sire, dit Quélus, car je commence à croire qu'il s'entend avec le diable pour nous damner tous ensemble dans ce monde et dans l'autre.

— *Amen !* dit Maugiron.

Les deux jeunes gens qui devaient faire la garde sortirent par une porte. Les deux qui devaient changer de costume sortirent par l'autre.

Le roi, resté seul, alla s'agenouiller à son prie-Dieu.

CHAPITRE XLV

CHICOT EST DE PLUS EN PLUS ROI DE FRANCE

Minuit sonna : les portes du Louvre fermaient d'ordinaire à minuit. Mais Henri avait sagement calculé que le duc d'Anjou ne manquerait pas de coucher ce soir-là au Louvre, pour laisser moins de prise aux soupçons que le tumulte de Paris, pendant cette soirée, pouvait faire naître dans l'esprit du roi.

Le roi avait donc ordonné que les portes restassent ouvertes jusqu'à une heure.

A minuit un quart Quélus remonta.

— Sire, le duc est rentré, dit-il.

— Que fait Maugiron ?

— Il est resté en sentinelle pour voir si le duc ne sortira point.

— Il n'y a pas de danger.

— Alors... dit Quélus en faisant un mouvement pour indiquer au roi qu'il n'y avait plus qu'à agir.

— Alors... laissons-le se coucher tranquillement, dit Henri. Qui a-t-il près de lui ?

— M. de Monsoreau et ses gentilshommes ordinaires.

— Et M. de Bussy ?

— M. de Bussy n'y est pas.

— Bon, dit le roi à qui c'était un grand soulagement que de sentir son frère privé de sa meilleure épée.

— Qu'ordonne le roi ? demanda Quélus.

— Qu'on dise à d'Épernon et à Schomberg de se hâter, et qu'on prévienne M. de Monsoreau que je désire lui parler.

Quélus s'inclina et s'acquitta de la commission avec toute la promptitude que peuvent donner à la volonté humaine le sentiment de la haine et le désir de la vengeance réunis dans le même cœur.

Cinq minutes après, d'Épernon et Schomberg entraient l'un rhabillé à neuf, l'autre débarbouillé au vif ; il n'y avait que les cavités du visage qui avaient conservé une teinte bleuâtre qui, au dire de l'étuviste, ne s'en irait tout à fait qu'à la suite de plusieurs bains de vapeur.

Après les deux mignons, M. de Monsoreau parut.

— M. le capitaine des gardes de Votre Majesté vient de m'annoncer qu'elle me faisait l'honneur de m'appeler près d'elle, dit le grand veneur en s'inclinant.

— Oui, Monsieur, dit Henri ; oui, en me promenant ce soir j'ai vu les étoiles si brillantes et la lune si belle, que j'ai pensé que par un si magnifique temps nous pourrions faire demain une chasse superbe. Il n'est que minuit, Monsieur le comte, partez donc pour Vincennes à l'instant même ; faites-moi détourner un daim, et demain nous le courrons.

— Mais, sire, dit Monsoreau, je croyais que demain Votre Majesté avait fait l'honneur de donner rendez-vous à monseigneur d'Anjou et à M. de Guise pour nommer un chef à la Ligue.

— Eh bien ! Monsieur, après ? dit le roi avec cet accent hautain auquel il était si difficile de répondre.

— Après, sire... après, le temps manquera peut-être.

— Le temps ne manque jamais, Monsieur le grand veneur, à celui qui sait l'employer ; c'est pour cela que je vous dis : vous avez le temps de partir ce soir, pourvu que vous partiez à l'instant même. Vous avez le temps de détourner un daim cette nuit, et vous aurez le temps de tenir les équipages prêts pour demain dix heures. Allez donc, et à l'instant même ! Quélus, Schomberg, faites ouvrir à M. de Monsoreau la porte du Louvre, de ma part, de la part du roi ; et toujours de la part du roi, faites-la fermer quand il sera sorti.

Le grand veneur se retira tout étonné.

— C'est donc une fantaisie du roi ? demanda-t-il aux deux jeunes gens dans l'antichambre.

— Oui, répondirent laconiquement ceux-ci.

M. de Monsoreau vit qu'il n'y avait rien à tirer de ce côté-là, et se tut.

— Oh ! oh ! murmura-t-il en lui-même en jetant un regard du côté des appartements du duc d'Anjou, il me semble que cela ne flaire pas bon pour Son Altesse Royale.

Mais il n'y avait pas moyen de donner l'éveil au prince ; Quélus et Schomberg se tenaient, l'un à droite, l'autre à gauche du grand veneur. Un instant il crut que les deux mignons avaient des ordres particuliers et le tenaient prisonnier, et ce ne fut que lorsqu'il se trouva hors du Louvre, et qu'il entendit la porte se refermer derrière lui, qu'il comprit que ses soupçons étaient mal fondés.

Au bout de dix minutes, Schomberg et Quélus étaient de retour près du roi.

— Maintenant, dit Henri, du silence, et suivez-moi tous quatre.

— Où allons-nous, sire ? demanda d'Épernon toujours prudent.

— Ceux qui viendront le verront, répondit le roi.

— Allons ! dirent ensemble les quatre jeunes gens.

Les mignons assurèrent leurs épées, agrafèrent leurs manteaux et suivirent le roi, qui, un falot à la main, les conduisit par le corridor secret que nous connaissons,

et par lequel plus d'une fois déjà nous avons vu la
reine mère et le roi Charles IX se rendre chez leur fille
et chez leur sœur cette bonne Margot dont le duc
d'Anjou, nous l'avons déjà dit, avait repris les appartements.

Un valet de chambre veillait dans ce corridor ; mais,
avant qu'il eût eu le temps de se replier pour avertir
son maître, Henri l'avait saisi de sa main en lui ordonnant de se taire, et l'avait passé à ses compagnons,
lesquels l'avaient poussé et enfermé dans un cabinet.

Ce fut donc le roi qui tourna lui-même le bouton de
la chambre où couchait monseigneur le duc d'Anjou.

Le duc venait de se mettre au lit, bercé par les rêves
d'ambition qu'avaient fait naître en lui tous les événements de la soirée : il avait vu son nom exalté et le
nom du roi flétri. Conduit par le duc de Guise, il avait
vu le peuple parisien s'ouvrir devant lui et ses gentilshommes, tandis que les gentilshommes du roi
étaient hués, bafoués, insultés. Jamais, depuis le
commencement de cette longue carrière, si pleine de
sourdes menées, de timides complots et de mines
souterraines, il n'avait encore été si avant dans la
popularité, et par conséquent dans l'espérance.

Il venait de déposer sur sa table une lettre que M. de
Monsoreau lui avait remise de la part du duc de
Guise, lequel lui faisait en même temps recommander
de ne pas manquer de se trouver le lendemain au lever
du roi.

Le duc d'Anjou n'avait pas besoin d'une pareille
recommandation et s'était bien promis de ne pas se
manquer à lui-même à l'heure du triomphe.

Mais sa surprise fut grande quand il vit la porte du
couloir secret s'ouvrir, et sa terreur fut au comble
lorsqu'il reconnut que c'était sous la main du roi
qu'elle s'était ouverte ainsi.

Henri fit signe à ses compagnons de demeurer sur le
seuil de la porte et s'avança vers le lit de François,
grave, le sourcil froncé, et sans prononcer une parole.

— Sire, balbutia le duc, l'honneur que me fait
Votre Majesté est si imprévu...

— Qu'il vous effraye, n'est-ce pas ? dit le roi, je comprends cela ; mais non, non, demeurez, mon frère, ne vous levez pas.

— Mais, sire, cependant... permettez, fit le duc tremblant et attirant à lui la lettre du duc de Guise qu'il venait d'achever de lire.

— Vous lisiez ? demanda le roi.

— Oui, sire.

— Lecture intéressante, sans doute, puisqu'elle vous tenait éveillé à cette heure avancée de la nuit ?

— Oh ! sire, répondit le duc avec un sourire glacé, rien de bien important, le petit courrier du soir.

— Oui, fit Henri, je comprends cela, courrier du soir, courrier de Vénus ; mais non, je me trompe, on ne cachette point avec des sceaux d'une pareille dimension les billets qu'on fait porter par Iris ou par Mercure.

Le duc cacha tout à fait la lettre.

— Il est discret, ce cher François, dit le roi avec un rire qui ressemblait trop à un grincement de dents pour que son frère n'en fût pas effrayé.

Cependant il fit un effort et essaya de reprendre quelque assurance.

— Votre Majesté veut-elle me dire quelque chose en particulier ? demanda le duc à qui un mouvement des quatre gentilshommes demeurés à la porte venait de révéler qu'ils écoutaient et se réjouissaient du commencement de la scène.

— Ce que j'ai de particulier à vous dire, Monsieur, dit le roi en appuyant sur ce mot, qui était celui que le cérémonial de France accorde aux frères des rois, vous trouverez bon que pour aujourd'hui je vous le dise devant témoins. Çà, Messieurs, continua-t-il en se retournant vers les quatre jeunes gens, écoutez bien, le roi vous le permet.

Le duc releva la tête.

— Sire, dit-il avec ce regard haineux et plein de venin que l'homme a emprunté au serpent, avant d'insulter un homme de mon rang, vous eussiez dû me refuser l'hospitalité du Louvre ; dans l'hôtel d'Anjou, au moins, j'eusse été maître de vous répondre.

— En vérité, dit Henri avec une ironie terrible, vous oubliez donc que partout où vous êtes, vous êtes mon sujet, et que mes sujets sont chez moi partout où ils sont ; car, Dieu merci, je suis le roi !... le roi du sol !...

— Sire, s'écria François, je suis au Louvre... chez ma mère.

— Et votre mère est chez moi, répondit Henri. Voyons, abrégeons, Monsieur : donnez-moi ce papier.

— Lequel ?

— Celui que vous lisiez, parbleu ! celui qui était tout ouvert sur votre table de nuit et que vous avez caché quand vous m'avez vu.

— Sire, réfléchissez ! dit le duc.

— A quoi ? demanda le roi.

— A ceci : que vous faites une demande indigne d'un bon gentilhomme, mais, en revanche, digne d'un officier de votre police.

Le roi devint livide.

— Cette lettre, Monsieur ! dit-il.

— Une lettre de femme, sire, réfléchissez ! dit François.

— Il y a des lettres de femmes fort bonnes à voir, fort dangereuses à ne pas être vues, témoin celles qu'écrit notre mère.

— Mon frère ! dit François.

— Cette lettre, Monsieur ! s'écria le roi en frappant du pied, ou je vous la fais arracher par quatre Suisses !

Le duc bondit hors de son lit, en tenant la lettre froissée dans ses mains, et avec l'intention manifeste de gagner la cheminée, afin de la jeter dans le feu.

— Vous feriez cela, dit-il, à votre frère ?

Henri devina son intention et se plaça entre lui et la cheminée.

— Non pas à mon frère, dit-il, mais à mon plus mortel ennemi ! Non pas à mon frère, mais au duc d'Anjou, qui a couru toute la soirée les rues de Paris à la queue du cheval de M. de Guise ! à mon frère, qui essaye de me cacher quelque lettre de l'un ou de l'autre de ses complices, MM. les princes lorrains.

— Pour cette fois, dit le duc, votre police est mal faite.

— Je vous dis que j'ai vu sur le cachet ces trois fameuses merlettes de Lorraine, qui ont la prétention d'avaler les fleurs de lis de France. Donnez donc, mordieu ! donnez, ou...

Henri fit un pas vers le duc et lui posa la main sur l'épaule.

François n'eut pas plus tôt senti s'appesantir sur lui la main royale, il n'eût pas plus tôt d'un regard oblique considéré l'attitude menaçante des quatre mignons, lesquels commençaient à dégainer, que, tombant à genoux, à demi-renversé contre son lit, il s'écria :

— A moi ! au secours ! à l'aide ! mon frère veut me tuer.

Ces paroles, empreintes d'un accent de profonde terreur que leur donnait la conviction, firent impression sur le roi et éteignirent sa colère, par cela même qu'elles la supposaient plus grande qu'elle n'était. Il pensa qu'en effet François pouvait craindre un assassinat, et que ce meurtre eût été un fratricide. Alors, il lui passa comme un vertige, à l'idée que sa famille, famille maudite comme toutes celles dans lesquelles doit s'éteindre une race, il lui passa un vertige en songeant que dans sa famille les frères assassinaient les frères par tradition.

— Non, dit-il, vous vous trompez, mon frère, et le roi ne vous veut aucun mal du genre de celui que vous redoutez ; du moins vous avez lutté, avouez-vous vaincu. Vous savez que le roi est le maître, ou si vous l'ignoriez, vous le savez maintenant. Eh bien ! dites-le, non seulement tout bas, mais encore tout haut.

— Oh ! je le dis, mon frère, je le proclame, s'écria le duc.

— Fort bien. Cette lettre, alors... car le roi vous ordonne de lui rendre cette lettre.

Le duc d'Anjou laissa tomber le papier.

Le roi le ramassa, et, sans le lire, le plia et l'enferma dans son aumônière.

— Est-ce tout, sire ? dit le duc avec son regard louche.

— Non, Monsieur, dit Henri, il vous faudra encore pour cette rébellion, qui heureusement n'a point eu de fâcheux résultats, il vous faudra, si vous le voulez bien, garder la chambre jusqu'à ce que mes soupçons à votre égard aient été complètement dissipés. Vous êtes ici, l'appartement vous est familier, commode, et n'a pas trop l'air d'une prison, restez-y. Vous aurez bonne compagnie, du moins de l'autre côté de la porte, car pour cette nuit ces quatre messieurs vous garderont ; demain matin ils seront relevés par un poste de Suisses.

— Mais, mes amis à moi, ne pourrai-je les voir ?

— Qui appelez-vous vos amis ?

— Mais M. de Monsoreau, par exemple, M. de Riberac, M. Antraguet, M. de Bussy.

— Ah, oui ! dit le roi, parlez de celui-là encore.

— Aurait-il eu le malheur de déplaire à Votre Majesté ?

— Oui, dit le roi.

— Quand cela ?

— Toujours, et cette nuit particulièrement.

— Cette nuit ; qu'a-t-il donc fait cette nuit ?

— Il m'a fait insulter dans les rues de Paris.

— Vous, sire ?

— Oui, moi, ou mes fidèles, ce qui est la même chose.

— Bussy a fait insulter quelqu'un dans les rues de Paris, cette nuit ? On vous a trompé, sire.

— Je sais ce que je dis, Monsieur.

— Sire, s'écria le duc avec un air de triomphe, M. de Bussy n'est pas sorti de son hôtel depuis deux jours ! Il est chez lui, couché, malade, grelottant la fièvre.

Le roi se retourna vers Schomberg.

— S'il grelottait la fièvre, dit le jeune homme, ce n'était pas chez lui du moins, mais dans la rue Coquillière.

— Qui vous a dit cela, demanda le duc d'Anjou en se soulevant, que Bussy était dans la rue Coquillière ?

— Je l'ai vu.

— Vous avez vu Bussy dehors ?

— Bussy, frais, dispos, joyeux, et qui paraissait le plus heureux homme du monde, et accompagné de son acolyte ordinaire, ce Remy, cet écuyer, ce médecin, que sais-je !

— Alors je n'y comprends plus rien, dit le duc avec stupeur : j'ai vu M. de Bussy dans la soirée ; il était sous les couvertures ; il faut qu'il m'ait trompé moi-même.

— C'est bien, dit le roi, M. de Bussy sera puni comme les autres et avec les autres lorsque l'affaire s'éclaircira.

Le duc, qui pensa que c'était un moyen de détourner de lui la colère du roi que de la laisser s'écouler sur Bussy, le duc n'essaya point de prendre davantage la défense de son gentilhomme.

— Si M. de Bussy a fait cela, dit-il ; si, après avoir refusé de sortir avec moi, il est sorti seul, c'est qu'il avait effectivement sans doute des intentions qu'il ne pouvait m'avouer à moi dont il connaît le dévouement pour Votre Majesté.

— Vous entendez, Messieurs, ce que prétend mon frère, dit le roi ; il prétend qu'il n'a pas autorisé M. de Bussy.

— Tant mieux, dit Schomberg.

— Pourquoi tant mieux ?

— Parce qu'alors Votre Majesté nous en laissera peut-être faire ce que nous voulons.

— C'est bien, c'est bien, on verra plus tard, dit Henri. Messieurs, je vous recommande mon frère : ayez pour lui, pendant toute cette nuit, où vous allez avoir l'honneur de lui servir de garde, tous les égards qu'on a pour un prince du sang, c'est-à-dire au premier du royaume, après moi.

— Oh ! sire ! dit Quélus avec un regard qui fit frissonner le duc, soyez donc tranquille, nous savons tout ce que nous devons à Son Altesse.

— C'est bien, adieu, Messieurs, dit Henri.

— Sire ! s'écria le duc plus épouvanté de l'absence du roi qu'il ne l'avait été de sa présence, quoi ! je suis sérieusement prisonnier ! quoi ! mes amis ne pourront me visiter ! quoi ! il me sera défendu de sortir !

Et l'idée du lendemain lui passait par l'esprit, de ce lendemain où sa présence était si nécessaire près de M. de Guise.

— Sire, dit le duc qui voyait le roi prêt à se laisser fléchir, laissez-moi paraître au moins près de Votre Majesté ; près de Votre Majesté est ma place ; je suis prisonnier là aussi bien qu'ailleurs, et mieux gardé à vue même que dans toutes les places possibles. Sire, accordez-moi donc la faveur de rester près de Votre Majesté.

Le roi, sur le point d'accorder au duc d'Anjou sa demande, à laquelle il ne voyait pas, d'ailleurs, grand inconvénient, allait répondre oui, quand son attention fut distraite de son frère et attirée vers la porte par un corps très long et très agile, qui, avec les bras, avec la tête, avec le cou, avec tout ce qu'il pouvait remuer, enfin, faisait les gestes les plus négatifs qu'on pût inventer et exécuter sans se disloquer les os.

C'était Chicot qui faisait non.

— Non, dit Henri à son frère ; vous êtes fort bien ici, Monsieur, et il me convient que vous y restiez.

— Sire, balbutia le duc.

— Dès que cela est le bon plaisir du roi de France, il me semble que cela doit vous suffire, Monsieur, ajouta Henri d'un air de hauteur qui acheva d'accabler le duc.

— Quand je disais que j'étais le véritable roi de France ! murmura Chicot...

CHAPITRE XLVI

COMMENT CHICOT FIT UNE VISITE A BUSSY, ET DE CE QUI S'ENSUIVIT

Le lendemain de ce jour, ou plutôt de cette nuit, Bussy, vers neuf heures du matin, déjeunait tranquillement avec Remy, qui, en sa qualité de médecin, lui ordonnait des réconfortants ; ils causaient des événements de la veille, et Remy cherchait à se rappeler les légendes des fresques de la petite église de Sainte-Marie-l'Égyptienne.

— Dis donc, Remy, lui demanda tout à coup Bussy, ne t'a-t-il pas semblé reconnaître ce gentilhomme qu'on trempait dans une cuve, quand nous sommes passés au coin de la rue Coquillière ?

— Sans doute, monsieur le comte : et même à ce point que, depuis ce moment, je cherche à me rappeler son nom.

— Tu ne l'as donc pas reconnu non plus ?

— Non. Il était déjà bien bleu.

— J'aurais dû le délivrer, dit Bussy : c'est un devoir entre gens comme il faut de se porter secours contre les manants ; mais, en vérité, Remy, j'étais trop occupé de mes affaires.

— Mais si nous ne l'avons pas reconnu, lui, dit le Haudouin, il nous a à coup sûr reconnus, nous qui avions notre couleur naturelle, car il m'a semblé qu'il roulait des yeux effroyables et qu'il nous montrait le poing en nous envoyant quelque menace.

— Tu es sûr de cela, Remy ?

— Je réponds des yeux effroyables ; mais je suis moins sûr du poing et des menaces, dit le Haudouin, qui connaissait le caractère irascible de Bussy.

— Alors, il faudra savoir quel est ce gentilhomme, Remy ; je ne puis pas laisser passer ainsi une pareille injure.

— Attendez donc, attendez donc, s'écria le Haudouin, comme s'il fût sorti de l'eau froide ou entré dans l'eau chaude, oh ! mon Dieu ! J'y suis, je le connais.

— Comment cela ?

— Je l'ai entendu jurer.

— Je le crois mordieu bien, tout le monde eût juré en pareille situation.

— Oui, mais lui, il a juré en allemand.

— Bah !

— Il a dit : *Gott verdamme.*

— C'est Schomberg, alors.

— Lui-même, monsieur le comte, lui-même.

— Alors, mon cher Remy, apprête tes onguents.

— Pourquoi cela ?

— Parce qu'il y aura avant peu quelque raccommo-dage à faire à sa peau ou à la mienne.

— Vous ne serez pas si fou que de vous faire tuer, étant en si bonne santé, et si heureux, dit Remy en clignant de l'œil ; dame ! voilà déjà une fois que sainte Marie l'Égyptienne vous ressuscite, elle pourrait bien se lasser de faire un miracle que le Christ lui-même n'a essayé que deux fois.

— Au contraire, Remy, dit le comte, tu ne te doutes pas du bonheur qu'il y a, quand on est heureux, à s'en aller jouer sa vie contre celle d'un autre homme. Je t'assure que jamais je ne me suis battu de bon cœur quand j'avais perdu au jeu de grosses sommes, quand j'avais surpris ma maîtresse en faute ou quand j'avais quelque chose à me reprocher ; mais chaque fois, au contraire, que ma bourse est ronde, mon cœur léger et ma conscience nette, je m'en vais hardi et railleur sur le pré ; là, je suis sûr de ma main, je lis jusqu'au fond des yeux de mon adversaire, je l'écrase de ma chance. Je suis dans la position d'un homme qui joue au passe-dix avec la veine, et qui sent le vent de la fortune pousser à lui l'or de son antagoniste. Non, c'est alors que je suis brillant, sûr de moi ; c'est alors que je me fends à fond. Je me battrais admirablement bien aujourd'hui, Remy, dit le jeune homme en tendant la main au docteur, car, grâce à toi, je suis bien heureux !

— Un moment, un moment, dit le Haudouin, vous vous priverez cependant, s'il vous plaît, de ce plaisir. Une belle dame de mes amies vous a recommandé à moi, et m'a fait jurer de vous garder sain et sauf, sous prétexte que vous lui deviez déjà la vie, et qu'on n'a pas la liberté de disposer de ce qu'on doit.

— Bon Remy, fit Bussy en se plongeant dans ce vague de la pensée qui permet à l'homme amoureux d'entendre et de voir tout ce qu'on dit et tout ce qu'on fait, comme derrière une gaze, au théâtre, on voit les objets sans leurs angles et sans les crudités de leurs tons : état délicieux qui est presque un rêve, car tout en suivant de l'âme sa pensée douce et fidèle, on a les sens distraits par la parole ou le geste d'un ami.

— Vous m'appelez bon Remy, dit le Haudouin, parce que je vous ai fait revoir madame de Monsoreau, mais m'appellerez-vous encore bon Remy, quand vous allez être séparé d'elle, et malheureusement le jour approche, s'il n'est pas arrivé.

— Plaît-il ? s'écria énergiquement Bussy. Ne plaisantons pas là-dessus, maître le Haudouin.

— Eh ! Monsieur, je ne plaisante pas ; ne savez-vous point qu'elle part pour l'Anjou, et que moi-même je vais avoir la douleur d'être séparé de mademoiselle Gertrude ?... Ah !

Bussy ne put s'empêcher de sourire au prétendu désespoir de Remy.

— Tu l'aimes beaucoup ? demanda-t-il.

— Je crois bien... et elle donc... Si vous saviez comme elle me bat.

— Et tu te laisses faire ?

— Par amour pour la science : elle m'a forcé d'inventer une pommade souveraine pour faire disparaître les bleus.

— En ce cas tu devrais bien en envoyer plusieurs pots à Schomberg.

— Ne parlons plus de Schomberg, il est convenu que nous le laissons se débarbouiller à sa guise.

— Oui, et revenons à madame de Monsoreau, ou plutôt à Diane de Méridor, car tu sais...

— Oh ! mon Dieu, oui ; je sais.

— Remy, quand partons-nous ?

— Ah ! voilà ce dont je me doutais ; le plus tard possible, monsieur le comte.

— Pourquoi cela ?

— D'abord, parce que nous avons à Paris ce cher M. d'Anjou, le chef de la communauté, qui s'est mis, hier soir, à ce qu'il m'a semblé, dans de telles affaires, qu'il va évidemment avoir besoin de nous.

— Ensuite ?

— Ensuite, parce que M. de Monsoreau, par une bénédiction toute particulière, ne se doute de rien, à votre endroit du moins, et qu'il se douterait peut-être de quelque chose s'il vous voyait disparaître de Paris en même temps que sa femme qui n'est point sa femme.

— Eh bien ! que m'importe qu'il s'en doute ?

— Oh ! oui ; mais cela m'importe beaucoup à moi, mon cher seigneur. Je me charge de raccommoder les coups d'épée reçus en duel, parce que, comme vous tirez de première force, vous ne recevez jamais de coups d'épée bien sérieux, mais je récuse les coups de poignard poussés dans les guet-apens et surtout par les maris jaloux ; ce sont des animaux qui, en pareil cas, tapent fort dur ; voyez plutôt ce pauvre M. de Saint-Mégrin, si méchamment mis à mort par notre ami M. de Guise.

— Que veux-tu, cher ami, s'il est dans ma destinée d'être tué par le Monsoreau !

— Eh bien ?

— Eh bien ! il me tuera.

— Et puis, huit jours, un mois, un an après, madame de Monsoreau épousera son mari, ce qui fera énormément enrager votre pauvre âme, qui verra cela d'en haut ou d'en bas, et qui ne pourra pas s'y opposer, vu qu'elle n'aura plus de corps.

— Tu as raison, Remy, je veux vivre.

— A la bonne heure ! mais ce n'est pas le tout que de vivre, croyez-moi, il faut encore suivre mes conseils, être charmant pour le Monsoreau ; il est, pour le moment, d'une affreuse jalousie contre M. le duc d'Anjou, qui, tandis que vous grelottiez la fièvre dans votre lit, se promenait sous les fenêtres de la dame, comme un Espagnol à bonnes fortunes, et qui a été reconnu à son Aurilly. Faites-lui toutes sortes d'avances, à ce bon mari, qui ne l'est pas, n'ayez pas même l'air de lui demander ce qu'est devenue sa femme ; c'est inutile, puisque vous le savez, et il répandra partout que vous êtes le seul gentilhomme qui possédiez les vertus de Scipion : sobriété et chasteté.

— Je crois que tu as raison, dit Bussy. A présent que je ne suis plus jaloux de l'ours, je veux l'apprivoiser, ce sera d'un suprême comique ! Ah ! maintenant, Remy, demande-moi tout ce que tu voudras, tout m'est facile, je suis heureux.

En ce moment quelqu'un frappa à la porte ; les deux convives firent silence.

— Qui va là ? demanda Bussy.

— Monseigneur, répondit un page, il y a en bas un gentilhomme qui veut vous parler.

— Me parler, à moi, si matin, qui est-ce ?

— Un grand monsieur, vêtu de velours vert avec des bas roses, une figure un peu risible, mais l'air d'un honnête homme.

— Eh ! pensa tout haut Bussy, serait-ce Schomberg ?

— Il a dit un grand monsieur.

— C'est vrai, ou le Monsoreau ?

— Il a dit l'air d'un honnête homme.

— Tu as raison, Remy, ce ne peut être ni l'un ni l'autre ; fais entrer.

L'homme annoncé parut au bout d'un instant sur le seuil.

— Ah ! mon Dieu, s'écria Bussy en se levant précipitamment à la vue du visiteur, tandis que Remy, en ami discret, se retirait par la porte d'un cabinet.

— Monsieur Chicot ! exclama Bussy.

— Lui-même, monsieur le comte, répondit le Gascon.

Le regard de Bussy s'était fixé sur lui avec cet étonnement qui veut dire en toutes lettres, sans que la bouche ait besoin de prendre le moins du monde part à la conversation :

— Monsieur, que venez-vous faire ici ?

Aussi, sans être autrement interrogé, Chicot répondit d'un ton fort sérieux :

— Monsieur, je viens vous proposer un petit marché.

— Parlez, Monsieur, répliqua Bussy avec surprise.

— Que me promettez-vous, si je vous rendais un grand service ?

— Cela dépend du service, Monsieur, répondit assez dédaigneusement Bussy.

Le Gascon feignit de ne point remarquer cet air de dédain.

— Monsieur, dit Chicot en s'asseyant et en croisant ses longues jambes l'une sur l'autre, je remarque que vous ne me faites pas l'honneur de m'inviter à m'asseoir.

Le rouge monta au visage de Bussy.

— C'est autant à ajouter encore, dit Chicot, à la récompense qui me reviendra quand je vous aurai rendu le service en question.

Bussy ne répondit point.

— Monsieur, continua Chicot sans se démonter, connaissez-vous la Ligue ?

— J'en ai fort entendu parler, répondit Bussy, commençant à prêter une certaine attention à ce que lui disait le Gascon.

— Eh bien ! Monsieur, dit Chicot, vous devez savoir en ce cas que c'est une association d'honnêtes chrétiens, réunis dans le but de massacrer religieusement leurs voisins, les huguenots. En êtes-vous, Monsieur, de la Ligue ?... Moi, j'en suis.

— Mais, Monsieur ?

— Dites seulement oui ou non.

— Permettez-moi de m'étonner, dit Bussy.

— Je me faisais l'honneur de vous demander si vous étiez de la Ligue ; m'avez-vous entendu ?

— Monsieur Chicot, dit Bussy, comme je n'aime pas les questions dont je ne comprends pas le sens, je vous prie de changer la conversation, et j'attendrai encore quelques minutes, accordées à la bienséance, pour vous répéter que, n'aimant point les questions, je n'aime naturellement pas les questionneurs.

— Fort bien : la bienséance est bienséante, comme dit ce cher M. de Monsoreau, lorsqu'il est en belle humeur.

A ce nom de Monsoreau, que le Gascon prononça sans apparente allusion, Bussy recommença de prêter attention.

— Hein, se dit-il tout bas, se douterait-il de quelque chose, et m'aurait-il envoyé ce Chicot pour m'espionner ?...

Puis tout haut :

— Voyons, monsieur Chicot, au fait, vous savez que nous n'avons plus que quelques minutes.

— *Optime*, dit Chicot, quelques minutes c'est beaucoup, en quelques minutes on se dit bien des choses ; je vous dirai donc qu'en effet j'aurais pu me dispenser de vous questionner, attendu que si vous n'êtes pas de la sainte Ligue, vous en serez bientôt, indubitablement, attendu que M. d'Anjou en est.

— M. d'Anjou ! qui vous a dit cela ?

— Lui-même parlant à ma personne, comme disent ou plutôt comme écrivent messieurs les gens de loi, comme écrivait par exemple ce bon et cher M. Nicolas David, ce flambeau du *forum parisiense*, lequel flambeau s'est éteint sans qu'on sache qui a soufflé dessus : or, vous comprenez bien que si M. le duc d'Anjou est de la Ligue vous ne pouvez vous dispenser d'en être, vous qui êtes son bras droit, que diable ! La Ligue sait trop bien ce qu'elle fait pour accepter un chef manchot.

— Eh bien ! monsieur Chicot, après ? dit Bussy d'un ton évidemment plus courtois qu'il n'avait été jusque-là.

— Après ? reprit Chicot. Eh bien ! après, si vous en êtes, ou si l'on croit seulement que vous devez en être, et on le croira certainement, il vous arrivera, à vous, ce qui est arrivé à Son Altesse Royale.

— Qu'est-il donc arrivé à Son Altesse Royale ? s'écria Bussy.

— Monsieur, dit Chicot en se relevant et en imitant la pose qu'avait prise Bussy un instant auparavant, Monsieur, je n'aime pas les questions, et, si vous me permettez de le dire tout de suite, je n'aime pas les questionneurs ; j'ai donc grande envie de vous laisser faire, à vous, ce qu'on a fait cette nuit à votre maître.

— Monsieur Chicot, dit Bussy avec un sourire qui contenait toutes les excuses qu'un gentilhomme peut faire, parlez, je vous en supplie, où est M. le duc ?

— Il est en prison.

— Où cela ?

— Dans sa chambre. Quatre de mes bons amis l'y gardent même à vue. M. de Schomberg, qui fut teint en bleu hier soir, comme vous savez, puisque vous passiez là au moment de l'opération ; M. d'Épernon, qui est jaune de la peur qu'il a eue ; M. de Quélus, qui est rouge de colère, et M. de Maugiron, qui est blanc d'ennui ; c'est fort beau à voir, attendu que, comme M. le duc commence à verdir de peur, nous allons jouir d'un arc-en-ciel complet, nous autres privilégiés du Louvre.

— Ainsi, Monsieur, dit Bussy, vous croyez qu'il y a danger pour ma liberté ?

— Danger, un instant, Monsieur ; je suppose même qu'en ce moment on est... on doit... où l'on devrait être en chemin pour vous arrêter.

Bussy tressaillit.

— Aimez-vous la Bastille, monsieur de Bussy ? C'est un endroit fort propre aux méditations, et M. Laurent Testu, qui en est le gouverneur, fait une cuisine assez agréable à ses pigeonneaux.

— On me mettrait à la Bastille ? s'écria Bussy.

— Ma foi ! je dois avoir dans ma poche quelque chose comme un ordre de vous y conduire, monsieur de Bussy. Le voulez-vous voir ?

Et Chicot tira effectivement des poches de ses chausses dans lesquelles eussent tenu trois cuisses comme la sienne, un ordre du roi en bonne forme, commandant d'appréhender au corps, partout où il serait, M. Louis de Clermont, seigneur de Bussy d'Amboise.

— Rédaction de M. de Quélus, dit Chicot, c'est fort bien écrit.

— Alors, Monsieur, s'écria Bussy, touché de l'action de Chicot, vous me rendez donc véritablement un service ?

— Mais je crois que oui, dit le Gascon ; êtes-vous de mon avis, Monsieur ?

— Monsieur, dit Bussy je vous en conjure, traitez-

moi comme un galant homme ; est-ce pour me nuire
en quelque autre rencontre que vous me sauvez
aujourd'hui ? car vous aimez le roi, et le roi ne m'aime
pas.

— Monsieur le comte, dit Chicot en se soulevant
sur sa chaise et en saluant, je vous sauve pour vous
sauver ; maintenant pensez ce qu'il vous plaira de mon
action.

— Mais, de grâce, à quoi dois-je attribuer une
pareille bienveillance ?

— Oubliez-vous que je vous ai demandé une
récompense ?

— C'est vrai.

— Eh bien ?

— Ah ! Monsieur, de grand cœur !

— Vous ferez donc à votre tour ce que je vous
demanderai, un jour ou l'autre ?

— Foi de Bussy ! en tant que la chose sera faisable.

— Eh bien ! voilà qui me suffit, dit Chicot en se
levant. Maintenant, montez à cheval et disparaissez ;
moi, je porte l'ordre de vous arrêter à qui de droit.

— Vous ne deviez donc pas m'arrêter vous-même ?

— Allons donc ! pour qui me prenez-vous ? Je suis
gentilhomme, Monsieur.

— Mais j'abandonne mon maître.

— N'en ayez pas remords, car il vous a déjà abandonné.

— Vous êtes un brave gentilhomme, monsieur
Chicot, dit Bussy au Gascon.

— Parbleu, je le sais bien, répliqua celui-ci.

Bussy appela le Haudouin.

Le Haudouin, il faut lui rendre justice, écoutait à la
porte ; il entra aussitôt.

— Remy ! s'écria Bussy, Remy, Remy, nos chevaux !

— Ils sont sellés, Monseigneur, répondit tranquillement Remy.

— Monsieur, dit Chicot, voilà un jeune homme qui
a beaucoup d'esprit.

— Parbleu, dit Remy, je le sais bien.

Et Chicot le saluant, il salua Chicot comme l'eussent fait, quelque cinquante ans plus tard, Guillaume Gorju et Gauthier Garguille.

Bussy rassembla quelques piles d'écus, qu'il fourra dans ses poches et dans celles du Haudouin.

Après quoi, saluant Chicot et le remerciant une dernière fois, il s'apprêta à descendre.

— Pardon, Monsieur, dit Chicot mais permettez-moi d'assister à votre départ.

Et Chicot suivit Bussy et le Haudouin jusqu'à la petite cour des écuries, où effectivement deux chevaux attendaient tout sellés aux mains du page.

— Et où allons-nous ? fit Remy en rassemblant négligemment les rênes de son cheval.

— Mais... fit Bussy en hésitant ou en paraissant hésiter.

— Que dites-vous de la Normandie, Monsieur ? dit Chicot qui regardait faire et examinait les chevaux en connaisseur.

— Non, répondit Bussy, c'est trop près.

— Que pensez-vous des Flandres ? continua Chicot.

— C'est trop loin.

— Je crois, dit Remy, que vous vous décideriez pour l'Anjou, qui est à une distance raisonnable, n'est-ce pas monsieur le comte ?

— Oui, va pour l'Anjou, dit Bussy en rougissant.

— Monsieur, dit Chicot, puisque vous avez fait votre choix et que vous allez partir...

— A l'instant même.

— J'ai bien l'honneur de vous saluer ; pensez à moi dans vos prières.

Et le digne gentilhomme s'en alla toujours aussi grave et aussi majestueux, en écornant les angles des maisons avec son immense rapière.

— Ce que c'est que le destin, cependant, Monsieur, dit Remy.

— Allons, vite, s'écria Bussy, et peut-être la rattraperons-nous ?

— Ah ! Monsieur, dit le Haudouin, si vous aidez le destin, vous lui ôtez son mérite.

Et ils partirent.

CHAPITRE XLVII

LES ÉCHECS DE CHICOT, LE BILBOQUET DE QUÉLUS
ET LA SARBACANE DE SCHOMBERG

On peut dire que Chicot, malgré son apparente froideur s'en retournait au Louvre avec la joie la plus complète.

C'était pour lui une triple satisfaction d'avoir rendu service à un brave comme l'était Bussy, d'avoir travaillé à quelque intrigue et d'avoir rendu possible, pour le roi, un coup d'État que réclamaient les circonstances.

En effet, avec la tête et surtout le cœur que l'on connaissait à M. de Bussy, avec l'esprit d'association que l'on connaissait à MM. de Guise, on risquait fort de voir se lever un jour orageux sur la bonne ville de Paris.

Tout ce que le roi avait craint, tout ce que Chicot avait prévu arriva comme on pouvait s'y attendre.

M. de Guise, après avoir reçu, le matin, chez lui, les principaux ligueurs, qui, chacun de son côté, étaient venus lui apporter les registres couverts de signatures que nous avons vus ouverts dans les carrefours, aux portes des principales auberges et jusque sur les autels des églises ; M. de Guise, après avoir promis un chef à la Ligue et avoir fait jurer à chacun de reconnaître le chef que le roi nommerait ; M. de Guise, après avoir enfin conféré avec le cardinal et avec M. de Mayenne, était sorti pour se rendre chez M. le duc d'Anjou, qu'il avait perdu de vue la veille, vers les dix heures du soir.

Chicot se doutait de la visite ; aussi, en sortant de chez Bussy, avait-il été incontinent flâner aux environs de l'hôtel d'Alençon, situé au coin de la rue Haute-feuille et de la rue Saint-André.

Il y était depuis un quart d'heure à peine, quand il vit déboucher celui qu'il attendait par la rue de la Huchette.

Chicot s'effaça à l'angle de la rue du Cimetière, et le duc de Guise entra à l'hôtel sans l'avoir aperçu.

Le duc trouva le premier valet de chambre du prince assez inquiet de n'avoir pas vu revenir son maître ; mais il s'était douté de ce qui était arrivé, c'est-à-dire que le duc avait été coucher au Louvre.

Le duc demanda si en l'absence du prince il ne pourrait point parler à Aurilly ; le valet de chambre répondit au duc qu'Aurilly était dans le cabinet de son maître, et qu'il avait toute liberté de l'interroger.

Le duc passa.

Aurilly, en effet, on se le rappelle, joueur de luth et confident du prince, était de tous les secrets de M. le duc d'Anjou, et devait savoir mieux que personne où se trouvait Son Altesse.

Aurilly était pour le moins aussi inquiet que le valet de chambre, et de temps en temps il quittait son luth, sur lequel ses doigts couraient avec distraction, pour se rapprocher de la fenêtre et regarder à travers les vitres si le duc ne revenait pas.

Trois fois on avait envoyé au Louvre, et à chaque fois on avait fait répondre que monseigneur, rentré fort tard au palais, dormait encore.

M. de Guise s'informa à Aurilly du duc d'Anjou.

Aurilly avait été séparé de son maître la veille, au coin de la rue de l'Arbre-Sec, par un groupe qui venait augmenter le rassemblement qui se faisait à la porte de l'hôtellerie de la Belle-Étoile, de sorte qu'il était revenu attendre le duc à l'hôtel d'Alençon, ignorant la résolution qu'avait prise Son Altesse Royale de coucher au Louvre.

Le joueur de luth raconta alors au prince lorrain la triple ambassade qu'il avait envoyée au Louvre, et lui transmit la réponse identique qui avait été faite à chacun des trois messagers.

— Il dort à onze heures ? dit le duc ; ce n'est guère probable ; le roi lui-même est debout d'ordinaire à cette heure. Vous devriez aller au Louvre, Aurilly.

— J'y ai bien songé, Monseigneur, dit Aurilly ; mais je crains que ce prétendu sommeil ne soit une recommandation qu'il ait faite au concierge du Louvre, et qu'il ne soit en galanterie par la ville ; or, s'il en était ainsi, monseigneur serait peut-être contrarié qu'on le cherchât.

— Aurilly, reprit le duc, croyez-moi, monseigneur est un homme trop raisonnable pour être en galanterie un jour comme aujourd'hui. Allez donc au Louvre sans crainte, et vous y trouverez monseigneur.

— J'irai donc, Monsieur, puisque vous le désirez, mais que lui dirai-je ?

— Vous lui direz que la convocation au Louvre était pour deux heures, et qu'il sait bien que nous devions conférer ensemble avant de nous trouver chez le roi. Vous comprenez, Aurilly, ajouta le duc avec un mouvement de mauvaise humeur assez irrespectueux, que ce n'est point au moment où le roi va nommer un chef à la Ligue qu'il s'agit de dormir.

— Fort bien, Monseigneur, et je prierai Son Altesse de venir ici.

— Où je l'attends bien impatiemment, lui direz-vous ; car, convoqués pour deux heures, beaucoup sont déjà au Louvre, et il n'y a pas un instant à perdre. Moi, pendant ce temps, j'enverrai quérir M. de Bussy.

— C'est entendu, Monseigneur. Mais au cas où je ne trouverais point Son Altesse, que ferais-je ?

— Si vous ne trouvez point Son Altesse, Aurilly, n'affectez point de la chercher ; il suffira que vous lui disiez plus tard avec quel zèle j'ai tenté de la rencontrer. Dans tous les cas, à deux heures moins un quart je serai au Louvre.

Aurilly salua le duc et partit.

Chicot le vit sortir et devina la cause de sa sortie.

Si M. le duc de Guise apprenait l'arrestation de M. d'Anjou, tout était perdu, ou, du moins, tout s'embrouillait fort.

Chicot vit qu'Aurilly remontait la rue de la Huchette pour prendre le pont Saint-Michel ; lui, au contraire, alors descendit la rue Saint-André-des-Arts de toute la vitesse de ses longues jambes, et passa la Seine au bas de Nesle, au moment où Aurilly arrivait à peine en vue du grand Châtelet.

Nous suivrons Aurilly, qui nous conduit au théâtre même des événements importants de la journée.

Il descendit les quais garnis de bourgeois, ayant tout l'aspect de triomphateurs, et gagna le Louvre, qui lui apparut au milieu de toute cette joie parisienne, avec sa plus tranquille et sa plus benoîte apparence.

Aurilly savait son monde et connaissait sa cour ; il causa d'abord avec l'officier de la porte, qui était toujours un personnage considérable pour les chercheurs de nouvelles et les flaireurs de scandale.

L'officier de la porte était tout miel ; le roi s'était réveillé de la meilleure humeur du monde.

Aurilly passa de l'officier de la porte au concierge.

Le concierge passait une revue de serviteurs habillés à neuf, et leur distribuait des hallebardes d'un nouveau modèle.

Il sourit au joueur de luth, répondit à ses commentaires sur la pluie et le beau temps, ce qui donna à Aurilly la meilleure opinion de l'atmosphère politique.

En conséquence, Aurilly passa outre et prit le grand escalier, qui conduisait chez le duc, en distribuant force saluts aux courtisans déjà disséminés par les montées et les antichambres.

A la porte de l'appartement de Son Altesse, il trouva Chicot assis sur un pliant.

Chicot jouait aux échecs tout seul et paraissait absorbé dans une profonde combinaison.

Aurilly essaya de passer, mais Chicot, avec ses longues jambes, tenait toute la longueur du palier.

Il fut forcé de frapper sur l'épaule du Gascon.

— Ah ! c'est vous, dit Chicot, pardon, monsieur Aurilly.

— Que faites-vous donc, monsieur Chicot ?

— Je joue aux échecs, comme vous voyez.

— Tout seul ?...

— Oui... j'étudie un coup... Savez-vous jouer aux échecs, Monsieur ?

— A peine.

— Oui, je sais, vous êtes musicien, et la musique est un art si difficile, que les privilégiés qui se livrent à cet art sont forcés de lui donner tout leur temps et toute leur intelligence.

— Il paraît que le coup est sérieux ? demanda en riant Aurilly.

— Oui, c'est mon roi qui m'inquiète ; vous saurez, monsieur Aurilly, qu'aux échecs, le roi est un personnage très niais, très insignifiant, qui n'a pas de volonté, qui ne peut faire qu'un pas à droite, un pas à gauche, un pas en avant, un pas en arrière, tandis qu'il est entouré d'ennemis très alertes, de cavaliers qui sautent trois cases d'un coup et d'une foule de pions qui l'entourent, qui le pressent, qui le harcèlent ; de sorte que s'il est mal conseillé, ah ! dame, en peu de temps c'est un monarque perdu ; il est vrai qu'il a son fou qui va, qui vient, qui trotte d'un bout de l'échiquier à l'autre, qui a le droit de se mettre devant lui, derrière lui, et à côté de lui ; mais il n'en est pas moins certain que plus le fou est dévoué à son roi, plus il s'aventure lui-même, monsieur Aurilly, et, dans ce moment, je vous avouerai que mon roi et son fou sont dans une situation des plus périlleuses.

— Mais, demanda Aurilly, par quel hasard, monsieur Chicot, êtes-vous venu étudier toutes ces combinaisons à la porte de Son Altesse Royale ?

— Parce que j'attends M. de Quélus, qui est là.

— Où là ? demanda Aurilly.

— Mais, chez Son Altesse.

— Chez Son Altesse, M. de Quélus ? fit avec surprise Aurilly.

Pendant tout ce dialogue, Chicot avait livré passage au joueur de luth ; mais de telle façon qu'il avait transporté son établissement dans le corridor, et que le messager de M. de Guise se trouvait placé maintenant entre lui et la porte d'entrée.

Cependant il hésitait à ouvrir cette porte.

— Mais, dit-il, que fait donc M. de Quélus chez M. le duc d'Anjou ? Je ne les savais pas si grands amis.

— Chut ! dit Chicot avec un air de mystère.

Puis, tenant toujours son échiquier entre ses deux mains, il décrivit une courbe avec sa longue personne, de sorte que sans que ses pieds quittassent leur place, ses lèvres arrivèrent à l'oreille d'Aurilly.

— Il vient demander pardon à Son Altesse Royale, dit-il, pour une petite querelle qu'ils eurent hier.

— En vérité ? dit Aurilly.

— C'est le roi qui a exigé cela ; vous savez dans quels excellents termes les deux frères sont en ce moment. Le roi n'a pas voulu souffrir une impertinence de Quélus, et Quélus a reçu l'ordre de s'humilier.

— Vraiment ?

— Ah ! monsieur Aurilly, dit Chicot, je crois que véritablement nous entrons dans l'âge d'or ; le Louvre va devenir l'Arcadie et les deux frères *Arcades ambo.* Ah ! pardon, monsieur Aurilly, j'oublie toujours que vous êtes musicien.

Aurilly sourit et passa dans l'antichambre, en ouvrant la porte assez grande pour que Chicot pût échanger un coup d'œil des plus significatifs avec Quélus, qui d'ailleurs était probablement prévenu à l'avance.

Chicot reprit alors ses combinaisons palamédiques en gourmandant son roi, non pas plus durement peut-être que ne l'eût mérité un souverain en chair et en os, mais plus durement certes que ne le méritait un innocent morceau d'ivoire.

Aurilly, une fois entré dans l'antichambre, fut salué très courtoisement par Quélus, entre les mains de qui un superbe bilboquet d'ébène, enjolivé d'incrustations d'ivoire, faisait de rapides évolutions.

— Bravo ! monsieur de Quélus, dit Aurilly en voyant le jeune homme accomplir un coup difficile, bravo !

— Ah ! mon cher monsieur Aurilly, dit Quélus, quand jouerai-je du bilboquet comme vous jouez du luth ?

— Quand vous aurez étudié autant de jours votre

joujou, dit Aurilly un peu piqué, que j'ai mis, moi, d'années à étudier mon instrument. Mais où est donc monseigneur ? ne lui parliez-vous pas ce matin, Monsieur ?

— J'ai en effet audience de lui, mon cher Aurilly, mais Schomberg a le pas sur moi !

— Ah ! M. de Schomberg aussi ! dit le joueur de luth avec une nouvelle surprise.

— Oh ! mon Dieu ! oui. C'est le roi qui règle cela ainsi ; il est là dans la salle à manger. Entrez donc, monsieur d'Aurilly, et faites-moi le plaisir de rappeler au prince que nous attendons.

Aurilly ouvrit la seconde porte et aperçut Schomberg couché plutôt qu'assis sur un large escabeau tout rembourré de plumes.

Schomberg, ainsi renversé, visait avec une sarbacane à faire passer dans un anneau d'or suspendu au plafond par un fil de soie de petites boules de terre parfumée, dont il avait ample provision dans sa gibecière, et qu'un chien favori lui rapportait toutes les fois qu'elles ne s'étaient pas brisées contre la muraille.

— Quoi ! s'écria d'Aurilly, chez monseigneur un pareil exercice !... Ah ! monsieur de Schomberg !

— Ah ! *guten morgen !* monsieur Aurilly, dit Schomberg en interrompant le cours de son jeu d'adresse, vous voyez je tue le temps en attendant mon audience.

— Mais où est donc monseigneur ? demanda Aurilly.

— Chut ! monseigneur est occupé dans ce moment à pardonner à d'Épernon et à Maugiron. Mais ne voulez-vous point entrer, vous qui jouissez de toutes familiarités près du prince ?

— Peut-être y a-t-il indiscrétion ? demanda le musicien.

— Pas le moins du monde, au contraire ; vous le trouverez dans son cabinet de peinture ; entrez, monsieur Aurilly, entrez.

Et il poussa Aurilly par les épaules dans la pièce voisine, où le musicien ébahi aperçut tout d'abord d'Épernon occupé devant un miroir à se raidir les moustaches avec de la gomme, tandis que Maugiron, assis près de la fenêtre, découpait des gravures près desquelles les bas-reliefs du temple de Vénus Aphrodite à Cnide et les peintures de la piscine de Tibère à Caprée pouvaient passer pour des images de sainteté.

Le duc, sans épée, se tenait dans son fauteuil entre ces deux hommes, qui ne le regardaient que pour surveiller ses mouvements, et qui ne lui parlaient que pour lui faire entendre des paroles désagréables.

En voyant Aurilly, il voulut s'élancer au-devant de lui.

— Tout doux, Monseigneur, dit Maugiron, vous marchez sur mes images.

— Mon Dieu ! s'écria le musicien, que vois-je là ? on insulte mon maître.

— Ce cher M. Aurilly, dit d'Épernon tout en continuant de cambrer ses moustaches, comment va-t-il ? Très bien, car il me paraît un peu rouge.

— Faites-moi donc l'amitié, monsieur le musicien, de m'apporter votre petite dague, s'il vous plaît, dit Maugiron.

— Messieurs, Messieurs, dit Aurilly, ne vous rappelez-vous donc plus où vous êtes ?

— Si fait, si fait, mon cher Orphée, dit d'Épernon, voilà pourquoi mon ami vous demande votre poignard. Vous voyez bien que M. le duc n'en a pas.

— Aurilly, dit le duc avec une voix pleine de douleur et de rage, ne devines-tu donc pas que je suis prisonnier ?

— Prisonnier de qui ?

— De mon frère. N'aurais-tu donc pas dû le comprendre en voyant quels sont mes geôliers ?

Aurilly poussa un cri de surprise.

— Oh ! si je m'en étais douté ! dit-il.

— Vous eussiez pris votre luth pour distraire Son Altesse, cher monsieur Aurilly, dit une voix railleuse, mais j'y ai songé : je l'ai envoyé prendre, et le voici.

Et Chicot tendit effectivement son luth au pauvre musicien ; derrière Chicot on pouvait voir Quélus et Schomberg qui bâillaient à se démonter la mâchoire.

— Et cette partie d'échecs, Chicot ? demanda d'Épernon.

— Ah ! oui, c'est vrai, dit Quélus.

— Messieurs, je crois que mon fou sauvera son roi ; mais, morbleu ! ce ne sera pas sans peine. Allons, monsieur Aurilly, donnez-moi votre poignard en échange de ce luth, troc pour troc.

Le musicien consterné obéit et alla s'asseoir sur un coussin, aux pieds de son maître.

— En voilà déjà un dans la ratière, dit Quélus ; passons aux autres.

Et sur ces mots, qui donnaient à Aurilly l'explication des scènes précédentes, Quélus retourna prendre son poste dans l'antichambre, en priant seulement Schomberg de changer sa sarbacane contre son bilboquet.

— C'est juste, dit Chicot, il faut varier ses plaisirs ; moi, pour varier les miens, je vais signer la Ligue.

Et il referma la porte, laissant la société de Son Altesse royale augmentée du pauvre joueur de luth.

CHAPITRE XLVIII

COMMENT LE ROI NOMMA UN CHEF À LA LIGUE, ET COMMENT CE NE FUT NI SON ALTESSE LE DUC D'ANJOU NI MONSEIGNEUR LE DUC DE GUISE

L'heure de la grande réception était arrivée ou plutôt allait arriver, car, depuis midi, le Louvre recevait déjà les principaux chefs, les intéressés et même les curieux.

Paris, tumultueux comme la veille, mais avec cette différence que les Suisses, qui n'étaient pas de la fête la veille, en étaient le lendemain les acteurs principaux ; Paris, tumultueux comme la veille, disons-nous, avait envoyé vers le Louvre ses députations de ligueurs, ses corporations d'ouvriers, ses échevins, ses

milices et ses flots toujours renaissants de spectateurs,
qui, dans les jours où le peuple tout entier est occupé à
quelque chose, apparaissent autour du peuple pour le
regarder, aussi nombreux, aussi actifs, aussi curieux
que s'il y avait à Paris deux peuples, et comme si, dans
cette grande ville, en petit l'image du monde, chaque
individu se dédoublait à volonté en deux parties, l'une
agissant, l'autre qui regarde agir.

Il y avait donc autour du Louvre une masse considérable de populaire ; mais qu'on ne tremble pas pour
le Louvre. Ce n'était pas encore le temps où le murmure des peuples, changé en tonnerre, renverse les
murailles avec le souffle de ses canons et renverse le
château sur ses maîtres ; les Suisses, ce jour-là, ces
ancêtres du 10 août et du 27 juillet, les Suisses souriaient aux masses de Parisiens, tout armées que
fussent ces masses, et les Parisiens souriaient aux
Suisses : le temps n'était pas encore venu pour le
peuple d'ensanglanter le vestibule des rois.

Qu'on n'aille pas croire, toutefois, que, pour être
moins sombre, le drame fût dénué d'intérêt ; c'était au
contraire une des scènes les plus curieuses que nous
ayons encore esquissées que celle que présentait le
Louvre.

Le roi, dans sa grande salle, dans la salle du trône,
était entouré de ses officiers, de ses amis, de ses
serviteurs, de sa famille, attendant que toutes les corporations eussent défilé devant lui, pour aller ensuite,
en laissant leurs chefs dans ce palais, prendre les
places qui leur étaient assignées sous les fenêtres et
dans les cours du Louvre.

Il pouvait ainsi d'un seul coup, d'un seul bloc, en
masse, embrasser d'un coup d'œil et presque compter
ses ennemis, renseigné de temps en temps par Chicot,
caché derrière son fauteuil royal ; averti par un signe
de la reine mère ou réveillé par quelques frémissements des infimes ligueurs, plus impatients que leurs
chefs parce qu'ils étaient moins avant qu'eux dans le
secret. Tout à coup M. de Monsoreau entra.

— Tiens, dit Chicot, regarde donc, Henriquet.

— Que veux-tu que je regarde ?

— Regarde ton grand veneur, pardieu ! il en vaut bien la peine ; il est assez pâle et assez crotté pour mériter d'être vu.

— En effet, dit le roi, c'est lui-même.

Henri fit un signe à M. de Monsoreau ; le grand veneur s'approcha.

— Comment êtes-vous au Louvre, Monsieur ? demanda Henri. Je vous croyais à Vincennes, occupé à nous détourner un cerf.

— Le cerf était, en effet, détourné à sept heures du matin, sire ; mais, voyant que midi était prêt à sonner et que je n'avais aucune nouvelle, j'ai craint qu'il ne vous fût arrivé malheur, et je suis accouru.

— En vérité ? fit le roi.

— Sire, dit le comte, si j'ai manqué à mon devoir, n'attribuez cette faute qu'à un excès de dévouement.

— Oui, Monsieur, dit Henri, et croyez bien que je l'apprécie.

— Maintenant, reprit le comte avec hésitation, si Votre Majesté exige que je retourne à Vincennes, comme je suis rassuré...

— Non, non, restez, notre grand veneur ; cette chasse était une fantaisie qui nous était passée par la tête, et qui s'en est allée comme elle était venue ; restez, et ne vous éloignez pas ; j'ai besoin d'avoir autour de moi des gens qui me sont dévoués, et vous venez de vous ranger vous-même parmi ceux sur le dévouement desquels je puis compter.

Monsoreau s'inclina.

— Où Votre Majesté veut-elle que je me tienne ? demanda le comte.

— Veux-tu me le donner pour une demi-heure ? demanda tout bas Chicot à l'oreille du roi.

— Pour quoi faire ?

— Pour le tourmenter un peu. Qu'est-ce que cela te fait ? Tu me dois bien un dédommagement pour m'obliger d'assister à une cérémonie aussi fastidieuse que celle que tu nous promets.

— Eh bien ! prends-le.

— J'ai eu l'honneur de demander à Votre Majesté où elle désirait que je prisse place ? demanda une seconde fois le comte.

— Je croyais vous avoir répondu : Où vous voudrez. Derrière mon fauteuil, par exemple. C'est là que je mets mes amis.

— Venez çà, notre grand veneur, dit Chicot en livrant à M. de Monsoreau une portion du terrain qu'il s'était réservé pour lui tout seul, et flairez-moi un peu ces gaillards-là. Voilà un gibier qui se peut détourner sans limier. Ventre de biche, monsieur le comte, quel fumet ! Ce sont les cordonniers qui passent, ou plutôt qui sont passés ; puis voici les tanneurs. Mort de ma vie ! notre grand veneur, si vous perdez la trace de ceux-ci, je vous déclare que je vous ôte le brevet de votre charge !

M. de Monsoreau faisait semblant d'écouter, ou plutôt il écoutait sans entendre.

Il était fort affairé et regardait tout autour de lui avec une préoccupation qui échappa d'autant moins au roi que Chicot eut le soin de la lui faire remarquer.

— Eh ! dit-il tout bas au roi, sais-tu ce que chasse en ce moment ton grand veneur ?

— Non ; que chasse-t-il ?

— Il chasse ton frère d'Anjou.

— Ce n'est pas à vue, en tout cas, dit Henri en riant.

— Non, c'est au juger. Tiens-tu à ce qu'il ignore où il est ?

— Mais je ne serais pas fâché, je l'avoue, qu'il fît fausse route.

— Attends, attends, dit Chicot, je vais le lancer sur une piste, moi. On dit que le loup a le fumet du renard ; il s'y trompera. Demande-lui seulement où est la comtesse.

— Pour quoi faire ?

— Demande toujours, tu verras.

— Monsieur le comte, dit Henri, qu'avez-vous donc fait de madame de Monsoreau ? Je ne l'aperçois pas parmi ces dames ?

Le comte tressaillit comme si un serpent l'eût mordu au pied.

Chicot se grattait le bout du nez en clignant des yeux à l'adresse du roi.

— Sire, répondit le grand veneur, madame la comtesse était malade, l'air de Paris lui est mauvais, elle est partie cette nuit, après avoir sollicité et obtenu congé de la reine, avec le baron de Méridor, son père.

— Et vers quelle partie de la France s'achemine-t-elle ? demanda le roi, enchanté d'avoir une occasion de détourner la tête, tandis que les tanneurs passaient.

— Vers l'Anjou, son pays, sire.

— Le fait est, dit Chicot gravement, que l'air de Paris ne sied point aux femmes enceintes : *Gravidis uxoribus Lutetia inclemens*. Je te conseille d'imiter l'exemple du comte, Henri, et d'envoyer aussi la reine quelque part quand elle le sera...

Monsoreau pâlit et regarda furieusement Chicot, qui, le coude appuyé sur le fauteuil royal et le menton dans sa main, paraissait fort attentif à considérer les passementiers qui suivaient immédiatement les tanneurs.

— Et qui vous a dit, monsieur l'impertinent, que madame la comtesse fût enceinte ? murmura Monsoreau.

— Ne l'est-elle point ? dit Chicot, voilà ce qui serait plus impertinent, ce me semble, à supposer.

— Elle ne l'est pas, Monsieur.

— Tiens, tiens, tiens, dit Chicot, as-tu entendu, Henri ? il paraît que ton grand veneur a commis la même faute que toi : il a oublié de rapprocher les chemises de Notre-Dame.

Monsoreau ferma ses poings et dévora sa colère, après avoir lancé à Chicot un regard de haine et de menace auquel Chicot répondit en enfonçant son chapeau sur ses yeux, et en faisant jouer, comme un serpent, la mince et longue plume qui ombrageait son feutre.

Le comte vit que le moment était mal choisi, et secoua la tête, comme pour faire tomber de son front les nuages dont il était chargé.

Chicot se désassombrit à son tour, et, passant de l'air matamore au plus gracieux sourire :

— Cette pauvre comtesse, ajouta-t-il, elle est dans le cas de périr d'ennui par les chemins.

— J'ai dit au roi, répondit Monsoreau, qu'elle voyageait avec son père.

— Soit, c'est respectable, un père, je ne dis pas non ; mais ce n'est pas amusant ; et si elle n'avait que ce digne baron pour la distraire par les chemins... mais heureusement...

— Quoi ? demanda vivement le comte.

— Quoi, quoi ? répondit Chicot.

— Que veut dire heureusement ?

— Ah ! ah ! c'était une ellipse que vous faisiez, monsieur le comte.

Le comte haussa les épaules.

— Je vous demande bien pardon, notre grand veneur. La forme interrogative dont vous venez de vous servir s'appelle une ellipse. Demandez plutôt à Henri, qui est un philologue.

— Oui, dit Henri, mais que signifiait ton adverbe ?

— Quel adverbe ?

— *Heureusement.*

— Heureusement signifiait heureusement. Heureusement, disais-je, et en cela j'admirais la bonté de Dieu, heureusement donc qu'il existe à l'heure qu'il est, par les chemins, quelques-uns de nos amis, et des plus facétieux même, qui, s'ils rencontrent la comtesse, la distrairont à coup sûr ; et, ajouta négligemment Chicot, comme ils suivent la même route, il est probable qu'ils la rencontreront. Oh ! je les vois d'ici. Les vois-tu, Henri ? toi qui es un homme d'imagination. Les vois-tu sur un beau chemin vert, caracolant avec leurs chevaux, et contant à madame la comtesse cinquante gaillardises dont elle pâme, la chère dame.

Second poignard, plus acéré que le premier, planté dans la poitrine du grand veneur.

Cependant il n'y avait pas moyen d'éclater ; le roi était là, et Chicot avait, momentanément du moins, un

allié dans le roi : aussi, avec une affabilité qui témoignait des efforts qu'il avait dû faire pour dompter sa
méchante humeur :

— Quoi ! vous avez des amis qui voyagent vers
l'Anjou ? dit-il en caressant Chicot du regard et de la
voix.

— Vous pourriez même dire nous avons, monsieur
le comte, car ces amis-là sont encore plus vos amis
que les miens.

— Vous m'étonnez, monsieur Chicot, dit le comte ;
je ne connais personne qui...

— Bon ! faites le mystérieux.

— Je vous jure.

— Vous en avez si bien, monsieur le comte, et
même ce vous sont des amis si chers que tout à
l'heure, par habitude, car vous savez parfaitement
qu'ils sont sur la route de l'Anjou, que tout à l'heure,
par habitude, je vous les ai vu chercher dans la foule,
inutilement, bien entendu.

— Moi, fit le comte, vous m'avez vu ?

— Oui, vous, le grand veneur, le plus pâle de tous
les grands veneurs passés, présents et futurs, depuis
Nemrod jusqu'à M. d'Autefort, votre prédécesseur.

— Monsieur Chicot.

— Le plus pâle, je le répète : *Veritas veritatum*. Ceci
est un barbarisme, attendu qu'il n'y a jamais qu'une
vérité, vu que, s'il y en avait deux, il y en aurait au
moins une qui ne serait pas vraie ; mais vous n'êtes
pas philologue, cher monsieur Ésaü.

— Non, Monsieur, je ne le suis pas ; voilà donc
pourquoi je vous prierai de revenir tout directement à
ces amis dont vous me parliez, et de vouloir bien, si
cependant cette surabondance d'imagination qu'on
remarque en vous vous le permet, et de vouloir bien
nommer ces amis par leurs véritables noms.

— Eh ! vous répétez toujours la même chose. Cherchez, monsieur le grand veneur. Morbleu ! cherchez,
c'est votre métier de détourner les bêtes, témoin ce
malheureux cerf que vous avez dérangé ce matin, et
qui ne devait point s'attendre à cela de votre part. Si

l'on venait vous empêcher de dormir, vous, est-ce que vous seriez content ?

Les yeux de Monsoreau erraient avec effroi sur l'entourage de Henri.

— Quoi ! s'écria-t-il, en voyant une place vide près du roi.

— Allons donc ! dit Chicot.

— M. le duc d'Anjou ? s'écria le grand veneur.

— Taïaut ! taïaut ! dit le Gascon, voilà la bête lancée.

— Il est parti aujourd'hui ! exclama le comte.

— Il *est* parti aujourd'hui, répondit Chicot, mais il est impossible qu'il *ait* parti hier au soir. Vous n'êtes pas philologue, Monsieur ; mais demandez au roi qui l'est. Quand, c'est-à-dire à quel moment a disparu ton frère, Henriquet ?

— Cette nuit, répondit le roi.

— Le duc, le duc est parti, murmura Monsoreau, blême et tremblant. Ah ! mon Dieu ! mon Dieu ! que me dites-vous là, sire ?

— Je ne dis pas, reprit le roi, que mon frère soit parti, je dis seulement que, cette nuit, il a disparu, et que ses meilleurs amis ne savent point où il est.

— Oh ! fit le comte avec colère, si je croyais cela !...

— Eh bien ! eh bien ! que feriez-vous ? d'ailleurs, voyez un peu le grand malheur, quand il conterait quelques douceurs à madame de Monsoreau. C'est le galant de la famille que notre ami François ; il l'était pour le roi Charles IX, du temps que le roi Charles IX vivait, et il l'est pour le roi Henri III, qui a autre chose à faire que d'être galant : que diable ! c'est bien le moins qu'il y ait à la cour un prince qui représente l'esprit français.

— Le duc, le duc parti ! répéta Monsoreau, en êtes-vous bien sûr, Monsieur ?

— Et vous ? demanda Chicot.

Le grand veneur se tourna encore une fois vers la place occupée ordinairement par le duc près de son frère, place qui continuait de demeurer vide.

— Je suis perdu, murmura-t-il avec un mouvement si marqué pour fuir que Chicot le retint.

68

68

68

68

rt# 68

68

68

68

68

68

68

68

68

rt# 68

68

68

— Tenez-vous donc tranquille, mordieu ! vous ne faites que bouger, et cela fait mal au cœur au roi. Mort de ma vie ! je voudrais bien être à la place de votre femme, ne fût-ce que pour voir tout le jour un prince à deux nez, et pour entendre M. Aurilly, qui joue du luth comme feu Orphée. Quelle chance elle a, votre femme ! quelle chance !

Monsoreau frissonna de colère.

— Tout doux, monsieur le grand veneur, dit Chicot, cachez donc votre joie ; voici la séance qui s'ouvre ; c'est indécent de manifester ainsi ses passions ; écoutez le discours du roi.

Force fut au grand veneur de se tenir à sa place, car, en effet, petit à petit la salle du Louvre s'était remplie ; il demeura donc immobile, et dans l'attitude du cérémonial. Toute l'assemblée avait pris séance ; M. de Guise venait d'entrer et de plier le genou devant le roi, non sans jeter, lui aussi, un regard de surprise inquiète sur le siège laissé vacant par M. le duc d'Anjou.

Le roi se leva. Les hérauts commandèrent le silence.

CHAPITRE XLIX

COMMENT LE ROI NOMMA UN CHEF QUI N'ÉTAIT NI SON ALTESSE LE DUC D'ANJOU NI MONSEIGNEUR LE DUC DE GUISE

— Messieurs, dit le roi au milieu du plus profond silence et après s'être assuré que d'Épernon, Schomberg, Maugiron et Quélus, remplacés dans leur garde par un poste de dix Suisses, étaient venus le rejoindre et se tenaient derrière lui ; Messieurs, un roi entend également, placé qu'il est pour ainsi dire entre le ciel et la terre, les voix qui viennent d'en haut et les voix qui viennent d'en bas, c'est-à-dire ce que commande Dieu et ce que demande son peuple. C'est une garantie pour tous mes sujets, et je comprends aussi parfaitement cela, que l'association de tous les pouvoirs réunis en un seul faisceau pour défendre la foi catholique. Aussi ai-je pour agréable le conseil que nous a donné mon cousin de Guise. Je déclare donc la sainte Ligue bien et dûment autorisée et instituée, et comme il faut qu'un si grand corps ait une bonne et puissante tête, comme il importe que le chef appelé à soutenir l'Église soit un des fils les plus zélés de l'Église, et que ce zèle lui soit imposé par sa nature même et sa charge, je prends un prince chrétien pour le mettre à la tête de la Ligue, et je déclare que désormais ce chef s'appellera...

Henri fit à dessein une pause.

Le vol d'un moucheron eût fait événement au milieu de l'immobilité générale.

Henri répéta :

— Et je déclare que ce chef s'appellera Henri de Valois, roi de France et de Pologne.

Henri, en prononçant ces paroles, avait haussé la voix avec une sorte d'affectation, en signe de triomphe et pour échauffer l'enthousiasme de ses amis prêts à éclater, comme aussi pour achever d'écraser les ligueurs dont les sourds murmures décelaient le mécontentement, la surprise et l'épouvante.

Quant au duc de Guise, il était demeuré anéanti ; de larges gouttes de sueur coulaient de son front ; il échangea un regard avec le duc de Mayenne et le cardinal son frère, qui se tenaient au milieu de deux groupes de chefs, l'un à sa droite, l'autre à sa gauche.

Monsoreau, plus étonné que jamais de l'absence du duc d'Anjou, commença à se rassurer en se rappelant les paroles de Henri III.

En effet, le duc pouvait être disparu sans être parti.

Le cardinal quitta, sans affectation, le groupe dans lequel il se trouvait et se glissa jusqu'à son frère.

— François, lui dit-il à l'oreille, ou je me trompe fort, ou nous ne sommes plus en sûreté ici. Hâtons-nous de prendre congé, car la populace est étrange, et le roi qu'elle exécrait hier va devenir son idole pour quelques jours.

— Soit, dit Mayenne, partons. Attendez notre frère ici ; moi, je vais préparer la retraite.

— Allez.

Pendant ce temps, le roi avait signé le premier l'acte préparé sur la table et dressé d'avance par M. de Morvilliers, la seule personne qui fût, avec la reine mère, dans la connaissance du secret ; puis il avait, de ce ton goguenard qu'il savait si bien prendre dans l'occasion, dit en nasillant à M. de Guise :

— Signez donc, mon beau cousin.

Et il lui avait passé la plume.

Puis, lui désignant la place du bout du doigt.

— Là, là, avait-il dit, au-dessous de moi. Maintenant passez à M. le cardinal et à M. le duc de Mayenne.

Mais le duc de Mayenne était déjà au bas des degrés, et le cardinal dans l'autre chambre.

Le roi remarqua leur absence.

— Alors, passez à M. le grand veneur, dit-il.

Le duc signa, passa la plume au grand veneur et fit un mouvement pour se retirer.

— Attendez, dit le roi.

Et pendant que Quélus reprenait d'un air narquois la plume des mains de M. de Monsoreau, et que non seulement toute la noblesse présente, mais encore tous les chefs de corporation convoqués pour ce grand événement s'apprêtaient à signer au-dessous du roi, et sur des feuilles volantes auxquelles devaient faire suite les différents registres où, la veille, chacun avait pu, qu'il fût petit ou grand, noble ou vilain, inscrire son nom en toutes lettres, pendant ce temps, le roi disait au duc de Guise :

— Mon cousin, c'était votre avis, je crois : faire pour garde de notre capitale une bonne armée avec toutes les forces de la Ligue ? L'armée est faite et convenablement faite, puisque le général naturel des Parisiens, c'est le roi.

— Assurément, sire, répondit le duc sans trop savoir ce qu'il disait.

— Mais je n'oublie pas, continua le roi, que j'ai une

autre armée à commander, et que ce commandement
appartient de droit au premier homme de guerre du
royaume. Tandis que moi je commanderai à la Ligue,
allez donc commander l'armée, mon cousin.

— Et quand dois-je partir ? demanda le duc.

— Sur-le-champ, répondit le roi.

— Henri, Henri ! fit Chicot, que l'étiquette empêcha de courir sus au roi pour l'arrêter en pleine
harangue, comme il en avait bonne envie.

Mais comme le roi ne l'avait pas entendu, ou, s'il
l'avait entendu, ne l'avait pas compris, il s'avança
révérencieusement, tenant à la main une énorme
plume, et se faisant jour jusqu'à ce qu'il fût près du
roi :

— Tu te tairas, j'espère, double niais, lui dit-il tout
bas.

Mais il était déjà trop tard.

Le roi, comme nous l'avons vu, avait déjà annoncé
au duc de Guise sa nomination, et lui remettait son
brevet signé à l'avance, et cela malgré tous les gestes et
toutes les grimaces du Gascon.

Le duc de Guise prit son brevet et sortit.

Le cardinal l'attendait à la porte de la salle, et le duc
de Mayenne les attendait tous deux à la porte du
Louvre.

Ils montèrent à cheval à l'instant même, et dix
minutes ne s'étaient point écoulées que tous trois
étaient hors de Paris.

Le reste de l'assemblée se retira peu à peu. Les uns
criaient vive le roi ! les autres criaient vive la Ligue !

— Au moins, dit Henri en riant, j'ai résolu un
grand problème.

— Oh ! oui, murmura Chicot, tu es un fier mathé-
maticien, va !

— Sans doute, reprit le roi, en faisant pousser à
tous ces coquins les deux cris opposés, je suis parvenu
à leur faire crier la même chose.

— *Sta bene !* dit la reine mère à Henri en lui serrant
la main.

— Crois cela et bois du lait, dit le Gascon ; elle
enrage, ses Guises sont presque aplatis du coup.

— Oh ! sire, sire, s'écrièrent les favoris en s'approchant tumultueusement du roi, la sublime imagination que vous avez eue là !

— Ils croient que l'argent va leur pleuvoir comme manne, dit Chicot à l'autre oreille du roi.

Henri fut reconduit en triomphe à son appartement ; au milieu du cortège qui accompagnait et suivait le roi, Chicot jouait le rôle du détracteur antique en poursuivant son maître de ses lamentations.

Cette persistance de Chicot à rappeler au demi-dieu du jour qu'il n'était qu'un homme frappa le roi au point qu'il congédia tout le monde et demeura seul avec Chicot.

— Ah çà, dit Henri en se retournant vers le Gascon, savez-vous que vous n'êtes jamais content, maître Chicot, et que cela devient assommant ! Que diable ! ce n'est pas de la complaisance que je vous demande, c'est du bon sens.

— Tu as raison, Henri, dit Chicot, car c'est ce dont tu as le plus besoin.

— Conviens au moins que le coup est bien joué ?

— C'est justement de cela que je ne veux pas convenir.

— Ah ! tu es jaloux, monsieur le roi de France !

— Moi, Dieu m'en garde ! Je choisirais mieux mes sujets de jalousie.

— Corbleu ! monsieur l'épilogueur !...

— Oh ! quel amour-propre féroce !

— Voyons, suis-je, ou non, roi de la Ligue ?

— Certainement, et c'est incontestable, tu l'es. Mais...

— Mais quoi ?

— Mais tu n'es plus roi de France.

— Et qui donc est roi de France ?

— Tout le monde excepté toi, Henri ; ton frère d'abord.

— Mon frère ! de qui veux-tu parler ?

— De M. d'Anjou, parbleu !

— Que je tiens prisonnier ?

— Oui, car, tout prisonnier qu'il est, il est sacré et toi tu ne l'es pas.

— Par qui est-il sacré ?

— Par le cardinal de Guise ; en vérité, Henri, je te conseille de parler encore de ta police ; on sacre un roi à Paris devant trente-trois personnes, en pleine église Sainte-Geneviève, et tu ne le sais pas.

— Ouais ; et tu le sais, toi ?

— Certainement que je le sais.

— Et comment peux-tu savoir ce que je ne sais pas ?

— Ah ! parce que tu fais faire ta police par M. de Morvilliers, et que moi je fais ma police moi-même.

Le roi fronça le sourcil.

— Nous avons donc déjà, comme roi de France, sans compter Henri de Valois, nous avons François d'Anjou, puis nous avons encore, voyons, dit Chicot en ayant l'air de chercher, nous avons encore le duc de Guise.

— Le duc de Guise ?

— Le duc de Guise, Henri de Guise, Henri le Balafré. Je répète donc : nous avons encore le duc de Guise.

— Beau roi, en vérité, que j'exile, que j'envoie à l'armée.

— Bon ! comme si on ne t'avait pas exilé en Pologne, toi ; comme s'il n'y avait pas plus près de La Charité au Louvre que de Cracovie à Paris ! Ah ! il est vrai que tu l'envoies à l'armée ; voilà où est la finesse du coup, l'habileté de la botte, tu l'envoies à l'armée, c'est-à-dire que tu mets trente mille hommes sous ses ordres ; ventre de biche, et quelle armée ! une vraie armée... ce n'est pas comme ton armée de la Ligue... Non... non... une armée de bourgeois, c'est bon pour Henri de Valois, roi des mignons ; à Henri de Guise, il faut une armée de soldats, et de quels soldats ! durs, aguerris, roussis par le canon, capables de dévorer vingt armées de la Ligue ; de sorte que si, étant roi de fait, Henri de Guise avait un jour la sotte fantaisie de le devenir de nom, il n'aurait qu'à tourner ses trompettes du côté de la capitale, et dire : « En avant ! avalons Paris d'une bouchée, et Henri de Valois et le Louvre avec. » Ils le feraient, les drôles, je les connais.

— Vous oubliez une chose seulement dans votre argumentation, illustre politique que vous êtes, dit Henri.

— Ah ! dame, cela c'est possible, surtout si ce que j'oublie est un quatrième roi.

— Non ; vous oubliez, dit Henri avec un suprême dédain, que, pour songer à régner sur la France, quand c'est un Valois qui porte la couronne, il faut un peu regarder en arrière et compter ses ancêtres. Que pareille idée vienne à M. d'Anjou, passe encore ; il est de race à y prétendre, lui ; ses aïeux sont les miens, il peut y avoir lutte et balance entre nous, car entre nous c'est une question de primogéniture, et voilà tout. Mais M. de Guise... allons donc, maître Chicot, allez étudier le blason, notre ami, et dites-nous si les fleurs de lys de France ne sont pas de meilleure maison que les merlettes de Lorraine.

— Eh ! eh ! fit Chicot, voilà justement où est l'erreur, Henri.

— Comment, où est l'erreur ?

— Sans doute. M. de Guise est de bien meilleure maison que tu ne crois, va.

— De meilleure maison que moi peut-être ? dit Henri en souriant.

— Il n'y a pas de peut-être, mon petit Henriquet.

— Vous êtes fou, monsieur Chicot.

— Dame ! c'est mon titre.

— Mais je dis véritablement fou, mais je dis fou à lier. Allez apprendre à lire, mon ami.

— Eh bien ! Henri, dit Chicot, toi qui sais lire, toi qui n'as pas besoin de retourner comme moi à l'école, lis un peu ceci.

Et Chicot tira de sa poitrine le parchemin sur lequel Nicolas David avait écrit la généalogie que nous connaissons, celle-là même qui était revenue d'Avignon, approuvée par le pape, et qui faisait descendre Henri de Guise de Charlemagne.

Henri pâlit dès qu'il eut jeté les yeux sur le parchemin, et reconnut, près de la signature du légat, le sceau de saint Pierre.

— Qu'en dis-tu, Henri ? demanda Chicot, les fleurs de lys sont un peu distancées, hein ? Ventre de biche ! les merlettes me paraissent vouloir voler aussi haut que l'aigle de César, prends-y garde, mon fils !

— Mais par quels moyens t'es-tu procuré cette généalogie ?

— Moi, est-ce que je m'occupe de ces choses-là ? elle est venue me trouver toute seule.

— Mais où était-elle avant de venir te trouver ?

— Sous le traversin d'un avocat.

— Et comment s'appelait cet avocat ?

— Maître Nicolas David.

— Où était-il ?

— A Lyon.

— Et qui l'a été prendre à Lyon sous le traversin de cet avocat ?

— Un de mes bons amis.

— Que fait cet ami ?

— Il prêche.

— C'est donc un moine.

— Juste.

— Et qui se nomme ?

— Gorenflot.

— Comment ! s'écria Henri ; cet abominable ligueur qui a fait ce discours incendiaire à Sainte-Geneviève, et qui, hier, dans les rues de Paris, m'insultait ?

— Te rappelles-tu l'histoire de Brutus qui faisait le fou...

— Mais c'est donc un profond politique que ton génovéfain ?

— Avez-vous entendu parler de M. Machiavelli, secrétaire de la république de Florence ? Votre grand-mère est son élève.

— Alors, il a soustrait cette pièce à l'avocat ?

— Ah ! bien oui, soustrait, il la lui a prise de force.

— A Nicolas David, à ce spadassin ?

— A Nicolas David, à ce spadassin.

— Mais il est donc brave, ton moine ?

— Comme Bayard !

— Et ayant fait ce beau coup, il ne s'est pas encore présenté devant moi pour recevoir sa récompense ?

— Il est rentré humblement dans son couvent, et il ne demande qu'une chose, c'est qu'on oublie qu'il en est sorti.

— Mais il est donc modeste ?

— Comme saint Crépin.

— Chicot, foi de gentilhomme, ton ami aura la première abbaye vacante, dit le roi.

— Merci pour lui, Henri.

Puis à lui-même :

— Ma foi, se dit Chicot, le voilà entre Mayenne et Valois, entre une corde et une prébende ; sera-t-il pendu ? sera-t-il abbé ? Bien fin qui pourrait le dire.

En tout cas, s'il dort encore, il doit faire en ce moment-ci de drôles de rêves.

CHAPITRE L

ÉTÉOCLE ET POLYNICE

Cette journée de la Ligue finissait tumultueuse et brillante comme elle avait commencé.

Les amis du roi se réjouissaient ; les prédicateurs de la Ligue se préparaient à canoniser frère Henri, et s'entretenaient, comme on avait fait autrefois pour saint Maurice, des grandes actions guerrières de Valois, dont la jeunesse avait été si éclatante.

Les favoris disaient : enfin, le lion s'est réveillé.

Les ligueurs disaient : enfin, le renard a deviné le piège.

Et comme le caractère de la nation française est principalement l'amour-propre, et que les Français n'aiment pas les chefs d'une intelligence inférieure, les conspirateurs eux-mêmes se réjouissaient d'être joués par leur roi.

Il est vrai que les principaux d'entre eux s'étaient mis à l'abri.

Les trois princes lorrains, comme on l'a vu, avaient quitté Paris à franc étrier, et leur agent principal, M. de Monsoreau, allait sortir du Louvre pour faire ses préparatifs de départ, dans le but de rattraper le duc d'Anjou.

Mais, au moment où il allait mettre le pied sur le seuil, Chicot l'aborda. Le palais était vide de ligueurs, le Gascon ne craignait plus rien pour son roi.

— Où allez-vous donc en si grande hâte, monsieur le grand veneur ? demanda-t-il.

— Auprès de Son Altesse, répondit laconiquement le comte.

— Auprès de Son Altesse ?

— Oui, je suis inquiet de Monseigneur. Nous ne vivons pas dans un temps où les princes puissent se mettre en route sans une bonne suite.

— Oh ! celui-là est si brave, dit Chicot, qu'il en est téméraire.

Le grand veneur regarda le Gascon.

— En tout cas, lui dit-il, si vous êtes inquiet, je le suis bien plus encore, moi.

— De qui ?

— Toujours de la même Altesse.

— Pourquoi ?

— Vous ne savez pas ce que l'on dit ?

— Ne dit-on pas qu'il est parti, demanda le comte.

— On dit qu'il est mort, souffla tout bas le Gascon à l'oreille de son interlocuteur.

— Bah ! fit Monsoreau avec une intonation de surprise qui n'était pas exempte d'une certaine joie ; vous disiez qu'il était en route.

— Dame ! on me l'avait persuadé. Je suis de si bonne foi, moi, que je crois toutes les bourdes qu'on me conte ; mais maintenant, voyez-vous, j'ai tout lieu de croire, pauvre prince, que, s'il est en route, c'est pour l'autre monde.

— Voyons, qui vous donne ces funèbres idées ?

— Il est entré au Louvre hier, n'est-ce pas ?

— Sans doute, puisque j'y suis entré avec lui.

— Eh bien ! on ne l'en a pas vu sortir.

— Du Louvre ?

— Non.

— Mais Aurilly ?

— Disparu !

— Mais ses gens ?

— Disparus ! disparus ! disparus !

— C'est une raillerie, n'est-ce pas, monsieur Chicot ? dit le grand veneur.

— Demandez !

— A qui ?

— Au roi.

— On n'interroge point Sa Majesté ?

— Bah ! Il n'y a que manière de s'y prendre.

— Voyons, dit le comte, je ne puis rester dans un pareil doute.

Et quittant Chicot, ou plutôt marchant devant lui, il s'achemina vers le cabinet du roi.

Sa Majesté venait de sortir.

— Où est allé le roi ? demanda le grand veneur ; je dois lui rendre compte de certains ordres qu'il m'a donnés.

— Chez M. le duc d'Anjou, lui répondit celui auquel il s'adressait.

— Chez M. le duc d'Anjou ! dit le comte à Chicot ; le prince n'est donc pas mort ?

— Heu ! fit le Gascon, m'est avis qu'il n'en vaut guère mieux.

Pour le coup, les idées du grand veneur s'embrouillèrent tout à fait : il devenait certain que M. d'Anjou n'avait pas quitté le Louvre. Certains bruits qu'il recueillit, certains mouvements de gens d'office lui confirmèrent la vérité.

Or, comme il ignorait les véritables causes de l'absence du prince, cette absence l'étonnait au-delà de toute mesure dans un moment si décisif.

Le roi, en effet, était allé chez le duc d'Anjou ; mais comme le grand veneur, malgré le grand désir où il était de savoir ce qui se passait chez le prince, ne pouvait y pénétrer, force lui fut d'attendre les nouvelles dans le corridor.

Nous avons dit que, pour assister à la séance, les quatre mignons s'étaient fait remplacer par des Suisses ; mais, aussitôt la séance finie, malgré l'ennui que leur causait la garde qu'ils montaient près du prince, le désir d'être désagréables à Son Altesse en lui apprenant le triomphe du roi l'avait emporté sur l'ennui, et ils étaient venus reprendre leur poste, Schomberg et d'Épernon dans le salon, Maugiron et Quélus dans la chambre même de Son Altesse.

François, de son côté, s'ennuyait mortellement, de cet ennui terrible doublé d'inquiétudes, et, il faut le dire, la conversation de ces messieurs n'était pas faite pour le distraire.

— Vois-tu, disait Quélus à Maugiron, d'un bout de la chambre à l'autre, et comme si le prince n'eût point été là, vois-tu, Maugiron, je commence, depuis une heure seulement, à apprécier notre ami Valois ; en vérité c'est un grand politique.

— Explique ton dire, répondit Maugiron en se carrant dans une chaise longue.

— Le roi a parlé tout haut de la conspiration, donc il la dissimulait ; s'il la dissimulait, c'est qu'il la craignait ; s'il en a parlé tout haut, c'est qu'il ne la craint plus.

— Voilà qui est logique, répondit Maugiron.

— S'il ne la craint plus, il va la punir ; tu connais Valois : il brille certainement par un grand nombre de qualités, mais sa resplendissante personne est assez obscure à l'endroit de la clémence.

— Accordé.

— Or, s'il punit la susdite conspiration, ce sera par un procès ; s'il y a procès, nous allons jouir sans nous déranger d'une seconde représentation de l'affaire d'Amboise.

— Beau spectacle, morbleu !

— Oui, et dans lequel nos places sont marquées d'avance, à moins que...

— Voyons l'à moins que.

— A moins que... c'est possible encore... à moins qu'on ne laisse de côté les formes judiciaires, à cause

de la position des accusés, et qu'on n'arrange cela sous
le manteau de la cheminée, comme on dit.

— Je suis pour ce dernier avis, dit Maugiron ; c'est
assez comme cela que se traitent d'habitude les
affaires de famille, et cette dernière conspiration est
une véritable affaire de famille.

Aurilly lança un coup d'œil inquiet au prince.

— Ma foi, dit Maugiron, je sais une chose, moi :
c'est qu'à la place du roi je n'épargnerais pas les
grosses têtes, en vérité, parce qu'ils sont deux fois plus
coupables que les autres en se permettant de conspirer, ces messieurs se croient toute conspiration per-
mise. Je dis donc que j'en sanglerais un ou deux, un
surtout, mais là, carrément ; puis je noierais tout le
fretin. La Seine est profonde au-devant de Nesle, et à
la place du roi, parole d'honneur, je ne résisterais pas à
la tentation.

— En ce cas, dit Quélus, je crois qu'il ne serait
point mal de faire revivre la fameuse invention des
sacs.

— Et quelle était cette invention ? demanda Maugiron.

— Une fantaisie royale qui date de 1350 à peu
près ; voici la chose : on enfermait un homme dans un
sac en compagnie de trois ou quatre chats, puis on
jetait le tout à l'eau. Les chats, qui ne peuvent pas
souffrir l'humidité, ne se sentaient pas plutôt dans la
Seine, qu'ils s'en prenaient à l'homme de l'accident
qui leur arrivait ; alors il se passait dans ce sac des
choses que malheureusement on ne pouvait pas voir.

— En vérité, dit Maugiron, tu es un puits de
science, Quélus, et ta conversation est des plus inté-
ressantes.

— On pourrait ne pas appliquer cette invention aux
chefs : les chefs ont toujours droit de réclamer le
bénéfice de la décapitation en place publique ou de
l'assassinat dans quelque coin. Mais comme tu le
disais, au fretin, et par fretin j'entends les favoris, les
écuyers, les maîtres d'hôtel, les joueurs de luth...

— Messieurs, balbutia Aurilly pâle de terreur.

— Ne réponds donc pas, Aurilly, dit François, cela ne peut s'adresser à moi ni par conséquent à ma maison : on ne raille pas les princes du sang en France.

— Non, on les traite plus sérieusement, dit Quélus, on leur coupe le cou ; Louis XI ne s'en privait pas, lui, le grand roi ! témoin M. de Nemours.

Les mignons en étaient là de leur dialogue, lorsqu'on entendit du bruit dans le salon, puis la porte de la chambre s'ouvrit, et le roi parut sur le seuil.

François se leva.

— Sire, s'écria-t-il, j'en appelle à votre justice du traitement indigne que me font subir vos gens.

Mais Henri ne parut ni avoir vu ni avoir entendu son frère.

— Bonjour, Quélus, dit Henri en baisant son favori sur les deux joues ; bonjour, mon enfant, ta vue me réjouit l'âme ; et toi, mon pauvre Maugiron, comment allons-nous ?

— Je m'ennuie à périr, dit Maugiron ; j'avais cru, quand je me suis chargé de garder votre frère, sire, qu'il était plus divertissant que cela. Fi ! l'ennuyeux prince, est-ce bien le fils de votre père et de votre mère ?

— Sire, vous l'entendez, dit François, est-il donc dans vos intentions royales que l'on insulte ainsi votre frère ?

— Silence, Monsieur, dit Henri sans se retourner, je n'aime pas que mes prisonniers se plaignent.

— Prisonnier tant qu'il vous plaira, mais ce prisonnier n'en est pas moins votre...

— Le titre que vous invoquez est justement celui qui vous perd dans mon esprit. Mon frère coupable, est coupable deux fois.

— Mais s'il ne l'est pas ?

— Il l'est.

— De quel crime ?

— De m'avoir déplu, Monsieur.

— Sire, dit François humilié, nos querelles de famille ont-elles besoin d'avoir des témoins ?

— Vous avez raison, Monsieur. Mes amis, laissez-moi donc causer un instant avec monsieur mon frère.

— Sire, dit tout bas Quélus, ce n'est pas prudent à Votre Majesté de rester entre deux ennemis.

— J'emmène Aurilly, dit Maugiron à l'autre oreille du roi.

Les deux gentilshommes emmenèrent Aurilly, à la fois brûlant de curiosité et mourant d'inquiétude.

— Nous voici donc seuls, dit le roi.

— J'attendais ce moment avec impatience, sire.

— Et moi aussi : ah ! vous en voulez à ma couronne, mon digne Étéocle ; ah ! vous vous faisiez de la Ligue un moyen et du trône un but. Ah ! l'on vous sacrait dans un coin de Paris, dans une église perdue, pour vous montrer tout à coup aux Parisiens tout reluisant d'huile sainte !

— Hélas ! dit François, qui sentait peu à peu la colère du roi, Votre Majesté ne me laisse pas parler.

— Pourquoi faire ? dit Henri, pour mentir, ou pour me dire du moins des choses que je sais aussi bien que vous ? Mais non, vous mentiriez, mon frère ; car l'aveu de ce que vous avez fait, ce serait l'aveu que vous méritez la mort. Vous mentiriez, et c'est une honte que je vous épargne.

— Mon frère, mon frère, dit François éperdu, est-ce bien votre intention de m'abreuver de pareils outrages ?

— Alors, si ce que je vous dis peut être tenu pour outrageant, c'est moi qui mens, et je ne demande pas mieux que de mentir. Voyons, parlez, parlez, j'écoute ; apprenez-nous comment vous n'êtes pas un déloyal, et, qui pis est, un maladroit.

— Je ne sais ce que Votre Majesté veut dire, et elle semble avoir pris à tâche de me parler par énigmes.

— Alors, je vais vous expliquer mes paroles, moi, s'écria Henri d'une voix pleine de menaces et qui vibrait à la portée des oreilles de François : oui, vous avez conspiré contre moi, comme vous avez autrefois conspiré contre mon frère Charles ; seulement, autrefois c'était à l'aide du roi de Navarre, aujourd'hui c'est à l'aide du duc de Guise. Beau projet, que j'admire et qui vous eût fait une riche place dans l'histoire des usurpateurs. Il est vrai qu'autrefois vous rampiez comme un serpent, et qu'aujourd'hui vous voulez mordre comme un lion ; après la perfidie, la force ouverte ; après le poison, l'épée.

— Le poison ! Que voulez-vous dire, Monsieur ? s'écria François, pâle de rage et cherchant, comme cet Étéocle à qui Henri l'avait comparé, une place où frapper Polynice avec ses regards de flamme, à défaut de glaive et de poignard. Quel poison ?

— Le poison avec lequel tu as assassiné notre frère Charles ; le poison que tu destinais à Henri de Navarre, ton associé. Il est connu, va, ce poison fatal ; notre mère en a déjà usé tant de fois ! Voilà sans doute pourquoi tu y as renoncé à mon égard ; voilà pourquoi tu as voulu prendre des airs de capitaine, en commandant les milices de la Ligue. Mais regarde-moi bien en face, François, continua Henri en faisant vers son frère un pas menaçant, et demeure bien convaincu qu'un homme de ta trempe ne tuera jamais un homme de la mienne.

François chancela sous le poids de cette terrible attaque ; mais, sans égards, sans miséricorde pour son prisonnier, le roi reprit :

— L'épée ! l'épée ! je voudrais bien te voir dans cette chambre, seul à seul avec moi, tenant une épée. Je t'ai déjà vaincu en fourberie, François, car, moi aussi, j'ai pris les chemins tortueux pour arriver au trône de France ; mais ces chemins, il fallait les franchir en passant sur le ventre d'un million de Polonais ; à la bonne heure ! Si vous voulez être fourbe, soyez-le, mais de cette façon ; si vous voulez m'imiter, imitez-moi, mais pas en me rapetissant. Voilà des intrigues royales, voilà de la fourberie digne d'un capitaine ; donc, je le répète, en ruses tu es vaincu, et dans un combat loyal tu serais tué ; ne songe donc plus à lutter d'une façon ni de l'autre ; car, dès à présent, j'agis en roi, en maître, en despote ; dès à présent je te surveille dans tes oscillations, je te poursuis dans tes ténèbres, et à la moindre hésitation, à la moindre obscurité, au moindre doute, j'étends ma large main sur toi, chétif, et je te jette pantelant à la hache de mon bourreau.

Voilà ce que j'avais à te dire relativement à nos affaires de famille, mon frère ; voilà pourquoi je voulais te parler tête à tête, François ; voilà pourquoi je vais ordonner à mes amis de te laisser seul cette nuit, afin que, dans la solitude, tu puisses méditer mes paroles. Si la nuit porte véritablement conseil, comme on dit, ce doit être surtout aux prisonniers.

— Ainsi, murmura le duc, par un caprice de Votre Majesté, sur un soupçon qui ressemble à un mauvais rêve que vous auriez fait, me voilà tombé dans votre disgrâce ?

— Mieux que cela, François : te voilà tombé sous ma justice.

— Mais au moins, sire, fixez un terme à ma captivité, que je sache à quoi m'en tenir.

— Quand on vous lira votre jugement, vous le saurez.

— Ma mère ! ne pourrais-je pas voir ma mère ?

— Pourquoi faire ? Il n'y avait que trois exemplaires au monde du fameux livre de chasse que mon pauvre frère Charles a dévoré, dévoré c'est le mot, et les deux autres sont : l'un à Florence et l'autre à Londres. D'ailleurs, je ne suis pas un Nemrod, moi, comme mon pauvre frère. Adieu ! François.

Le prince tomba atterré sur un fauteuil.

— Messieurs, dit le roi en rouvrant la porte, Messieurs, M. le duc d'Anjou m'a demandé la liberté de réfléchir cette nuit à une réponse qu'il doit me faire demain matin. Vous le laisserez donc seul dans sa chambre, sauf les visites de précaution que de temps en temps vous croirez devoir faire. Vous trouverez peut-être votre prisonnier un peu exalté par la conversation que nous venons d'avoir ensemble ; mais souvenez-vous qu'en conspirant contre moi, M. le duc d'Anjou a renoncé au titre de mon frère ; il n'y a par conséquent ici qu'un captif et des gardes ; pas de cérémonies : si le captif vous désoblige, avertissez-

moi ; j'ai la Bastille sous ma main, et dans la Bastille,
maître Laurent Testu, le premier homme du monde
pour dompter les rebelles humeurs.

— Sire ! sire ! murmura François tentant un dernier
effort, souvenez-vous que je suis votre...

— Vous étiez aussi le frère du roi Charles IX, je
crois, dit Henri.

— Mais au moins, qu'on me rende mes serviteurs,
mes amis.

— Plaignez-vous ! je me prive des miens pour vous
les donner.

Et Henri referma la porte sur la face de son frère,
qui recula pâle et chancelant jusqu'à son fauteuil, dans
lequel il tomba.

CHAPITRE LI

COMMENT ON NE PERD PAS TOUJOURS SON TEMPS
EN FOUILLANT DANS LES ARMOIRES VIDES

La scène que venait d'avoir le duc d'Anjou avec le
roi lui avait fait considérer sa position comme tout à
fait désespérée.

Les mignons ne lui avaient rien laissé ignorer de ce
qui s'était passé au Louvre : ils lui avaient montré la
défaite de MM. de Guise et le triomphe de Henri plus
grands encore qu'ils n'étaient en réalité ; il avait
entendu la voix du peuple criant, chose qui lui avait
paru incompréhensible d'abord, vive le roi et vive la
Ligue ! Il se sentait abandonné des principaux chefs,
qui, eux aussi, avaient à défendre leurs personnes.
Abandonné de sa famille, décimée par les empoi-
sonnements et par les assassinats, divisée par les res-
sentiments et les discordes, il soupirait en tournant les
yeux vers ce passé que lui avait rappelé le roi, et en
songeant que, dans sa lutte contre Charles IX, il avait
au moins pour confidents, ou plutôt pour dupes, ces

deux âmes dévouées, ces deux épées flamboyantes qu'on appelait Coconnas et La Mole.

Le regret de certains avantages perdus est le remords pour beaucoup de consciences.

Pour la première fois de sa vie, en se sentant seul et isolé, M. d'Anjou éprouva comme une espèce de remords d'avoir sacrifié La Mole et Coconnas.

Dans ce temps-là sa sœur Marguerite l'aimait, le consolait. Comment avait-il récompensé sa sœur Marguerite ?

Restait sa mère, la reine Catherine. Mais sa mère ne l'avait jamais aimé. Elle ne s'était jamais servie de lui que comme il se servait des autres, c'est-à-dire à titre d'instrument ; et François se rendait justice. Une fois aux mains de sa mère, il sentait qu'il ne s'appartenait pas plus que le vaisseau ne s'appartient au milieu de l'Océan lorsque souffle la tempête.

Il songea que récemment encore il avait près de lui un cœur qui valait tous les cœurs, une épée qui valait toutes les épées.

Bussy, le brave Bussy lui revint tout entier à la mémoire.

Ah ! pour le coup, ce fut alors que le sentiment qu'éprouva François ressembla à du remords, car il avait désobligé Bussy pour plaire à Monsoreau ; il avait voulu plaire à Monsoreau, parce que Monsoreau savait son secret, et voilà tout à coup que ce secret, dont menaçait toujours Monsoreau, était parvenu à la connaissance du roi, de sorte que Monsoreau n'était plus à craindre.

Il s'était donc brouillé avec Bussy inutilement et surtout gratuitement, action qui, comme l'a dit depuis un grand politique, était bien plus qu'un crime : c'était une faute.

Or, quel avantage c'eût été pour le prince, dans la situation où il se trouvait, que de savoir que Bussy, Bussy reconnaissant, et par conséquent fidèle, veillait sur lui ; Bussy l'invincible ; Bussy le cœur loyal ; Bussy le favori de tout le monde, tant un cœur loyal et une lourde main font d'amis à quiconque a reçu l'un de Dieu et l'autre du hasard.

Bussy veillant sur lui, c'était la liberté probable, c'était la vengeance certaine.

Mais, comme nous l'avons dit, Bussy, blessé au cœur, boudait le prince et s'était retiré sous sa tente, et le prisonnier restait avec cinquante pieds de hauteur à franchir pour descendre dans les fossés, et quatre mignons à mettre hors de combat pour pénétrer jusqu'au corridor.

Sans compter que les cours étaient pleines de Suisses et de soldats.

Aussi de temps en temps il revenait à la fenêtre et plongeait son regard jusqu'au fond des fossés ; mais une pareille hauteur était capable de donner le vertige aux plus braves, et M. d'Anjou était loin d'être à l'épreuve des vertiges.

Outre cela, d'heure en heure, un des gardiens du prince soit Schomberg soit Maugiron, tantôt d'Épernon, tantôt Quélus, entrait, et sans s'inquiéter de la présence du prince, quelquefois même sans le saluer, faisait sa tournée, ouvrant les portes et les fenêtres, fouillant les armoires et les bahuts, regardant sous les lits et sous les tables, s'assurant même que les rideaux étaient à leur place, et que les draps n'étaient point découpés en lanières.

De temps en temps ils se penchaient en dehors du balcon, et les quarante-cinq pieds de hauteur les rassuraient.

— Ma foi, dit Maugiron en rentrant de faire sa perquisition, moi j'y renonce ; je demande à ne plus bouger du salon, où, le jour, nos amis viennent nous voir, et à ne plus me réveiller la nuit, de quatre heures en quatre heures, pour aller faire visite à M. le duc d'Anjou.

— C'est qu'aussi, dit d'Épernon, on voit bien que nous sommes de grands enfants, et que nous avons toujours été capitaines et jamais soldats : nous ne savons pas, en vérité, interpréter une consigne.

— Comment cela ? demanda Quélus.

— Sans doute ; que veut le roi ? c'est que nous gardions M. d'Anjou, et non pas que nous le regardions.

— D'autant mieux, dit Maugiron, qu'il est bon à garder, mais qu'il n'est pas beau à regarder.

— Fort bien, dit Schomberg, mais songeons à ne point nous relâcher de notre surveillance, car le diable est fin.

— Soit, dit d'Épernon ; mais il ne suffit pas d'être fin, ce me semble, pour passer sur le corps à quatre gaillards comme nous.

Et d'Épernon, se redressant, frisa superbement sa moustache.

— Il a raison, dit Quélus.

— Bon ! répondit Schomberg, crois-tu donc M. le duc d'Anjou assez niais pour essayer de s'enfuir précisément par notre galerie ? S'il tient absolument à se sauver, il fera un trou dans le mur.

— Avec quoi ? il n'a pas d'armes.

— Il a les fenêtres, dit assez timidement Schomberg, qui se rappelait avoir lui-même mesuré la profondeur des fossés.

— Ah ! les fenêtres ! il est charmant, sur ma parole, s'écria d'Épernon ; bravo, Schomberg, les fenêtres ! c'est-à-dire que tu sauterais quarante-cinq pieds de hauteur ?

— J'avoue que quarante-cinq pieds...

— Eh bien ! lui qui boite, lui qui est lourd, lui qui est peureux comme...

— Toi, dit Schomberg.

— Mon cher, dit d'Épernon, tu sais bien que je n'ai peur que des fantômes ; ça, c'est une affaire de nerfs.

— C'est, dit gravement Quélus, que tous ceux qu'il a tués en duel lui sont apparus la même nuit.

— Ne rions pas, dit Maugiron ; j'ai lu une foule d'évasions miraculeuses... Avec les draps, par exemple.

— Ah ! pour ceci, l'observation de Maugiron est des plus sensées, dit d'Épernon. Moi, j'ai vu à Bordeaux un prisonnier qui s'était sauvé avec ses draps.

— Tu vois ! dit Schomberg.

— Oui, reprit d'Épernon, mais il avait les reins cassés et la tête fendue ; son drap s'était trouvé d'une trentaine de pieds trop court, il avait été forcé de sauter, de sorte que l'évasion était complète : son corps s'était sauvé de sa prison, et son âme s'était sauvée de son corps.

— Eh bien ! d'ailleurs, s'il s'échappe, dit Quélus, cela nous fera une chasse au prince du sang ; nous le poursuivrons, nous le traquerons, et en le traquant, sans faire semblant de rien, nous tâcherons de lui casser quelque chose.

— Et alors, mordieu ! nous rentrerons dans notre rôle, s'écria Maugiron : nous sommes des chasseurs et non des geôliers.

La péroraison parut concluante, et l'on parla d'autre chose, tout en décidant néanmoins que d'heure en heure on continuerait de faire une visite dans la chambre de M. d'Anjou.

Les mignons avaient parfaitement raison en ceci : que le duc d'Anjou ne tenterait jamais de fuir de vive force, et que, d'un autre côté, il ne se déciderait jamais à une évasion périlleuse ou difficile.

Ce n'est pas qu'il manquât d'imagination, le digne prince, et, nous devons même le dire, son imagination se livrait à un furieux travail, tout en se promenant de son lit au fameux cabinet occupé pendant deux ou trois nuits par La Mole, quand Marguerite l'avait recueilli pendant la soirée de la Saint-Barthélemy.

De temps en temps la figure pâle du prince allait se coller aux carreaux de la fenêtre donnant sur les fossés du Louvre. Au-delà des fossés s'étendait une grève d'une quinzaine de pieds de large, et au delà de cette grève, on voyait, au milieu de l'obscurité, se dérouler la Seine, calme comme un miroir.

De l'autre côté, au milieu des ténèbres, se dressait comme un géant immobile : c'était la tour de Nesle.

Le duc d'Anjou avait suivi le coucher du soleil dans toutes ses phases ; il avait suivi, avec l'intérêt qu'accorde le prisonnier à ces sortes de spectacles, la dégradation de la lumière et les progrès de l'obscurité. Il avait contemplé cet admirable spectacle du vieux Paris, avec ses toits dorés, à une heure de distance, par les derniers feux du soleil, et argentés par les premiers rayons de la lune ; puis peu à peu il s'était senti saisi d'une grande terreur en voyant d'immenses nuages rouler au ciel et annoncer, en s'accumulant au-dessus du Louvre, un orage pour la nuit.

Entre autres faiblesses, le duc d'Anjou avait celle de trembler au bruit de la foudre.

Alors il eût donné bien des choses pour que les mignons le gardassent encore à vue, dussent-ils l'insulter en le gardant.

Cependant, il n'y avait pas moyen de les rappeler : c'était donner trop beau jeu à leurs railleries.

Il essaya de se jeter sur son lit, impossible de dormir ; il voulut lire, les caractères tourbillonnaient devant ses yeux comme des diables noirs ; il tenta de boire, le vin lui parut amer ; il frôla du bout des doigts le luth d'Aurilly resté suspendu à la muraille, mais il sentit que la vibration des cordes agissait sur ses nerfs de telle façon qu'il avait envie de pleurer.

Alors il se mit à jurer comme un païen et à briser tout ce qu'il trouva à la portée de sa main. C'était un défaut de famille, et l'on y était habitué dans le Louvre.

Les mignons entr'ouvrirent la porte pour voir d'où venait cet horrible sabbat ; puis, ayant reconnu que c'était le prince qui se distrayait, ils avaient refermé la porte, ce qui avait doublé la colère du prisonnier.

Il venait justement de briser une chaise, quand un cliquetis au son duquel on ne se méprend jamais, un cliquetis cristallin retentit du côté de la fenêtre, et en même temps M. d'Anjou ressentit une douleur assez aiguë à la hanche.

Sa première idée fut qu'il était blessé d'un coup d'arquebuse, et que ce coup lui était tiré par un émissaire du roi.

— Ah ! traître ! ah ! lâche ! s'écria le prisonnier, tu me fais arquebuser comme tu me l'avais promis. Ah ! je suis mort !

Et il se laissa aller sur le tapis.

Mais, en tombant, il posa la main sur un objet assez

dur, plus inégal et surtout plus gros que ne l'est la balle d'une arquebuse.

— Oh ! une pierre, dit-il, c'est donc un coup de fauconneau ? mais encore j'eusse entendu l'explosion.

Et en même temps il retira et allongea la jambe ; quoique la douleur eût été assez vive, le prince n'avait évidemment rien de cassé.

Il ramassa la pierre et examina le carreau.

La pierre avait été lancée si rudement, qu'elle avait plutôt troué que brisé la vitre.

La pierre paraissait enveloppée dans un papier.

Alors les idées du duc commencèrent à changer de direction. Cette pierre, au lieu de lui être lancée par quelque ennemi, ne lui venait-elle pas au contraire de quelque ami ?

La sueur lui monta au front ; l'espérance, comme l'effroi, a ses angoisses.

Le duc s'approcha de la lumière.

En effet, autour de la pierre, un papier était roulé et maintenu avec une soie nouée de plusieurs nœuds.

Le papier avait naturellement amorti la dureté du silex, qui, sans cette enveloppe, eût certes causé au prince une douleur plus vive que celle qu'il avait ressentie.

Briser la soie, dérouler le papier et le lire fut pour le duc l'affaire d'une seconde : il était complètement ressuscité.

— Une lettre, murmura-t-il en jetant autour de lui un regard furtif.

Et il lut :

« Êtes-vous las de garder la chambre ? aimez-vous le grand air et la liberté ? Entrez dans le cabinet où la reine de Navarre avait caché votre pauvre ami, M. de La Mole ; ouvrez l'armoire, et en déplaçant le tasseau du bas, vous trouverez un double fond : dans ce double fond, il y a une échelle de soie ; attachez-la vous-même au balcon, deux bras vigoureux vous raidiront l'échelle au bas du fossé. Un cheval, vite comme la pensée, vous mènera en lieu sûr.

« UN AMI. »

— Un ami ! s'écria le prince ; un ami ! oh ! je ne savais pas avoir un ami. Quel est donc cet ami qui songe à moi !

Et le duc réfléchit un moment ; mais ne sachant sur qui arrêter sa pensée, il courut regarder à la fenêtre ; il ne vit personne.

— Serait-ce un piège ? murmura le prince chez lequel la peur s'éveillait le premier de tous les sentiments.

— Mais d'abord, ajouta-t-il, on peut savoir si cette armoire a un double fond, et si dans ce double fond il y a une échelle.

Le duc alors, sans changer la lumière de place, et résolu, pour plus de précaution, au simple témoignage de ses mains, se dirigea vers ce cabinet dont tant de fois jadis il avait poussé la porte avec un cœur palpitant, alors qu'il s'attendait à y trouver madame la reine de Navarre, éblouissante de cette beauté que François appréciait plus qu'il ne convenait peut-être à un frère.

Cette fois encore, il faut l'avouer, le cœur battait au duc avec violence.

Il ouvrit l'armoire à tâtons, explora toutes les planches, et arrivé à celle d'en bas, après avoir pesé au fond et pesé sur le devant, il pesa sur un des côtés et sentit la planche qui faisait la bascule.

Aussitôt il introduisit sa main dans la cavité et sentit au bout de ses doigts le contact d'une échelle de soie.

Comme un voleur qui s'enfuit avec sa proie, le duc se sauva dans sa chambre emportant son trésor.

Dix heures sonnèrent, le duc songea aussitôt à la visite qui avait lieu toutes les heures ; il se hâta de cacher son échelle sous le coussin d'un fauteuil et s'assit dessus.

Elle était si artistement faite, qu'elle tenait parfaitement cachée dans l'étroit espace où le duc l'avait enfouie.

En effet, cinq minutes ne s'étaient pas écoulées que Maugiron parut en robe de chambre, tenant une épée nue sous son bras gauche et un bougeoir de la main droite.

Tout en entrant chez le duc, il continuait de parler à ses amis.

— L'ours est en fureur, dit une voix, il cassait tout il n'y a qu'un instant ; prends garde qu'il ne te dévore, Maugiron.

— Insolent ! murmura le duc.

— Je crois que Votre Altesse m'a fait l'honneur de m'adresser la parole, dit Maugiron de son air le plus impertinent.

Le duc, prêt à éclater, se contint en réfléchissant qu'une querelle entraînerait une perte de temps et ferait peut-être manquer son évasion.

Il dévora son ressentiment et fit pivoter son fauteuil de manière à tourner le dos au jeune homme.

Maugiron, suivant les données traditionnelles, s'approcha du lit pour examiner les draps, et de la fenêtre pour reconnaître la présence des rideaux ; il vit bien une vitre cassée, mais il songea que c'était le duc qui, dans sa colère, l'avait brisée ainsi.

— Ouais ! Maugiron, cria Schomberg, es-tu déjà mangé, que tu ne dis mot ? Dans ce cas, soupire, au moins, qu'on sache à quoi s'en tenir et qu'on te venge.

Le duc faisait craquer ses doigts d'impatience.

— Non pas, dit Maugiron. Au contraire, mon ours est fort doux et tout à fait dompté.

Le duc sourit silencieusement au milieu des ténèbres.

Quant à Maugiron, sans même saluer le prince, ce qui était la moindre politesse qu'il dût à un si haut seigneur, il sortit, et en sortant il ferma la porte à double tour.

Le prince le laissa faire, puis, lorsque la clef eut cessé de grincer dans la serrure :

— Messieurs, murmura-t-il, prenez garde à vous ; c'est un animal très fin qu'un ours.

CHAPITRE LII

VENTRE SAINT-GRIS

Resté seul, le duc d'Anjou, sachant qu'il avait au moins une heure de tranquillité devant lui, tira son échelle de corde de dessous son coussin, la déroula, en

examina chaque nœud, en sonda chaque échelon, tout
cela avec la plus minutieuse prudence.

— L'échelle est bonne, dit-il, et, en ce qui dépend
d'elle, on ne me l'offre point comme un moyen de me
briser les côtes.

Alors il la déploya toute, compta trente-huit échelons distants de quinze pouces chacun.

— Allons, la longueur est suffisante, pensa-t-il ;
rien à craindre encore de ce côté.

Il resta un instant pensif.

— Ah ! j'y songe, dit-il, ce sont ces damnés
mignons qui m'envoient cette échelle : je l'attacherai
au balcon, ils me laisseront faire, et tandis que je
descendrai, ils viendront couper les liens, voilà le
piège.

Puis, réfléchissant encore :

— Eh ! non, dit-il, ce n'est pas possible ; ils ne sont
point assez niais pour croire que je m'exposerai à
descendre sans barricader la porte, et, la porte barrica-
dée, ils ont dû calculer que j'aurais le temps de fuir
avant qu'ils l'aient enfoncée.

— Ainsi ferais-je, dit-il en regardant autour de lui,
ainsi ferai-je certainement si je me décidais à fuir.

Cependant, comment supposer que je croirai à
l'innocence de cette échelle trouvée dans une armoire
de la reine de Navarre ? Car, enfin, quelle personne au
monde, excepté ma sœur Marguerite, pourrait
connaître l'existence de cette échelle ?

— Voyons, répéta-t-il, quel est l'ami ? Le billet est
signé : Un ami. Quel est l'ami du duc d'Anjou qui
connaît si bien le fond des armoires de mon appartement ou de celui de ma sœur ?

Le duc achevait à peine de formuler cet argument,
qui lui semblait victorieux, que, relisant le billet pour
en reconnaître l'écriture, si cela était possible, il fut
pris d'une idée soudaine.

— Bussy ! s'écria-t-il.

En effet, Bussy, que tant de dames adoraient,
Bussy, qui semblait un héros à la reine de Navarre,
laquelle poussait, elle l'avoue elle-même dans ses

Mémoires, des cris d'effroi chaque fois qu'il se battait en duel ; Bussy discret, Bussy versé dans la science des armoires, n'était-ce pas, selon toute probabilité, Bussy, le seul de tous ses amis sur lequel le duc pouvait véritablement compter, n'était-ce pas Bussy qui avait envoyé le billet ?

Et la perplexité du prince s'augmenta encore.

Tout se réunissait cependant pour persuader au duc d'Anjou que l'auteur du billet était Bussy. Le duc ne connaissait pas tous les motifs que le gentilhomme avait de lui en vouloir, puisqu'il ignorait son amour pour Diane de Méridor ; il est vrai qu'il s'en doutait quelque peu ; comme le duc avait aimé Diane, il devait comprendre la difficulté qu'il y avait pour Bussy à voir cette belle jeune femme sans l'aimer, mais ce léger soupçon ne s'effaçait pas moins devant les probabilités. La loyauté de Bussy ne lui avait pas permis de demeurer oisif tandis qu'on enchaînait son maître ; Bussy avait été séduit par les dehors aventureux de cette expédition ; il avait voulu se venger du duc à sa façon, c'est-à-dire en lui rendant la liberté. Plus de doute, c'était Bussy qui avait écrit, c'était Bussy qui attendait.

Pour achever de s'éclaircir, le prince s'approcha de la fenêtre ; il vit dans le brouillard qui montait de la rivière trois silhouettes oblongues qui devaient être des chevaux, et deux espèces de pieux qui semblaient plantés sur la grève ; ce devait être deux hommes.

Deux hommes, c'était bien cela : Bussy et son fidèle le Haudouin.

— La tentation est dévorante, murmura le duc, et le piège, si piège il y a, est tendu trop artistement pour qu'il y ait honte à moi de m'y laisser prendre.

François alla regarder au trou de la serrure du salon, il vit ses quatre gardiens ; deux dormaient, deux autres avaient hérité de l'échiquier de Chicot et jouaient aux échecs.

Il éteignit sa lumière.

Puis il alla ouvrir sa fenêtre et se pencha en dehors de son balcon.

Le gouffre qu'il essayait de sonder du regard était rendu plus effrayant encore par l'obscurité. Il recula.

Mais c'est un attrait si irrésistible que l'air et l'espace pour un prisonnier, que François, en rentrant dans sa chambre, se figura qu'il étouffait. Ce sentiment fut tellement ressenti par lui, que quelque chose comme le dégoût de la vie et l'indifférence de la mort passa dans son esprit.

Le prince, étonné, se figura que le courage lui venait.

Alors, profitant de ce moment d'exaltation, il saisit l'échelle de soie, la fixa à son balcon par les crochets de fer qu'elle présentait à l'une de ses extrémités, puis il retourna à la porte qu'il barricada de son mieux, et, bien persuadé que pour vaincre l'obstacle qu'il venait de créer on serait forcé de perdre dix minutes, c'est-à-dire plus de temps qu'il ne lui en fallait pour atteindre le bas de son échelle, il revint à la fenêtre.

Il chercha alors à revoir au loin les chevaux et les hommes, mais il n'aperçut plus rien.

— J'aimerais mieux cela, murmura-t-il : fuir seul vaut mieux que fuir avec l'ami le mieux connu, à plus forte raison avec un ami inconnu.

En ce moment, l'obscurité était complète, et les premiers grondements de l'orage qui menaçait depuis une heure commençaient à faire retentir le ciel ; un gros nuage aux franges argentées s'étendait, comme un éléphant couché, d'un côté à l'autre de la rivière, sa croupe s'appuyant au palais, sa trompe indéfiniment recourbée dépassant la tour de Nesle et se perdant à l'extrémité sud de la ville.

Un éclair lézarda pour un instant le nuage immense, et il sembla au prince apercevoir dans le fossé, au-dessous de lui, ceux qu'il avait cherchés inutilement sur la grève.

Un cheval hennit ; il n'y avait pas de doute, il était attendu.

Le duc secoua l'échelle pour s'assurer qu'elle était solidement attachée, puis il enjamba la balustrade et posa le pied sur le premier échelon.

Nul ne pourrait rendre l'angoisse terrible qui étrei-
gnait en ce moment le cœur du prisonnier, placé entre
un frêle cordonnet de soie pour tout appui, et les
menaces mortelles de son frère.

Mais à peine eût-il posé le pied sur la première
traverse de bois, qu'il lui sembla que l'échelle, au lieu
de vaciller comme il s'y était attendu, se raidissait au
contraire, et que le second échelon se présentait à son
second pied sans que l'échelle eût fait ou paru faire le
mouvement de rotation bien naturel en pareil cas.

Était-ce un ami ou un ennemi qui tenait le bas de
l'échelle ; étaient-ce des bras ouverts ou des bras
armés qui l'attendaient au dernier échelon ?

Une terreur irrésistible s'empara de François ; il
tenait encore le balcon de la main gauche, il fit un
mouvement pour remonter.

On eût dit que la personne invisible qui attendait le
prince au pied de la muraille devinait tout ce qui se
passait dans son cœur, car, au moment même, un petit
tiraillement, bien doux et bien égal, une sorte de solli-
citation de la soie, arriva jusqu'au pied du prince.

— Voilà qu'on tient l'échelle par en bas, dit-il, on
ne veut donc pas que je tombe. Allons, du courage.

Et il continua de descendre ; les deux montants de
l'échelle étaient tendus comme des bâtons.

François remarqua que l'on avait soin d'écarter les
échelons du mur pour faciliter l'appui de son pied.

Dès lors, il se laissa glisser comme une flèche, cou-
lant sur les mains plutôt que sur les échelons, et
sacrifiant à cette rapide descente, le pan doublé de son
manteau.

Tout à coup, au lieu de toucher la terre, qu'il sentait
instinctivement être proche de ses pieds, il se sentit
enlevé dans les bras d'un homme qui lui glissa à
l'oreille ces trois mots :

— Vous êtes sauvé.

Alors on le porta jusqu'au revers du fossé, et là on le
poussa le long d'un chemin pratiqué entre des éboule-
ments de terre et de pierre ; il parvint enfin à la crête ;
à la crête, un autre homme attendait, qui le saisit par le

collet et le tira à lui ; puis, ayant aidé de même son compagnon, courut, courbé comme un vieillard, jusqu'à la rivière.

Les chevaux étaient bien où François les avait vus d'abord.

Le prince comprit qu'il n'y avait plus à reculer ; il était complètement à la merci de ses sauveurs.

Il courut à l'un des trois chevaux, sauta dessus ; ses deux compagnons en firent autant. La même voix qui lui avait déjà parlé tout bas à l'oreille lui dit avec le même laconisme et le même mystère :

— Piquez.

Et tous trois partirent au galop.

— Cela va bien jusqu'à présent, pensait tout bas le prince, espérons que la suite de l'aventure ne démentira point le commencement.

— Merci, merci, mon brave Bussy, murmurait tout bas le prince à son camarade de droite, enveloppé jusqu'au nez dans un grand manteau brun.

— Piquez, répondit celui-ci du fond de son manteau, et lui-même donnant l'exemple, les trois chevaux et les trois cavaliers passaient comme des ombres.

On arriva ainsi au grand fossé de la Bastille, que l'on traversa sur un pont improvisé la veille par les ligueurs, qui, ne voulant pas que leurs communications fussent interrompues avec leurs amis, avaient avisé à ce moyen, qui facilitait, comme on le voit, les relations.

Les trois cavaliers se dirigèrent vers Charenton. Le cheval du prince semblait avoir des ailes.

Tout à coup le compagnon de droite sauta le fossé, et se lança dans la forêt de Vincennes, en disant avec son laconisme ordinaire ce seul mot au prince :

— Venez.

Le compagnon de gauche en fit autant, mais sans parler. Depuis le moment du départ, pas une parole n'était sortie de la bouche de celui-ci.

Le prince n'eût pas même besoin de faire sentir la bride ou les genoux à sa monture ; le noble animal sauta le fossé avec la même ardeur qu'avaient montrée

les deux autres chevaux ; et au hennissement avec
lequel il franchit l'obstacle, plusieurs hennissements
répondirent des profondeurs de la forêt.

Le prince voulut arrêter son cheval, car il craignait
qu'on ne le conduisît à quelque embuscade.

Mais il était trop tard ; l'animal était lancé de façon
à ne plus sentir le mors ; cependant en voyant ses
deux compagnons ralentir leur course, il ralentit aussi
la sienne, et François se trouva dans une sorte de
clairière où huit ou dix hommes à cheval, rangés
militairement, se révélaient aux yeux par le reflet de la
lune qui argentait leur cuirasse.

— Oh ! oh ! fit le prince, que veut dire ceci, Monsieur ?

— Ventre saint-gris ! s'écria celui auquel s'adressait
la question, cela veut dire que nous sommes saufs.

— Vous, Henri, s'écria le duc d'Anjou stupéfait,
vous, mon libérateur ?

— Eh ! dit le Béarnais, en quoi cela peut-il vous
étonner, ne sommes-nous point alliés ?

Puis, jetant les yeux autour de lui pour chercher un
second compagnon :

— Agrippa, dit-il, où diable es-tu ?

— Me voilà, dit d'Aubigné, qui n'avait pas encore
desserré les dents ; bon ! si c'est comme cela que vous
arrangez vos chevaux... avec cela que vous en avez
tant.

— Bon ! bon ! dit le roi de Navarre, ne gronde pas,
pourvu qu'il en reste deux, reposés et frais, avec lesquels nous puissions faire une douzaine de lieues
d'une seule traite, c'est tout ce qu'il me faut.

— Mais où me menez-vous donc, mon cousin ?
demanda François avec inquiétude.

— Où vous voudrez, dit Henri ; seulement allons-y
vite, car d'Aubigné a raison, le roi de France a des
écuries mieux montées que les miennes, et il est assez
riche pour crever une vingtaine de chevaux, s'il a mis
dans sa tête de nous rejoindre.

— En vérité, je suis libre d'aller où je veux ?
demanda François.

— Certainement, et j'attends vos ordres, dit Henri.

— Eh bien ! alors, à Angers.

— Vous voulez aller à Angers ? A Angers, soit : c'est vrai, là vous êtes chez vous.

— Mais vous, mon cousin ?

— Moi, en vue d'Angers, je vous quitte, et je pique vers la Navarre, où ma bonne Margot m'attend ; elle doit même fort s'ennuyer de moi !

— Mais personne ne vous savait ici ? dit François.

— J'y suis venu vendre trois diamants de ma femme.

— Ah ! fort bien.

— Et puis savoir un peu, en même temps, si décidément la Ligue m'allait ruiner.

— Vous voyez qu'il n'en est rien.

— Grâce à vous, oui.

— Comment ! grâce à moi ?

— Eh ! oui, sans doute, si au lieu de refuser d'être chef de la Ligue, quand vous avez su qu'elle était dirigée contre moi, vous eussiez accepté et fait cause commune avec mes ennemis, j'étais perdu. Aussi quand j'ai appris que le roi avait puni votre refus de la prison, j'ai juré que je vous en tirerais, et je vous en ai tiré.

— Toujours aussi simple, se dit en lui-même le duc d'Anjou ; en vérité, c'est conscience que de le tromper.

— Va, mon cousin, dit en souriant le Béarnais, va dans l'Anjou. Ah ! monsieur de Guise, vous croyez avoir ville gagnée ! mais je vous envoie là un compagnon un peu bien gênant ; gare à vous !

Et comme on leur amenait les chevaux frais que Henri avait demandés, tous deux sautèrent en selle et partirent au galop, accompagnés d'Agrippa d'Aubigné qui les suivait en grondant.

CHAPITRE LIII

LES AMIES

Pendant que Paris bouillonnait comme l'intérieur d'une fournaise, madame de Monsoreau, escortée par son père et deux de ces serviteurs qu'on recrutait alors comme des troupes auxiliaires pour une expédition, s'acheminait vers le château de Méridor, par étapes de dix lieues à la journée.

Elle aussi commençait à goûter cette liberté précieuse aux gens qui ont souffert. L'azur du ciel et de la campagne, comparé à ce ciel toujours menaçant, suspendu comme un crêpe sur les tours noires de la Bastille, les feuillages déjà verts, les belles routes se perdant comme de longs rubans onduleux dans le fond des bois ; tout cela lui paraissait frais et jeune, riche et nouveau, comme si réellement elle fût sortie du cercueil où la croyait plongée son père.

Lui, le vieux baron, était rajeuni de vingt ans.

A le voir d'aplomb sur ses étriers, et talonnant le vieux Jarnac, on eût pris le noble seigneur pour un de ces époux barbons qui accompagnent leur jeune fiancée en veillant amoureusement sur elle.

Nous n'entreprendrons pas de décrire ce long voyage. Il n'eut d'autres incidents que le lever et le coucher du soleil. Quelquefois impatiente, Diane se jetait à bas de son lit, lorsque la lune argentait les vitres de sa chambre d'hôtellerie, réveillait le baron, secouait le lourd sommeil de ses gens et l'on partait, par un beau clair de lune, pour gagner quelques lieues sur le long chemin que la jeune femme trouvait infini.

Il fallait d'autres fois la voir, en pleine marche, laisser passer devant Jarnac, tout fier de devancer les autres, puis les serviteurs, et demeurer seule en arrière sur un tertre, afin de regarder dans la profondeur de la vallée si quelqu'un ne suivait pas... Et lorsque la vallée était déserte, lorsque Diane n'avait aperçu que les troupeaux épars dans le pâturage, ou le clocher silencieux de quelque bourg dressé au bout de la route, elle revenait plus impatiente que jamais.

Alors son père, qui l'avait suivie du coin de l'œil, lui disait :

— Ne crains rien, Diane.

— Craindre quoi ? mon père.

— Ne regardes-tu pas si M. de Monsoreau te suit ?

— Ah ! c'est vrai... Oui, je regardais cela, disait la jeune femme avec un nouveau regard en arrière.

Ainsi, de crainte en crainte, d'espoir en déception, Diane arriva, vers la fin du huitième jour, au château de Méridor, et fut reçue au pont-levis par madame de Saint-Luc et son mari, devenus châtelains en l'absence du baron.

Alors commença pour ces quatre personnes une de ces existences comme tout homme en a rêvé en lisant Virgile, Longus et Théocrite.

Le baron et Saint-Luc chassaient du soir au matin. Sur les traces de leurs chevaux s'élançaient les piqueurs. On voyait des avalanches de chiens rouler du haut des collines à la poursuite d'un lièvre ou d'un renard, et quand le tonnerre de cette cavalcade furieuse passait dans les bois, Diane et Jeanne, assises l'une auprès de l'autre sur la mousse à l'ombre de quelque hallier, tressaillaient un moment et reprenaient bientôt leur tendre et mystérieuse conversation.

— Raconte-moi, disait Jeanne, raconte-moi tout ce qui t'est arrivé dans la tombe, car tu étais bien morte pour nous... Vois, l'aubépine en fleur nous jette ses dernières miettes de neige, et les sureaux envoient leurs parfums enivrants. Un doux soleil se joue aux grandes branches des chênes. Pas un souffle dans l'air, pas un être vivant dans le parc, car les daims se sont enfuis tout à l'heure en sentant trembler la terre, et les renards ont bien vite gagné le terrier... Raconte, petite sœur, raconte.

— Que te disais-je ?

— Tu ne me disais rien. Tu es donc heureuse ?... Oh ! cependant ce bel œil noyé dans une ombre bleuâtre, cette pâleur nacrée de tes joues, ce vague élan de la paupière, tandis que la bouche essaie un sourire jamais achevé... Diane, tu dois avoir bien des choses à me dire.

— Rien, rien.

— Tu es donc heureuse... avec M. de Monsoreau ? Diane tressaillit.

— Tu vois bien ! fit Jeanne avec un tendre reproche.

— Avec M. de Monsoreau ! répéta Diane ; pourquoi as-tu prononcé ce nom ? pourquoi viens-tu évoquer ce fantôme au milieu de nos bois, au milieu de nos fleurs, au milieu de notre bonheur...

— Bien, je sais maintenant pourquoi tes beaux yeux sont cerclés de bistre, et pourquoi ils se lèvent si souvent vers le ciel ; mais je ne sais pas encore pourquoi ta bouche essaie de sourire.

Diane secoua tristement la tête.

— Tu m'as dit, je crois, continua Jeanne en entourant de son bras blanc et rond les épaules de Diane, tu m'as dit que M. de Bussy t'avait montré beaucoup d'intérêt...

Diane rougit si fort que son oreille, si délicate et si ronde, parut tout à coup enflammée.

— C'est un charmant cavalier que M. de Bussy, dit Jeanne.

Et elle chanta :

> Un beau chercheur de noise,
> C'est le seigneur d'Amboise.

Diane appuya sa tête sur le sein de son amie, et murmura d'une voix plus douce que celle des fauvettes qui chantaient sous la feuillée :

> Tendre, fidèle aussi,
> C'est le brave...

— Bussy !... dis-le donc, acheva Jeanne en appuyant un joyeux baiser sur les yeux de son amie.

— Assez de folies, dit Diane tout à coup ; M. de Bussy ne pense plus à Diane de Méridor.

— C'est possible, dit Jeanne, mais je croirais assez qu'il plaît beaucoup à Diane de Monsoreau.

— Ne me dis pas cela.

— Pourquoi ? est-ce que cela te déplaît ?

Diane ne répondit pas.

— Je te dis que M. de Bussy ne songe pas à moi...
et il fait bien... Oh ! j'ai été lâche... murmura la jeune
femme...

— Que dis-tu là ?

— Rien, rien.

— Voyons, Diane, tu vas recommencer à pleurer, à
t'accuser... Toi, lâche ! toi mon héroïne ; tu as été
contrainte.

— Je le croyais... je voyais des dangers, des gouffres
sous mes pas... A présent, Jeanne, ces dangers me
semblent chimériques, ces gouffres, un enfant pouvait
les franchir d'une enjambée. J'ai été lâche, te dis-je ;
oh ! que n'ai-je eu le temps de réfléchir !...

— Tu me parles par énigmes.

— Non, ce n'est pas encore cela, s'écria Diane en
se levant dans un désordre extrême. Non, ce n'est pas
ma faute, c'est lui, Jeanne, c'est lui qui n'a pas voulu.
Je me rappelle la situation qui me semblait terrible :
j'hésitais, je flottais... mon père m'offrait son appui et
j'avais peur... *lui, lui* m'offrait sa protection... mais il
ne l'a pas offerte de façon à me convaincre. Le duc
d'Anjou était contre lui ; le duc d'Anjou s'était ligué
avec M. de Monsoreau, diras-tu. Eh bien !
qu'importent le duc d'Anjou et le comte de Monsoreau ! Quand on veut bien une chose, quand on aime
bien quelqu'un, oh ! il n'y aurait ni prince ni maître
qui me retiendrait, vois-tu, Jeanne, si une fois
j'aimais...

Et Diane, en proie à son exaltation, s'était adossée à
un chêne, comme si, l'âme ayant brisé le corps,
celui-ci n'eût plus renfermé assez de force pour se
soutenir.

— Voyons, calme-toi, chère amie, raisonne...

— Je te dis que *nous* avons été *lâches*.

— *Nous*... Oh ! Diane, de qui parles-tu là ? Ce *nous*
est éloquent, ma Diane chérie...

— Je veux dire mon père et moi ; j'espère que tu

n'entends pas autre chose... Mon père est bon gentil-homme, et pouvait parler au roi ; moi, je suis fière et ne crains pas un homme quand je le hais... Mais, vois-tu ! le secret de cette lâcheté, le voici : j'ai compris *qu'il* ne m'aimait pas.

— Tu te mens à toi-même ! s'écria Jeanne... si tu croyais cela, au point où je te vois, tu irais le lui reprocher à lui-même... Mais tu ne le crois pas, tu sais le contraire, hypocrite, ajouta-t-elle avec une tendre caresse pour son amie.

— Tu es payée pour croire à l'amour, toi, répliqua Diane en reprenant sa place auprès de Jeanne ; toi que M. de Saint-Luc a épousée malgré un roi ! toi qu'il a enlevée du milieu de Paris ; toi qu'on a poursuivie peut-être et qui le payes, par tes caresses, de la pros-cription et de l'exil !

— Et il se trouve richement payé, dit l'espiègle jeune femme.

— Mais moi, — réfléchis un peu et ne sois pas égoïste, — moi que ce fougueux jeune homme pré-tend aimer, moi qui ai fixé les regards de l'indompta-ble Bussy, cet homme qui ne connaît pas d'obs-tacles, je me suis mariée publiquement, je me suis offerte aux yeux de toute la cour, et il ne m'a pas regardée ; je me suis confiée à lui dans le cloître de la Gypecienne ; nous étions seuls, il avait Gertrude, le Haudouin, ses deux complices, et moi ! plus complice encore... Oh ! j'y songe, par l'église même, un cheval à la porte, il pouvait m'enlever dans un pan de son manteau ! A ce moment, vois-tu, je le sentais souf-frant, désolé à cause de moi ; je voyais ses yeux lan-guissants, sa lèvre pâlie et brûlée par la fièvre. S'il m'avait demandé de mourir pour rendre l'éclat à ses yeux, la fraîcheur à sa lèvre, je serais morte... Eh bien ! je suis partie, et il n'a pas songé à me retenir par un coin de mon voile. Attends, attends encore... Oh ! tu ne sais pas ce que je souffre... Il savait que je quittais Paris, que je revenais à Méridor ; il savait que M. de Monsoreau... tiens, j'en rougis... que M. de Monso-reau n'est pas mon époux ; il savait que je venais seule, et tout le long de la route, chère Jeanne, je me suis retournée, croyant à chaque instant que j'entendais le galop de son cheval derrière nous. Rien ! c'était l'écho du chemin qui parlait ! Je te dis qu'il ne pense pas à moi, et que je ne vaux pas un voyage en Anjou... quand il y a tant de femmes belles et courtoises à la cour du roi de France, dont un sourire vaut cent aveux de la provinciale enterrée dans les halliers de Méridor. Comprends-tu maintenant ? Es-tu convaincue ? ai-je raison ? suis-je oubliée, méprisée, ma pauvre Jeanne ?

Elle n'avait pas achevé ces mots que le feuillage du chêne craqua violemment ; une poussière de mousse et de plâtre brisé roula le long du vieux mur, et un homme, bondissant du milieu des lierres et des mûriers sauvages, vint tomber aux pieds de Diane, qui poussa un cri terrible.

Jeanne s'était écartée, elle avait vu et reconnu cet homme.

— Vous voyez bien que me voici, murmura Bussy agenouillé en baisant le bas de la robe de Diane, qu'il tenait respectueusement dans sa main tremblante.

Diane reconnut à son tour la voix, le sourire du comte, et saisie au cœur, hors d'elle-même, suffoquée par ce bonheur inespéré, elle ouvrit ses bras et se laissa tomber, privée de sentiment, sur la poitrine de celui qu'elle venait d'accuser d'indifférence.

CHAPITRE LIV

LES AMANTS

Les pâmoisons de joie ne sont ni bien longues ni bien dangereuses. On en a vu de mortelles, mais l'exemple est excessivement rare.

Diane ne tarda donc point à ouvrir les yeux et se trouva dans les bras de Bussy ; car Bussy n'avait pas voulu céder à madame de Saint-Luc le privilège de recueillir le premier regard de Diane.

— Oh ! murmura-t-elle en se réveillant, oh ! c'est affreux, comte, de nous surprendre ainsi.

Bussy attendait d'autres paroles.

Et, qui sait ? les hommes sont si exigeants ! qui sait, disons-nous, s'il n'attendait pas autre chose que des paroles, lui qui avait expérimenté plus d'une fois les retours à la vie après les pâmoisons et les évanouissements ?

Non seulement Diane en demeura là, mais encore elle s'arracha doucement des bras qui la tenaient captive et revint à son amie, qui, discrète d'abord, avait fait plusieurs pas sous les arbres ; puis, curieuse comme l'est toute femme de ce charmant spectacle d'une réconciliation entre gens qui s'aiment, était revenue tout doucement, non pas prendre sa part de la conversation, mais assez près des interlocuteurs pour n'en rien perdre.

— Eh bien ! demanda Bussy, est-ce donc ainsi que vous me recevez, Madame ?

— Non, dit Diane ; car, en vérité, monsieur de Bussy, c'est tendre, c'est affectueux ce que vous venez de faire là... Mais...

— Oh ! de grâce pas de mais... soupira Bussy en reprenant sa place aux genoux de Diane.

— Non, non, pas ainsi, pas à mes genoux, monsieur de Bussy.

— Oh ! laissez-moi un instant vous prier comme je le fais, dit le comte en joignant les mains ; j'ai si longtemps envié cette place.

— Oui ; mais, pour la venir prendre, vous avez passé par-dessus le mur. Non seulement ce n'est pas convenable à un seigneur de votre rang, mais c'est bien imprudent pour quelqu'un qui aurait soin de mon honneur.

— Comment cela ?

— Si l'on vous avait vu, par hasard !

— Qui donc m'aurait vu ?

— Mais nos chasseurs, qui, il y a un quart d'heure à peine, passaient dans le fourré, derrière le mur.

— Oh ! tranquillisez-vous, Madame, je me cache avec trop de soin pour être vu.

— Caché ! Oh ! vraiment, dit Jeanne, c'est du suprême romanesque ; racontez-nous cela, monsieur de Bussy.

— D'abord, si je ne vous ai pas rejointe en route, ce n'est point ma faute ; j'ai pris un chemin et vous l'autre. Vous êtes venue par Rambouillet ; moi, par Chartres. Puis, écoutez, et jugez si votre pauvre Bussy est amoureux ; je n'ai point osé vous rejoindre, et je ne doutais pas cependant que je ne le pusse. Je sentais bien que Jarnac n'était point amoureux, et que le digne animal ne s'exalterait que médiocrement à revenir à Méridor ; votre père aussi n'avait aucun motif de se hâter, puisqu'il vous avait près de lui. Mais ce n'était pas en présence de votre père, ce n'était pas dans la compagnie de vos gens que je voulais vous revoir ; car j'ai plus souci que vous ne le croyez de vous compromettre ; j'ai fait le chemin étape par étape, en mangeant le manche de ma houssine ; le manche de ma houssine fut ma plus habituelle nourriture pendant ces jours.

— Pauvre garçon ! dit Jeanne ; aussi, vois comme il est maigri.

— Vous arrivâtes enfin, continua Bussy ; j'avais pris logement au faubourg de la ville ; je vous vis passer, caché derrière une jalousie.

— Oh ! mon Dieu, demanda Diane, êtes-vous donc à Angers sous votre nom ?

— Pour qui me prenez-vous ? dit en souriant de Bussy ; non pas, je suis un marchand qui voyage ; voyez mon costume couleur cannelle ; il ne me trahit pas trop, c'est une couleur qui se porte beaucoup parmi les drapiers et les orfèvres, et puis encore j'ai un certain air inquiet et affairé qui ne messied pas à un botaniste qui cherche des simples. Bref, on ne m'a pas encore remarqué.

— Bussy, le beau Bussy, deux jours de suite dans une ville de province sans avoir encore été remarqué ? On ne croira jamais cela à la cour.

— Continuez, comte, dit Diane en rougissant. Comment venez-vous de la ville ici, par exemple ?

— J'ai deux chevaux d'une race choisie ; je monte l'un d'eux, je sors au pas de la ville, m'arrêtant à regarder les écriteaux et les enseignes, mais quand une fois je suis loin des regards, mon cheval prend un galop qui lui permet de franchir en vingt minutes les trois lieues et demie qu'il y a d'ici à la ville. Une fois dans les bois de Méridor, je m'oriente et je trouve le mur du parc ; mais il est long, fort long, le parc est grand. Hier j'ai exploré ce mur pendant plus de quatre heures, grimpant çà et là, espérant vous apercevoir toujours. Enfin, je désespérais presque, quand je vous ai aperçue le soir, au moment où vous rentriez à la maison ; les deux grands chiens du baron sautaient après vous, et madame de Saint-Luc leur tenait en l'air un perdreau qu'ils essayaient d'atteindre ; puis vous disparûtes.

Je sautai là ; j'accourus ici, où vous étiez tout à l'heure ; je vis l'herbe et la mousse assidûment foulées ; j'en conclus que vous pourriez bien avoir adopté cet endroit qui est charmant pendant le soleil ; pour me reconnaître alors, j'ai fait des brisées comme à la chasse ; et tout en soupirant, ce qui me fait un mal affreux...

— Par défaut d'habitude, interrompit Jeanne en souriant.

— Je ne dis pas non, Madame ; en soupirant donc, ce qui me fait un mal affreux, je le répète, j'ai repris la route de la ville ; j'étais bien fatigué ; j'avais en outre déchiré mon pourpoint cannelle en montant aux arbres, et cependant, malgré les accrocs de mon pourpoint, malgré l'oppression de ma poitrine, j'avais la joie au cœur : je vous avais vue.

— Il me semble que voilà un admirable récit, dit Jeanne, et que vous avez surmonté là de terribles obstacles ; c'est beau et c'est héroïque ; mais moi, qui crains de monter aux arbres, j'aurais à votre place conservé mon pourpoint et surtout ménagé mes belles mains blanches. Voyez dans quel affreux état sont les vôtres, tout égratignées par les ronces.

— Oui. Mais je n'aurais pas vu celle que je venais voir.

— Au contraire ; j'aurais vu, et beaucoup mieux que vous ne l'aviez fait, Diane de Méridor, et même madame de Saint-Luc.

— Qu'eussiez-vous donc fait ? demanda Bussy avec empressement.

— Je fusse venu droit au pont du château de Méridor, et j'y fusse entré. M. le baron me serrait dans ses bras, madame de Monsoreau me plaçait près d'elle à table, M. de Saint-Luc me comblait de caresses, madame de Saint-Luc faisait avec moi des anagrammes. C'était la chose du monde la plus simple : il est vrai que la chose du monde la plus simple est celle dont les amoureux ne s'avisent jamais.

Bussy secoua la tête avec un sourire et un regard à l'adresse de Diane.

— Oh ! non ! dit-il, non. Ce que vous eussiez fait là, c'était bon pour tout le monde, non pour moi.

Diane rougit comme un enfant, et le même sourire et le même regard se reflétèrent dans ses yeux et sur ses lèvres.

— Allons ! dit Jeanne, voilà, à ce qu'il paraît, que je ne comprends plus rien aux belles manières !

— Non ! dit Bussy en secouant la tête. Non ! je ne pouvais aller au château ! Madame est mariée, M. le baron doit au mari de sa fille, quel qu'il soit, une surveillance sévère.

— Bien, dit Jeanne, voilà une leçon de civilité que je reçois ; merci, monsieur de Bussy, car je mérite de la recevoir ; cela m'apprendra à me mêler aux propos des fous.

— Des fous ? répéta Diane.

— Des fous ou des amoureux, répondit madame de Saint-Luc, et en conséquence...

Elle embrassa Diane au front, fit une révérence à Bussy et s'enfuit.

Diane la voulut retenir d'une main, mais Bussy saisit l'autre, et il fallut bien que Diane, si bien retenue par son amant, se décidât à lâcher son amie.

Bussy et Diane restèrent donc seuls.

Diane regarda madame de Saint-Luc qui s'éloignait en cueillant des fleurs, puis elle s'assit en rougissant.

Bussy se coucha à ses pieds.

— N'est-ce pas, dit-il, que j'ai bien fait, Madame, que vous m'approuvez ?

— Je ne vais pas feindre, répondit Diane, et d'ailleurs, vous savez le fond de ma pensée, oui, je vous approuve, mais ici s'arrêtera mon indulgence ; en vous désirant, en vous appelant comme je faisais tout à l'heure, j'étais insensée, j'étais coupable.

— Mon Dieu ! que dites-vous donc là, Diane ?

— Hélas ! comte, je dis la vérité ! j'ai le droit de rendre malheureux M. de Monsoreau qui m'a poussée à cette extrémité, mais je n'ai ce droit qu'en m'abstenant de rendre un autre heureux. Je puis lui refuser ma présence, mon sourire, mon amour ; mais si je donnais ces faveurs à un autre, je volerais celui-là qui, malgré moi, est mon maître.

Bussy écouta patiemment toute cette morale, fort adoucie, il est vrai, par la grâce et la mansuétude de Diane.

— A mon tour de parler, n'est-ce pas ? dit-il.

— Parlez, répondit Diane.

— Avec franchise ?

— Parlez !

— Eh bien ! de tout ce que vous venez de dire, Madame, vous n'avez pas trouvé un mot au fond de votre cœur.

— Comment ?

— Écoutez-moi sans impatience, Madame, vous voyez que je vous ai écoutée patiemment ; vous m'avez accablé de sophismes.

Diane fit un mouvement.

— Les lieux communs de morale, continua Bussy, ne sont que cela quand ils manquent d'application. En échange de ces sophismes, moi, Madame, je vais vous rendre des vérités. Un homme est votre maître, dites-vous, mais avez-vous choisi cet homme ? Non, une fatalité vous l'a imposé, et vous l'avez subie. Maintenant, avez-vous dessein de souffrir toute votre vie des suites d'une contrainte si odieuse ? Alors c'est à moi de vous en délivrer.

Diane ouvrit la bouche pour parler, Bussy l'arrêta d'un signe.

— Oh ! je sais ce que vous m'allez répondre, dit le jeune homme. Vous me répondrez que si je provoque M. de Monsoreau et si je le tue vous ne me reverrez jamais... Soit, je mourrai de douleur de ne pas vous revoir, mais vous vivrez libre, mais vous vivrez heureuse, mais vous pourrez rendre heureux un galant homme, qui, dans sa joie, bénira quelquefois mon nom et dira : Merci ! Bussy, merci ! de nous avoir délivrés de cet affreux Monsoreau ; et vous-même, Diane, vous qui n'oseriez me remercier vivant, vous me remercierez mort.

La jeune femme saisit la main du comte et la serra tendrement.

— Vous n'avez pas encore imploré, Bussy, dit-elle, et voilà que vous menacez déjà.

— Vous menacer ? Oh ! Dieu m'entend, et il sait quelle est mon intention ; je vous aime si ardemment, Diane, que je n'agirai point comme ferait un autre homme. Je sais que vous m'aimez. Mon Dieu ! n'allez pas vous en défendre, vous rentreriez dans la classe de ces esprits vulgaires dont les paroles démentent les actions. Je le sais, car vous l'avez avoué. Puis, un amour comme le mien, voyez-vous, rayonne comme le soleil et vivifie tous les cœurs qu'il touche ; ainsi, je ne vous supplierai pas, je ne me consumerai pas en désespoir. Non, je me mettrai à vos genoux que je baise, et je vous dirai la main droite sur mon cœur, sur ce cœur qui n'a jamais menti ni par intérêt ni par crainte, je vous dirai : Diane, je vous aime, et ce sera pour toute ma vie ! Diane, je vous jure à la face du ciel que je mourrai pour vous, que je mourrai en vous adorant. Si vous me dites encore : Partez, ne volez pas le bonheur d'un autre, je me relèverai sans soupir, sans un signe, de cette place où je suis si heureux, cependant, et je vous saluerai profondément en me disant : Cette femme ne m'aime pas ; cette femme ne m'aimera jamais. Alors, je partirai et vous ne me reverrez plus jamais. Mais comme mon dévouement pour vous est encore plus grand que mon amour, comme mon désir de vous voir heureuse survivra à la certitude que je ne puis pas être heureux moi-même, comme je n'aurai pas volé le bonheur d'un autre, j'aurai le droit de lui voler sa vie en y sacrifiant la mienne : voilà ce que je ferai, Madame, et cela de peur que vous ne soyez esclave éternellement, et que ce ne vous soit un prétexte à rendre malheureux les braves gens qui vous aiment.

Bussy s'était ému en prononçant ces paroles. Diane lut dans son regard si brillant et si loyal toute la vigueur de sa résolution : elle comprit que ce qu'il disait, il allait le faire ; que ses paroles se traduiraient indubitablement en action, et comme la neige d'avril fond aux rayons du soleil, sa rigueur se fondit à la flamme de ce regard.

— Eh bien ! dit-elle, merci de cette violence que vous me faites, ami. C'est encore une délicatesse de votre part, de m'ôter ainsi jusqu'au remords de vous avoir cédé. Maintenant, m'aimerez-vous jusqu'à la mort, comme vous dites ? maintenant, ne serai-je pas le jeu de votre fantaisie et ne me laisserez-vous pas un jour l'odieux regret de ne pas avoir écouté l'amour de M. de Monsoreau ? Mais non, je n'ai pas de conditions à faire ; je suis vaincue, je suis livrée, je suis à vous, Bussy, d'amour, du moins. Restez donc, ami, et maintenant que ma vie est la vôtre, veillez sur nous.

En disant ces mots, Diane posa une de ses mains si blanches et si effilées sur l'épaule de Bussy, et lui tendit l'autre, qu'il tint amoureusement collée à ses lèvres : Diane frissonna sous ce baiser.

On entendit alors les pas légers de Jeanne, accompagnés d'une petite toux indicatrice.

Elle rapportait une gerbe de fleurs nouvelles et le premier papillon qui se fût encore hasardé peut-être hors de sa coque de soie ; c'était une atalante aux ailes rouges et noires.

Instinctivement les mains entrelacées se désunirent.

Jeanne remarqua ce mouvement.

— Pardon, mes bons amis, de vous déranger, dit-

elle, mais il nous faut rentrer sous peine que l'on
vienne nous chercher ici. Monsieur le comte, regagnez
s'il vous plaît votre excellent cheval qui fait quatre
lieues en une demi-heure, et laissez-nous faire le plus
lentement possible, car je présume que nous aurons
fort à causer, les quinze cents pas qui nous séparent de
la maison. Dame ! voici ce que vous perdez à votre
entêtement, monsieur de Bussy : le dîner du château,
qui est excellent surtout pour un homme qui vient de
monter à cheval et de grimper par-dessus les
murailles, et cent bonnes plaisanteries que nous eussions faites, sans compter certains coups d'œil échan-
gés qui chatouillent mortellement le cœur. Allons,
Diane, rentrons.

Et Jeanne prit le bras de son amie et fit un léger
effort pour l'entraîner avec elle.

Bussy regarda les deux amies avec un sourire.
Diane encore à demi retournée de son côté, lui tendit
la main.

Il se rapprocha d'elles.

— Eh bien ! demanda-t-il, c'est tout ce que vous
me dites ?

— A demain, répliqua Diane, n'est-ce pas
convenu ?

— A demain seulement ?

— A demain et à toujours !

Bussy ne put retenir un petit cri de joie ; il inclina
ses lèvres sur la main de Diane ; puis, jetant un dernier
adieu aux deux femmes, il s'éloigna ou plutôt il
s'enfuit.

Il sentait qu'il lui fallait un effort de volonté pour
consentir à se séparer de celle à laquelle il avait si
longtemps désespéré d'être réuni.

Diane le suivit du regard jusqu'au fond du taillis, et
retenant son amie par le bras, écouta jusqu'au son le
plus lointain de ses pas dans les broussailles.

— Ah ! maintenant, dit Jeanne, lorsque Bussy fut
disparu tout à fait, veux-tu causer un peu avec moi,
Diane ?

— Oh ! oui, dit la jeune femme, tressaillant comme
si la voix de son amie la tirait d'un rêve. Je t'écoute.

— Eh bien ! vois-tu, demain j'irai à la chasse avec Saint-Luc et ton père.

— Comment ! tu me laisseras seule au château ?

— Écoute, chère amie, dit Jeanne ; moi aussi, j'ai mes principes de morale, et il y a certaines choses que je ne puis consentir à faire.

— Oh ! Jeanne, s'écria madame de Monsoreau en pâlissant, peux-tu bien me dire de ces duretés-là, à moi, à ton amie ?

— Il n'y a pas d'amie qui tienne, continua mademoiselle de Brissac avec la même tranquillité ; je ne puis continuer ainsi.

— Je croyais que tu m'aimais, Jeanne, et voilà que tu me perces le cœur, dit la jeune femme avec des larmes dans les yeux ; tu ne veux pas continuer, dis-tu, eh ! quoi donc ne veux-tu pas continuer ?

— Continuer, murmura Jeanne à l'oreille de son amie, continuer de vous empêcher, pauvres amants que vous êtes, de vous aimer tout à votre aise.

Diane saisit dans ses bras la rieuse jeune femme et couvrit de baisers son visage épanoui.

Comme elle la tenait embrassée, les trompes de la chasse firent entendre leurs bruyantes fanfares.

— Allons, on nous appelle, dit Jeanne ; le pauvre Saint-Luc s'impatiente. Ne sois donc pas plus dure envers lui que je ne veux l'être envers l'amoureux en pourpoint cannelle.

CHAPITRE LV

COMMENT BUSSY TROUVA TROIS CENTS PISTOLES DE SON CHEVAL ET LE DONNA POUR RIEN

Le lendemain Bussy partit d'Angers avant que les plus matineux bourgeois de la ville eussent pris leur repas du matin.

Il ne courait pas, il volait sur la route. Diane était

montée sur une terrasse du château, d'où l'on voyait le
chemin sinueux et blanchâtre qui ondulait dans les
prés verts. Elle vit ce point noir qui avançait comme
un météore et laissait plus long derrière lui le ruban
tordu de la route.

Aussitôt elle redescendit pour ne pas laisser à Bussy
le temps d'attendre et pour se faire un mérite d'avoir
attendu.

Le soleil atteignait à peine les cimes des grands
chênes, l'herbe était perlée de rosée ; on entendait au
loin, sur la montagne, le cor de Saint-Luc que Jeanne
excitait à sonner pour rappeler à son amie le service
qu'elle lui rendait en la laissant seule.

Il y avait une joie si grande, si poignante dans le
cœur de Diane ; elle se sentait si enivrée de sa jeunesse, de sa beauté, de son amour, que parfois, en
courant, il lui semblait que son âme enlevait son corps
sur des ailes comme pour le rapprocher de Dieu.

Mais le chemin de la maison au hallier était long, les
petits pieds de la jeune femme se lassèrent de fouler
l'herbe épaisse, et la respiration lui manqua plusieurs
fois en route ; elle ne put donc arriver au rendez-vous
qu'au moment où Bussy paraissait sur la crête du mur
et s'élançait en bas.

Il la vit courir ; elle poussa un petit cri de joie ; il
arriva vers elle les bras étendus ; elle se précipita vers
lui en appuyant ses deux mains sur son cœur : leur
salut du matin fut une longue, une ardente étreinte.

Qu'avaient-ils à se dire ? ils s'aimaient.

Qu'avaient-ils à penser ? ils se voyaient. Qu'avaient-
ils à souhaiter ? ils étaient assis côte à côte, et se
tenaient la main.

La journée passa comme une heure.

Bussy, lorsque Diane la première sortit de cette
torpeur veloutée qui est le sommeil d'une âme lasse de
félicité, Bussy serra la jeune femme rêveuse sur son
cœur et lui dit :

— Diane, il me semble qu'aujourd'hui a commencé
ma vie, il me semble que d'aujourd'hui je vois clair sur
le chemin qui mène à l'éternité. Vous êtes, n'en doutez

pas, la lumière qui me révèle tant de bonheur ; je ne savais rien de ce monde ni de la condition des hommes en ce monde ; aussi, je puis vous répéter ce que hier je vous disais : ayant commencé par vous à vivre, c'est avec vous que je mourrai.

— Et moi, lui répondit-elle, moi qui, un jour, me suis jetée sans regret dans les bras de la mort, je tremble aujourd'hui de ne pas vivre assez longtemps pour épuiser tous les trésors que me promet votre amour. Mais pourquoi ne venez-vous pas au château, Louis ? mon père serait heureux de vous voir ; M. de Saint-Luc est votre ami, et il est discret... Songez qu'une heure de plus à nous voir, c'est inappréciable.

— Hélas ! Diane, si je vais une heure au château, j'irai toujours ; si j'y vais, toute la province le saura ; si le bruit en vient aux oreilles de cet ogre, votre époux, il accourra... Vous m'avez défendu de vous en délivrer...

— A quoi bon ? dit-elle avec cette expression qu'on ne trouve jamais que dans la voix de la femme qu'on aime.

— Eh bien ! pour notre sûreté, c'est-à-dire pour la sécurité de notre bonheur, il importe que nous cachions notre secret à tout le monde : madame de Saint-Luc le sait déjà... Saint-Luc le saura aussi.

— Oh ! pourquoi...

— Me cacheriez-vous quelque chose ? dit Bussy, à moi, à présent.

— Non... c'est vrai.

— J'ai écrit ce matin un mot à Saint-Luc pour lui demander une entrevue à Angers. Il viendra ; j'aurai sa parole de gentilhomme que jamais un mot de cette aventure ne lui échappera. C'est d'autant plus important, chère Diane, que partout certainement on me cherche. Les événements étaient graves lorsque nous avons quitté Paris.

— Vous avez raison... et puis mon père est un homme si scrupuleux, bien qu'il m'aime, qu'il serait capable de me dénoncer à M. de Monsoreau.

— Cachons-nous bien... et si Dieu nous livre à nos ennemis, au moins pourrons-nous dire que faire autrement était impossible.

— Dieu est bon, Louis ; ne doutez pas de lui en ce moment.

— Je ne doute pas de Dieu, j'ai peur de quelque démon, jaloux de voir notre joie.

— Dites-moi adieu, mon seigneur, et ne retournez pas si vite, votre cheval me fait peur.

— Ne craignez rien, il connaît déjà la route ; c'est le plus doux, le plus sûr coursier que j'aie encore monté. Quand je retourne à la ville, abîmé dans mes douces pensées, il me conduit sans que je touche à la bride.

Les deux amants échangèrent mille propos de ce genre entrecoupés de mille baisers.

Enfin la trompe de chasse, rapprochée du château, fit entendre l'air dont Jeanne était convenue avec son amie, et Bussy partit.

Comme il approchait de la ville, rêvant à cette enivrante journée, et tout fier d'être libre, lui que les honneurs, les soins de la richesse et les faveurs d'un prince du sang tenaient toujours embarrassé dans des chaînes d'or, il remarqua que l'heure approchait où l'on allait fermer les portes de la ville. Le cheval, qui avait brouté tout le jour sous les feuillages et l'herbe, avait continué en chemin, et la nuit venait.

Bussy se préparait à piquer pour réparer le temps perdu, quand il entendit derrière lui le galop de quelques chevaux.

Pour un homme qui se cache, et surtout pour un amant, tout semble une menace. Les amants heureux ont cela de commun avec les voleurs. Bussy se demandait s'il valait mieux prendre le galop pour gagner de l'avance, ou se jeter de côté pour laisser passer les cavaliers ; mais leur course était si rapide qu'ils furent sur lui en un moment.

Ils étaient deux. Bussy, jugeant qu'il n'y avait pas lâcheté à éviter deux hommes lorsqu'on en vaut quatre, se rangea et aperçut un des cavaliers dont les talons entraient dans les flancs de sa monture, stimulée d'ailleurs par bon nombre de coups d'étrivières que lui détachait son compagnon.

— Allons, voici la ville, disait cet homme avec un

accent gascon des plus prononcés ; encore trois cents coups de fouet et cent coups d'éperon, du courage et de la vigueur.

— La bête n'a plus le souffle, elle frissonne, elle faiblit, elle refuse de marcher, répondit celui qui précédait... Je donnerais pourtant cent chevaux pour être dans ma ville.

— C'est quelque Angevin attardé, se dit Bussy... Cependant... comme la peur rend les gens stupides ! j'avais cru reconnaître cette voix. Mais voilà le cheval de ce brave homme qui chancelle...

En ce moment les cavaliers étaient au niveau de Bussy sur la route.

— Eh ! prenez garde, s'écria-t-il, Monsieur ; quittez l'étrier, quittez vite, la bête va choir.

En effet, le cheval tomba lourdement sur le flanc, remua convulsivement une jambe comme s'il labourait la terre, et tout d'un coup son souffle bruyant s'arrêta, ses yeux s'obscurcirent : l'écume l'étouffait ; il expira.

— Monsieur, cria le cavalier démonté à Bussy, trois cents pistoles du cheval qui vous porte.

— Ah ! mon Dieu ! s'écria Bussy en se rapprochant...

— M'entendez-vous ? Monsieur, je suis pressé...

— Eh ! mon prince, prenez-le pour rien, dit avec le tremblement d'une émotion indicible Bussy, qui venait de reconnaître le duc d'Anjou.

En même temps on entendit le bruit sec d'un pistolet qu'armait le compagnon du prince.

— Arrêtez ! cria le duc d'Anjou à ce défenseur impitoyable ; — arrêtez ! monsieur d'Aubigné, c'est Bussy, ou le diable m'emporte !

— Eh oui, mon prince, c'est moi ! Mais que diable faites-vous à crever des chevaux à l'heure qu'il est, et sur ce chemin ?

— Ah ! c'est M. de Bussy, dit d'Aubigné ; alors, Monseigneur, vous n'avez plus besoin de moi... Permettez-moi de m'en retourner vers celui qui m'a envoyé, comme dit la Sainte Écriture.

— Non pas sans recevoir mes remerciements bien

sincères et la promesse d'une solide amitié, dit le prince.

— J'accepte tout, Monseigneur, et vous rappellerai vos paroles quelque jour.

— M. d'Aubigné !... Monseigneur !... Ah ! mais je tombe des nues, fit Bussy.

— Ne le savais-tu pas ? dit le prince avec une expression de mécontentement et de défiance qui n'échappa point au gentilhomme... Si tu es ici, n'est-ce pas que tu m'y attendais ?

— Diable ! se dit Bussy en réfléchissant à tout ce que son séjour caché dans l'Anjou pouvait offrir d'équivoque à l'esprit soupçonneux de François, ne nous compromettons pas !

— Je faisais mieux que de vous attendre, dit-il, et tenez, puisque vous voulez entrer en ville avant la fermeture des portes, en selle, Monseigneur.

Il offrit son cheval au prince, qui s'était occupé de débarrasser le sien de quelques papiers importants cachés entre la selle et la housse.

— Adieu donc, Monseigneur, dit d'Aubigné qui fit volte-face. Monsieur de Bussy, serviteur.

Et il partit.

Bussy sauta légèrement en croupe derrière son maître et dirigea le cheval vers la ville, en se demandant tout bas si ce prince habillé de noir n'était pas le sombre démon que lui suscitait l'enfer, jaloux de son bonheur.

Ils entrèrent dans Angers au premier son des trompettes de l'échevinage.

— Que faire maintenant, Monseigneur ?

— Au château ! qu'on arbore ma bannière, qu'on vienne me reconnaître que l'on convoque la noblesse de la province.

— Rien de plus facile, dit Bussy décidé à faire de la docilité pour gagner du temps, et d'ailleurs trop surpris lui-même pour être autre chose que passif.

— Çà, messieurs de la trompette ! cria-t-il aux hérauts qui revenaient après le premier son.

Ceux-ci regardèrent et ne prêtèrent pas grande

attention, parce qu'ils voyaient deux hommes pou-
dreux, suants, et en assez mince équipage.

— Ho ! ho ! dit Bussy en marchant à eux... est-ce
que le maître n'est pas connu dans sa maison ?...
Qu'on fasse venir l'échevin de service !

Ce ton arrogant imposa aux hérauts ; l'un d'eux
s'approcha.

— Jésus-Dieu ! s'écria-t-il avec effroi en regardant
attentivement le duc... n'est-ce pas là notre seigneur et
maître ?

Le duc était fort reconnaissable à la difformité de
son nez partagé en deux, comme le disait la chanson
de Chicot.

— Monseigneur le duc ! ajouta-t-il en saisissant le
bras de l'autre héraut qui bondit d'une surprise
pareille.

— Vous en savez aussi long que moi maintenant,
dit Bussy, enflez-moi votre haleine, faites suer sang et
eau à vos trompettes, et que toute la ville sache dans
un quart d'heure que Monseigneur est arrivé chez lui.

Nous, Monseigneur, allons lentement au château.
Quand nous y arriverons, la broche sera déjà mise
pour nous recevoir.

En effet, au premier cri des hérauts les groupes se
formèrent, au second les enfants et les commères
coururent tous les quartiers en criant :

— Monseigneur est dans la ville !... Noël à Monseigneur !

Les échevins, le gouverneur, les principaux gentilshommes, se précipitèrent vers le palais, suivis d'une
foule qui devenait de plus en plus compacte.

Ainsi que l'avait prévu Bussy, les autorités de la ville
étaient au château avant le prince pour le recevoir
dignement. Lorsqu'il traversa le quai, à peine put-il
fendre la presse ; mais Bussy avait retrouvé un des
hérauts, qui, frappant à coups de trompette sur le
populaire empressé, fraya un passage à son prince
jusqu'aux degrés de la maison de ville.

Bussy formait l'arrière-garde.

— Messieurs et très féaux amés, dit le prince, je

suis venu me jeter dans ma bonne ville d'Angers. À
Paris, les dangers les plus terribles ont menacé ma vie ;
j'avais perdu même ma liberté. J'ai réussi à fuir grâce à
de bons amis.

Bussy se mordit les lèvres, il devinait le sens du
regard ironique de François.

— Et depuis que je me sens dans votre ville, ma
tranquillité, ma vie sont assurées.

Les magistrats, stupéfaits, crièrent faiblement : Vive
notre seigneur !

Le peuple, qui espérait les aubaines usitées à chaque
voyage du prince, cria vigoureusement : Noël !

— Soupons, dit le prince, je n'ai rien pris depuis ce
matin.

Le duc fut entouré en un moment de toute la
maison qu'il entretenait à Angers en qualité de duc
d'Anjou, et dont les principaux serviteurs seuls
connaissaient leur maître.

Puis ce fut le tour des gentilshommes et des dames
de la ville.

La réception dura jusqu'à minuit, la ville fut illumi-
née, les coups de mousquet retentirent dans les rues et
sur les places, la cloche de la cathédrale fut mise en
branle ; et le vent porta jusqu'à Méridor les bouffées
bruyantes de la joie traditionnelle des bons Angevins.

CHAPITRE LVI

DIPLOMATIE DE M. LE DUC D'ANJOU

Quand le bruit des mousquets se fut un peu calmé
dans les rues, quand les battements de la cloche eurent
ralenti leurs vibrations, quand les antichambres furent
dégarnies, quand enfin Bussy et le duc d'Anjou se
trouvèrent seuls :

— Causons, dit le duc.

En effet, grâce à sa perspicacité, François compre-

naît que Bussy, depuis leur rencontre, avait fait beaucoup plus d'avances qu'il n'avait l'habitude d'en faire ;
il jugea alors, avec sa connaissance de la cour, qu'il
était dans une position embarrassée, et que, par
conséquent, il pouvait, avec un peu d'adresse, prendre
avantage sur lui.

Mais Bussy avait eu le temps de se préparer, et il
attendait son prince de pied ferme.

— Causons, Monseigneur, répliqua-t-il.

— Le dernier jour que nous nous vîmes, dit le
prince, vous étiez bien malade, mon pauvre Bussy !

— C'est vrai, Monseigneur, répliqua le jeune
homme ; j'étais très malade, et c'est presque un
miracle qui m'a sauvé.

— Ce jour-là il y avait près de vous, continua le
duc, certain médecin bien enragé pour votre salut, car
il mordait vigoureusement, ce me semble, ceux qui
vous approchaient.

— C'est encore vrai, mon prince, car le Haudouin
m'aime beaucoup.

— Il vous tenait rigoureusement au lit, n'est-ce
pas ?

— Ce dont j'enrageais de toute mon âme, comme
Votre Altesse a pu le voir.

— Mais, dit le duc, si vous eussiez si fort enragé,
vous auriez pu envoyer la Faculté à tous les diables, et
sortir avec moi, comme je vous en priais.

— Dame ! fit Bussy en tournant et retournant de
cent façons entre ses doigts son chapeau de pharma-
cien.

— Mais, continua le duc, comme il s'agissait d'une
grave affaire, vous avez eu peur de vous compromettre.

— Plaît-il ? dit Bussy en enfonçant d'un coup de
poing le même chapeau sur ses yeux ; vous avez dit, je
crois, que j'ai eu peur de me compromettre, mon
prince ?

— Je l'ai dit, répliqua le duc d'Anjou.

Bussy bondit de sa chaise et se trouva debout.

— Eh bien ! vous en avez menti, Monseigneur,

s'écria-t-il, menti à vous-même, entendez-vous, car vous ne croyez pas un mot, mais pas un seul, de ce que vous venez de dire ; il y a sur ma peau vingt cicatrices qui prouvent que je me suis compromis quelquefois, mais que je n'ai jamais eu peur ; et ma foi je connais beaucoup de gens qui ne sauraient pas en dire et surtout en montrer autant.

— Vous avez toujours des arguments irréfragables, monsieur de Bussy, reprit le duc fort pâle et fort agité ; quand on vous accuse, vous criez plus haut que le reproche, et alors vous vous figurez que vous avez raison.

— Oh ! je n'ai pas toujours raison, Monseigneur, dit Bussy, je le sais bien, mais je sais bien aussi dans quelles occasions j'ai tort.

— Et dans lesquelles avez-vous tort ? dites, je vous prie.

— Quand je sers des gens ingrats.

— En vérité, Monsieur, je crois que vous vous oubliez, dit le prince en se levant tout à coup avec cette dignité qui lui était propre dans certaines circonstances.

— Eh bien ! je m'oublie, Monseigneur, dit Bussy ; une fois dans votre vie, faites-en autant, oubliez-vous ou oubliez-moi.

Bussy fit alors deux pas pour sortir ; mais le prince fut encore plus prompt que lui, et le gentilhomme trouva le duc devant la porte.

— Nierez-vous, Monsieur, dit le duc, que, le jour où vous avez refusé de sortir avec moi, vous ne soyez sorti l'instant d'après ?

— Moi, dit Bussy, je ne nie jamais rien, Monseigneur, si ce n'est ce qu'on veut me forcer d'avouer.

— Dites-moi donc alors pourquoi vous vous êtes obstiné à rester en votre hôtel ?

— Parce que j'avais des affaires.

— Chez vous ?

— Chez moi ou ailleurs.

— Je croyais que quand un gentilhomme est au service d'un prince, ses principales affaires sont les affaires de ce prince.

— Et d'habitude qui donc les fait, vos affaires, Monseigneur, si ce n'est moi ?

— Je ne dis pas non, dit François, et d'ordinaire je vous trouve fidèle et dévoué ; je dirai même plus, j'excuse votre mauvaise humeur.

— Ah ! vous êtes bien bon.

— Oui, car vous aviez quelque raison de m'en vouloir.

— Vous l'avouez, Monseigneur ?

— Oui. Je vous avais promis la disgrâce de M. de Monsoreau. Il paraît que vous le détestez fort, M. de Monsoreau.

— Moi, pas du tout. Je lui trouve une laide figure, et j'aurais voulu qu'il s'éloignât de la cour pour ne point avoir cette figure sous les yeux. Vous, au contraire, Monseigneur, vous aimez cette figure-là. Il ne faut pas discuter sur les goûts.

— Eh bien ! alors, comme c'était votre seule excuse que de me bouder comme eût fait un enfant gâté et hargneux, je vous dirai que vous avez doublement eu tort de ne pas vouloir sortir avec moi, et de sortir après moi pour faire des vaillantises inutiles.

— J'ai fait des vaillantises inutiles, moi ? et tout à l'heure vous me reprochiez d'avoir eu... Voyons, Monseigneur, soyons conséquent ; quelles vaillantises ai-je faites ?

— Sans doute ; que vous en vouliez à M. d'Épernon et à M. de Schomberg, je conçois cela. Je leur en veux, moi aussi, et même mortellement ; mais il fallait se borner à leur en vouloir, et attendre le moment.

— Oh ! oh ! dit Bussy, qu'y a-t-il encore là-dessous, Monseigneur ?

— Tuez-les, morbleu ! tuez-les tous deux, tuez-les tous quatre, je ne vous en serai que plus reconnaissant ; mais ne les exaspérez pas, surtout quand vous êtes loin, car leur exaspération retombe sur moi.

— Voyons, que lui ai-je donc fait, à ce digne Gascon ?

— Vous parlez de d'Épernon, n'est-ce pas ?

— Oui.

— Eh bien ! vous l'avez fait lapider.

— Moi ?

— Au point que son pourpoint a été mis en lambeaux, son manteau en pièces, et qu'il est rentré au Louvre en haut-de-chausses.

— Bon, dit Bussy, et d'un ; passons à l'Allemand. Quels sont mes torts envers M. de Schomberg ?

— Nierez-vous que vous ne l'ayez fait teindre en indigo ? Quand je l'ai revu trois heures après son accident, il était encore couleur d'azur ; et vous appelez cela une bonne plaisanterie. Allons donc !

Et le prince se mit à rire malgré lui, tandis que Bussy, se rappelant de son côté la figure que faisait Schomberg dans son cuvier, ne pouvait s'empêcher de rire aux éclats.

— Alors, dit-il, c'est moi qui passe pour leur avoir joué ce tour.

— Pardieu ! c'est moi peut-être ?

— Et vous vous sentez le courage, Monseigneur, de venir faire des reproches à un homme qui a de ces idées-là ! Tenez, je vous le disais tout à l'heure, vous êtes un ingrat.

— D'accord. Maintenant, voyons, et si tu es réellement sorti pour cela, je te pardonne.

— Bien sûr ?

— Oui, parole d'honneur ; mais tu n'es pas au bout de mes griefs.

— Allez.

— Parlons de moi un peu.

— Soit.

— Qu'as-tu fait pour me tirer d'embarras ?

— Vous le voyez bien, dit Bussy, ce que j'ai fait.

— Non, je ne le vois pas.

— Eh bien ! je suis parti pour l'Anjou.

— C'est-à-dire que tu t'es sauvé.

— Oui, car en me sauvant je vous sauvais.

— Mais au lieu de te sauver si loin, ne pouvais-tu donc rester aux environs de Paris ? Il me semble que tu m'étais plus utile à Montmartre qu'à Angers.

— Ah ! voilà où nous différons d'avis, Monseigneur : j'aimais mieux venir en Anjou.

— C'est une médiocre raison, vous en conviendrez, que votre caprice...

— Non pas, car ce caprice avait pour but de vous recruter des partisans.

— Ah! voilà qui est différent. Eh bien! voyons, qu'avez-vous fait?

— Il sera temps de vous l'expliquer demain, Monseigneur, car voici justement l'heure à laquelle je dois vous quitter.

— Et pourquoi me quitter?

— Pour m'aboucher avec un personnage des plus importants.

— Ah! s'il en est ainsi, c'est autre chose; allez, Bussy, mais soyez prudent.

— Prudent, à quoi bon? Ne sommes-nous pas les plus forts ici?

— N'importe, ne risque rien; as-tu déjà fait beaucoup de démarches?

— Je suis ici depuis deux jours, comment voulez-vous!

— Mais tu te caches, au moins.

— Si je me cache, je le crois mordieu bien! Voyez-vous sous quel costume je vous parle; est-ce que j'ai l'habitude de porter des pourpoints cannelle? C'est pourtant pour vous encore que je suis entré dans cet affreux fourreau.

— Et où loges-tu?

— Ah! voilà où vous apprécierez mon dévouement. Je loge... je loge dans une masure près du rempart, avec une sortie sur la rivière; mais vous, mon prince, à votre tour, voyons, comment êtes-vous sorti du Louvre? comment vous ai-je trouvé sur un grand chemin, avec un cheval fourbu entre les jambes et M. d'Aubigné à vos côtés?

— Parce que j'ai des amis, dit le prince.

— Vous, des amis? fit Bussy. Allons donc!

— Oui, des amis que tu ne connais pas.

— A la bonne heure! et quels sont ces amis?

— Le roi de Navarre, et M. d'Aubigné que tu as vu.

— Le roi de Navarre... Ah ! c'est vrai. N'avez-vous point conspiré ensemble ?

— Je n'ai jamais conspiré, monsieur de Bussy.

— Non ! demandez un peu à La Mole et à Coconnas.

— La Mole, dit le prince d'un air sombre, avait commis un autre crime que celui pour lequel on croit qu'il est mort.

— Bien ! laissons La Mole et revenons à vous ; d'autant plus, Monseigneur, que nous aurions quelque peine à nous entendre sur ce point-là. Par où diable êtes-vous sorti du Louvre ?

— Par la fenêtre.

— Ah ! vraiment. Et par laquelle ?

— Par celle de ma chambre à coucher.

— Vous connaissiez donc l'échelle de corde !

— Quelle échelle de corde ?

— Celle de l'armoire.

— Ah ! il paraît que tu la connaissais, toi ? dit le prince en pâlissant.

— Dame ! dit Bussy, Votre Altesse sait que j'ai eu quelquefois le bonheur d'entrer dans cette chambre.

— Du temps de ma sœur Margot, n'est-ce pas ? et tu entrais par la fenêtre.

— Dame ! vous sortez bien par là, vous. Ce qui m'étonne seulement, c'est que vous ayez trouvé l'échelle.

— Ce n'est pas moi qui l'ai trouvée.

— Qui donc ?

— Personne ; on me l'a indiquée.

— Qui cela ?

— Le roi de Navarre.

— Ah ! ah ! le roi de Navarre connaît l'échelle ! je ne l'aurais pas cru. Enfin, tant il y a que vous voici, Monseigneur, sain et sauf et bien portant ; nous allons mettre l'Anjou en feu, et, de la même traînée, l'Angoumois et le Béarn s'enflammeront : cela fera un assez joli petit incendie.

— Mais ne parlais-tu pas d'un rendez-vous ? dit le duc.

— Ah ! morbleu ! c'est vrai ; mais l'intérêt de la conversation me le faisait oublier. Adieu, Monseigneur.

— Prends-tu ton cheval ?

— Dame ! s'il est utile à Monseigneur, Son Altesse peut le garder ; j'en ai un second.

— Alors, j'accepte ; plus tard nous ferons nos comptes.

— Oui, Monseigneur, et Dieu veuille que ce ne soit pas moi qui vous redoive quelque chose !

— Pourquoi cela ?

— Parce que je n'aime pas celui que vous chargez d'ordinaire d'apurer vos comptes.

— Bussy !

— C'est vrai, Monseigneur ; il était convenu que nous ne parlerions plus de cela.

Le prince, qui sentait le besoin qu'il avait de Bussy, lui tendit la main.

Bussy lui donna la sienne, mais en secouant la tête.

Tous deux se séparèrent.

CHAPITRE LVII

DIPLOMATIE DE M. DE SAINT-LUC

Bussy retourna chez lui à pied au milieu d'une nuit épaisse ; mais, au lieu de Saint-Luc qu'il s'attendait à y rencontrer, il ne trouva qu'une lettre qui lui annonçait l'arrivée de son ami pour le lendemain.

En effet, vers six heures du matin, Saint-Luc, suivi d'un piqueur, avait quitté Méridor et avait dirigé sa course vers Angers.

Il était arrivé au pied des remparts, à l'ouverture des portes, et, sans remarquer l'agitation singulière du peuple à son lever, il avait gagné la maison de Bussy.

Les deux amis s'embrassèrent cordialement.

— Daignez, mon cher Saint-Luc, dit Bussy, accep-

ter l'hospitalité de ma pauvre chaumière. Je campe à
Angers.

— Oui, dit Saint-Luc, à la manière des vainqueurs,
c'est-à-dire sur le champ de bataille.

— Que voulez-vous dire, cher ami ?

— Que ma femme n'a pas plus de secrets pour moi
que je n'en ai pour elle, mon cher Bussy, et qu'elle m'a
tout raconté. Il y a communauté entière entre nous :
recevez tous mes compliments, mon maître en toutes
choses, et, puisque vous m'avez mandé, permettez-
moi de vous donner un conseil.

— Donnez.

— Débarrassez-vous vite de cet abominable Monsoreau : personne ne connaît à la cour votre liaison
avec sa femme ; c'est le bon moment ; seulement, il ne
faut pas le laisser échapper ; lorsque plus tard vous
épouserez la veuve, on ne dira pas au moins que vous
l'avez faite veuve pour l'épouser.

— Il n'y a qu'un obstacle à ce beau projet, qui
m'était venu d'abord à l'esprit comme il s'était présenté au vôtre.

— Vous voyez bien, et lequel ?

— C'est que j'ai juré à Diane de respecter la vie de
son mari, tant qu'il ne m'attaquera point, bien
entendu.

— Vous avez eu tort.

— Moi !

— Vous avez eu le plus grand tort.

— Pourquoi cela ?

— Parce qu'on ne fait point de pareils serments.
Que diable ! si vous ne vous dépêchez pas, si vous ne
prenez pas les devants, c'est moi qui vous le dis : le
Monsoreau, qui est confit en malices, vous découvrira,
et, s'il vous découvre, comme il n'est rien moins que
chevaleresque, il vous tuera.

— Il arrivera ce que Dieu aura décidé, dit Bussy en
souriant ; mais outre que je manquerais au serment
que j'ai fait à Diane en lui tuant son mari...

— Son mari !... vous savez bien qu'il ne l'est pas.

— Oui, mais il n'en porte pas moins le titre. Outre,

dis-je, que je manquerais au serment que je lui ai fait, le monde me lapiderait, mon cher, et celui qui aujourd'hui est un monstre à tous les regards, paraîtrait dans sa bière un ange que j'aurais mis au cercueil.

— Aussi ne vous conseillerais-je pas de le tuer vous-même.

— Des assassins ! ah ! Saint-Luc, vous me donnez là un triste conseil.

— Allons donc ! qui vous parle d'assassins ?

— De quoi parlez-vous donc, alors ?

— De rien, cher ami ; une idée qui m'est passée par l'esprit et qui n'est pas suffisamment mûre pour que je vous la communique. Je n'aime pas plus ce Monsoreau que vous, quoique je n'aie pas les mêmes raisons de le détester : parlons donc de la femme au lieu de parler du mari.

Bussy sourit.

— Vous êtes un brave compagnon, Saint-Luc, dit Bussy, et vous pouvez compter sur mon amitié. Or, vous le savez, mon amitié se compose de trois choses : de ma bourse, de mon épée et de ma vie.

— Merci, dit Saint-Luc, j'accepte, mais à charge de revanche.

— Maintenant, que vouliez-vous me dire de Diane, voyons ?

— Je voulais vous demander si vous ne comptiez pas venir un peu à Méridor ?

— Mon cher ami, je vous remercie de l'insistance, mais vous savez mes scrupules.

— Je sais tout. A Méridor, vous êtes exposé à rencontrer le Monsoreau, bien qu'il soit à quatre-vingts lieues de nous ; exposé à lui serrer la main, et c'est dur de serrer la main à un homme qu'on voudrait étrangler ; enfin exposé à lui voir embrasser Diane, et c'est dur de voir embrasser la femme qu'on aime.

— Ah ! fit Bussy avec rage, comme vous comprenez bien pourquoi je ne vais pas à Méridor ! Maintenant, cher ami...

— Vous me congédiez, dit Saint-Luc se méprenant à l'intention de Bussy.

— Non pas, au contraire, reprit celui-ci, je vous prie de rester, car maintenant c'est à mon tour de vous interroger.

— Faites.

— N'avez-vous donc pas entendu cette nuit le bruit des cloches et des mousquetons ?

— En effet, et nous nous sommes demandé là-bas ce qu'il y avait de nouveau.

— Ce matin, n'avez-vous point remarqué quelque changement en traversant la ville ?

— Quelque chose comme une grande agitation, n'est-ce pas ?

— Oui.

— J'allais vous demander d'où elle provenait.

— Elle provient de ce que M. le duc d'Anjou vient d'arriver hier, cher ami.

Saint-Luc fit un bond sur sa chaise, comme si on lui eût annoncé la présence du diable.

— Le duc à Angers ! on le disait en prison au Louvre.

— C'est justement parce qu'il était en prison au Louvre qu'il est maintenant à Angers. Il est parvenu à s'évader par une fenêtre, et il est venu se réfugier ici.

— Eh bien ? demanda Saint-Luc.

— Eh bien ! cher ami, dit Bussy, voici une excellente occasion de vous venger des petites persécutions de Sa Majesté. Le prince a déjà un parti, il va avoir des troupes, et nous brasserons quelque chose comme une jolie petite guerre civile.

— Oh ! oh ! fit Saint-Luc.

— Et j'ai compté sur vous pour faire le coup d'épée ensemble.

— Contre le roi ? dit Saint-Luc avec une froideur soudaine.

— Je ne dis pas précisément contre le roi, dit Bussy ; je dis contre ceux qui tireront l'épée contre nous.

— Mon cher Bussy, dit Saint-Luc, je suis venu en Anjou pour prendre l'air de la campagne, et non pas pour me battre contre Sa Majesté.

— Mais laissez-moi toujours vous présenter à Monseigneur.

— Inutile, mon cher Bussy ; je n'aime pas Angers, et comptais le quitter bientôt ; c'est une ville ennuyeuse, et noire ; les pierres y sont molles comme du fromage, et le fromage y est dur comme de la pierre.

— Mon cher Saint-Luc, vous me rendriez un grand service de consentir à ce que je sollicite de vous : le duc m'a demandé ce que j'étais venu faire ici, et ne pouvant pas le lui dire, attendu que lui-même a aimé Diane et a échoué près d'elle, je lui ai fait accroire que j'étais venu pour attirer à sa cause tous les gentils-hommes du canton ; j'ai même ajouté que j'avais, ce matin, rendez-vous avec l'un d'eux.

— Eh bien ! vous direz que vous avez vu ce gentil-homme, et qu'il demande six mois pour réfléchir.

— Je trouve, mon cher Saint-Luc, s'il faut que je vous le dise, que votre logique n'est pas moins hérissée que la mienne.

— Écoutez, je ne tiens en ce monde qu'à ma femme ; vous ne tenez, vous, qu'à votre maîtresse ; convenons d'une chose : en toute occasion, je défen-drai Diane ; en toute occasion, vous défendrez madame de Saint-Luc. Un pacte amoureux, soit, mais pas de pacte politique. Voilà seulement comment nous réussirons à nous entendre.

— Je vois qu'il faut que je vous cède, Saint-Luc, dit Bussy, car en ce moment vous avez l'avantage. J'ai besoin de vous, tandis que vous pouvez vous passer de moi.

— Pas du tout, et c'est moi, au contraire, qui réclame votre protection.

— Comment cela ?

— Supposez que les Angevins, car c'est ainsi que vont s'appeler les rebelles, viennent assiéger et mettre à sac Méridor.

— Ah ! diable, vous avez raison, dit Bussy, vous ne voulez pas que les habitants subissent la conséquence d'une prise d'assaut.

Les deux amis se mirent à rire, et comme on tirait le
canon dans la ville, comme le valet de Bussy venait
l'avertir que déjà le prince l'avait appelé trois fois, ils
se jurèrent de nouveau association extra-politique, et
se séparèrent enchantés l'un de l'autre.

Bussy courut au château ducal, où déjà la noblesse
affluait de toutes les parties de la province ; l'arrivée
du duc d'Anjou avait retenti comme un écho porté sur
le bruit du canon, et, à trois ou quatre lieues autour
d'Angers, villes et villages étaient déjà soulevés par
cette grande nouvelle.

Le gentilhomme se dépêcha d'arranger une réception officielle, un repas, des harangues ; il pensait que
tandis que le prince recevrait, mangerait, et surtout
haranguerait, il aurait le temps de voir Diane, ne
fût-ce qu'un instant. Puis, lorsqu'il eut taillé pour
quelques heures de l'occupation au duc, il regagna sa
maison, monta son second cheval, et prit au galop le
chemin de Méridor.

Le duc, livré à lui-même, prononça de fort beaux
discours et produisit un effet merveilleux en parlant de
la Ligue, touchant avec discrétion les points qui
concernaient son alliance avec les Guises, et se donnant comme un prince persécuté par le roi à cause de
la confiance que les Parisiens lui avaient témoignée.

Pendant les réponses et les baisemains, le duc
d'Anjou passait la revue des gentilshommes, notant
avec soin ceux qui étaient déjà arrivés, et avec plus de
soin ceux qui manquaient encore.

Quand Bussy revint, il était quatre heures de
l'après-midi ; il sauta à bas de son cheval et se présenta
devant le duc, couvert de sueur et de poussière.

— Ah ! ah ! mon brave Bussy, dit le duc, te voilà à
l'œuvre, à ce qu'il paraît.

— Vous voyez, Monseigneur.

— Tu as chaud ?

— J'ai fort couru.

— Prends garde de te rendre malade, tu n'es peut-
être pas encore bien remis.

— Il n'y a pas de danger.

— Et d'où viens-tu ?

— Des environs. Votre Altesse est-elle contente, et a-t-elle eu cour nombreuse ?

— Oui, je suis assez satisfait ; mais, à cette cour, Bussy, quelqu'un manque.

— Qui cela ?

— Ton protégé.

— Mon protégé ?

— Oui, le baron de Méridor.

— Ah ! dit Bussy en changeant de couleur.

— Et cependant il ne faudrait pas le négliger, quoiqu'il me néglige. Le baron est influent dans la province.

— Vous croyez ?

— J'en suis sûr. C'était lui le correspondant de la Ligue à Angers ; il avait été choisi par M. de Guise, et, en général, MM. de Guise choisissent bien leurs hommes ; il faut qu'il vienne, Bussy.

— Mais s'il ne vient pas, cependant, Monseigneur ?

— S'il ne vient pas à moi, je ferai les avances, et c'est moi qui irai à lui.

— A Méridor ?

— Pourquoi pas ?

Bussy ne put retenir l'éclair jaloux et dévorant qui jaillit de ses yeux.

— Au fait, dit-il, pourquoi pas ? vous êtes prince, tout vous est permis.

— Ah çà, tu crois donc qu'il m'en veut toujours ?

— Je ne sais. Comment le saurais-je, moi ?

— Tu ne l'as pas vu ?

— Non.

— Agissant près des grands de la province, tu aurais cependant pu avoir affaire à lui.

— Je n'y eusse pas manqué, s'il n'avait pas eu lui-même affaire à moi.

— Eh bien ?

— Eh bien ! dit Bussy, je n'ai pas été assez heureux dans les promesses que je lui avais faites pour avoir grande hâte de me présenter devant lui.

— N'a-t-il pas ce qu'il désirait ?

— Comment cela ?

— Il voulait que sa fille épousât le comte, et le comte l'a épousée.

— Bien, Monseigneur, n'en parlons plus, dit Bussy ; et il tourna le dos au prince.

En ce moment, de nouveaux gentilshommes entrèrent ; le duc alla à eux, Bussy resta seul.

Les paroles du prince lui avaient fort donné à penser.

Quelles pouvaient être les idées réelles du prince à l'égard du baron de Méridor ?

Étaient-elles telles que le prince les avait exprimées ? Ne voyait-il dans le vieux seigneur qu'un moyen de renforcer sa cause de l'appui d'un homme estimé et puissant ? Ou bien ses projets politiques n'étaient-ils qu'un moyen de se rapprocher de Diane ?

Bussy examina la position du prince telle qu'elle était : il le vit brouillé avec son frère, exilé du Louvre, chef d'une insurrection en province. Il jeta dans la balance les intérêts matériels du prince et ses fantaisies amoureuses. Ce dernier intérêt était bien léger, comparé aux autres. Bussy était disposé à pardonner au duc tous ses autres torts, s'il voulait bien ne pas avoir celui-là.

Il passa toute la nuit à banqueter avec Son Altesse Royale et les gentilshommes angevins, et à faire la révérence aux dames angevines ; puis, comme on avait fait venir les violons, à leur apprendre les danses les plus nouvelles.

Il va sans dire qu'il fit l'admiration des femmes et le désespoir des maris ; et comme quelques-uns de ces derniers le regardaient autrement qu'il ne plaisait à Bussy d'être regardé, il retroussa huit ou dix fois sa moustache et demanda à trois ou quatre de ces messieurs s'ils ne lui accorderaient pas la faveur d'une promenade au clair de lune, dans le boulingrin.

Mais sa réputation l'avait précédé à Angers, et Bussy en fut quitte pour ses avances.

CHAPITRE LVIII

A la porte du palais ducal, Bussy trouva une figure franche, loyale et rieuse, qu'il croyait à quatre-vingts lieues de lui.

— Ah ! dit-il avec un vif sentiment de joie, c'est toi, Remy !

— Eh ! mon Dieu oui, Monseigneur.

— J'allais t'écrire de venir me rejoindre.

— En vérité ?

— Parole d'honneur !

— En ce cas, cela tombe à merveille : je craignais que vous ne me grondassiez.

— Et de quoi ?

— De ce que j'étais venu sans permission. Mais, ma foi ! j'ai entendu dire que monseigneur le duc d'Anjou s'était évadé du Louvre, et qu'il était parti pour sa province ; je me suis rappelé que vous étiez dans les environs d'Angers, j'ai pensé qu'il y aurait guerre civile et force estocades données et rendues, bon nombre de trous faits à la peau de mon prochain ; et attendu que j'aime mon prochain comme moi-même, et même plus que moi-même, je suis accouru.

— Tu as bien fait, Remy, d'honneur, tu me manquais.

— Comment va Gertrude, Monseigneur ?

Le gentilhomme sourit.

— Je te promets de m'en informer à Diane, la première fois que je la verrai, dit-il.

— Et moi, en revanche, soyez tranquille, la première fois que je la verrai, dit-il, de mon côté, je lui demanderai des nouvelles de madame de Monsoreau.

— Tu es un charmant compagnon ; et comment m'as-tu trouvé ?

— Parbleu, belle difficulté : j'ai demandé où était l'hôtel ducal, et je vous ai attendu à la porte après avoir été conduire mon cheval dans les écuries du prince, où, Dieu me pardonne, j'ai reconnu le vôtre.

— Oui, le prince avait tué le sien, je lui ai prêté Roland, et comme il n'en avait pas d'autre il l'a gardé.

— Je vous reconnais bien là, c'est vous qui êtes prince, et le prince qui est le serviteur.

— Ne te presse pas de me mettre si haut, Remy, tu vas voir comment Monseigneur est logé.

Et en disant cela, il introduisit le Haudouin dans sa petite maison du rempart.

— Ma foi ! dit Bussy, tu vois le palais ; loge-toi où tu voudras et comme tu pourras.

— Cela ne sera point difficile, et il ne me faut pas grand'place, comme vous savez ; d'ailleurs, je dormirai debout s'il le faut ; je suis assez fatigué pour cela.

Les deux amis, car Bussy traitait le Haudouin plutôt en ami qu'en serviteur, se séparèrent, et Bussy, le cœur doublement content de se retrouver entre Diane et Remy, dormit tout d'une traite.

Il est vrai que pour dormir à son aise, le duc, de son côté, avait fait prier qu'on ne tirât plus le canon, et que les mousquetades cessassent ; quant aux cloches, elles s'étaient endormies toutes seules, grâce aux ampoules des sonneurs.

Bussy se leva de bonne heure et courut au château en ordonnant qu'on prévînt Remy de l'y venir rejoindre : il tenait à guetter les premiers bâillements du réveil de Son Altesse, afin de surprendre, s'il était possible, sa pensée dans la grimace ordinairement très significative du dormeur qu'on éveille.

Le duc se réveilla, mais on eût dit que, comme son frère Henri, il mettait un masque pour dormir. Bussy en fut pour ses frais de matinalité. Il tenait tout prêt un catalogue de choses toutes plus importantes les unes que les autres.

D'abord, une promenade extra-muros pour reconnaître les fortifications de la place.

Une revue des habitants et de leurs armes.

Visite à l'arsenal et commande de munitions de toutes espèces.

Examen minutieux des tailles de la province, à l'effet de procurer aux bons et fidèles vassaux du prince un petit supplément d'impôt destiné à l'ornement intérieur des coffres.

Enfin, correspondance.

Mais Bussy savait d'avance qu'il ne devait pas énormément compter sur ce dernier article ; le duc d'Anjou écrivait peu ; dès cette époque il pratiquait le proverbe : Les écrits restent.

Ainsi, muni contre les mauvaises pensées qui pouvaient venir au duc, le comte vit ses yeux s'ouvrir, mais, comme nous l'avons dit, sans pouvoir rien lire dans ses yeux.

— Ah ! ah ! fit le duc, déjà toi !

— Ma foi oui, Monseigneur ; je n'ai pas pu dormir, tant les intérêts de Votre Altesse m'ont toute la nuit trotté par la tête ; çà que faisons-nous ce matin ? Tiens ! si nous chassions.

Bon ! se dit tout bas Bussy, voilà encore une occupation à laquelle je n'avais pas songé.

— Comment ! dit le duc, tu prétends que tu as pensé à mes intérêts toute la nuit, et le résultat de la veille et de la méditation est de venir me proposer une chasse ; allons donc !

— C'est vrai, dit Bussy ; d'ailleurs nous n'avons pas de meute.

— Ni de grand veneur, fit le prince.

— Ah ! ma foi, je n'en trouverais la chasse que plus agréable pour chasser sans lui.

— Ah ! je ne suis pas comme toi, il me manque.

Le duc dit cela d'un singulier air. Bussy le remarqua.

— Ce digne homme, dit-il, votre ami, il paraît qu'il ne vous a pas délivré non plus, celui-là.

Le duc sourit.

— Bon, dit Bussy, je connais ce sourire-là ; c'est le mauvais : gare au Monsoreau.

— Tu lui en veux donc ? demanda le prince.

— Au Monsoreau ?

— Oui.

— Et de quoi lui en voudrais-je ?

— De ce qu'il est mon ami.

— Je le plains fort, au contraire.

— Qu'est-ce à dire ?

— Que plus vous le ferez monter, plus il tombera de haut quand il tombera.

— Allons, je vois que tu es de bonne humeur.

— Moi ?

— Oui, c'est quand tu es de bonne humeur que tu me dis de ces choses-là. N'importe, continua le duc, je maintiens mon dire, et Monsoreau nous eût été bien utile dans ce pays-ci.

— Pourquoi cela ?

— Parce qu'il a des biens aux environs.

— Lui ?

— Lui ou sa femme.

Bussy se mordit les lèvres : le duc ramenait la conversation au point d'où il avait eu tant de peine à l'écarter la veille.

— Ah ! vous croyez ? dit-il.

— Sans doute. Méridor est à trois lieues d'Angers ; ne le sais-tu pas, toi qui m'as amené le vieux baron ?

Bussy comprit qu'il s'agissait de n'être point déferré.

— Dame ! dit-il, je vous l'ai amené, moi, parce qu'il s'est pendu à mon manteau, et qu'à moins de lui en laisser la moitié entre les doigts, comme faisait saint Martin, il fallait bien le conduire devers vous... Au reste, ma protection ne lui a pas servi à grand'chose.

— Écoute, dit le duc, j'ai une idée.

— Diable ! dit Bussy qui se défiait toujours des idées du prince.

— Oui... Monsoreau a eu sur toi la première partie ; mais je veux te donner la seconde.

— Comment l'entendez-vous, mon prince ?

— C'est tout simple. Tu me connais, Bussy ?

— J'ai ce malheur, mon prince.

— Crois-tu que je sois homme à subir un affront et à le laisser impuni ?

— C'est selon.

Le duc sourit d'un sourire plus mauvais encore que le premier, en se mordant les lèvres et en secouant la tête de haut en bas.

— Voyons, expliquez-vous, Monseigneur, dit Bussy.

— Eh bien ! le grand veneur m'a volé une jeune fille que j'aimais pour en faire sa femme ; moi, à mon tour, je veux lui voler sa femme pour en faire ma maîtresse.

Bussy fit un effort pour sourire ; mais si ardemment qu'il désirât arriver à ce but, il ne parvint qu'à faire une grimace.

— Voler la femme de M. de Monsoreau ! balbutiat-il.

— Mais il n'y a rien de plus facile, ce me semble, dit le duc : la femme est revenue dans ses terres, tu m'as dit qu'elle détestait son mari ; je puis donc compter sans trop de vanité qu'elle me préférera au Monsoreau, surtout si je lui promets... ce que je lui promettrai.

— Et que lui promettrez-vous, Monseigneur ?

— De la débarrasser de son mari.

— Eh ! fut sur le point de s'écrier Bussy, pourquoi donc ne l'avez-vous pas fait tout de suite ?

Mais il eut le courage de se retenir.

— Vous feriez cette belle action ? dit-il.

— Tu verras. En attendant, j'irai toujours faire une visite à Méridor.

— Vous oserez ?

— Pourquoi pas ?

— Vous vous présenterez devant le vieux baron que vous avez abandonné, après m'avoir promis...

— J'ai une excellente excuse à lui donner.

— Où diable allez-vous donc les prendre ?

— Eh ! sans doute. Je lui dirai : Je n'ai pas rompu ce mariage parce que le Monsoreau, qui savait que vous étiez un des principaux agents de la Ligue et que j'en étais le chef, m'a menacé de nous vendre tous deux au roi.

— Ah ! ah !... Votre Altesse invente-t-elle celle-là ?

— Pas entièrement, je dois le dire, répondit le duc.

— Alors je comprends, dit Bussy.

— Tu comprends ? dit le duc qui se trompait à la réponse de son gentilhomme.

— Oui.

— Je lui fais accroire qu'en mariant sa fille j'ai sauvé sa vie, à lui, qui était menacée.

— C'est superbe, dit Bussy.

— N'est-ce pas ? Eh ! mais, j'y pense, regarde donc par la fenêtre, Bussy.

— Pour quoi faire ?

— Regarde toujours.

— M'y voilà.

— Quel temps fait-il ?

— Je suis forcé d'avouer à Votre Altesse qu'il fait beau.

— Eh bien ! commande les chevaux, et allons un peu voir comment va le bonhomme Méridor.

— Tout de suite, Monseigneur ?

Et Bussy, qui depuis un quart d'heure jouait ce rôle éternellement comique de Mascarille dans l'embarras, feignant de sortir, alla jusqu'à la porte et revint.

— Pardon, Monseigneur, dit-il, mais combien de chevaux commandez-vous ?

— Mais quatre, cinq, ce que tu voudras.

— Alors, si vous vous en rapportez de ce soin à moi, Monseigneur, dit Bussy, j'en commanderai un cent.

— Bon, un cent ! dit le prince surpris, pour quoi faire ?

— Pour en avoir à peu près vingt-cinq dont je sois sûr en cas d'attaque.

Le duc tressaillit.

— En cas d'attaque ? dit-il.

— Oui, j'ai ouï-dire, continua Bussy, qu'il y avait force bois dans ces pays-là ; et il n'y aurait rien de rare à ce que nous tombassions dans quelque embuscade.

— Ah ! ah ! dit le duc, tu penserais ?

— Monseigneur sait que le vrai courage n'exclut pas la prudence.

Le duc devint rêveur.

— Je vais en commander cent cinquante, dit Bussy.

Et il s'avança une seconde fois vers la porte.

— Un instant, dit le prince.

— Qu'y a-t-il, Monseigneur ?

— Crois-tu que je sois en sûreté à Angers, Bussy ?

— Dame, la ville n'est pas forte ; bien défendue, cependant...

— Oui, bien défendue, mais elle peut être mal défendue ; si brave que tu sois, tu ne seras jamais qu'à un seul endroit.

— C'est probable.

— Si je ne suis pas en sûreté dans la ville, et je n'y suis pas, puisque Bussy en doute...

— Je n'ai pas dit que je doutais, Monseigneur.

— Bon, bon ; si je ne suis pas en sûreté, il faut que je m'y mette promptement.

— C'est parler d'or, Monseigneur.

— Eh bien ! je veux visiter le château et m'y retrancher.

— Vous avez raison, Monseigneur, de bons retranchements, voyez-vous.

Bussy balbutia ; il n'avait pas l'habitude de la peur, et les paroles prudentes lui manquaient.

— Et puis une autre idée encore.

— La matinée est féconde, Monseigneur.

— Je veux faire venir ici les Méridor.

— Monseigneur, vous avez aujourd'hui une justesse et une vigueur de pensées !... Levez-vous et visitons le château.

Le prince appela ses gens, Bussy profita de ce moment pour sortir.

Il trouva le Haudouin dans les appartements. C'était lui qu'il cherchait.

Il l'emmena dans le cabinet du duc, écrivit un petit mot, entra dans une serre, cueillit un bouquet de roses, roula le billet autour des tiges, passa à l'écurie, sella Roland, mit le bouquet dans la main du Haudouin, et invita le Haudouin à se mettre en selle.

Puis, le conduisant hors de la ville, comme Aman conduisait Mardochée, il le plaça dans une espèce de sentier.

— Là, lui dit-il, laisse aller Roland ; au bout du sentier tu trouveras la forêt, dans la forêt un parc, autour de ce parc un mur, à l'endroit du mur où Roland s'arrêtera, tu jetteras ce bouquet.

« Celui qu'on attend ne vient pas, disait le billet, parce que celui qu'on n'attendait pas est venu, et plus menaçant que jamais, car il aime toujours. Prenez avec les lèvres et le cœur tout ce qu'il y a d'invisible aux yeux dans ce papier. »

Bussy lâcha la bride à Roland qui partit au galop dans la direction de Méridor.

Bussy revint au palais ducal et trouva le prince habillé.

Quant à Remy, ce fut pour lui l'affaire d'une demi-heure. Emporté comme un nuage par le vent, Remy, confiant dans les paroles de son maître, traversa prés, champs, bois, ruisseaux, collines, et s'arrêta au pied d'un mur à demi dégradé, dont le chaperon tapissé de lierres semblait relié par eux aux branches des chênes.

Arrivé là, Remy se dressa sur ses étriers, attacha de nouveau et plus solidement encore qu'il ne l'était le papier au bouquet, et, poussant un hem ! vigoureux, il lança le bouquet par-dessus le mur.

Un petit cri qui retentit de l'autre côté lui apprit que le message était arrivé à bon port.

Remy n'avait plus rien à faire, car on ne lui avait pas demandé de réponse.

Il tourna donc, du côté par lequel il était venu, la tête du cheval, qui se disposait à prendre son repas aux dépens de la glandée, et qui témoigna un vif mécontentement d'être dérangé dans ses habitudes ; mais Remy fit une sérieuse application de l'éperon et de la cravache. Roland sentit son tort et repartit de son train habituel.

Quarante minutes après il se reconnaissait dans sa nouvelle écurie, comme il s'était reconnu dans le hallier, et il venait prendre de lui-même sa place au râtelier bien garni de foin et à la mangeoire regorgeant d'avoine.

Bussy visitait le château avec le prince.

Remy le joignit au moment où il examinait un souterrain conduisant à une poterne.

— Eh bien ! demanda-t-il à son messager, qu'as-tu vu ? qu'as-tu entendu ? qu'as-tu fait ?

— Un mur, un cri, sept lieues, répondit Remy avec le laconisme d'un de ces enfants de Sparte qui se faisaient dévorer le ventre par les renards pour la plus grande gloire des lois de Lycurgue.

CHAPITRE LIX

UNE VOLÉE D'ANGEVINS

Bussy parvint à occuper si bien le duc d'Anjou de ses préparatifs de guerre, que pendant deux jours il ne trouva ni le temps d'aller à Méridor, ni le temps de faire venir le baron à Angers.

Quelquefois, cependant, le duc revenait à ses idées de visite. Mais aussitôt Bussy faisait l'empressé, visitait les mousquets de toute la garde, faisait équiper les chevaux en guerre, roulait les canons, les affûts, comme s'il s'agissait de conquérir une cinquième partie du monde.

Ce que voyant Remy, il se mettait à faire de la charpie, à repasser ses instruments, à confectionner ses baumes, comme s'il s'agissait de soigner la moitié du genre humain.

Le duc alors reculait devant l'énormité de pareils préparatifs.

Il va sans dire que, de temps en temps, Bussy, sous prétexte de faire le tour des fortifications extérieures, sautait sur Roland, et, en quarante minutes, arrivait à certain mur, qu'il enjambait d'autant plus lestement qu'à chaque enjambement il faisait tomber quelque pierre, et que le chaperon, croulant sous son poids, devenait peu à peu une brèche.

Quant à Roland, on n'avait plus besoin de lui dire où l'on allait : Bussy n'avait qu'à lui lâcher la bride et fermer les yeux.

— Voilà déjà deux jours de gagnés, disait Bussy, j'aurai bien du malheur si d'ici à deux autres jours il ne m'arrive pas un petit bonheur.

Bussy n'avait pas tort de compter sur sa bonne fortune.

Vers le soir du troisième jour, comme on faisait entrer dans la ville un énorme convoi de vivres, produit d'une réquisition frappée par le duc sur ses bons et féaux Angevins ; comme M. d'Anjou, pour faire le bon prince, goûtait le pain noir des soldats et déchirait à belles dents les harengs salés et la morue sèche, on entendit une grande rumeur vers une des portes de la ville.

M. d'Anjou s'informa d'où venait cette rumeur ; mais personne ne put le lui dire.

Il se faisait par là une distribution de coups de manche de pertuisane et de coups de crosses de mousquet à bon nombre de bourgeois attirés par la nouveauté d'un spectacle curieux.

Un homme monté sur un cheval blanc ruisselant de sueur s'était présenté à la barrière de la porte de Paris.

Or Bussy, par suite de son système d'intimidation, s'était fait nommer capitaine général du pays d'Anjou, grand maître de toutes les places, et avait établi la plus sévère discipline, notamment dans Angers ; nul ne pouvait sortir de la ville sans un mot d'ordre, nul ne pouvait y entrer sans ce même mot d'ordre, une lettre d'appel ou un signe de ralliement quelconque.

Toute cette discipline n'avait d'autre but que d'empêcher le duc d'envoyer quelqu'un à Diane sans qu'il le sût, et d'empêcher Diane d'entrer à Angers sans qu'il en fût averti.

Cela paraîtra peut-être un peu exagéré ; mais cinquante ans plus tard Buckingham faisait bien d'autres folies pour Anne d'Autriche.

L'homme et le cheval blanc étaient donc, comme nous l'avons dit, arrivés d'un galop furieux, et ils avaient été donner droit dans le poste.

Mais le poste avait sa consigne : la consigne avait été donnée à la sentinelle ; la sentinelle avait croisé la pertuisane ; le cavalier avait paru s'en inquiéter médiocrement ; mais la sentinelle avait crié :

— Aux armes !

Le poste était sorti, et force avait été d'entrer en explication.

— Je suis Antraguet, avait dit le cavalier, et je veux parler au duc d'Anjou.

— Nous ne connaissons pas Antraguet, avait répondu le chef du poste ; quant à parler au duc d'Anjou, votre désir sera satisfait, car nous allons vous arrêter et vous conduire à Son Altesse.

— M'arrêter ! répondit le cavalier ; voilà encore un plaisant maroufle pour arrêter Charles de Balzac d'Entragues, baron de Cuneo et comte de Graville.

— Ce sera pourtant comme cela, dit en ajustant son hausse-col le bourgeois qui avait vingt hommes derrière lui, et qui n'en voyait qu'un seul en face.

— Attendez un peu, mes bons amis, dit Antraguet. Vous ne connaissez pas encore les Parisiens, n'est-ce pas ? eh bien ! je vais vous montrer un échantillon de ce qu'ils savent faire.

— Arrêtons-le ! conduisons-le à Monseigneur ! crièrent les miliciens furieux.

— Tout doux, mes petits agneaux d'Anjou, dit Antraguet, c'est moi qui aurai ce plaisir.

— Que dit-il donc là ? se demandèrent les bourgeois.

— Il dit que son cheval n'a encore fait que dix lieues, répondit Antraguet, ce qui fait qu'il va vous passer sur le ventre à tous, si vous ne vous rangez pas. Rangez-vous donc, ou ventre-bœuf...

Et comme les bourgeois d'Angers avaient l'air de ne pas comprendre le juron parisien, Antraguet avait mis l'épée à la main, et, par un moulinet prestigieux, avait abattu çà et là les hampes les plus rapprochées des hallebardes dont on lui présentait la pointe.

En moins de dix minutes quinze ou vingt hallebardes furent changées en manches à balais.

Les bourgeois furieux fondirent à coups de bâton sur le nouveau venu, qui parait devant, derrière, à droite et à gauche avec une adresse prodigieuse, et en riant de tout son cœur.

— Ah ! la belle entrée, disait-il en se tordant sur son cheval, oh ! les honnêtes bourgeois que les bourgeois d'Angers ! Morbleu ! comme on s'amuse ici ! Que le

prince a bien eu raison de quitter Paris, et que j'ai bien
fait de venir le rejoindre !

Et Antraguet, non seulement parait de plus belle,
mais de temps en temps, quand il se sentait serré de
trop près, il taillait, avec sa lame espagnole, le buffle
de celui-là, la salade de celui-ci, et quelquefois, choi-
sissant son homme, il étourdissait d'un coup de plat
d'épée quelque guerrier imprudent qui se jetait dans la
mêlée, le chef protégé par le simple bonnet de laine
angevin.

Les bourgeois ameutés frappaient à l'envi, s'estro-
piant les uns les autres, puis revenaient à la charge ;
comme les soldats de Cadmus, on eût dit qu'ils sor-
taient de terre.

Antraguet sentit qu'il commençait à se fatiguer.

— Allons, dit-il, voyant que les rangs devenaient de
plus en plus compacts, c'est bon ; vous êtes braves
comme des lions, c'est convenu, et j'en rendrai témoignage. Mais vous voyez qu'il ne vous reste plus que
vos manches de hallebardes et que vous ne savez pas
charger vos mousquets. J'avais résolu d'entrer dans la
ville, mais j'ignorais qu'elle était gardée par une armée
de Césars. Je renonce à vous vaincre ; adieu, bonsoir,
je m'en vais : dites seulement au prince que j'étais
venu exprès de Paris pour le voir.

Cependant le capitaine était parvenu à communi-
quer le feu à la mèche de son mousquet ; mais au
moment où il appuyait la crosse à son épaule, Antraguet lui cingla de si furieux coups de sa canne flexible
sur les doigts, qu'il lâcha son arme et qu'il se mit à
sauter alternativement sur le pied droit et sur le pied
gauche.

— A mort ! à mort ! crièrent les miliciens meurtris
et enragés, ne le laissons pas fuir ! qu'il ne puisse pas
s'échapper !

— Ah ! dit Antraguet, vous ne vouliez pas me laisser entrer tout à l'heure, et voilà maintenant que vous
ne voulez plus me laisser sortir ; prenez garde ! cela va
changer ma tactique ; au lieu d'user du plat, j'userai de
la pointe ; au lieu d'abattre les hallebardes, j'abattrai

les poignets ; çà, voyons, mes agneaux d'Anjou, me laisse-t-on partir ?

— Non ! à mort ! à mort ! il se lasse ! assommons-le !

— Fort bien ! c'est pour tout de bon, alors !

— Oui ! oui !

— Eh bien ! gare les doigts, je coupe les mains !

Il achevait à peine et se mettait en mesure de mettre sa menace à exécution, quand un second cavalier apparut à l'horizon, accourant avec la même frénésie, entra dans la barrière au triple galop, et tomba comme la foudre au milieu de la mêlée, qui tournait peu à peu en véritable combat.

— Antraguet ! cria le nouveau venu, Antraguet, eh ! que diable fais-tu au milieu de ces bourgeois ?

— Livarot ! s'écria Antraguet en se retournant, ah ! mordieu, tu es le bienvenu, Montjoie et Saint-Denis, à la rescousse !

— Je savais bien que je te rattraperais ; il y a quatre heures que j'ai eu de tes nouvelles, et depuis ce moment je te suis ; mais où t'es-tu donc fourré ? On te massacre, Dieu me pardonne.

— Oui, ce sont nos amis d'Anjou qui ne veulent ni me laisser entrer ni me laisser sortir.

— Messieurs, dit Livarot en mettant le chapeau à la main, vous plairait-il de vous ranger à droite ou à gauche, afin que nous passions ?

— Ils nous insultent ! crièrent les bourgeois ; à mort ! à mort !

— Ah ! voilà comme ils sont à Angers, fit Livarot en remettant d'une main son chapeau sur sa tête, et en tirant de l'autre son épée.

— Oui, tu vois, dit Antraguet ; malheureusement ils sont beaucoup.

— Bah ! à nous trois nous en viendrons bien à bout.

— Oui, à nous trois, si nous étions trois ; mais nous ne sommes que nous deux.

— Voici Riberac qui arrive.

— Lui aussi ?

— L'entends-tu ?

— Je le vois. Eh ! Riberac ! eh ! ici ! ici !

En effet, au moment même, Riberac, non moins pressé que ses compagnons, à ce qu'il paraissait, faisait la même entrée qu'eux dans la ville d'Angers.

— Tiens ! on se bat, dit Riberac, voilà une chance ! Bonjour, Antraguet, bonjour, Livarot.

— Chargeons, répondit Antraguet.

Les miliciens regardaient, assez étourdis, le nouveau renfort qui venait d'arriver aux deux amis, lesquels de l'état d'assaillis se préparaient à passer à celui d'assaillants.

— Ah çà ! mais ils sont donc un régiment, dit le capitaine de la milice à ses hommes ; Messieurs, notre ordre de bataille me paraît vicieux, et je propose que nous fassions demi-tour à gauche.

Les bourgeois, avec cette habileté qui les caractérise dans l'exécution des mouvements militaires, commencèrent aussitôt un demi-tour à droite.

C'est qu'outre l'invitation de leur capitaine qui les ramenait naturellement à la prudence, ils voyaient les trois cavaliers se ranger de front avec une contenance martiale qui faisait frémir les plus intrépides.

— C'est leur avant-garde, crièrent les bourgeois qui voulaient se donner à eux-mêmes un prétexte pour fuir. Alarme ! alarme !

— Au feu ! crièrent les autres, au feu !

— L'ennemi ! l'ennemi ! dirent la plupart.

— Nous sommes des pères de famille. Nous nous devons à nos femmes et à nos enfants. Sauve qui peut ! hurla le capitaine.

Et en raison de ces cris divers, qui tous cependant, comme on le voit, avaient le même but, un effroyable tumulte se fit dans la rue, et les coups de bâton commencèrent à tomber comme la grêle sur les curieux, dont le cercle pressé empêchait les peureux de fuir.

Ce fut alors que le bruit de la bagarre arriva jusqu'à la place du Château, où, comme nous l'avons dit, le prince goûtait le pain noir, les harengs saurs et la morue sèche de ses partisans.

Bussy et le prince s'informèrent ; on leur dit que c'étaient trois hommes, ou plutôt trois diables incarnés arrivant de Paris qui faisaient tout ce tapage.

— Trois hommes ! dit le prince ; va donc voir ce que c'est, Bussy.

— Trois hommes ? dit Bussy ; venez, Monseigneur.

Et tous deux partirent : Bussy en avant, le prince le suivant prudemment accompagné d'une vingtaine de cavaliers.

Ils arrivèrent comme les bourgeois commençaient d'exécuter la manœuvre que nous avons dite, au grand détriment des épaules et des crânes des curieux.

Bussy se dressa sur ses étriers, et son œil d'aigle plongeant dans la mêlée, il reconnut Livarot à sa longue figure.

— Mort de ma vie ! cria-t-il au prince d'une voix tonnante, accourez donc, Monseigneur, ce sont nos amis de Paris qui nous assiègent.

— Eh ! non, répondit Livarot d'une voix qui dominait le bruit de la bataille, ce sont, au contraire, tes amis d'Anjou qui nous écharpent.

— Bas les armes ! cria le duc ; bas les armes, marauds, ce sont des amis.

— Des amis ! s'écrièrent les bourgeois, contusionnés, écorchés, rendus. Des amis ! il fallait donc leur donner le mot d'ordre, alors ; depuis une bonne heure nous les traitons comme des païens, et ils nous traitent comme des Turcs.

Et le mouvement rétrograde acheva de se faire.

Livarot, Antraguet et Riberac s'avancèrent en triomphateurs dans l'espace laissé libre par la retraite des bourgeois, et tous s'empressèrent d'aller baiser la main de Son Altesse ; après quoi chacun, à son tour, se jeta dans les bras de Bussy.

— Il paraît, dit philosophiquement le capitaine, que c'est une volée d'Angevins que nous prenions pour un vol de vautours.

— Monseigneur, glissa Bussy à l'oreille du duc, comptez vos miliciens, je vous prie.

— Pour quoi faire ?

— Comptez toujours, à peu près, en gros ; je ne dis pas un à un.

— Ils sont au moins cent cinquante.

— Au moins, oui.

— Eh bien ! que veux-tu dire ?

— Je veux dire que vous n'avez point là de fameux soldats, puisque trois hommes les ont battus.

— C'est vrai, dit le duc. Après ?

— Après ! sortez donc de la ville avec des gaillards comme ceux-là !

— Oui, dit le duc ; mais j'en sortirai avec les trois hommes qui ont battu les autres, répliqua le duc.

— Ouais ! fit tout bas Bussy, je n'avais pas songé à celle-là. Vivent les poltrons pour être logiques !

CHAPITRE LX

ROLAND

Grâce au renfort qui lui était arrivé, M. le duc d'Anjou put se livrer à des reconnaissances sans fin autour de la place.

Accompagné de ses amis arrivés d'une façon si opportune, il marchait dans un équipage de guerre dont les bourgeois d'Angers se montraient on ne peut plus orgueilleux, bien que la comparaison de ces gentilshommes bien montés, bien équipés, avec les harnais déchirés et les armures rouillées de la milice urbaine, ne fût pas précisément à l'avantage de cette dernière.

On explora d'abord les remparts, puis les jardins attenants aux remparts, puis la campagne attenante aux jardins, puis enfin les châteaux épars dans cette campagne, et ce n'était point sans un sentiment d'arrogance très marquée, que le duc narguait en passant, soit près d'eux, soit au milieu d'eux, les bois qui lui avaient fait si grande peur, ou plutôt dont Bussy lui avait fait si grande peur.

Les gentilshommes angevins arrivaient avec de l'argent ; ils trouvaient à la cour du duc d'Anjou une liberté qu'ils étaient loin de rencontrer à la cour de Henri III ; ils ne pouvaient donc manquer de faire joyeuse vie dans une ville toute disposée, comme doit l'être une capitale quelconque, à piller la bourse de ses hôtes.

Trois jours ne s'étaient point encore écoulés, qu'Antraguet, Riberac et Livarot avaient lié des relations avec les nobles angevins les plus épris des modes et des façons parisiennes. Il va sans dire que ces dignes seigneurs étaient mariés et avaient de jeunes et jolies femmes.

Aussi n'était-ce pas pour son plaisir particulier, comme pourraient le croire ceux qui connaissent l'égoïsme du duc d'Anjou, qu'il faisait de si belles cavalcades dans la ville. Non. Ces promenades tournaient au plaisir des gentilshommes parisiens qui étaient venus le rejoindre, des seigneurs angevins, et surtout des dames angevines.

Dieu d'abord devait s'en réjouir, puisque la cause de la Ligue était la cause de Dieu.

Puis le roi devait incontestablement en enrager.

Enfin les dames en étaient heureuses.

Ainsi, la grande Trinité de l'époque était représentée : Dieu, le roi et les dames.

La joie fut à son comble le jour où l'on vit arriver en superbe ordonnance vingt-deux chevaux de main, trente chevaux de trait, enfin, quarante mulets, qui, avec les litières, les chariots et les fourgons, formaient les équipages de M. le duc d'Anjou.

Tout cela venait comme par enchantement de Tours pour la modique somme de cinquante mille écus, que M. le duc d'Anjou avait consacrée à cet usage.

Il faut dire que ces chevaux étaient sellés, mais que les selles étaient dues aux selliers ; il faut dire que les coffres avaient de magnifiques serrures, fermant à clef, mais que les coffres étaient vides.

Il faut dire que ce dernier article était tout à la louange du prince, puisque le prince aurait pu les remplir par des exactions.

Mais ce n'était pas dans la nature du prince de prendre ; il aimait mieux soustraire.

Néanmoins, l'entrée de ce cortège produisit un magnifique effet dans Angers.

Les chevaux entrèrent dans les écuries, les chariots furent rangés sous les remises. Les coffres furent portés par les familiers les plus intimes du prince. Il fallait des mains bien sûres pour qu'on osât leur confier les sommes qu'ils ne contenaient pas.

Enfin on ferma les portes du palais au nez d'une foule empressée qui fut convaincue, grâce à cette mesure de prévoyance, que le prince venait de faire entrer deux millions dans la ville, tandis qu'il ne s'agissait, au contraire, que de faire sortir de la ville une somme à peu près pareille sur laquelle comptaient les coffres vides.

La réputation d'opulence de M. le duc d'Anjou fut solidement établie à partir de ce jour-là ; et toute la province demeura convaincue, d'après le spectacle qui avait passé sous ses yeux, qu'il était assez riche pour guerroyer contre l'Europe entière si besoin était.

Cette confiance devait aider les bourgeois à prendre en patience les nouvelles tailles que le duc, aidé des conseils de ses amis, était dans l'intention de lever sur les Angevins. D'ailleurs les Angevins allaient presque au-devant des désirs du duc d'Anjou.

On ne regrette jamais l'argent que l'on prête ou que l'on donne aux riches.

Le roi de Navarre, avec sa renommée de misère, n'aurait pas obtenu le quart du succès qu'obtenait le duc d'Anjou avec sa renommée d'opulence.

Mais revenons au duc.

Le digne prince vivait en patriarche regorgeant de tous les biens de la terre, et, chacun le sait, l'Anjou est une bonne terre.

Les routes étaient couvertes de cavaliers accourant vers Angers pour faire au prince leur soumission ou leurs offres de services.

De son côté, M. d'Anjou poussait des reconnaissances aboutissant toujours à la recherche de quelque
trésor.

Bussy était arrivé à ce qu'aucune de ces reconnaissances n'eût été poussée jusqu'au château qu'habitait
Diane.

C'est que Bussy se réservait ce trésor-là pour lui
seul, pillant à sa manière ce petit coin de la province
qui, après s'être défendu de façon convenable, s'était
enfin livré à discrétion.

Or, tandis que M. d'Anjou reconnaissait et que
Bussy pillait, M. de Monsoreau, monté sur son cheval
de chasse, arrivait aux portes d'Angers.

Il pouvait être quatre heures du soir ; pour arriver à
quatre heures, M. de Monsoreau avait fait dix-huit
lieues dans la journée.

Aussi, ses éperons étaient rouges ; et son cheval,
blanc d'écume, était à moitié mort.

Le temps était passé de faire aux portes de la ville
des difficultés à ceux qui arrivaient : on était si fier, si
dédaigneux maintenant à Angers, qu'on eût laissé passer sans conteste un bataillon de Suisses, ces Suisses
eussent-ils été commandés par le brave Crillon lui-
même.

M. de Monsoreau, qui n'était pas Crillon, entra tout
droit en disant :

— Au palais de monseigneur le duc d'Anjou.

Il n'écouta point la réponse des gardes qui hurlaient
une réponse derrière lui ; son cheval ne semblait tenir
sur ses jambes que par un miracle d'équilibre dû à la
vitesse avec laquelle il marchait : il allait, le pauvre
animal, sans avoir plus aucune conscience de sa vie, et
il y avait à parier qu'il tomberait quand il s'arrêterait. Il
s'arrêta au palais, M. de Monsoreau était excellent
écuyer, le cheval était de race ; le cheval et le cavalier
restèrent debout.

— Monsieur le duc ! cria le grand veneur.

— Monseigneur est allé faire une reconnaissance,
répondit la sentinelle.

— Où cela ? demanda M. de Monsoreau.

— Par là, dit le factionnaire en étendant la main vers un des quatre points cardinaux.

— Diable ! fit Monsoreau, ce que j'avais à dire au duc était cependant bien pressé ; comment faire ?

— Mettre t'abord fotre chifal à l'égurie, répliqua la sentinelle, qui était un reître d'Alsace, gar si fous ne l'abbuyez pas contre un mur il dombera.

— Le conseil est bon, quoique donné en mauvais français, dit Monsoreau. Où sont les écuries, mon brave homme ?

— Là-pas !

En ce moment un homme s'approcha du gentilhomme et déclina ses qualités.

C'était le majordome.

M. de Monsoreau répondit à son tour par l'énumération de ses nom, prénoms et qualités.

Le majordome salua respectueusement ; le nom du grand veneur était dès longtemps connu dans la province.

— Monsieur, dit-il, veuillez entrer et prendre quelque repos. Il y a dix minutes à peine que Monseigneur est sorti ; Son Altesse ne rentrera pas avant huit heures du soir.

— Huit heures du soir ! reprit Monsoreau en rongeant sa moustache, ce serait perdre trop de temps. Je suis porteur d'une grande nouvelle qui ne peut être sue trop tôt par Son Altesse. N'avez-vous pas un cheval et un guide à me donner ?

— Un cheval ! il y en a dix, Monsieur, dit le majordome. Quant à un guide, c'est différent, car Monseigneur n'a pas dit où il allait, et vous en saurez, en interrogeant, autant que qui que ce soit sous ce rapport ; d'ailleurs, je ne voudrais pas dégarnir le château. C'est une des grandes recommandations de Son Altesse.

— Ah ! ah ! fit le grand veneur, on n'est donc pas en sûreté ici ?

— Oh ! Monsieur, on est toujours en sûreté au milieu d'hommes tels que MM. Bussy, Livarot, Riberac, Antraguet, sans compter notre invincible prince monseigneur le duc d'Anjou ; mais vous comprenez...

— Oui, je comprends que lorsqu'ils n'y sont pas, il y a moins de sûreté.

— C'est cela même, Monsieur.

— Alors je prendrai un cheval frais dans l'écurie et je tâcherai de rejoindre Son Altesse en m'informant.

— Il y a tout à parier, Monsieur, que de cette façon vous rejoindrez Monseigneur.

— On n'est point parti au galop ?

— Au pas, Monsieur, au pas.

— Très bien ! c'est chose conclue : montrez-moi le cheval que je puis prendre.

— Entrez dans l'écurie, Monsieur, et choisissez vous-même : tous sont à Monseigneur.

— Très bien !

Monsoreau entra.

Dix ou douze chevaux, des plus beaux et des plus frais, prenaient un ample repas dans les crèches bourrées du grain et du fourrage les plus savoureux de l'Anjou.

— Voilà, dit le majordome, choisissez.

Monsoreau promena sur la rangée de quadrupèdes un regard de connaisseur.

— Je prends ce cheval bai-brun, dit-il ; faites-le-moi seller.

— Roland.

— Il s'appelle Roland ?

— Oui, c'est le cheval de prédilection de Son Altesse. Il le monte tous les jours ; il lui a été donné par M. de Bussy, et vous ne le trouveriez certes pas à l'écurie si Son Altesse n'essayait pas de nouveaux chevaux qui lui sont arrivés de Tours.

— Allons, il paraît que je n'ai pas le coup d'œil mauvais.

Un palefrenier s'approcha.

— Sellez Roland, dit le majordome.

Quant au cheval du comte, il était entré de lui-même dans l'écurie et s'était étendu sur la litière sans attendre même qu'on lui ôtât son harnais.

Roland fut sellé en quelques secondes. M. de Monsoreau se mit légèrement en selle et s'informa une seconde fois de quel côté la cavalcade s'était dirigée.

— Elle est sortie par cette porte et elle a suivi cette rue, dit le majordome en indiquant au grand veneur le même point que lui avait déjà indiqué la sentinelle.

— Ma foi, dit Monsoreau en lâchant la bride et en voyant que de lui-même le cheval prenait ce chemin, on dirait, ma parole que Roland suit la piste.

— Oh ! n'en soyez pas inquiet, dit le majordome, j'ai entendu dire à M. de Bussy et à son médecin, M. Remy, que c'était l'animal le plus intelligent qui existât ; dès qu'il sentira ses compagnons, il les rejoindra ; voyez les belles jambes, elles feraient envie à un cerf.

Monsoreau se pencha de côté.

— Magnifiques, dit-il.

En effet, le cheval partit sans attendre qu'on l'excitât, et sortit fort délibérément de la ville ; il fit même un détour avant d'arriver à la porte pour abréger la route, qui se bifurquait circulairement à gauche, directement à droite.

Tout en donnant cette preuve d'intelligence, le cheval secouait la tête comme pour échapper au frein qu'il sentait peser sur ses lèvres ; il semblait dire au cavalier que toute influence dominatrice lui était inutile, et à mesure qu'il approchait de la porte de la ville, il accélérait sa marche.

— En vérité, murmura Monsoreau, je vois qu'on ne m'en avait pas trop dit ; ainsi, puisque tu sais si bien ton chemin, va, Roland, va.

Et il abandonna les rênes sur le cou de Roland.

Le cheval, arrivé au boulevard extérieur, hésita un moment pour savoir s'il tournerait à droite ou à gauche.

Il tourna à gauche.

Un paysan passait en ce moment.

— Avez-vous vu une troupe de cavaliers, l'ami ! demanda Monsoreau.

— Oui, Monsieur, répondit le rustique, je l'ai rencontrée là-bas en avant.

C'était justement dans la direction qu'avait prise Roland que le paysan venait de rencontrer cette troupe.

— Va, Roland, va, dit le grand veneur en lâchant les rênes à son cheval, qui prit un trot allongé avec lequel on devait naturellement faire trois ou quatre lieues à l'heure.

Le cheval suivit encore quelque temps le boulevard, puis il donna tout à coup à droite, prenant un sentier fleuri qui coupait à travers la campagne.

Monsoreau hésita un instant pour savoir s'il n'arrêterait pas Roland, mais Roland paraissait si sûr de son affaire qu'il le laissa aller.

A mesure que le cheval s'avançait, il s'animait. Il passa du trot au galop, et en moins d'un quart d'heure la ville eut disparu aux regards du cavalier.

De son côté aussi, le cavalier, à mesure qu'il s'avançait, semblait reconnaître les localités.

— Eh ! mais, dit-il en entrant sous le bois, on dirait que nous allons vers Méridor ; est-ce que Son Altesse, par hasard, se serait dirigée du côté du château ?

Et le front du grand veneur se rembrunit à cette idée qui ne se présentait pas à son esprit pour la première fois.

— Oh ! oh ! murmura-t-il, moi qui venais d'abord voir le prince, remettant à demain de voir ma femme. Aurais-je donc le bonheur de les voir tous les deux en même temps ?

Un sourire terrible passa sur les lèvres du grand veneur.

Le cheval allait toujours, continuant d'appuyer à droite avec une ténacité qui indiquait la marche la plus résolue et la plus sûre.

— Mais, sur mon âme, pensa Monsoreau, je ne dois plus maintenant être bien loin du parc de Méridor.

En ce moment, le cheval se mit à hennir.

Au même instant, un autre hennissement lui répondit du fond de la feuillée.

— Ah ! ah ! dit le grand veneur, voilà Roland qui a retrouvé ses compagnons, à ce qu'il paraît.

Le cheval redoublait de vitesse, passant comme l'éclair sous les hautes futaies.

Soudain Monsoreau aperçut un mur et un cheval
attaché près de ce mur.

Le cheval hennit une seconde fois, et Monsoreau
reconnut que c'était lui qui avait dû hennir la première
fois.

— Il y a quelqu'un ici ! dit Monsoreau pâlissant.

CHAPITRE LXI

CE QUE VENAIT ANNONCER
M. LE COMTE DE MONSOREAU

M. de Monsoreau marchait de surprise en surprise :
le mur de Méridor rencontré comme par enchantement, ce cheval caressant le cheval qui l'avait amené,
comme s'il eût été de sa plus intime connaissance, il y
avait certes là de quoi faire réfléchir les moins soupçonneux.

En s'approchant, et l'on devine si M. de Monsoreau
s'approcha vivement, en s'approchant il remarqua la
dégradation du mur à cet endroit ; c'était une véritable
échelle, qui menaçait de devenir une brèche ; les pieds
semblaient s'être creusé des échelons dans la pierre, et
les ronces, arrachées fraîchement, pendaient à leurs
branches meurtries.

Le comte embrassa tout l'ensemble d'un coup d'œil,
puis de l'ensemble il passa aux détails.

Le cheval méritait le premier rang, il l'obtint.

L'indiscret animal portait une selle garnie d'une
housse brodée d'argent.

Dans un des coins était un double FF, entrelaçant
un double AA.

C'était, à n'en pas douter, un cheval des écuries du
prince, puisque le chiffre faisait François d'Anjou.

Les soupçons du comte, à cette vûe, devinrent de
véritables alarmes. Le duc était donc venu de ce côté ;
il y venait donc souvent, puisque, outre le cheval
attaché, il y en avait un second qui savait le chemin.

Monsoreau conclut, puisque le hasard l'avait mis sur cette piste, qu'il fallait suivre cette piste jusqu'au bout.

C'était d'abord dans ses habitudes de grand veneur et de mari jaloux.

Mais tant qu'il resterait de ce côté du mur, il était évident qu'il ne verrait rien.

En conséquence, il attacha son cheval près du cheval voisin, et commença bravement l'escalade.

C'était chose facile, un pied appelait l'autre ; la main avait ses places toutes faites pour se poser, la courbe du bras était dessinée sur les pierres à la surface de la crête du mur, et l'on avait soigneusement élagué avec un couteau de chasse un chêne dont à cet endroit les rameaux embarrassaient la vue et empêchaient le geste.

Tant d'efforts furent couronnés d'un entier succès.

M. de Monsoreau ne fut pas plutôt établi à son observatoire, qu'il aperçut au pied d'un arbre une mantille de couleur bleue et un manteau de velours noir.

La mantille appartenait sans conteste à une femme, et le manteau noir à un homme ; d'ailleurs, il n'y avait point à chercher bien loin, l'homme et la femme se promenaient à cinquante pas de là, les bras enlacés, tournant le dos au mur, et cachés d'ailleurs par le feuillage du buisson.

Malheureusement pour M. de Monsoreau, qui n'avait pas habitué le mur à ses violences, un moellon se détacha du chaperon et tomba brisant les branches jusque sur l'herbe ; là il retentit avec un écho mugissant.

A ce bruit, il paraît que les personnages dont le buisson cachait les traits à M. de Monsoreau se retournèrent et l'aperçurent, car un cri de femme aigu et significatif se fit entendre, puis un frôlement dans le feuillage avertit le comte qu'ils se sauvaient comme deux chevreuils effrayés.

Au cri de la femme, Monsoreau avait senti la sueur de l'angoisse lui monter au front. Il avait reconnu la voix de Diane.

Incapable dès lors de résister au mouvement de fureur qui l'emportait, il s'élança du haut du mur, et, son épée à la main, se mit à fendre buissons et rameaux pour suivre les fugitifs.

Mais tout avait disparu, rien ne troublait plus le silence du parc ; pas une ombre au fond des allées, pas une trace dans les chemins, pas un bruit dans les massifs, si ce n'est le chant des rossignols et des fauvettes qui, habitués à voir les deux amants, n'avaient pu être effrayés par eux.

Que faire en présence de la solitude ? que résoudre ? où courir ? Le parc était grand ; on pouvait, en poursuivant ceux qu'on cherchait, rencontrer ceux que l'on ne cherchait pas.

M. de Monsoreau songea que la découverte qu'il avait faite suffisait pour le moment ; d'ailleurs, il se sentait lui-même sous l'empire d'un sentiment trop violent pour agir avec la prudence qu'il convenait de déployer vis-à-vis d'un rival aussi redoutable que l'était François ; car il ne doutait pas que ce rival ne fût le prince.

Puis, si par hasard ce n'était pas lui, il avait près du duc d'Anjou une mission pressée à accomplir ; d'ailleurs, il verrait bien, en se retrouvant près du prince, ce qu'il devait penser de sa culpabilité ou de son innocence.

Puis, une idée sublime lui vint.

C'était de franchir le mur à l'endroit même où il avait déjà escaladé et d'enlever avec le sien le cheval de l'intrus surpris par lui dans le parc.

Ce projet vengeur lui donna des forces ; il reprit sa course et arriva au pied du mur, haletant et couvert de sueur.

Alors, s'aidant de chaque branche, il parvint au faîte et retomba de l'autre côté ; mais de l'autre côté plus de cheval, ou, pour mieux dire, plus de chevaux.

L'idée qu'il avait eue était si bonne, qu'avant de lui venir, à lui, elle était venue à son ennemi, et que son ennemi en avait profité.

M. de Monsoreau accablé laissa échapper un rugis-

sement de rage, montrant le poing à ce démon mali-
cieux qui, bien certainement, riait de lui dans l'ombre
déjà épaisse du bois ; mais comme chez lui la volonté
n'était pas facilement vaincue, il réagit contre les fata-
lités successives qui semblaient prendre à tâche de
l'accabler : en s'orientant à l'instant même, malgré la
nuit qui descendait rapidement, il réunit toutes ses
forces et regagna Angers par un chemin de traverse
qu'il connaissait depuis son enfance.

Deux heures et demie après, il arrivait à la porte de
la ville, mourant de soif, de chaleur et de fatigue ; mais
l'exaltation de la pensée avait donné des forces au
corps, et c'était toujours le même homme volontaire et
violent à la fois.

D'ailleurs, une idée le soutenait : il interrogerait la
sentinelle, ou plutôt les sentinelles ; il irait de porte en
porte ; il saurait par quelle porte un homme était
rentré avec deux chevaux ; il viderait sa bourse, il
ferait des promesses d'or, et il connaîtrait le signalement de cet homme.

Alors, quel qu'il fût, prochainement ou plus tard,
cet homme lui payerait sa dette.

Il interrogea la sentinelle ; mais la sentinelle venait
d'être placée et ne savait rien : il entra au corps-de-
garde et s'informa. Le milicien qui descendait de
garde avait vu, il y avait deux heures à peu près,
rentrer un cheval sans maître, qui avait repris tout seul
le chemin du palais.

Il avait alors pensé qu'il était arrivé quelque accident
au cavalier, et que le cheval intelligent avait regagné
seul le logis.

Monsoreau se frappa le front : il était décidé qu'il ne
saurait rien.

Alors il s'achemina à son tour vers le château ducal.

Là, grande vie, grand bruit, grande joie ; les fenêtres
resplendissaient comme des soleils, et les cuisines
reluisaient comme des fours embrasés envoyant par
leurs soupiraux des parfums de venaison et de girofle
capables de faire oublier à l'estomac qu'il est voisin du
cœur.

Mais les grilles étaient fermées, et là une difficulté se présenta : il fallait se les faire ouvrir.

Monsoreau appela le concierge et se nomma, mais le concierge ne voulut point le reconnaître.

— Vous étiez droit, et vous êtes voûté, lui dit-il.

— C'est la fatigue.

— Vous étiez pâle et vous êtes rouge.

— C'est la chaleur.

— Vous étiez à cheval et vous rentrez sans cheval.

— C'est que mon cheval a eu peur, a fait un écart, m'a désarçonné et est rentré sans cavalier. N'avez-vous pas vu mon cheval ?

— Ah ! si fait, dit le concierge.

— En tout cas, allez prévenir le majordome.

Le concierge, enchanté de cette ouverture qui le déchargeait de toute responsabilité, envoya prévenir M. Remy.

M. Remy arriva et reconnut parfaitement Monsoreau.

— Et d'où venez-vous, mon Dieu ! dans un pareil état ? lui demanda-t-il.

Monsoreau répéta la même fable qu'il avait déjà faite au concierge.

— En effet, dit le majordome, nous avons été fort inquiets quand nous avons vu le cheval sans cavalier ; Monseigneur surtout, que j'avais eu l'honneur de prévenir de votre arrivée.

— Ah ! Monseigneur a paru inquiet ? fit Monsoreau.

— Fort inquiet.

— Et qu'a-t-il dit ?

— Qu'on vous introduisît près de lui aussitôt votre arrivée.

— Bien ! le temps de passer à l'écurie seulement, voir s'il n'est rien arrivé au cheval de Son Altesse.

Monsoreau passa à l'écurie, et reconnut à la place où il l'avait pris l'intelligent animal qui mangeait en cheval qui sent le besoin de réparer ses forces.

Puis, sans même prendre le soin de changer de costume, Monsoreau pensait que l'importance de la

nouvelle qu'il apportait devait l'emporter sur l'étiquette, sans même se changer, disons-nous, le grand
veneur se dirigea vers la salle à manger. Tous les
gentilshommes du prince, et Son Altesse même, réunis autour d'une table magnifiquement servie et splen-
didement éclairée, attaquaient les pâtés de faisans, les
grillades fraîches de sanglier et les entremets épicés
qu'ils arrosaient de ce vin noir de Cahors si généreux
et si velouté, ou de ce perfide, suave et pétillant vin
d'Anjou, dont les fumées s'extravasent dans la tête
avant que les topazes qu'il distille dans le verre soient
tout à fait épuisées.

— La cour est au grand complet, disait Antraguet
rose comme une jeune fille et déjà ivre comme un
vieux reître, au complet comme la cave de Votre
Altesse.

— Non pas, non pas, dit Riberac, il nous manque
un grand veneur. Il est, en vérité, honteux que nous
mangions le dîner de Son Altesse, et que nous ne le
prenions pas nous-mêmes.

— Moi je vote pour un grand veneur quelconque,
dit Livarot ; peu importe lequel, fût-ce M. de Monsoreau.

Le duc sourit, il savait seul l'arrivée du comte.

Livarot achevait à peine sa phrase et le prince son
sourire, que la porte s'ouvrit et que M. de Monsoreau
entra.

Le duc fit, en l'apercevant, une exclamation
d'autant plus bruyante qu'elle retentit au milieu du
silence général.

— Eh bien ! le voici, dit-il, vous voyez que nous
sommes favorisés du ciel, Messieurs, puisque le ciel
nous envoie à l'instant ce que nous désirons.

Monsoreau, assez embarrassé de cet aplomb du
prince, qui, dans les cas pareils, n'était pas habituel à
Son Altesse, salua d'un air assez embarrassé et
détourna la tête, ébloui comme un hibou tout à coup
transporté de l'obscurité au grand soleil.

— Asseyez-vous là et soupez, dit le duc en montrant à M. de Monsoreau une place en face de lui.

— Monseigneur, répondit Monsoreau, j'ai bien soif, j'ai bien faim, je suis bien las ; mais je ne boirai, je ne mangerai, je ne m'assoirai qu'après m'être acquitté près de Votre Altesse d'un message de la plus haute importance.

— Vous venez de Paris, n'est-ce pas ?

— En toute hâte, Monseigneur.

— Eh bien ! j'écoute, dit le duc.

Monsoreau s'approcha de François, et, le sourire sur les lèvres, la haine dans le cœur, il lui dit tout bas :

— Monseigneur, madame la reine mère s'avance à grandes journées ; elle vient voir Votre Altesse.

Le duc, sur qui chacun avait les yeux fixés, laissa percer une joie soudaine.

— C'est bien, dit-il, merci. Monsieur de Monsoreau, aujourd'hui comme toujours, je vous trouve fidèle serviteur ; continuons de souper, Messieurs.

Et il rapprocha de la table son fauteuil qu'il avait éloigné un instant pour écouter M. de Monsoreau.

Le festin recommença ; le grand veneur, placé entre Livarot et Riberac, n'eut pas plutôt goûté les douceurs d'un bon siège et ne se fut pas plutôt trouvé en face d'un repas copieux, qu'il perdit tout à coup l'appétit.

L'esprit reprenait le dessus sur la matière.

L'esprit, entraîné dans de tristes pensées, retournait au parc de Méridor, et faisant de nouveau le voyage que le corps brisé venait d'accomplir, repassait comme un pèlerin attentif, par ce chemin fleuri qui l'avait conduit à la muraille.

Il revoyait le cheval hennissant, il revoyait le mur dégradé, il revoyait les deux ombres amoureuses et fuyantes ; il entendait le cri de Diane, ce cri qui avait retenti au plus profond de son cœur.

Alors, indifférent au bruit, à la lumière, au repas même, oubliant à côté de qui et en face de qui il se trouvait, il s'ensevelissait dans sa propre pensée, laissant son front se couvrir peu à peu de nuages et chassant de sa poitrine un sourd gémissement qui attirait l'attention des convives étonnés.

— Vous tombez de lassitude, monsieur le grand

veneur, dit le prince ; en vérité, vous feriez bien d'aller vous coucher.

— Ma foi oui, dit Livarot, le conseil est bon, et si vous ne le suivez pas, vous courez grand risque de vous endormir dans votre assiette.

— Pardon, Monseigneur, dit Monsoreau en relevant la tête ; en effet, je suis écrasé de fatigue.

— Enivrez-vous, comte, dit Antraguet, rien ne délasse comme cela.

— Et puis, murmura Monsoreau, en s'enivrant on oublie.

— Bah ! dit Livarot, il n'y a pas moyen ; voyez, Messieurs, son verre est encore plein.

— A votre santé, comte, dit Riberac en levant son verre.

Monsoreau fut forcé de faire raison au gentilhomme et vida le sien d'un seul trait.

— Il boit cependant très bien ; voyez, Monseigneur, dit Antraguet.

— Oui, répondit le prince qui essayait de lire dans le cœur du comte, oui, à merveille.

— Il faudra cependant que vous nous fassiez faire une belle chasse, comte, dit Riberac ; vous connaissez le pays.

— Vous y avez des équipages, des bois, dit Livarot.

— Et même une femme, ajouta Antraguet.

— Oui, répéta machinalement le comte, oui, des équipages, des bois et madame de Monsoreau, oui, Messieurs, oui.

— Faites-nous chasser un sanglier, comte, dit le prince.

— Je tâcherai, Monseigneur.

— Eh ! pardieu, dit un des gentilshommes angevins, vous tâcherez, voilà une belle réponse ! le bois en foisonne, de sangliers. Si je chassais au vieux taillis, je voudrais, au bout de cinq minutes, en avoir fait lever dix.

Monsoreau pâlit malgré lui ; le vieux taillis était justement cette partie du bois où Roland venait de le conduire.

— Ah ! oui, oui, demain, demain ! s'écrièrent en chœur les gentilshommes.

— Voulez-vous demain, Monsoreau ? demanda le duc.

— Je suis toujours aux ordres de Votre Altesse, répondit Monsoreau ; mais cependant, comme Monseigneur daignait le remarquer il n'y a qu'un instant, je suis bien fatigué pour conduire une chasse demain. Puis j'ai besoin de visiter les environs et de savoir où en sont nos bois.

— Et puis enfin, laissez-lui voir sa femme, que diable ! dit le duc avec une bonhomie qui convainquit le pauvre mari que le duc était son rival.

— Accordé ! accordé ! crièrent les jeunes gens avec gaieté. Nous donnons vingt-quatre heures à M. de Monsoreau pour faire dans ses bois tout ce qu'il a à y faire.

— Oui, Messieurs, donnez-les-moi, dit le comte, et je vous promets de les bien employer.

— Maintenant, notre grand veneur, dit le duc, je vous permets d'aller trouver votre lit. Que l'on conduise M. de Monsoreau à son appartement.

M. de Monsoreau salua et sortit, soulagé d'un grand fardeau, la contrainte.

Les gens affligés aiment la solitude plus encore que les amants heureux.

CHAPITRE LXII

COMMENT LE ROI HENRI III APPRIT LA FUITE DE SON FRÈRE BIEN-AIMÉ LE DUC D'ANJOU ET DE CE QUI S'ENSUIVIT

Une fois le grand veneur sorti de la salle à manger, le repas continua plus gai, plus joyeux, plus libre que jamais.

La figure sombre du Monsoreau n'avait pas peu

contribué à maintenir les jeunes gentilshommes, car, sous le prétexte et même sous la réalité de la fatigue, ils avaient démêlé cette continuelle préoccupation de sujets lugubres qui imprimait au front du comte cette tache de tristesse mortelle qui faisait le caractère particulier de sa physionomie.

Lorsqu'il fut parti et que le prince, toujours gêné en sa présence, eut repris son air tranquille :

— Voyons, Livarot, dit le duc, tu avais, lorsque est entré notre grand veneur, commencé de nous raconter votre fuite de Paris. Continue.

Et Livarot continua.

Mais comme notre titre d'historien nous donne le privilège de savoir mieux que Livarot lui-même ce qui s'était passé, nous substituerons notre récit à celui du jeune homme ; peut-être y perdra-t-il comme couleur, mais il y gagnera comme étendue, puisque nous savons ce que Livarot ne pouvait savoir, c'est-à-dire ce qui s'était passé au Louvre.

Vers le milieu de la nuit, Henri III fut réveillé par un bruit inaccoutumé qui retentissait dans le palais, où cependant, le roi une fois couché, le silence le plus profond était prescrit.

C'étaient des jurons, des coups de hallebarde contre les murailles, des courses rapides dans les galeries, des imprécations à faire ouvrir la terre, et, au milieu de tous ces bruits, de tous ces chocs, de tous ces blasphèmes, ces mots répétés par des milliers d'échos :

— Que dira le roi ? que dira le roi ?

Henri se dressa sur son lit et regarda Chicot, qui, après avoir soupé avec Sa Majesté, s'était laissé aller au sommeil dans un grand fauteuil, les jambes enlacées à sa rapière.

Les rumeurs redoublaient.

Henri sauta en bas de son lit, tout luisant de pommades, en criant :

— Chicot ! Chicot !

Chicot ouvrit un œil ; c'était un garçon prudent qui appréciait fort le sommeil et qui ne se réveillait jamais tout à fait du premier coup.

— Ah ! tu as eu tort de m'appeler, Henri, dit-il. Je rêvais que tu avais un fils.

— Écoute ! dit Henri, écoute !

— Que veux-tu que j'écoute ? Il me semble cependant que tu me dis bien assez de sottises comme cela pendant le jour sans prendre encore sur mes nuits.

— Mais tu n'entends donc pas ? dit le roi en étendant la main dans la direction du bruit.

— Oh ! oh ! s'écria Chicot ; en effet, j'entends des cris.

— Que dira le roi ? que dira le roi ? répéta Henri. Entends-tu ?

— Il y a deux choses à soupçonner : ou ton lévrier Narcisse est malade, ou les huguenots prennent leur revanche et font une Saint-Barthélemy de catholiques.

— Aide-moi à m'habiller, Chicot.

— Je le veux bien, mais aide-moi à me lever, Henri.

— Quel malheur ! quel malheur ! répétait-on dans les antichambres.

— Diable ! ceci devient sérieux, dit Chicot.

— Nous ferons bien de nous armer, dit le roi.

— Nous ferons mieux encore, dit Chicot, de nous dépêcher de sortir par la petite porte, afin de voir et de juger par nous-mêmes le malheur, au lieu de nous le laisser raconter.

Presque aussitôt, suivant le conseil de Chicot, Henri sortit par la porte dérobée et se trouva dans le corridor qui conduisait aux appartements du duc d'Anjou.

C'est là qu'il vit des bras levés au ciel et qu'il entendit les exclamations les plus désespérées.

— Oh ! oh ! dit Chicot, je devine ; ton malheureux prisonnier se sera étranglé dans sa prison. Ventre de biche ! Henri, je te fais mon compliment : tu es un plus grand politique que je ne croyais.

— Eh ! non, malheureux ! s'écria Henri, ce ne peut être cela.

— Tant pis, dit Chicot.

— Viens, viens.

Et Henri entraîna le Gascon dans la chambre du duc.

La fenêtre était ouverte et garnie d'une foule de curieux entassés les uns sur les autres pour contempler l'échelle de corde accrochée aux trèfles de fer du balcon.

Henri devint pâle comme la mort.

— Eh ! eh ! mon fils, dit Chicot, tu n'es pas encore si fort blasé que je le croyais.

— Enfui ! évadé ! cria Henri d'une voix si retentissante, que tous les gentilshommes se retournèrent.

Il y avait des éclairs dans les yeux du roi ; sa main serrait convulsivement la poignée de sa miséricorde.

Schomberg s'arrachait les cheveux ; Quélus se bourrait le visage de coups de poing, et Maugiron frappait, comme un bélier, de la tête dans la cloison.

Quant à d'Épernon, il avait disparu sous le spécieux prétexte de courir après M. le duc d'Anjou.

La vue du martyre, que dans leur désespoir s'infligeaient ses favoris, calma tout à coup le roi.

— Hé là ! doucement, mon fils, dit-il en retenant Maugiron par le milieu du corps.

— Non, mordieu ! j'en crèverai ou le diable m'emporte ! dit le jeune homme en prenant du champ pour se briser la tête non plus sur la cloison, mais sur le mur.

— Holà ! aidez-moi donc à le retenir ! cria Henri.

— Hé ! compère, dit Chicot, il y a une mort plus douce, passez-vous tout bonnement votre épée au travers du ventre.

— Veux-tu te taire, bourreau ! dit Henri les larmes aux yeux.

Pendant ce temps, Quélus se meurtrissait les joues.

— Oh ! Quélus, mon enfant, dit Henri, tu vas ressembler à Schomberg quand il a été trempé dans du bleu de Prusse ! tu seras affreux, mon ami.

Quélus s'arrêta.

Schomberg seul continuait à se dépouiller les tempes ; il en pleurait de rage.

— Schomberg ! Schomberg ! mon mignon, cria Henri, un peu de raison, je t'en prie.

— J'en deviendrai fou !

— Bah ! dit Chicot.

— Le fait est, dit Henri, que c'est un affreux malheur, et voilà pourquoi il faut que tu gardes ta raison, Schomberg. Oui, c'est un affreux malheur, je suis perdu ! voilà la guerre civile dans mon royaume... Ah ! qui a fait ce coup-là ? qui a fourni l'échelle ? Par la mordieu, je ferai pendre toute la ville.

Une profonde terreur s'empara des assistants.

— Qui est le coupable ? continua Henri, où est le coupable ? Dix mille écus à qui me dira son nom, cent mille écus à qui me le livrera mort ou vif.

— Qui voulez-vous que ce soit, s'écria Maugiron sinon quelque Angevin ?

— Pardieu ! tu as raison, s'écria Henri. Ah ! les Angevins, mordieu, les Angevins, ils me le paieront !

Et comme si cette parole eût été une étincelle communiquant le feu à une traînée de poudre, une effroyable explosion de cris et de menaces retentit contre les Angevins.

— Oh ! oui, les Angevins ! cria Quélus.

— Où sont-ils ? hurla Schomberg.

— Qu'on les éventre ! vociféra Maugiron.

— Cent potences pour cent Angevins ! reprit le roi.

Chicot ne pouvait rester muet dans cette fureur universelle ; il tira son épée avec un geste de taille-bras, et, s'escrimant du plat à droite et à gauche, il rossa les mignons et battit les murs en répétant avec des yeux farouches :

— Oh ! ventre de biche ! oh ! male rage ! ah ! damnation les Angevins, mordieu ! mort aux Angevins !

Ce cri : Mort aux Angevins ! fut entendu de toute la ville, comme le cri des mères israélites fut entendu par tout Rama.

Cependant Henri avait disparu.

Il avait songé à sa mère, et, se glissant hors de la chambre sans mot dire, il était allé trouver Catherine un peu négligée depuis quelque temps, et qui, renfermée dans son apparence insouciante et dans sa dévotion affectée, attendait, avec sa pénétration florentine, une bonne occasion de voir surnager sa politique.

Lorsque Henri entra, elle était à demi couchée, pensive dans un grand fauteuil, et elle ressemblait plus, avec ses joues grasses mais un peu jaunâtres, avec ses yeux brillants, mais fixes, avec ses mains potelées mais pâles, à une statue de cire exprimant la méditation qu'à un être animé qui pense.

Mais à la nouvelle de l'évasion de François, nouvelle que Henri donna, au reste, sans ménagement aucun, tout embrasé qu'il était de colère et de haine, la statue parut se réveiller tout à coup, quoique le geste qui annonçait ce réveil se bornât pour elle à s'enfoncer davantage encore dans son fauteuil et à secouer la tête sans rien dire.

— Eh ! ma mère, dit Henri, vous ne vous écriez pas !

— Pourquoi faire, mon fils ? demanda Catherine.

— Comment ! cette évasion de votre fils ne vous paraît pas criminelle, menaçante, digne des plus grands châtiments ?

— Mon cher fils, la liberté vaut bien une couronne, et rappelez-vous que je vous ai à vous-même conseillé de fuir quand vous pouviez atteindre cette couronne.

— Ma mère, on m'outrage.

Catherine haussa les épaules.

— Ma mère, on me brave.

— Eh ! non, dit Catherine, on se sauve ; voilà tout.

— Ah ! dit Henri, voilà comme vous prenez mon parti !

— Que voulez-vous dire, mon fils ?

— Je dis qu'avec l'âge les sentiments s'émoussent, je dis... Il s'arrêta.

— Que dites-vous ? reprit Catherine avec son calme habituel.

— Je dis que vous ne m'aimez plus comme autrefois.

— Vous vous trompez, dit Catherine avec une froideur croissante. Vous êtes mon fils bien-aimé, Henri. Mais celui dont vous vous plaignez est aussi mon fils.

— Ah ! trêve à la morale maternelle, Madame, dit Henri furieux ; nous connaissons ce que cela vaut.

— Eh ! vous devez le connaître mieux que personne, mon fils ; car vis-à-vis de vous ma morale a
toujours été de la faiblesse.

— Et comme vous en êtes aux repentirs, vous vous
repentez.

— Je sentais bien que nous en viendrions là, mon
fils, dit Catherine. Voilà pourquoi je gardais le silence.

— Adieu, Madame, adieu, dit Henri, je sais ce qui
me reste à faire, puisque chez ma mère même il n'y a
plus de compassion pour moi ; je trouverai des
conseillers capables de seconder mon ressentiment et
de m'éclairer dans cette rencontre.

— Allez, mon fils, dit tranquillement la Florentine,
et que l'esprit de Dieu soit avec ces conseillers, car ils
en auront bien besoin pour vous tirer d'embarras.

Et elle le laissa s'éloigner sans faire un geste, sans
dire un mot pour le retenir.

— Adieu, Madame, répéta Henri.

Mais près de la porte il s'arrêta.

— Henri, adieu, dit la reine ; seulement encore un
mot, je ne prétends pas vous donner un conseil, mon
fils : vous n'avez pas besoin de moi, je le sais ; mais
priez vos conseillers de bien réfléchir avant d'émettre
leur avis et de mieux réfléchir encore avant de mettre
cet avis à exécution.

— Oh ! oui, dit Henri se rattachant à ce mot de sa
mère et en profitant pour ne pas aller plus loin, car la
circonstance est difficile, n'est-ce pas, Madame ?

— Grave, dit lentement Catherine en levant les
yeux et les mains au ciel, bien grave, Henri.

Le roi, frappé de cette expression de terreur qu'il
croyait lire dans les yeux de sa mère, revint près d'elle.

— Quels sont ceux qui l'ont enlevé ? en avez-vous
quelque idée, ma mère ?

Catherine ne répondit point.

— Moi, dit Henri, je pense que ce sont les Angevins.

Catherine sourit avec cette finesse qui montrait toujours en elle un esprit supérieur veillant pour terrasser
et confondre l'esprit d'autrui.

— Les Angevins ? répéta-t-elle.

— Vous ne le croyez pas, dit Henri, cependant tout le monde le croit.

Catherine fit encore un mouvement d'épaules.

— Que les autres croient cela, bien, dit-elle ; mais vous, mon fils, enfin !

— Quoi donc ! Madame... Que voulez-vous dire ? expliquez-vous, je vous en supplie.

— A quoi bon m'expliquer ?

— Votre explication m'éclairera.

— Vous éclairera ! Allons donc, Henri, je ne suis qu'une femme vieille et radoteuse ; ma seule influence est dans mon repentir et dans mes prières.

— Non, parlez, parlez, ma mère, je vous écoute. Oh ! vous êtes encore, vous serez toujours notre âme à nous tous, parlez.

— Inutile, je n'ai que des idées de l'autre siècle, et la défiance fait tout l'esprit des vieillards. La vieille Catherine donner à son âge un conseil qui vaille encore quelque chose ! allons donc, mon fils, impossible.

— Eh bien ! soit, ma mère, dit Henri, refusez-moi votre secours, privez-moi de votre aide. Mais dans une heure, voyez-vous, que ce soit votre avis ou non, et je le saurai alors, j'aurai fait pendre tous les Angevins qui sont à Paris.

— Faire pendre tous les Angevins ! s'écria Catherine avec cet étonnement qu'éprouvent les esprits supérieurs lorsqu'on dit devant eux quelque énormité.

— Oui, oui, pendre, massacrer, assassiner, brûler ; à l'heure qu'il est, mes amis courent déjà la ville pour rompre les os à ces maudits, à ces brigands, à ces rebelles !...

— Qu'ils s'en gardent, malheureux, s'écria Catherine emportée par le sérieux de la situation ; ils se perdraient eux-mêmes, ce qui ne serait rien ; mais ils vous perdraient avec eux.

— Comment cela ?

— Aveugle ! murmura Catherine ; les rois auront donc éternellement des yeux pour ne pas voir ?

Et elle joignit les mains.

— Les rois ne sont rois qu'à la condition qu'ils vengeront les injures qu'on leur fait, car alors leur vengeance est une justice, et, dans ce cas surtout, tout mon royaume se lèvera pour me défendre.

— Fou, insensé, enfant, murmura la Florentine.

— Mais pourquoi cela, comment cela ?

— Pensez-vous qu'on égorgera, qu'on brûlera qu'on pendra des hommes comme Bussy, comme Antraguet, comme Livarot, comme Riberac, sans faire couler des flots de sang ?

— Qu'importe ! pourvu qu'on les égorge.

— Oui, sans doute, si on les égorge ; montrez-les-moi morts, et, par Notre-Dame, je vous dirai que vous avez bien fait. Mais on ne les égorgera pas ; mais on aura levé pour eux l'étendard de la révolte ; mais on leur aura mis nue à la main l'épée qu'ils n'eussent jamais osé tirer du fourreau pour un maître comme François ; tandis qu'au contraire, dans ce cas-là, par votre imprudence, ils dégaineront pour défendre leur vie, et votre royaume se soulèvera, non pas pour vous, mais contre vous.

— Mais si je ne me venge pas, j'ai peur, je recule, s'écria Henri.

— A-t-on jamais dit que j'avais peur ? dit Catherine en fronçant le sourcil et en pressant ses dents de ses lèvres minces et rougies avec du carmin.

— Cependant, si c'étaient les Angevins, ils mériteraient une punition, ma mère.

— Oui, si c'étaient eux, mais ce ne sont pas eux.

— Qui est-ce donc, si ce ne sont pas les amis de mon frère ?

— Ce ne sont pas les amis de votre frère, car votre frère n'a pas d'amis.

— Mais qui est-ce donc ?

— Ce sont vos ennemis à vous, ou plutôt votre ennemi.

— Quel ennemi ?

— Eh ! mon fils, vous savez bien que vous n'en avez jamais eu qu'un, comme votre frère Charles n'en a jamais eu qu'un, comme moi-même je n'en ai jamais eu qu'un, le même toujours, incessamment.

— Henri de Navarre, vous voulez dire ?

— Eh ! oui, Henri de Navarre.

— Il n'est pas à Paris !

— Eh ! savez-vous qui est à Paris ou qui n'y est pas ? Savez-vous quelque chose ? avez-vous des yeux et des oreilles ? avez-vous autour de vous des gens qui voient et qui entendent ? Non, vous êtes tous sourds, vous êtes tous aveugles.

— Henri de Navarre ! répéta Henri.

— Mon fils, à chaque désappointement qui vous arrivera, à chaque malheur qui vous arrivera, à chaque catastrophe qui vous arrivera, et dont l'auteur vous restera inconnu, ne cherchez pas, n'hésitez pas, ne vous enquérez pas, c'est inutile. Écriez-vous, Henri : c'est Henri de Navarre, et vous serez sûr d'avoir dit vrai... Frappez du côté où il sera, et vous serez sûr d'avoir frappé juste... Oh ! cet homme !... cet homme ! voyez-vous, c'est l'épée que Dieu a suspendue au-dessus de la maison de Valois.

— Vous êtes donc d'avis que je donne contre-ordre à l'endroit des Angevins ?

— A l'instant même, s'écria Catherine, sans perdre une minute, sans perdre une seconde. Hâtez-vous, peut-être est-il déjà trop tard ; courez, révoquez ces ordres ; allez, ou vous êtes perdu.

Et, saisissant son fils par le bras, elle le poussa vers la porte avec une force et une énergie incroyables.

Henri s'élança hors du Louvre, cherchant à rallier ses amis.

Mais il ne trouva que Chicot, assis sur une pierre et dessinant des figures géographiques sur le sable.

CHAPITRE LXIII

COMMENT CHICOT ET LA REINE MÈRE SE TROUVANT ÊTRE DU MÊME AVIS, LE ROI SE RANGEA À L'AVIS DE LA REINE MÈRE ET DE CHICOT

Henri s'assura que c'était bien le Gascon qui, non moins attentif qu'Archimède, ne paraissait pas décidé à se retourner, Paris fût-il pris d'assaut.

— Ah ! malheureux, s'écria-t-il d'une voix tonnante, voilà donc comme tu défends ton roi ?

— Je le défends à ma manière, et je crois que c'est la bonne.

— La bonne ! s'écria le roi, la bonne, paresseux !

— Je le maintiens, et je le prouve.

— Je suis curieux de voir cette preuve.

— C'est facile : d'abord, nous avons fait une grande bêtise, mon roi, nous avons fait une immense bêtise.

— En quoi faisant ?

— En faisant ce que nous avons fait.

— Ah ! ah ! fit Henri frappé de la corrélation de ces deux esprits éminemment subtils, et qui n'avaient pu se concerter pour en venir au même résultat.

— Oui, répondit Chicot, tes amis en criant par la ville : Mort aux Angevins ! et maintenant que j'y réfléchis, il ne m'est pas bien prouvé que ce soient les Angevins qui aient fait le coup ; tes amis, dis-je, en criant par la ville : Mort aux Angevins ! font tout simplement cette petite guerre civile que MM. de Guise n'ont pas pu faire, et dont ils ont si grand besoin ; et, vois-tu, à l'heure qu'il est, Henri, ou tes amis sont parfaitement morts, ce qui ne me déplairait pas, je l'avoue, mais ce qui t'affligerait, toi ; ou ils ont chassé les Angevins de la ville, ce qui te déplairait fort, à toi, mais ce qui, en échange, réjouirait énormément ce cher M. d'Anjou.

— Mordieu ! s'écria le roi, crois-tu donc que les choses sont déjà si avancées que tu dis là ?

— Si elles ne le sont pas davantage.

— Mais tout cela ne m'explique pas ce que tu fais assis sur cette pierre.

— Je fais une besogne excessivement pressée, mon fils.

— Laquelle ?

— Je trace la configuration des provinces que ton frère va faire révolter contre nous, et je suppute le nombre d'hommes que chacune d'elles pourra fournir à la révolte.

— Chicot ! Chicot ! s'écria le roi, je n'ai donc autour de moi que des oiseaux de mauvais augure !

— Le hibou chante bien pendant la nuit, mon fils, répondit Chicot, car il chante à son heure. Or, le temps est sombre, Henriquet, si sombre, en vérité, qu'on peut prendre le jour pour la nuit, et je te chante ce que tu dois entendre. Regarde !

— Quoi ?

— Regarde ma carte géographique, et juge. Voici d'abord l'Anjou, qui ressemble assez à une tartelette ; tu vois ? c'est là que ton frère s'est réfugié ; aussi je lui ai donné la première place, hum ! L'Anjou, bien mené, bien conduit, comme vont le mener et le conduire ton grand veneur Monsoreau et ton ami Bussy, l'Anjou, à lui seul, peut nous fournir, quand je dis nous, c'est à ton frère, l'Anjou, peut fournir à ton frère dix mille combattants.

— Tu crois ?

— C'est le minimum ; passons à la Guyenne. La Guyenne, tu la vois, n'est-ce pas ? la voici : c'est cette figure qui ressemble à un veau marchant sur une patte. Ah ! dame ! la Guyenne, il ne faut pas t'étonner de trouver là quelques mécontents ; c'est un vieux foyer de révolte, et à peine les Anglais en sont-ils partis. La Guyenne sera donc enchantée de se soulever, non pas contre toi, mais contre la France. Il faut compter sur la Guyenne pour huit mille soldats. C'est peu ! mais ils seront bien aguerris, bien éprouvés, sois tranquille ; puis, à gauche de la Guyenne, nous avons le Béarn et la Navarre, tu vois ? ces deux compartiments qui ressemblent à un singe sur le dos d'un éléphant. On a fort rogné la Navarre, sans doute, mais avec le Béarn il lui reste encore une population de trois ou quatre cent mille hommes. Suppose que le Béarn et la Navarre, très pressés, bien poussés, bien pressurés par Henriot, fournissent à la Ligue cinq du cent de leur population, c'est seize mille hommes. Récapitulons donc : dix mille pour l'Anjou.

Et Chicot continua de tracer des figures sur le sable avec sa baguette.

Ci	10,000
Huit mille pour la Guyenne, ci	8,000
Seize mille pour le Béarn et la Navarre, ci	16,000
Total	34,000

— Tu crois donc, dit Henri, que le roi de Navarre fera alliance avec mon frère ?

— Pardieu !

— Tu crois donc qu'il est pour quelque chose dans sa fuite.

Chicot regarda Henri fixement.

— Henriquet, dit-il, voilà une idée qui n'est pas de toi.

— Pourquoi cela ?

— Parce qu'elle est trop forte, mon fils.

— N'importe de qui elle est ; je t'interroge, réponds : crois-tu que Henri de Navarre soit pour quelque chose dans la fuite de mon frère ?

— Eh ! fit Chicot, j'ai entendu du côté de la rue de la Ferronnerie un : ventre saint-gris ! qui, aujourd'hui que j'y pense, me paraît assez concluant.

— Tu as entendu : un ventre saint-gris ! s'écria le roi.

— Ma foi, oui, répondit Chicot, je m'en souviens aujourd'hui seulement.

— Il était donc à Paris ?

— Je le crois.

— Et qui peut te le faire croire ?

— Mes yeux.

— Tu as vu Henri de Navarre ?

— Oui.

— Et tu n'es pas venu me dire que mon ennemi était venu me braver jusque dans ma capitale !

— On est gentilhomme ou on ne l'est pas, fit Chicot.

— Après ?

— Eh bien ! si l'on est gentilhomme, on n'est pas espion, voilà tout.

Henri demeura pensif.

— Ainsi, dit-il, l'Anjou et le Béarn ! mon frère François et mon cousin Henri !

— Sans compter les trois Guises, bien entendu.

— Comment ! tu crois qu'ils feront alliance ensemble ?

— Trente-quatre mille hommes d'une part, dit Chicot en comptant sur ses doigts : dix mille pour l'Anjou, huit mille pour la Guyenne, seize mille pour le Béarn ; plus vingt ou vingt-cinq mille sous les ordres de M. de Guise, comme lieutenant général de tes armées ; total, cinquante-neuf mille hommes ; réduisons-les à cinquante mille, à cause des gouttes, des rhumatismes, des sciatiques et autres maladies. C'est encore, comme tu le vois, mon fils, un assez joli total.

— Mais Henri de Navarre et le duc de Guise sont ennemis.

— Ce qui ne les empêchera pas de se réunir contre toi, quitte à s'exterminer entre eux quand ils t'auront exterminé toi-même.

— Tu as raison, Chicot, ma mère a raison, vous avez raison tous deux ; il faut empêcher un esclandre, aide-moi à réunir les Suisses.

— Ah bien oui, les Suisses ! Quélus les a emmenés.

— Mes gardes.

— Schomberg les a pris.

— Les gens de mon service au moins.

— Ils sont partis avec Maugiron.

— Comment, s'écria Henri et sans mon ordre !

— Et depuis quand donnes-tu donc des ordres, Henri ? Ah ! s'il s'agissait de processions ou de flagellations, je ne dis pas ; on te laisse sur ta peau et même sur la peau des autres puissance entière. Mais quand il s'agit de guerre, quand il s'agit de gouvernement ! ouais, ceci regarde M. de Schomberg, M. de Quélus et M. de Maugiron. Quant à d'Épernon, je n'en dis rien, puisqu'il se cache.

— Mordieu ! s'écria Henri, est-ce donc ainsi que cela se passe ?

— Permets-moi de te dire, mon fils, reprit Chicot, que tu t'aperçois bien tard que tu n'es que le septième ou huitième roi de ton royaume.

Henri se mordit les lèvres en frappant du pied.

— Eh ! fit Chicot en cherchant à distinguer dans l'obscurité.

— Qu'y a-t-il ? demanda le roi.

— Ventre de biche ! ce sont eux ; tiens, Henri, voilà tes hommes.

Et il montra effectivement au roi trois ou quatre cavaliers qui accouraient suivis à distance de quelques autres hommes à cheval et de beaucoup d'hommes à pied.

Les cavaliers allaient rentrer au Louvre, n'apercevant pas ces deux hommes debout près des fossés, et à demi perdus dans l'obscurité.

— Schomberg ! cria le roi, Schomberg, par ici !

— Holà ! dit Schomberg, qui m'appelle ?

— Viens toujours, mon enfant, viens !

Schomberg crut reconnaître la voix et s'approcha.

— Eh ! dit-il, Dieu me damne, c'est le roi.

— Moi-même, qui courais après vous et qui, ne sachant où vous rejoindre, vous attendais avec impatience ; qu'avez-vous fait ?

— Ce que nous avons fait ? dit un second cavalier en s'approchant.

— Ah ! viens, Quélus, viens aussi, dit le roi, et surtout ne pars plus ainsi sans ma permission.

— Il n'en est plus besoin, dit un troisième, que le roi reconnut pour Maugiron, puisque tout est fini.

— Tout est fini ? répéta le roi.

— Dieu soit loué, dit d'Épernon, apparaissant tout à coup sans que l'on sût d'où il sortait.

— Hosanna ! cria Chicot en levant les deux mains au ciel.

— Alors vous les avez tués ? dit le roi.

Mais il ajouta tout bas :

— Au bout du compte, les morts ne reviennent pas.

— Vous les avez tués ? dit Chicot ; ah ! si vous les avez tués, il n'y a rien à dire.

— Nous n'avons pas eu cette peine, répondit Schomberg, les lâches se sont enfuis comme une volée de pigeons ; à peine si nous avons pu croiser le fer avec eux.

Henri pâlit.

— Et avec lequel avez-vous croisé le fer ? demanda-t-il.

— Avec Antraguet.

— Au moins celui-là est demeuré sur le carreau ?

— Tout au contraire, il a tué un laquais de Quélus.

— Ils étaient donc sur leur garde ? demanda le roi.

— Parbleu ! je le crois bien, s'écria Chicot, qu'ils y étaient : vous hurlez : Mort aux Angevins ! vous remuez les canons, vous sonnez les cloches, vous faites trembler toute la ferraille de Paris, et vous voulez que ces honnêtes gens soient plus sourds que vous n'êtes bêtes.

— Enfin, enfin, murmura sourdement le roi, voilà une guerre civile allumée.

Ces mots firent tressaillir Quélus.

— Diable ! fit-il, c'est vrai.

— Ah ! vous commencez à vous en apercevoir, dit Chicot : c'est heureux ! Voici MM. de Schomberg et de Maugiron qui ne s'en doutent pas encore.

— Nous nous réservons, répondit Schomberg, pour défendre la personne et la couronne de Sa Majesté.

— Eh ! pardieu, dit Chicot, pour cela nous avons M. de Clisson, qui crie moins haut que vous et qui vaut bien autant.

— Mais enfin, dit Quélus, vous qui nous gourmandez à tort et à travers, monsieur Chicot, vous pensiez comme nous il y a deux heures, ou tout au moins si vous ne pensiez pas comme nous, vous criiez comme nous.

— Moi ! dit Chicot.

— Certainement, et même vous vous escrimiez contre les murailles en criant : Mort aux Angevins !

— Mais moi, dit Chicot, c'est bien autre chose ; moi, je suis fou, chacun le sait ; mais vous qui êtes tous des gens d'esprit...

— Allons, Messieurs, dit Henri, la paix ; tout à l'heure nous aurons bien assez la guerre.

— Qu'ordonne Votre Majesté ? dit Quélus.

— Que vous employiez la même ardeur à calmer le peuple que vous avez mise à l'émouvoir ; que vous rameniez au Louvre les Suisses, les gardes, les gens de ma maison, et que l'on ferme les portes, afin que demain les bourgeois prennent ce qui s'est passé pour une échauffourée de gens ivres.

Les jeunes gens s'éloignèrent l'oreille basse, transmettant les ordres du roi aux officiers qui les avaient accompagnés dans leur équipée.

Quant à Henri, il revint chez sa mère, qui, active, mais anxieuse et assombrie, donnait des ordres à ses gens.

— Eh bien ! dit-elle, que s'est-il passé ?

— Eh bien ! ma mère, il s'est passé ce que vous avez prévu.

— Ils sont en fuite ?

— Hélas ! oui.

— Ah ! dit-elle, et après ?

— Après, voilà tout, et il me semble que c'est bien assez.

— La ville ?

— La ville est en rumeur, mais ce n'est pas la ville qui m'inquiète, je la tiens sous ma main.

— Oui, dit Catherine, ce sont les provinces.

— Qui vont se révolter, se soulever, continua Henri.

— Que comptez-vous faire ?

— Je ne vois qu'un moyen.

— Lequel ?

— C'est d'accepter franchement la position.

— De quelle manière ?

— Je donne le mot aux colonels, à mes gardes, je fais armer mes milices, je retire l'armée de devant La Charité et je marche sur l'Anjou.

— Et M. de Guise ?

— Eh ! M. de Guise ! M. de Guise ! je le fais arrêter s'il est besoin.

— Ah ! oui, avec cela que les mesures de rigueur vous réussissent.

— Que faire alors !

Catherine inclina sa tête sur sa poitrine et réfléchit un instant.

— Tout ce que vous projetez est impossible, mon fils, dit-elle.

— Ah ! s'écria Henri avec un dépit profond, je suis donc bien mal inspiré aujourd'hui ?

— Non, mais vous êtes troublé ; remettez-vous d'abord et ensuite nous verrons.

— Alors, ma mère, ayez des idées pour moi, faisons quelque chose, remuons-nous.

— Vous le voyez, mon fils, je donnais des ordres.

— Pour quoi faire ?

— Pour le départ d'un ambassadeur.

— Et à qui le députerons-nous ?

— À votre frère.

— Un ambassadeur à ce traître ! Vous m'humiliez, ma mère.

— Ce n'est pas le moment d'être fier, fit sévèrement Catherine.

— Un ambassadeur qui demandera la paix ?

— Qui l'achètera même s'il le faut.

— Pour quels avantages, mon Dieu ?

— Eh ! mon fils, dit la Florentine, quand cela ne serait que pour pouvoir faire prendre en toute sécurité, après la paix faite, ceux qui se sont sauvés pour vous faire la guerre. Ne disiez-vous pas tout à l'heure que vous voudriez les tenir ?

— Oh ! je donnerais quatre provinces de mon royaume pour cela ; une par homme.

— Eh bien ! qui veut la fin veut les moyens, reprit Catherine d'une voix pénétrante qui alla remuer jusqu'au fond du cœur de Henri la haine et la vengeance.

— Je crois que vous avez raison, ma mère, dit-il ; mais qui leur enverrons-nous ?

— Cherchez parmi tous vos amis.

— Ma mère, j'ai beau chercher, je ne vois pas un homme à qui je puisse confier une pareille mission.

— Confiez-la à une femme, alors.

— À une femme ! ma mère ! est-ce que vous consentiriez ?

— Mon fils, je suis bien vieille, bien lasse, la mort m'attend peut-être à mon retour, mais je veux faire ce voyage si rapidement que j'arriverai à Angers avant que les amis de votre frère et votre frère lui-même n'aient eu le temps de comprendre toute leur puissance.

— Oh ! ma mère, ma bonne mère, s'écria Henri avec effusion en baisant les mains de Catherine, vous êtes toujours mon soutien, ma bienfaitrice, ma providence !

— C'est-à-dire que je suis toujours reine de France, murmura Catherine en attachant sur son fils un regard dans lequel entrait pour le moins autant de pitié que de tendresse.

CHAPITRE LXIV

OÙ IL EST PROUVÉ QUE LA RECONNAISSANCE ÉTAIT UNE DES VERTUS DE M. DE SAINT-LUC

Le lendemain du jour où M. de Monsoreau avait fait à la table de M. le duc d'Anjou cette piteuse mine qui lui avait valu la permission de s'aller coucher avant la fin du repas, le gentilhomme se leva de grand matin et descendit dans la cour du palais.

Il s'agissait de retrouver le palefrenier à qui il avait déjà eu affaire, et, s'il était possible, de tirer de lui quelques renseignements sur les habitudes de Roland.

Le comte réussit à son gré : il entra sous un vaste hangar, où quarante chevaux magnifiques grugeaient à faire plaisir la paille et l'avoine des Angevins.

Le premier coup d'œil du comte fut pour chercher Roland ; Roland était à sa place et faisait merveille parmi les plus beaux mangeurs.

Le second fut pour chercher le palefrenier.

Il le reconnut debout, les bras croisés, regardant, selon l'habitude de tout bon palefrenier, de quelle façon, plus ou moins avide, les chevaux de son maître mangeaient leur provende habituelle.

— Eh ! l'ami, dit le comte, est-ce donc l'habitude des chevaux de Monseigneur de revenir à l'écurie tout seuls, et les dresse-t-on à ce manège-là ?

— Non, monsieur le comte, répondit le palefrenier ; à quel propos Votre Seigneurie me demande-t-elle cela ?

— A propos de Roland.

— Ah ! oui, qui est venu seul hier ; oh ! cela ne m'étonne pas de la part de Roland, c'est un cheval très intelligent.

— Oui, dit Monsoreau, je m'en suis aperçu ; la chose lui était-elle donc déjà arrivée ?

— Non, Monsieur, d'ordinaire il est monté par Monseigneur le duc d'Anjou, qui est excellent cavalier et qu'on ne jette point facilement à terre.

— Roland ne m'a point jeté à terre, mon ami, dit le comte, piqué qu'un homme, cet homme fût-il un palefrenier, pût croire que lui, le grand veneur de France, avait vidé les arçons, car, sans être de la force de M. le duc d'Anjou, je suis assez bon écuyer. Non, je l'avais attaché au pied d'un arbre pour entrer dans une maison. A mon retour il était disparu ; j'ai cru ou qu'on l'avait volé, ou que quelque seigneur, passant par les chemins, m'avait fait la méchante plaisanterie de le ramener, voilà pourquoi je vous demandais qui l'avait fait rentrer à l'écurie.

— Il est rentré seul, comme le majordome a eu l'honneur de le dire hier à monsieur le Comte.

— C'est étrange, dit Monsoreau.

Il resta un moment pensif, puis, changeant de conversation :

— Monseigneur monte souvent ce cheval, dis-tu ?

— Il le montait presque tous les jours, avant que ses équipages ne fussent arrivés.

— Son Altesse est rentrée tard hier ?

— Une heure avant vous à peu près, monsieur le comte.

— Et quel cheval montait le duc ? n'était-ce pas un

cheval bai-brun, avec les quatre pieds blancs et une étoile au front ?

— Non. Monsieur, dit le palefrenier, hier Son Altesse montait Isolin, que voici.

— Et, dans l'escorte du prince, il n'y avait pas un gentilhomme montant un cheval tel que celui dont je te donne le signalement ?

— Je ne connais personne ayant un pareil cheval.

— C'est bien, dit Monsoreau avec une certaine impatience d'avancer si lentement dans ses recherches. C'est bien, merci ! Selle-moi Roland.

— Monsieur le comte désire Roland ?

— Oui. Le prince t'aurait-il donné l'ordre de me le refuser ?

— Non, Monseigneur, l'écuyer de Son Altesse m'a dit, au contraire, de mettre toutes les écuries à votre disposition.

Il n'y avait pas moyen de se fâcher contre un prince qui avait de pareilles prévenances.

M. de Monsoreau fit de la tête un signe au palefrenier, lequel se mit à seller le cheval.

Lorsque cette première opération fut finie, le palefrenier détacha Roland de la mangeoire, lui passa la bride et l'amena au comte.

— Écoute, lui dit celui-ci en lui prenant la bride des mains, et réponds-moi.

— Je ne demande pas mieux, dit le palefrenier.

— Combien gagnes-tu par an ?

— Vingt écus, Monsieur.

— Veux-tu gagner dix années de tes gages d'un seul coup ?

— Pardieu ! fit l'homme. Mais comment les gagnerai-je ?

— Informe-toi qui montait hier un cheval bai brun, avec les quatre pieds blancs et une étoile au milieu du front.

— Ah ! Monsieur, dit le palefrenier, ce que vous me demandez là est bien difficile ; il y a tant de seigneurs qui viennent rendre visite à Son Altesse.

— Oui ; mais deux cents écus, c'est un assez joli

denier pour qu'on risque de prendre quelque peine à les gagner.

— Sans doute, monsieur le comte, aussi je ne refuse pas de chercher, tant s'en faut.

— Allons, dit le comte, ta bonne volonté me plaît. Voici d'abord dix écus pour te mettre en train ; tu vois que tu n'auras point tout perdu.

— Merci, mon gentilhomme.

— C'est bien, tu diras au prince que je suis allé reconnaître le bois pour la chasse qu'il m'a commandée.

Le comte achevait à peine ces mots, que la paille cria derrière lui sous les pas d'un nouvel arrivant.

Il se retourna.

— Monsieur de Bussy ! s'écria le comte.

— Eh ! bonjour, monsieur de Monsoreau, dit Bussy ; vous à Angers, quel miracle !

— Et vous, Monsieur, qu'on disait malade !

— Je le suis en effet, dit Bussy ; aussi mon médecin m'ordonne-t-il un repos absolu ; il y a huit jours que je ne suis sorti de la ville. Ah ! ah ! vous allez monter Roland, à ce qu'il paraît ? C'est une bête que j'ai vendue à M. le duc d'Anjou, et dont il est si content qu'il la monte presque tous les jours.

Monsoreau pâlit.

— Oui, dit-il, je comprends cela, c'est un excellent animal.

— Vous n'avez pas eu la main malheureuse de le choisir ainsi du premier coup, dit Bussy.

— Oh ! ce n'est point d'aujourd'hui que nous faisons connaissance, répliqua le comte, je l'ai monté hier.

— Ce qui vous a donné l'envie de le monter encore aujourd'hui ?

— Oui, dit le comte.

— Pardon, reprit Bussy, vous parliez de nous préparer une chasse ?

— Le prince désire courir un cerf.

— Il y en a beaucoup, à ce que je me suis laissé dire, dans les environs ?

— Beaucoup.

— Et de quel côté allez-vous détourner l'animal ?

— Du côté de Méridor.

— Ah ! très bien, dit Bussy en pâlissant à son tour malgré lui.

— Voulez-vous m'accompagner ? demanda Monsoreau.

— Non, mille grâces, répondit Bussy. Je vais me coucher. Je sens la fièvre qui me reprend.

— Allons, bien ! s'écria du seuil de l'écurie une voix sonore, voilà encore M. de Bussy levé sans ma permission.

— Le Haudouin, dit Bussy ; bon, me voilà sûr d'être grondé. Adieu, comte. Je vous recommande Roland.

— Soyez tranquille.

Bussy s'éloigna, et M. de Monsoreau sauta en selle.

— Qu'avez-vous donc ? demanda le Haudouin ; vous êtes si pâle que je crois presque moi-même que vous êtes malade.

— Sais-tu où il va ? demanda Bussy.

— Non.

— Il va à Méridor.

— Eh bien ! aviez-vous espéré qu'il passerait à côté ?

— Que va-t-il arriver, mon Dieu ! après ce qui s'est passé hier ?

— Madame de Monsoreau niera.

— Mais il a vu.

— Elle lui soutiendra qu'il avait la berlue.

— Diane n'aura pas cette force-là.

— Oh ! monsieur de Bussy, est-il possible que vous ne connaissiez pas mieux les femmes !

— Remy, je me sens très mal.

— Je crois bien. Rentrez chez vous. Je vous prescris pour ce matin...

— Quoi ?

— Une daube de poularde, une tranche de jambon et une bisque aux écrevisses.

— Eh ! je n'ai pas faim.

— Raison de plus pour que je vous ordonne de manger.

— Remy, j'ai le pressentiment que ce bourreau va faire quelque scène tragique à Méridor. En vérité, j'eusse dû accepter de l'accompagner quand il me l'a proposé.

— Pourquoi faire ?

— Pour soutenir Diane.

— Madame Diane se soutiendra bien toute seule, je vous l'ai déjà dit et je vous le répète, et comme il faut que nous en fassions autant, venez, je vous prie. D'ailleurs, il ne faut pas qu'on vous voie debout. Pourquoi êtes-vous sorti malgré mon ordonnance ?

— J'étais par trop inquiet, je n'ai pas pu y tenir.

Remy haussa les épaules, emmena Bussy et l'installa portes closes devant une bonne table, tandis que M. de Monsoreau sortait d'Angers par la même porte que la veille.

Le comte avait eu ses raisons pour redemander Roland ; il avait voulu s'assurer si c'était par hasard ou par habitude que cet animal, dont chacun vantait l'intelligence, l'avait conduit au pied du mur du parc. En conséquence, en sortant du palais, il lui avait mis la bride sur le cou.

Roland n'avait pas manqué à ce que son cavalier attendait de lui.

A peine hors de la porte, il avait pris à gauche. M. de Monsoreau l'avait laissé faire ; puis à droite, et M. de Monsoreau l'avait laissé faire encore.

Tous deux s'étaient donc engagés dans le charmant sentier fleuri, puis dans les taillis, puis dans les hautes futaies. Comme la veille, à mesure que Roland approchait de Méridor, son trot s'allongeait ; enfin son trot se changea en galop, et, au bout de quarante ou cinquante minutes, M. de Monsoreau se trouva en vue du mur juste au même endroit que la veille.

Seulement le lieu était solitaire et silencieux ; aucun hennissement ne s'était fait entendre, aucun cheval n'apparaissait attaché ni errant.

M. de Monsoreau mit pied à terre ; mais cette fois,

pour ne pas courir la chance de revenir à pied, il passa
la bride de Roland dans son bras et se mit à escalader
la muraille.

Mais tout était solitaire au dedans comme au dehors
du parc. Les longues allées se déroulaient à perte de
vue, et quelques chevreuils bondissants animaient
seuls le gazon désert des vastes pelouses.

Le comte jugea qu'il était inutile de perdre son
temps à guetter des gens prévenus, qui, sans doute
effrayés par son apparition de la veille, avaient interrompu leurs rendez-vous ou choisi un autre endroit : il
remonta à cheval, longea un petit sentier, et après un
quart d'heure de marche, dans laquelle il avait été
obligé de retenir Roland, il était arrivé à la grille.

Le baron était occupé à faire fouetter ses chiens
pour les tenir en haleine, lorsque le comte passa le
pont-levis. Il aperçut son gendre et vint cérémonieuse-
ment au-devant de lui.

Diane, assise sous un magnifique sycomore, lisait
les poésies de Marot. Gertrude, sa fidèle suivante,
brodait à ses côtés.

Le comte, après avoir salué le baron, aperçut les
deux femmes. Il mit pied à terre et s'approcha d'elles.

Diane se leva, s'avança de trois pas au-devant du
comte et lui fit une grave révérence.

— Quel calme, ou plutôt quelle perfidie ! murmura
le comte ; comme je vais faire lever la tempête du sein
de ces eaux dormantes !

Un laquais s'approcha ; le grand veneur lui jeta la
bride de son cheval, puis se retournant vers Diane :

— Madame, dit-il, veuillez, je vous prie, m'accorder un moment d'entretien.

— Volontiers, Monsieur, répondit Diane.

— Nous faites-vous l'honneur de demeurer au château ? monsieur le comte, demanda le baron.

— Oui, Monsieur ; jusqu'à demain, du moins.

Le baron s'éloigna pour veiller lui-même à ce que la
chambre de son gendre fût préparée selon toutes les
lois de l'hospitalité.

Monsoreau indiqua à Diane la chaise qu'elle venait

de quitter, et lui-même s'assit sur celle de Gertrude en couvant Diane d'un regard qui eût intimidé l'homme le plus résolu.

— Madame, dit-il, qui donc était avec vous dans le parc hier soir !

Diane leva sur son mari un clair et limpide regard.

— A quelle heure, Monsieur ? demanda-t-elle d'une voix dont, à force de volonté sur elle-même, elle était parvenue à chasser toute émotion.

— A six heures.

— De quel côté ?

— Du côté du vieux taillis.

— Ce devait être quelque femme de mes amies, et non moi, qui se promenait de ce côté-là.

— C'était vous, Madame, affirma Monsoreau.

— Qu'en savez-vous ? dit Diane.

Monsoreau, stupéfait, ne trouva pas un mot à répondre ; mais la colère prit bientôt la place de cette stupéfaction.

— Le nom de cet homme, dites-le-moi ?

— De quel homme ?

— De celui qui se promenait avec vous.

— Je ne puis vous le dire, si ce n'était pas moi qui me promenais.

— C'était vous, vous dis-je, s'écria Monsoreau en frappant la terre du pied.

— Vous vous trompez, Monsieur, répondit froidement Diane.

— Comment osez-vous nier que je vous aie vue ?

— Ah ! c'est vous-même, Monsieur ?

— Oui, Madame, c'est moi-même. Comment donc osez-vous nier que ce soit vous, puisqu'il n'y a pas d'autre femme que vous à Méridor ?

— Voilà encore une erreur, Monsieur, car Jeanne de Brissac est ici.

— Madame de Saint-Luc !

— Oui, madame de Saint-Luc, mon amie.

— Et M. de Saint-Luc ?

— Ne quitte pas sa femme, comme vous savez ; leur mariage à eux est un mariage d'amour ; c'est M. et madame de Saint-Luc que vous avez vus.

— Ce n'était pas M. de Saint-Luc ; ce n'était pas madame de Saint-Luc. C'était vous, que j'ai parfaitement reconnue, avec un homme que je ne connais pas, lui, mais que je connaîtrai, je vous le jure.

— Vous persistez donc à dire que c'était moi, Monsieur ?

— Mais je vous dis que je vous ai reconnue, je vous dis que j'ai entendu le cri que vous avez poussé.

— Quand vous serez dans votre bon sens, Monsieur, dit Diane, je consentirai à vous entendre ; mais, dans ce moment, je crois qu'il vaut mieux que je me retire.

— Non, Madame, dit Monsoreau en retenant Diane par le bras, vous resterez.

— Monsieur, dit Diane, voici M. et madame de Saint-Luc. J'espère que vous vous contiendrez devant eux.

En effet, Saint-Luc et sa femme venaient d'apparaître au bout d'une allée, appelés par la cloche du dîner qui venait d'entrer en branle, comme si l'on n'eût attendu que M. de Monsoreau pour se mettre à table.

Tous deux reconnurent le comte ; et, devinant qu'ils allaient sans doute par leur présence tirer Diane d'un grand embarras, ils s'approchèrent vivement.

Madame de Saint-Luc fit une grande révérence à M. de Monsoreau.

Saint-Luc lui tendit cordialement la main. Tous trois échangèrent quelques compliments ; puis Saint-Luc, poussant sa femme au bras du comte, prit celui de Diane.

On s'achemina vers la maison.

On dînait à neuf heures au manoir de Méridor ; c'était une vieille coutume du temps du bon roi Louis XII, qu'avait conservée le baron dans toute son intégrité.

M. de Monsoreau se trouva placé entre Saint-Luc et sa femme. Diane, éloignée de son mari par une habile manœuvre de son amie, était placée, elle, entre Saint-Luc et le baron.

La conversation fut générale : elle roula tout naturellement sur l'arrivée du frère du roi à Angers et sur le mouvement que cette arrivée allait opérer dans la province.

Monsoreau eût bien voulu la conduire sur d'autres sujets, mais il avait affaire à des convives rétifs ; il en fut pour ses frais.

Ce n'est pas que Saint-Luc refusât le moins du monde de lui répondre, tout au contraire : il cajolait le mari furieux avec un charmant esprit, et Diane qui, grâce au bavardage de Saint-Luc, pouvait garder le silence, remerciait son ami par des regards éloquents.

— Ce Saint-Luc est un sot qui bavarde comme un geai, se dit le comte ; voilà l'homme duquel j'extirperai le secret que je désire savoir, et cela par un moyen ou par un autre.

M. de Monsoreau ne connaissait pas Saint-Luc, étant entré à la cour juste comme celui-ci en sortait.

Et, sur cette conviction, il se mit à répondre au jeune homme de façon à doubler la joie de Diane et à ramener la tranquillité sur tous les points.

D'ailleurs Saint-Luc faisait de l'œil des signes à madame de Monsoreau, et ces signes voulaient visiblement dire :

— Soyez tranquille, Madame, je mûris un projet.

Nous verrons dans le chapitre suivant quel était le projet de M. de Saint-Luc.

CHAPITRE LXV

LE PROJET DE M. DE SAINT-LUC

Le repas fini, Monsoreau prit son nouvel ami par le bras, et l'emmenant hors du château :

— Savez-vous, lui dit-il, que je suis on ne peut plus heureux de vous avoir trouvé ici, moi que la solitude de Méridor effrayait d'avance !

— Bon ! dit Saint-Luc, n'avez-vous donc pas votre femme ? Quant à moi, avec une pareille compagne, il me semble que je trouverais un désert trop peuplé.

— Je ne dis pas non, répondit Monsoreau en se mordant les lèvres. Cependant...

— Cependant quoi ?

— Cependant, je suis fort aise de vous avoir rencontré ici.

— Monsieur, dit Saint-Luc en se nettoyant les dents avec une petite épée d'or, vous êtes, en vérité, fort poli ; car je ne croirai jamais que vous ayez un seul instant pu craindre l'ennui avec une pareille femme et en face d'une si riche nature.

— Bah ! dit Monsoreau, j'ai passé la moitié de ma vie dans les bois.

— Raison de plus pour ne pas vous y ennuyer, dit Saint-Luc ; il me semble que plus on habite les bois, plus on les aime ; voyez donc quel admirable parc. Je sais bien, moi, que je serai désespéré lorsqu'il me faudra le quitter. Malheureusement, j'ai peur que ce ne soit bientôt.

— Pourquoi le quitteriez-vous ?

— Eh ! Monsieur, l'homme est-il maître de sa destinée ? C'est la feuille de l'arbre que le vent détache et promène par la plaine et par les vallons, sans qu'il sache lui-même où il va. Vous êtes bien heureux, vous.

— Heureux de quoi ?

— De demeurer sous ces magnifiques ombrages.

— Oh ! dit Monsoreau, je n'y demeurerai probablement pas longtemps non plus.

— Bah ! qui peut dire cela ? Je crois que vous vous trompez, moi.

— Non, fit Monsoreau, non ; oh ! je ne suis pas si fanatique que vous de la belle nature, et je me défie, moi, de ce parc que vous trouvez si beau.

— Plaît-il ? fit Saint-Luc.

— Oui, répéta Monsoreau.

— Vous vous défiez de ce parc, avez-vous dit ; et à quel propos ?

— Parce qu'il ne me paraît pas sûr.

— Pas sûr ! en vérité ! dit Saint-Luc étonné. Ah ! je comprends : à cause de l'isolement, voulez-vous dire ?

— Non. Ce n'est point précisément à cause de cela ; car je présume que vous voyez du monde à Méridor.

— Ma foi non, dit Saint-Luc avec une naïveté parfaite, pas une âme.

— Ah ! vraiment ?

— C'est comme j'ai l'honneur de vous le dire.

— Comment, de temps en temps vous ne recevez pas quelque visite ?

— Pas depuis que j'y suis, du moins.

— De cette belle cour qui est à Angers, pas un gentilhomme ne se détache de temps en temps ?

— Pas un.

— C'est impossible !

— C'est comme cela, cependant.

— Ah ! fi donc ! vous calomniez les gentilshommes angevins.

— Je ne sais pas si je les calomnie, mais le diable m'emporte si j'ai aperçu la plume d'un seul.

— Alors, j'ai tort sur ce point.

— Oui, parfaitement tort. Revenons donc à ce que vous disiez d'abord, que le parc n'était pas sûr. Est-ce qu'il y a des ours ?

— Oh ! non pas.

— Des loups ?

— Non plus.

— Des voleurs ?

— Peut-être. Dites-moi, mon cher Monsieur, madame de Saint-Luc est fort jolie, à ce qu'il m'a paru ?

— Mais, oui.

— Est-ce qu'elle se promène souvent dans le parc ?

— Souvent : elle est comme moi, elle adore la campagne. Mais pourquoi me faites-vous cette question ?

— Pour rien. Et lorsqu'elle se promène, vous l'accompagnez ?

— Toujours, dit Saint-Luc.

— Presque toujours, continua le comte.

— Mais où diable voulez-vous en venir ?

— Eh ! mon Dieu ! à rien, cher monsieur de Saint-Luc, ou presque à rien, du moins.

— J'écoute.

— C'est qu'on me disait...

— Que vous disait-on ? Parlez.

— Vous ne vous fâcherez pas ?

— Jamais je ne me fâche.

— D'ailleurs, entre maris, ces confidences-là se font ; c'est qu'on me disait que l'on avait vu rôder un homme dans le parc.

— Un homme ?

— Oui.

— Qui venait pour ma femme ?

— Oh ! je ne dis point cela.

— Vous auriez parfaitement tort de ne pas le dire, cher monsieur de Monsoreau ; c'est on ne peut plus intéressant ; et qui donc a vu cela ? je vous prie.

— A quoi bon ?

— Dites toujours. Nous causons, n'est-ce pas ; eh bien ! autant causer de cela que d'autre chose. Vous dites donc que cet homme venait pour madame de Saint-Luc. Tiens ! tiens ! tiens !

— Écoutez, s'il faut tout vous avouer ; eh bien ! non, je ne crois pas que ce soit pour madame de Saint-Luc.

— Et pour qui donc ?

— Je crains, au contraire, que ce ne soit pour Diane.

— Ah ! bah ! fit Saint-Luc, j'aimerais mieux cela.

— Comment ! vous aimeriez mieux cela ?

— Sans doute. Vous le savez, il n'y a pas de race plus égoïste que les maris. Chacun pour soi ! Dieu pour tous.

— Le diable plutôt ! ajouta Monsoreau.

— Ainsi donc, vous croyez qu'un homme est entré ?

— Je fais mieux que de le croire, j'ai vu.

— Vous avez vu un homme dans le parc ?

— Oui, dit Monsoreau.

— Seul ?

— Avec madame de Monsoreau.

— Quand cela ? demanda Saint-Luc.

— Hier.

— Où donc ?

— Mais ici, à gauche : tenez.

Et comme Monsoreau avait dirigé sa promenade et celle de Saint-Luc du côté du vieux taillis, il put, d'où il était, montrer la place à son compagnon.

— Ah ! dit Saint-Luc, en effet, voici un mur en bien mauvais état ; il faudra que je prévienne le baron qu'on lui dégrade ses clôtures.

— Et qui soupçonnez-vous ?

— Moi ! qui je soupçonne ?

— Oui, dit le comte.

— De quoi ?

— De franchir la muraille pour venir dans le parc causer avec ma femme.

Saint-Luc parut se plonger dans une méditation profonde dont M. de Monsoreau attendit avec anxiété le résultat.

— Eh bien ? dit-il.

— Dame ! fit Saint-Luc, je ne vois guère que...

— Que... qui ?... demanda vivement le comte.

— Que... vous... dit Saint-Luc en se découvrant le visage.

— Plaisantez-vous, mon cher monsieur de Saint-Luc ? dit le comte pétrifié.

— Ma foi ! non. Moi, dans le commencement de mon mariage, je faisais de ces choses-là : pourquoi n'en feriez-vous pas, vous ?

— Allons, vous ne voulez pas me répondre ; avouez cela, cher ami, mais ne craignez rien... j'ai du courage. Voyons, aidez-moi, cherchez, c'est un énorme service que j'attends de vous.

Saint-Luc se gratta l'oreille.

— Je ne vois toujours que vous, dit-il.

— Trêve de railleries ; prenez la chose gravement, Monsieur, car, je vous en préviens, elle est de conséquence.

— Vous croyez ?

— Mais je vous dis que j'en suis sûr.

— C'est autre chose alors ; et comment vient cet homme ? le savez-vous ?

— Il vient à la dérobée, parbleu !

— Souvent ?

— Je le crois bien ; ses pieds sont imprimés dans la pierre molle du mur ; regardez plutôt.

— En effet.

— Ne vous êtes-vous donc jamais aperçu de ce que je viens de vous dire ?

— Oh ! fit Saint-Luc, je m'en doutais bien un peu.

— Ah ! voyez-vous, fit le comte haletant ; après ?

— Après ? je ne m'en suis pas inquiété, j'ai cru que c'était vous.

— Mais quand je vous dis que non.

— Je vous crois, mon cher Monsieur !

— Vous me croyez ?

— Oui.

— Eh bien ! alors ?

— Alors, c'est quelque autre.

Le grand veneur regarda d'un œil presque menaçant Saint-Luc, qui déployait sa plus coquette et sa plus suave nonchalance.

— Ah ! fit-il d'un air si courroucé que le jeune homme leva la tête.

— J'ai encore une idée, dit Saint-Luc.

— Allons donc !

— Si c'était...

— Si c'était ?

— Non.

— Non ?

— Mais si.

— Parlez.

— Si c'était M. le duc d'Anjou.

— J'y avais bien pensé, reprit Monsoreau ; mais j'ai pris des renseignements ; ce ne pouvait être lui.

— Eh ! eh ! le duc est bien fin.

— Oui, mais ce n'est pas lui.

— Vous me dites toujours que cela n'est pas, dit

Saint-Luc, et vous voulez que je vous dise, moi, que cela est.

— Sans doute ; vous qui habitez le château, vous devez savoir...

— Attendez, s'écria Saint-Luc.

— Y êtes-vous ?

— J'ai encore une idée. Si ce n'était ni vous ni le duc, c'était sans doute moi.

— Vous, Saint-Luc ?

— Pourquoi pas ?

— Vous qui venez à cheval par le dehors du parc, quand vous pouvez venir par le dedans ?

— Eh ! mon Dieu, je suis un être si capricieux, dit Saint-Luc.

— Vous qui eussiez pris la fuite en me voyant apparaître au haut du mur ?

— Dame ! on la prendrait à moins.

— Vous faisiez donc mal alors ? dit le comte qui commençait à n'être plus maître de son irritation.

— Je ne dis pas non.

— Mais vous vous moquez de moi, à la fin ! s'écria le comte pâlissant, et voilà un quart d'heure de cela.

— Vous vous trompez, Monsieur, dit Saint-Luc en tirant sa montre et en regardant Monsoreau avec une fixité qui fit frissonner celui-ci malgré son courage féroce, il y a vingt minutes.

— Mais vous m'insultez, Monsieur ! dit le comte.

— Est-ce que vous croyez que vous ne m'insultez pas, vous, Monsieur, avec toutes vos questions de sbire ?

— Ah ! j'y vois clair maintenant.

— Le beau miracle, à dix heures du matin. Et que voyez-vous ? dites.

— Je vois que vous vous entendez avec le traître, avec le lâche que j'ai failli tuer hier.

— Pardieu ! fit Saint-Luc, c'est mon ami.

— Alors, s'il en est ainsi, je vous tuerai à sa place.

— Bah ! dans votre maison ! comme cela, tout à coup ! sans dire gare !

— Croyez-vous donc que je me gênerai pour punir un misérable ? s'écria le comte exaspéré.

— Ah ! monsieur de Monsoreau, répliqua Saint-Luc, que vous êtes donc mal élevé ! et que la fréquentation des bêtes fauves a détérioré vos mœurs ! Fi !...

— Mais vous ne voyez donc pas que je suis furieux ! hurla le comte en se plaçant devant Saint-Luc les bras croisés et le visage bouleversé par l'expression effrayante du désespoir qui le mordait au cœur.

— Si, mordieu ! je le vois ; et, vrai, la fureur ne vous va pas le moins du monde ; vous êtes affreux à voir comme cela, mon cher monsieur de Monsoreau.

Le comte, hors de lui, mit la main à son épée.

— Ah ! faites attention, dit Saint-Luc, c'est vous qui me provoquez. Je vous prends vous-même à témoin que je suis parfaitement calme.

— Oui, muguet, dit Monsoreau, oui, mignon de couchette, je te provoque.

— Donnez-vous donc la peine de passer de l'autre côté du mur, monsieur de Monsoreau ; de l'autre côté du mur, nous serons sur un terrain neutre.

— Que m'importe ! s'écria le comte.

— Il m'importe à moi, dit Saint-Luc ; je ne veux pas vous tuer chez vous.

— A la bonne heure ! dit Monsoreau en se hâtant de franchir la brèche.

— Prenez garde ! allez doucement, comte ! Il y a une pierre qui ne tient pas bien ; il faut qu'elle ait été fort ébranlée. N'allez pas vous blesser au moins ; en vérité, je ne m'en consolerais pas.

Et Saint-Luc se mit à franchir la muraille à son tour.

— Allons ! allons ! hâte-toi, dit le comte en dégainant.

— Et moi qui viens à la campagne pour mon agrément, dit Saint-Luc se parlant à lui-même ; ma foi, je me serai bien amusé.

Et il sauta de l'autre côté du mur.

CHAPITRE LXVI

COMMENT M. DE SAINT-LUC MONTRA A M. DE MONSOREAU LE COUP QUE LE ROI LUI AVAIT MONTRÉ

M. de Monsoreau attendait Saint-Luc l'épée à la main et en faisant des appels furieux avec le pied.

— Y es-tu ? dit le comte.

— Tiens, fit Saint-Luc, vous n'avez pas pris la plus mauvaise place, le dos au soleil ; ne vous gênez pas.

Monsoreau fit un quart de conversion.

— A la bonne heure, dit Saint-Luc, de cette façon je verrai clair à ce que je fais.

— Ne me ménage pas, dit Monsoreau car j'irai franchement.

— Ah çà, dit Saint-Luc, vous voulez donc me tuer absolument ?

— Si je le veux !... oh ! oui... je le veux.

— L'homme propose et Dieu dispose, dit Saint-Luc en tirant son épée à son tour.

— Tu dis...

— Je dis... Regardez bien cette touffe de coquelicots et de pissenlits.

— Eh bien ?

— Eh bien ! je dis que je vais vous coucher dessus.

Et il se mit en garde toujours riant.

Monsoreau engagea le fer avec rage et porta avec une incroyable agilité à Saint-Luc deux ou trois coups que celui-ci para avec une agilité égale.

— Pardieu ! monsieur de Monsoreau, dit-il tout en jouant avec le fer de son ennemi, vous tirez fort agréablement l'épée, et tout autre que moi ou Bussy eût été tué par votre dernier dégagement.

Monsoreau pâlit, voyant à quel homme il avait affaire.

— Vous êtes peut-être étonné, dit Saint-Luc, de me trouver si convenablement l'épée dans la main ; c'est que le roi, qui m'aime beaucoup, comme vous savez, a pris la peine de me donner des leçons, et m'a montré,

entre autres choses, un coup que je vous montrerai
tout à l'heure. Je vous dis cela parce que s'il arrive que
je vous tue de ce coup, vous aurez le plaisir de savoir
que vous êtes tué d'un coup enseigné par le roi, ce qui
sera excessivement flatteur pour vous.

— Vous avez infiniment d'esprit, Monsieur, dit
Monsoreau exaspéré en se fendant à fond pour porter
un coup droit qui eût traversé une muraille.

— Dame ! on fait ce qu'on peut, répliqua modestement Saint-Luc en se jetant de côté, forçant, par ce
mouvement son adversaire de faire une demi-volte qui
lui mit en plein le soleil dans les yeux.

— Ah ! ah ! dit-il. Vous voilà où je voulais vous
voir, en attendant que je vous voie où je veux vous
mettre. N'est-ce pas que j'ai assez bien conduit ce
coup-là, hein ? Aussi je suis content, vrai ! très
content ! Vous aviez tout à l'heure cinquante chances
seulement sur cent d'être tué ; maintenant vous en
avez quatre-vingt-dix-neuf.

Et avec une souplesse, une vigueur et une rage que
Monsoreau ne lui connaissait pas et que personne
n'eût soupçonnées dans ce jeune homme efféminé,
Saint-Luc porta de suite et sans interruption cinq
coups au grand veneur, qui les para, tout étourdi de
cet ouragan mêlé de sifflements et d'éclairs ; le sixième
fut un coup de prime composé d'une double feinte,
d'une parade et d'une riposte dont le soleil l'empêcha
de voir la première moitié, et dont il ne put voir la
seconde, attendu que l'épée de Saint-Luc disparut
tout entière dans sa poitrine.

Monsoreau resta encore un instant debout, mais
comme un chêne déraciné qui n'attend qu'un souffle
pour savoir de quel côté tomber.

— Là, maintenant dit Saint-Luc, vous avez les cent
chances complètes ; et remarquez ceci, Monsieur,
c'est que vous allez tomber juste sur la touffe que je
vous ai indiquée.

Les forces manquèrent au comte ; ses mains
s'ouvrirent, son œil se voila ; il plia les genoux et
tomba sur les coquelicots, à la pourpre desquels il
mêla son sang.

Saint-Luc essuya tranquillement son épée et regarda cette dégradation de nuances qui, peu à peu, change en un masque de cadavre le visage de l'homme qui agonise.

— Ah ! vous m'avez tué, Monsieur, dit Monsoreau.

— J'y tâchais, dit Saint-Luc ; mais maintenant que je vous vois couché là, près de mourir, le diable m'emporte si je ne suis pas fâché de ce que j'ai fait ; vous m'êtes sacré à présent, Monsieur ; vous êtes horriblement jaloux, c'est vrai, mais vous étiez brave.

Et tout satisfait de cette oraison funèbre, Saint-Luc mit un genou en terre près de Monsoreau, et lui dit :

— Avez-vous quelque volonté dernière à déclarer, Monsieur ? et, foi de gentilhomme, elle sera exécutée ; ordinairement, je sais cela, moi, quand on est blessé on a soif ; avez-vous soif ? j'irai vous chercher à boire.

Monsoreau ne répondit pas. Il s'était retourné la face contre terre, mordant le gazon et se débattant dans son sang.

— Pauvre diable ! fit Saint-Luc en se relevant. Oh ! amitié, amitié, tu es une divinité bien exigeante.

Monsoreau ouvrit un œil alourdi, essaya de lever la tête et retomba avec un lugubre gémissement.

— Allons ! il est mort, dit Saint-Luc ; ne pensons plus à lui... C'est bien aisé à dire : ne pensons plus à lui... Voilà que j'ai tué un homme, moi, avec tout cela. On ne dira pas que j'ai perdu mon temps à la campagne.

Et aussitôt, enjambant le mur, il prit sa course à travers le parc et arriva au château.

La première personne qu'il aperçut fut Diane ; elle causait avec son amie.

— Comme le noir lui ira bien, dit Saint-Luc.

Puis s'approchant du groupe charmant formé par les deux femmes.

— Pardon, chère dame, fit-il à Diane ; mais j'aurais vraiment bien besoin de dire deux mots à madame de Saint-Luc.

— Faites, cher hôte, faites, répliqua madame de Monsoreau ; je vais retrouver mon père à la biblio-

thèque ; quand tu auras fini avec M. de Saint-Luc,
ajouta-t-elle en s'adressant à son amie, tu viendras me
reprendre, je serai là.

— Oui, sans faute, dit Jeanne.

Et Diane s'éloigna en les saluant de la main et du
sourire.

Les deux époux demeurèrent seuls.

— Qu'y a-t-il donc ? demanda Jeanne avec la plus
riante figure ; vous paraissez sinistre, cher époux.

— Mais oui, mais oui, répondit Saint-Luc.

— Qu'est-il donc arrivé ?

— Eh ! mon Dieu ! un accident !

— A vous ? demanda Jeanne effrayée.

— Pas précisément à moi, mais à une personne qui
était près de moi.

— A quelle personne donc ?

— A celle avec laquelle je me promenais.

— A M. de Monsoreau ?

— Hélas ! oui. Pauvre cher homme.

— Que lui est-il donc arrivé ?

— Je crois qu'il est mort.

— Mort ! s'écria Jeanne avec une agitation bien
naturelle à concevoir, mort !

— C'est comme cela.

— Lui qui tout à l'heure était là, parlant, regardant !...

— Eh ! justement voilà la cause de sa mort, il a trop
regardé, et surtout trop parlé.

— Saint-Luc, mon ami, dit la jeune femme en saisissant les deux mains de son mari.

— Quoi ?

— Vous me cachez quelque chose.

— Moi, absolument rien, je vous jure ; pas même
l'endroit où il est mort.

— Et où est-il mort ?

— Là-bas, derrière le mur, à l'endroit même où
notre ami Bussy avait l'habitude d'attacher son cheval.

— C'est vous qui l'avez tué, Saint-Luc ?

— Parbleu ! qui voulez-vous que ce soit ? nous
n'étions que deux, je reviens vivant et je vous dis qu'il

est mort : il n'est pas difficile de deviner qui de nous deux a tué l'autre.

— Malheureux que vous êtes !

— Ah ! chère amie, dit Saint-Luc, il m'a provoqué, insulté ; il a tiré l'épée du fourreau.

— C'est affreux ! c'est affreux ! ce pauvre homme !

— Bon, dit Saint-Luc, j'en étais sûr ; vous verrez qu'avant huit jours on dira saint Monsoreau.

— Mais vous ne pouvez rester ici ! s'écria Jeanne ; vous ne pouvez habiter plus longtemps sous le toit de l'homme que vous avez tué.

— C'est ce que je me suis dit tout de suite, et voilà pourquoi je suis accouru pour vous prier, chère amie, de faire vos apprêts de départ.

— Il ne vous a pas blessé, au moins.

— A la bonne heure ! quoiqu'elle vienne un peu tard, voilà une question qui me raccommode avec vous ; non, je suis parfaitement intact.

— Alors, nous partirons ?

— Le plus vite possible, car vous comprenez que, d'un moment à l'autre, on peut découvrir l'accident.

— Quel accident ? s'écria madame de Saint-Luc en revenant sur sa pensée comme quelquefois on revient sur ses pas.

— Ah ! fit Saint-Luc.

— Mais, j'y pense, dit Jeanne, voilà madame de Monsoreau veuve.

— Voilà justement ce que je me disais tout à l'heure.

— Après l'avoir tué ?

— Non, auparavant.

— Allons, tandis que je vais la prévenir...

— Prenez bien des ménagements, chère amie !

— Mauvaise nature ! pendant que je vais la prévenir, sellez les chevaux vous-même comme pour une promenade.

— Excellente idée. Vous ferez bien d'en avoir comme cela plusieurs, chère amie, car pour moi, je l'avoue, ma tête commence un peu à s'embarrasser.

— Mais où allons-nous ?

— A Paris.

— A Paris ! et le roi ?

— Le roi aura tout oublié ; il s'est passé tant de chose depuis que nous ne nous sommes vus ; puis s'il y a la guerre, ce qui est probable, ma place est à ses côtés.

— C'est bien ; nous partons pour Paris alors.

— Oui, seulement je voudrais une plume et de l'encre.

— Pour écrire à qui ?

— A Bussy ; vous comprenez que je ne puis pas quitter comme cela l'Anjou, sans lui dire pourquoi je le quitte.

— C'est juste, vous trouverez tout ce qu'il vous faut pour écrire dans ma chambre.

Saint-Luc y monta aussitôt, et d'une main qui, quoi qu'il en eût, tremblait quelque peu, il traça à la hâte les lignes suivantes :

« Cher ami,

« Vous apprendrez, par la voix de la Renommée, l'accident arrivé à M. de Monsoreau ; nous avons eu ensemble, du côté du vieux taillis, une discussion sur les effets et les causes de la dégradation des murs, et l'inconvénient des chevaux qui vont tout seuls.

« Dans le fort de cette discussion, M. de Monsoreau est tombé sur une touffe de coquelicot et de pissenlits, et cela si malheureusement qu'il s'est tué raide.

« Votre ami pour la vie,

« SAINT-LUC. »

« P.-S. Comme cela pourrait, au premier moment, vous paraître un peu invraisemblable, j'ajouterai que, lorsque cet accident lui est arrivé, nous avions tous deux l'épée à la main.

« Je pars à l'instant même pour Paris, dans l'intention de faire ma cour au roi, l'Anjou ne me paraissant pas très sûr après ce qui vient de se passer. »

Dix minutes après, un serviteur du baron courait à Angers porter cette lettre, tandis que, par une porte basse donnant sur un chemin de traverse, M. et madame de Saint-Luc partaient seuls, laissant Diane fort éplorée, et surtout fort embarrassée pour raconter au baron la triste histoire de cette rencontre.

Elle avait détourné les yeux quand Saint-Luc avait passé.

— Servez donc vos amis, avait dit celui-ci à sa femme ; décidément, tous les hommes sont ingrats, il n'y a que moi qui suis reconnaissant.

CHAPITRE LXVII

OÙ L'ON VOIT LA REINE MÈRE ENTRER PEU TRIOMPHALEMENT DANS LA BONNE VILLE D'ANGERS

A l'heure même où M. de Monsoreau tombait sous l'épée de Saint-Luc, une grande fanfare de quatre trompettes retentissait aux portes d'Angers, fermées, comme on sait, avec le plus grand soin.

Les gardes, prévenus, levèrent un étendard et répondirent par des symphonies semblables.

C'était Catherine de Médicis qui venait faire son entrée à Angers avec une suite assez imposante.

On prévint aussitôt Bussy, qui se leva de son lit, et Bussy alla trouver le prince qui se mit dans le sien.

Certes, les airs joués par les trompettes angevines étaient de fort beaux airs, mais ils n'avaient pas la vertu de ceux qui firent tomber les murs de Jéricho ; les portes d'Angers ne s'ouvrirent pas.

Catherine se pencha hors de sa litière, pour se montrer aux gardes avancés, espérant que la majesté d'un visage royal ferait plus d'effet que le son des trompettes.

Les miliciens d'Angers virent la reine, la saluèrent même avec courtoisie, mais les portes demeurèrent fermées.

Catherine envoya un gentilhomme aux barrières.

On fit force politesses à ce gentilhomme. Mais comme il demandait l'entrée pour la reine mère en insistant pour que Sa Majesté fût reçue avec honneur, on lui répondit qu'Angers, étant place de guerre, ne s'ouvrait pas sans quelques formalités indispensables.

Le gentilhomme revint très mortifié vers sa maîtresse, et Catherine laissa échapper alors dans toute l'amertume de sa réalité, comme dans toute la plénitude de son acception, ce mot que Louis XIV modifia plus tard selon les proportions qu'avait prises l'autorité royale.

— J'attends ! murmura-t-elle.

Et ses gentilshommes frémissaient à ses côtés.

Enfin Bussy, qui avait employé près d'une demi-heure à sermonner le duc et à lui forger cent raisons d'État, toutes plus péremptoires les unes que les autres, Bussy se décida. Il fit seller son cheval avec force caparaçons, choisit cinq gentilshommes des plus désagréables à la reine mère, et, se plaçant à leur tête, alla d'un pas de recteur au-devant de Sa Majesté.

Catherine commençait à se fatiguer, non pas d'attendre, mais de méditer des vengeances contre ceux qui lui jouaient ce tour.

Elle se rappelait le conte arabe dans lequel il est dit qu'un génie rebelle, prisonnier dans un vase de cuivre, promet d'enrichir quiconque le délivrerait dans les dix premiers siècles de sa captivité ; puis, furieux d'attendre, jure la mort de l'imprudent qui briserait le couvercle du vase.

Catherine en était là. Elle s'était promis d'abord de gracieuser les gentilshommes qui s'empresseraient de venir à sa rencontre. Ensuite elle fit vœu d'accabler de sa colère celui qui se présenterait le premier.

Bussy parut tout empanaché à la barrière, et regarda vaguement comme un factionnaire nocturne qui écoute plutôt qu'il ne voit.

— Qui vive ? cria-t-il.

Catherine s'attendait au moins à des génuflexions ; son gentilhomme la regarda pour connaître ses volontés.

— Allez, dit-elle, allez encore à la barrière ; on crie : Qui vive ? Répondez, Monsieur, c'est une formalité...

Le gentilhomme vint aux pointes de la herse.

— C'est madame la reine mère, dit-il, qui vient visiter la bonne ville d'Angers.

— Fort bien, Monsieur, répliqua Bussy ; veuillez tourner à gauche, à quatre-vingts pas d'ici environ, vous allez rencontrer la poterne.

— La poterne ! s'écria le gentilhomme, la poterne ! Une porte basse pour Sa Majesté !

Bussy n'était plus là pour entendre. Avec ses amis qui riaient sous cape, il s'était dirigé vers l'endroit où, d'après ses instructions, devait descendre Sa Majesté la reine mère.

— Votre Majesté a-t-elle entendu ? demanda le gentilhomme... La poterne !

— Eh ! oui, Monsieur, j'ai entendu ; entrons par là, puisque c'est par là qu'on entre.

Et l'éclair de son regard fit pâlir le maladroit qui venait de s'appesantir ainsi sur l'humiliation imposée à la souveraine.

Le cortège tourna vers la gauche, et la poterne s'ouvrit.

Bussy, à pied, l'épée nue à la main, s'avança au dehors de la petite porte, et s'inclina respectueusement devant Catherine ; autour de lui les plumes des chapeaux balayaient la terre.

— Soit Votre Majesté la bienvenue dans Angers, dit-il.

Il avait à ses côtés des tambours qui ne battirent pas, et des hallebardiers qui ne quittèrent pas le port d'armes.

La reine descendit de litière, et s'appuyant sur le bras d'un gentilhomme de sa suite, marcha vers la petite porte, après avoir répondu ce seul mot :

— Merci, monsieur de Bussy.

C'était toute la conclusion des méditations qu'on lui avait laissé le temps de faire.

Elle avançait la tête haute. Bussy la prévint tout à coup et l'arrêta même par le bras.

— Ah ! prenez garde, Madame, la porte est bien basse : Votre Majesté se heurterait.

— Il faut donc se baisser ? dit la reine ; comment faire ?... C'est la première fois que j'entre ainsi dans une ville.

Ces paroles, prononcées avec un naturel parfait, avaient pour les courtisans habiles un sens, une profondeur et une portée qui firent réfléchir plus d'un assistant, et Bussy lui-même se tordit la moustache en regardant de côté.

— Tu as été trop loin, lui dit Livarot à l'oreille.

— Bah ! laisse donc, répliqua Bussy, il faut qu'elle en voie bien d'autres.

On hissa la litière de Sa Majesté par-dessus le mur avec un palan, et elle put s'y installer de nouveau pour aller au palais. Bussy et ses amis remontèrent à cheval escortant des deux côtés la litière.

— Mon fils ? dit tout à coup Catherine ; je ne vois pas mon fils d'Anjou ?

Ces mots qu'elle voulait retenir lui étaient arrachés par une irrésistible colère. L'absence de François en un pareil moment était le comble de l'insulte.

— Monseigneur est malade, au lit, Madame ; sans quoi Votre Majesté ne peut douter que Son Altesse ne se fût empressée de faire elle-même les honneurs de *sa* ville.

Ici Catherine fut sublime d'hypocrisie.

— Malade ! mon pauvre enfant, malade ! s'écriat-elle. Ah ! Messieurs, hâtons-nous... est-il bien soigné, au moins ?

— Nous faisons de notre mieux, dit Bussy, en la regardant avec surprise comme pour savoir si réellement dans cette femme il y avait une mère.

— Sait-il que je suis ici ? reprit Catherine après une pause qu'elle employa utilement à passer la revue de tous les gentilshommes.

— Oui, certes, Madame, oui.

Les lèvres de Catherine se pincèrent.

— Il doit bien souffrir alors, ajouta-t-elle, du ton de la compassion.

— Horriblement, dit Bussy. Son Altesse est sujette à ces indispositions subites.

— C'est une indisposition subite, monsieur de Bussy ?

— Mon Dieu, oui, Madame.

On arriva ainsi au palais. Une grande foule faisait la haie sur le passage de la litière.

Bussy courut devant par les montées, et entrant tout essoufflé chez le duc :

— La voici, dit-il... Gare !

— Est-elle furieuse ?

— Exaspérée.

— Elle se plaint ?

— Oh ! non ; c'est bien pis, elle sourit.

— Qu'a dit le peuple ?

— Le peuple n'a pas sourcillé ; il regarde cette femme avec une muette frayeur : s'il ne la connaît pas, il la devine.

— Et elle ?

— Elle envoie des baisers, et se mord le bout des doigts.

— Diable !

— C'est ce que j'ai pensé, oui, Monseigneur. Diable, jouez serré !

— Nous nous maintenons à la guerre, n'est-ce pas ?

— Pardieu ! demandez cent pour avoir dix, et avec elle vous n'aurez encore que cinq.

— Bah ! tu me crois donc bien faible ?... Êtes-vous tous là ? Pourquoi Monsoreau n'est-il pas revenu ? fit le duc.

— Je le crois à Méridor... Oh ! nous nous passerons bien de lui.

— Sa Majesté la reine mère ! cria l'huissier au seuil de la chambre.

Et aussitôt Catherine parut blême et vêtue de noir selon sa coutume.

Le duc d'Anjou fit un mouvement pour se lever. Mais Catherine, avec une agilité qu'on n'aurait pas soupçonnée en ce corps usé par l'âge, Catherine se jeta dans les bras de son fils et le couvrit de baisers.

— Elle va l'étouffer, pensa Bussy, ce sont de vrais baisers, mordieu !

Elle fit plus, elle pleura !

— Méfions-nous, dit Antraguet à Ribérac, chaque larme sera payée un muid de sang.

Catherine ayant fini ses accolades, s'assit au chevet du duc ; Bussy fit un signe, et les assistants s'éloignèrent. Lui, comme s'il était chez lui, s'adossa aux pilastres du lit et attendit tranquillement.

— Est-ce que vous ne voudriez pas prendre soin de mes pauvres gens, mon cher monsieur de Bussy, dit tout à coup Catherine. Après mon fils, c'est vous qui êtes notre ami le plus cher et le maître du logis, n'est-ce pas ? je vous demande cette grâce.

Il n'y avait pas à hésiter.

— Je suis pris, pensa Bussy.

— Madame, dit-il, trop heureux de pouvoir plaire à Votre Majesté, j'y vais.

— Attends, murmura-t-il. Tu ne connais pas les portes ici comme au Louvre, je vais revenir.

Et il sortit, sans avoir pu adresser même un signe au duc. Catherine s'en défiait, elle ne le perdit pas de vue une seconde.

Catherine chercha tout d'abord à savoir si son fils était malade ou feignait seulement la maladie. Ce devait être toute la base de ses opérations diplomatiques.

Mais François, en digne fils d'une pareille mère, joua miraculeusement son rôle. Elle avait pleuré, il eut la fièvre.

Catherine, abusée, le crut malade ; elle espéra donc avoir plus d'influence sur un esprit affaibli par les souffrances du corps. Elle combla le duc de tendresse, l'embrassa de nouveau, pleura encore, et à tel point qu'il s'en étonna et en demanda la raison.

— Vous avez couru un si grand danger, répliqua-t-elle, mon enfant !

— En me sauvant du Louvre, ma mère ?

— Oh ! non pas, après vous être sauvé.

— Comment cela ?

— Ceux qui vous aidaient dans cette malheureuse évasion...

— Eh bien ?

— Étaient vos plus cruels ennemis...

— Elle ne sait rien, pensa-t-il, mais elle voudrait savoir.

— Le roi de Navarre ! dit-elle tout brutalement, l'éternel fléau de notre race... Je le reconnais bien.

— Ah ! ah ! s'écria François, elle le sait.

— Croiriez-vous qu'il s'en vante, dit-elle, et qu'il pense avoir tout gagné ?

— C'est impossible, répliqua-t-il, on vous trompe, ma mère.

— Pourquoi ?

— Parce qu'il n'est pour rien dans mon évasion, et qu'y fût-il pour quelque chose, je suis sauf comme vous voyez... Il y a deux ans que je n'ai vu le roi de Navarre.

— Ce n'est pas de ce danger seulement que je vous parle, mon fils, dit Catherine, sentant que le coup n'avait pas porté.

— Quoi encore ? ma mère, répliqua-t-il en regardant souvent dans son alcôve la tapisserie qui s'agitait derrière la reine.

Catherine s'approcha de François, et d'une voix qu'elle s'efforçait de rendre épouvantée :

— La colère du roi ! fit-elle, cette furieuse colère qui vous menace.

— Il en est de ce danger comme de l'autre, Madame ; le roi mon frère est dans une furieuse colère, je le crois ; mais je suis sauf.

— Vous croyez ? fit-elle avec un accent capable d'intimider les plus audacieux.

La tapisserie trembla.

— J'en suis sûr, répondit le duc ; et c'est tellement vrai, ma bonne mère, que vous êtes venue vous-même me l'annoncer.

— Comment cela ? dit Catherine inquiète de ce calme.

— Parce que, continua-t-il après un nouveau

regard à la cloison, si vous n'aviez été chargée que de m'apporter ces menaces, vous ne fussiez pas venue, et qu'en pareil cas, le roi aurait hésité à me fournir un otage tel que Votre Majesté.

Catherine effrayée leva la tête.

— Un otage ! moi ! dit-elle.

— Le plus saint et le plus vénérable de tous, répliqua-t-il en souriant et en baisant la main de Catherine, non sans un autre coup d'œil triomphant adressé à la boiserie.

Catherine laissa tomber ses bras, comme écrasée ; elle ne pouvait deviner que Bussy par une porte secrète surveillait son maître et le tenait en échec sous son regard, depuis le commencement de l'entretien, lui envoyant du courage et de l'esprit à chaque hésitation.

— Mon fils, dit-elle enfin, ce sont toutes paroles de paix que je vous apporte, vous avez parfaitement raison.

— J'écoute, ma mère, dit François, vous savez avec quel respect ; je crois que nous commençons à nous entendre.

CHAPITRE LXVIII

LES PETITES CAUSES ET LES GRANDS EFFETS

Catherine avait eu dans cette première partie de l'entretien un désavantage visible. Ce genre d'échecs était si peu prévu, et surtout si inaccoutumé, qu'elle se demandait si son fils était aussi décidé dans ses refus qu'il le paraissait, quand un tout petit événement changea tout à coup la face des choses.

On a vu des batailles aux trois quarts perdues être gagnées par un changement de vent, et vice versa ; Marengo et Waterloo en sont un double exemple. Un grain de sable change l'allure des plus puissantes machines.

Bussy était, comme nous l'avons vu, dans un couloir secret, aboutissant à l'alcôve de M. le duc
d'Anjou, placé de façon à n'être vu que du prince ; de
sa cachette, il passait la tête par une fente de la tapisserie aux moments qu'il croyait les plus dangereux pour
sa cause.

Sa cause, comme on le comprend, était la guerre à
tout prix : il fallait se maintenir en Anjou, tant que
M. de Monsoreau y serait, surveiller ainsi le mari et
visiter la femme.

Cette politique, extrêmement simple, compliquait
cependant au plus haut degré toute la politique de
France ; aux grands effets les petites causes.

Voilà pourquoi, avec force clins d'yeux, avec des
mines furibondes, avec des gestes de tranche-mon-
tagne, avec des jeux de sourcils effrayants, enfin,
Bussy poussait son maître à la férocité. Le duc, qui
avait peur de Bussy, se laissait pousser, et on l'a vu
effectivement on ne peut plus féroce.

Catherine était donc battue sur tous les points et ne
songeait plus qu'à faire une retraite honorable,
lorsqu'un petit événement, presque aussi inattendu
que l'entêtement de M. le duc d'Anjou, vint à sa
rescousse.

Tout à coup, au plus vif de la conversation de la
mère et du fils, au plus fort de la résistance de M. le
duc d'Anjou, Bussy se sentit tirer par le bas de son
manteau. Curieux de ne rien perdre de la conversation, il porta, sans se retourner, la main à l'endroit
sollicité, et trouva un poignet ; en remontant le long de
ce poignet il trouva un bras, et après le bras une
épaule, et après l'épaule un homme.

Voyant alors que la chose en valait la peine, il se
retourna.

L'homme était Remy.

Bussy voulut parler, mais Remy posa un doigt sur
sa bouche, puis il attira doucement son maître dans la
chambre voisine.

— Qu'y a-t-il donc, Remy ? demanda le comte, très
impatient, et pourquoi me dérange-t-on dans un pareil
moment ?

— Une lettre, dit tout bas Remy.

— Que le diable t'emporte ! pour une lettre, tu me
tires d'une conversation aussi importante que celle
que je faisais avec monseigneur le duc d'Anjou.

Remy ne parut aucunement désarçonné par cette
boutade.

— Il y a lettre et lettre, dit-il.

— Sans doute, pensa Bussy ; d'où vient cela ?

— De Méridor.

— Oh ! fit vivement Bussy, de Méridor ! Merci,
mon bon Remy, merci !

— Je n'ai donc plus tort ?

— Est-ce que tu peux jamais avoir tort ? Où est
cette lettre ?

— Ah ! voilà ce qui m'a fait juger qu'elle était de la
plus haute importance, c'est que le messager ne veut la
remettre qu'à vous seul.

— Il a raison. Est-il là ?

— Oui.

— Amène-le.

Remy ouvrit une porte et fit signe à une espèce de
palefrenier de venir à lui.

— Voici M. de Bussy, dit-il en montrant le comte.

— Donne ; je suis celui que tu demandes, dit
Bussy.

Et il lui mit une demi-pistole dans la main.

— Oh ! je vous connais bien, dit le palefrenier en lui
tendant la lettre.

— Et c'est elle qui te l'a remise ?

— Non, pas elle, lui.

— Qui lui ? demanda vivement Bussy en regardant
l'écriture.

— M. de Saint-Luc !

— Ah ! ah !

Bussy avait pâli légèrement, car, à ce mot : lui, il
avait cru qu'il était question du mari et non de la
femme, et M. de Monsoreau avait le privilège de faire
pâlir Bussy chaque fois que Bussy pensait à lui.

Bussy se retourna pour lire, et pour cacher en lisant
cette émotion que tout individu doit craindre de mani-

fester quand il reçoit une lettre importante, et qu'il n'est pas César Borgia, Machiavel, Catherine de Médicis ou le diable.

Il avait eu raison de se retourner, le pauvre Bussy, car à peine eut-il parcouru la lettre que nous connaissons, que le sang lui monta au cerveau et battit ses yeux comme une mer en furie : de sorte que, de pâle qu'il était, il devint pourpre, resta un instant étourdi, et, sentant qu'il allait tomber, fut forcé de se laisser aller sur un fauteuil près de la fenêtre.

— Va-t'en, dit Remy au palefrenier abasourdi de l'effet qu'avait produit la lettre qu'il apportait.

Et il le poussa par les épaules.

Le palefrenier s'enfuit vivement ; il croyait la nouvelle mauvaise, et avait peur qu'on ne lui reprît sa demi-pistole.

Remy revint au comte, et le secouant par le bras :

— Mordieu ! s'écria-t-il, répondez-moi à l'instant même, ou, par saint Esculape, je vous saigne des quatre membres.

Bussy se releva ; il n'était plus rouge, il n'était plus étourdi, il était sombre.

— Vois, dit-il, ce que Saint-Luc a fait pour moi.

Et il tendit la lettre à Remy.

Remy lut avidement.

— Eh bien ! dit-il, il me semble que tout ceci est fort beau, et M. de Saint-Luc est un galant homme. Vivent les gens d'esprit pour expédier une âme en purgatoire ; ils ne s'y reprennent pas à deux fois.

— C'est incroyable ! balbutia Bussy.

— Certainement, c'est incroyable ; mais cela n'y fait rien. Voici notre position changée du tout au tout. J'aurai dans neuf mois une comtesse de Bussy pour cliente. Mordieu ! ne craignez rien, j'accouche comme Ambroise Paré.

— Oui, dit Bussy, elle sera ma femme.

— Il me semble, répondit Remy, qu'il n'y aura pas grand-chose à faire pour cela, et qu'elle l'était déjà plus qu'elle n'était celle de son mari.

— Monsoreau mort !

— Mort ! répéta le Haudouin, c'est écrit.

— Oh ! il me semble que je fais un rêve, Remy. Quoi ! je ne verrai plus cette espèce de spectre, toujours prêt à se dresser entre moi et le bonheur ? Remy, nous nous trompons.

— Nous ne nous trompons pas le moins du monde. Relisez, mordieu ! tombé sur des coquelicots, voyez, et cela si rudement, qu'il en est mort ! J'avais déjà remarqué qu'il était très dangereux de tomber sur des coquelicots ; mais j'avais cru que le danger n'existait que pour les femmes.

— Mais alors, dit Bussy, sans écouter toutes les facéties de Remy et suivant seulement les détours de sa pensée, qui se tordait en tous sens dans son esprit, mais Diane ne va pas pouvoir rester à Méridor. Je ne le veux pas. Il faut qu'elle aille autre part, quelque part où elle puisse oublier.

— Je crois que Paris serait assez bon pour cela, dit le Haudouin ; on oublie assez bien à Paris.

— Tu as raison, elle reprendra sa petite maison de la rue des Tournelles, et les dix mois de veuvage, nous les passerons obscurément, si toutefois le bonheur peut rester obscur, et le mariage pour nous ne sera que le lendemain des félicités de la veille.

— C'est vrai, dit Remy ; mais pour aller à Paris...

— Eh bien ?

— Il nous faut quelque chose.

— Quoi ?

— Il nous faut la paix en Anjou.

— C'est vrai, dit Bussy ; c'est vrai. Oh ! mon Dieu ! que de temps perdu, et perdu inutilement !

— Cela veut dire que vous allez monter à cheval et courir à Méridor.

— Non pas moi, non pas moi, du moins, mais toi ; moi, je suis invinciblement retenu ici ; d'ailleurs, en un pareil moment, ma présence serait presque inconvenante.

— Comment la verrai-je ? me présenterai-je au château ?

— Non ; va d'abord au vieux taillis, peut-être se

promènera-t-elle là en attendant que je vienne ; puis,
si tu ne l'aperçois pas, va au château.

— Que lui dirai-je ?

— Que je suis à moitié fou.

Et serrant la main du jeune homme sur lequel
l'expérience lui avait appris à compter comme sur un
autre lui-même, il courut reprendre sa place dans le
corridor à l'entrée de l'alcôve derrière la tapisserie.

Catherine, en l'absence de Bussy, essayait de regagner le terrain que sa présence lui avait fait perdre.

— Mon fils, avait-elle dit, il me semblait cependant
que jamais une mère ne pouvait manquer de
s'entendre avec son enfant.

— Vous voyez pourtant, ma mère, répondit le duc
d'Anjou, que cela arrive quelquefois.

— Jamais, quand elle le veut.

— Madame, vous voulez dire quand ils le veulent,
reprit le duc qui, satisfait de cette fière parole, chercha
Bussy pour en être récompensé par un coup d'œil
approbateur.

— Mais je le veux ! s'écria Catherine ! entendez-
vous bien, François ? je le veux.

Et l'expression de la voix contrastait avec les
paroles, car les paroles étaient impératives et la voix
était presque suppliante.

— Vous le voulez ? reprit le duc d'Anjou en souriant.

— Oui, dit Catherine, je le veux, et tous les sacrifices me seront aisés pour arriver à ce but.

— Ah ! ah ! fit François. Diable !

— Oui, oui, cher enfant ; dites, qu'exigez-vous, que
voulez-vous ? parlez ! commandez !

— Oh ! ma mère ! dit François presque embarrassé
d'une si complète victoire, qui ne lui laissait pas la
faculté d'être un vainqueur rigoureux.

— Écoutez, mon fils, dit Catherine de sa voix la
plus caressante ; vous ne cherchez pas à noyer un
royaume dans le sang, n'est-ce pas ? ce n'est pas
possible. Vous n'êtes ni un mauvais Français, ni un
mauvais frère.

— Mon frère m'a insulté, Madame, et je ne lui dois plus rien : non, rien comme à mon frère, rien comme à mon roi.

— Mais moi, François, moi ! vous n'avez pas à vous plaindre de moi ?

— Si fait, Madame, car vous m'avez abandonné, vous ! reprit le duc en pensant que Bussy était toujours là et pouvait l'entendre comme par le passé.

— Ah ! vous voulez ma mort ? dit Catherine d'une voix sombre. Eh bien ! soit, je mourrai comme doit mourir une femme qui voit s'entr'égorger ses enfants.

Il va sans dire que Catherine n'avait pas le moins du monde envie de mourir.

— Oh ! ne dites point cela, Madame, vous me navrez le cœur ! s'écria François, qui n'avait pas le cœur navré du tout.

Catherine fondit en larmes.

Le duc lui prit les mains et essaya de la rassurer, jetant toujours des regards inquiets du côté de l'alcôve.

— Mais que voulez-vous ? dit-elle, articulez vos prétentions au moins, que nous sachions à quoi nous en tenir.

— Que voulez-vous vous-même ? voyons, ma mère, dit François, parlez, je vous écoute.

— Je désire que vous reveniez à Paris, cher enfant, je désire que vous rentriez à la cour du roi votre frère, qui vous tend les bras.

— Et mordieu ! Madame, j'y vois clair ; ce n'est pas lui qui me tend les bras, c'est le pont-levis de la Bastille.

— Non, revenez, revenez, et, sur mon honneur, sur mon amour de mère, sur le sang de Notre-Seigneur Jésus-Christ, Catherine se signa, vous serez reçu par le roi, comme si c'était vous qui fussiez le roi et lui le duc d'Anjou.

Le duc regardait obstinément du côté de l'alcôve.

— Acceptez, continua Catherine, acceptez, mon fils, voulez-vous d'autres apanages, dites, voulez-vous des gardes ?

— Eh ! Madame, votre fils m'en a donné, et des gardes d'honneur même, puisqu'il avait choisi ses quatre mignons.

— Voyons, ne me répondez pas ainsi : les gardes qu'il vous donnera, vous les choisirez vous-même ; vous aurez un capitaine, s'il le faut, et, s'il le faut encore, ce capitaine sera M. de Bussy.

Le duc, ébranlé par cette dernière offre, à laquelle il devait penser que Bussy serait sensible, jeta encore un regard vers l'alcôve, tremblant de rencontrer un œil flamboyant et des dents blanches grinçant dans l'ombre.

Mais, ô surprise ! il vit au contraire Bussy, riant, joyeux, et applaudissant par de nombreuses approbations de tête.

— Qu'est-ce que cela signifie ? se demanda-t-il ; Bussy ne voulait-il donc la guerre que pour devenir capitaine de mes gardes ?

— Alors, dit-il tout haut et s'interrogeant lui-même, je dois donc accepter ?

— Oui ! oui ! oui ! fit Bussy, des mains, des épaules et de la tête.

— Il faudrait donc, continua le duc, quitter l'Anjou pour revenir à Paris ?

— Oui ! oui ! oui ! continua Bussy avec une fureur approbative qui allait toujours en croissant.

— Sans doute, cher enfant, dit Catherine ; mais est-ce donc si difficile de revenir à Paris ?

— Ma foi, dit le duc, je n'y comprends plus rien. Nous étions convenus que je refuserais tout, et voici que maintenant il me conseille la paix et les embrassades.

— Eh bien ! demanda Catherine avec anxiété, que répondez-vous ?

— Ma mère, je réfléchirai, dit le duc, qui voulait s'entendre avec Bussy de cette contradiction, et demain...

— Il se rend, pensa Catherine. Allons, j'ai gagné la bataille.

— Au fait, se dit le duc, Bussy a peut-être raison.

Et tous deux se séparèrent après s'être embrassés.

CHAPITRE LXIX

COMMENT M. DE MONSOREAU OUVRIT, FERMA ET ROUVRIT LES YEUX, CE QUI ÉTAIT UNE PREUVE QU'IL N'ÉTAIT PAS TOUT À FAIT MORT

Un bon ami est une douce chose, d'autant plus douce qu'elle est rare. Remy s'avouait cela à lui-même tout en courant les champs sur un des meilleurs chevaux des écuries du prince. Il aurait bien pris Roland, mais il venait sur ce point après M. de Monsoreau ; force lui avait donc été d'en prendre un autre.

— J'aime fort M. de Bussy, se disait le Haudouin à lui-même ; et, de son côté, M. de Bussy m'aime grandement aussi, je le crois. Voilà pourquoi je suis si joyeux aujourd'hui, c'est qu'aujourd'hui j'ai du bonheur pour deux.

Puis il ajoutait, en respirant à pleine poitrine :

— En vérité, je crois que mon cœur n'est plus assez large.

Voyons, continua-t-il en s'interrogeant, voyons quel compliment je vais faire à madame Diane.

Si elle est gourmée, cérémonieuse, funèbre, des salutations, des révérences muettes, et une main sur le cœur ; si elle sourit, des pirouettes, des ronds de jambe, et une polonaise que j'exécuterai à moi tout seul.

Quant à M. de Saint-Luc, s'il est encore au château, ce dont je doute, un vivat, et des actions de grâce en latin. Il ne sera pas funèbre, lui, j'en suis sûr...

Ah ! j'approche.

En effet, le cheval, après avoir pris à gauche, puis à droite, après avoir suivi le sentier fleuri, après avoir traversé le taillis et la haute futaie, était entré dans le fourré qui conduisait à la muraille.

— Oh ! les beaux coquelicots ! disait Remy ; cela me rappelle notre grand veneur ; ceux sur lesquels il est tombé ne pouvaient pas être plus beaux que ceux-ci, pauvre cher homme !

Remy approchait de plus en plus de la muraille.

Tout à coup le cheval s'arrêta, les naseaux ouverts, l'œil fixe ; Remy, qui allait au grand trot et qui ne s'attendait pas à ce temps d'arrêt, faillit sauter par-dessus la tête de Mithridate.

C'était ainsi que se nommait le cheval qu'il avait pris au lieu et place de Roland.

Remy, que la pratique avait fait écuyer sans peur, mit ses éperons dans le ventre de sa monture ; mais Mithridate ne bougea point ; il avait sans doute reçu ce nom à cause de la ressemblance que son caractère obstiné présentait avec celui du roi du Pont.

Remy, étonné, baissa les yeux vers le sol pour chercher quel obstacle arrêtait ainsi son cheval ; mais il ne vit rien qu'une large mare de sang, que peu à peu buvaient la terre et les fleurs, et qui se couronnait d'une petite mousse rose.

— Tiens ! s'écria-t-il, est-ce que ce serait ici que M. de Saint-Luc aurait transpercé M. de Monsoreau ?

Remy leva les yeux de terre et regarda tout autour de lui.

A dix pas, sous un massif, il venait de voir deux jambes raides et un corps qui paraissait plus raide encore.

Les jambes étaient allongées, le corps était adossé à la muraille.

— Tiens ! le Monsoreau ! fit Remy. *Hic obiit Nemrod.* Allons, allons, si la veuve le laisse ainsi exposé aux corbeaux et aux vautours, c'est bon signe pour nous, et l'oraison funèbre se fera en pirouettes, en ronds de jambe et en polonaise.

Et Remy, ayant mis pied à terre, fit quelques pas en avant dans la direction du corps.

— C'est drôle ! dit-il, le voilà mort ici, parfaitement mort, et cependant le sang est là-bas. Ah ! voici une trace. Il sera venu de là-bas ici, ou plutôt ce bon M. de

Saint-Luc, qui est la charité même, l'aura adossé à ce
mur pour que le sang ne lui portât point à la tête. Oui,
c'est cela, il est, ma foi ! mort, les yeux ouverts et sans
grimace, mort raide, là, une deux !

Et Remy passa dans le vide un dégagement avec
son doigt.

Tout à coup il recula, stupide et la bouche béante :
les deux yeux, qu'il avait vus ouverts, s'étaient refer-
més, et une pâleur, plus livide encore que celle qui
l'avait frappé d'abord, s'était étendue sur la face du
défunt.

Remy devint presque aussi pâle que M. de Monsoreau ; mais comme il était médecin, c'est-à-dire pas-
sablement matérialiste, il marmotta en se grattant le
bout du nez :

— *Credere portentis mediocre.* S'il a fermé les yeux,
c'est qu'il n'est pas mort.

Et comme, malgré son matérialisme, la position
était désagréable, comme aussi les articulations de ses
genoux pliaient plus qu'il n'était convenable, il s'assit
ou plutôt il se laissa glisser au pied de l'arbre qui le
soutenait, et se trouva face à face avec le cadavre.

— Je ne sais pas trop, se dit-il, où j'ai lu qu'après la
mort il se produisait certains phénomènes d'action qui
ne décèlent qu'un affaissement de la matière, c'est-
à-dire un commencement de corruption.

Diable d'homme, va ! il faut qu'il nous contrarie
même après sa mort ; c'est bien la peine. Oui, ma foi,
non seulement les yeux sont fermés tout de bon, mais
encore la pâleur a augmenté, *chroma chlôron*, comme
dit Galien ; *color albus*, comme dit Cicéron qui était un
orateur bien spirituel ; au surplus il y a un moyen de
savoir s'il est mort ou s'il ne l'est pas, c'est de lui
enfoncer mon épée d'un pied dans le ventre ; s'il ne
remue pas, c'est qu'il sera bien trépassé.

Et Remy se disposait à faire cette charitable
épreuve ; déjà même il portait la main à son estoc,
lorsque les yeux de Monsoreau s'ouvrirent de nouveau.

Cet accident produisit l'effet contraire au premier ;

Remy se redressa comme mû par un ressort, et une sueur froide coula sur son front.

Cette fois, les yeux du mort restèrent écarquillés.

— Il n'est pas mort, murmura Remy, il n'est pas mort. Eh bien ! nous voilà dans une belle position.

Alors une pensée se présenta naturellement à l'esprit du jeune homme.

— Il vit, dit-il, c'est vrai, mais si je le tue, il sera bien mort.

Et il regardait Monsoreau qui le regardait aussi d'un œil si effaré, qu'on eût dit qu'il pouvait lire dans l'âme de ce passant de quelle nature étaient ses intentions :

— Fi ! s'écria tout à coup Remy, fi ! la hideuse pensée. Dieu m'est témoin que s'il était là tout droit, sur ses jambes, brandissant sa rapière, je le tuerais du plus grand cœur ; mais tel qu'il est maintenant, sans force et aux trois quarts mort, ce serait plus qu'un crime, ce serait une infamie.

— Au secours, murmura Monsoreau, au secours ! je me meurs.

— Mordieu ! dit Remy, la position est critique. Je suis médecin, et par conséquent il est de mon devoir de soulager mon semblable qui souffre. Il est vrai que le Monsoreau est si laid, que j'aurais presque le droit de dire qu'il n'est pas mon semblable, mais il est de la même espèce — *genus homo*. Allons, oublions que je m'appelle le Haudouin, oublions que je suis l'ami de M. de Bussy, et faisons notre devoir de médecin.

— Au secours, répéta le blessé.

— Me voilà, dit Remy.

— Allez me chercher un prêtre, un médecin.

— Le médecin est tout trouvé, et peut-être vous dispensera-t-il du prêtre.

— Le Haudouin ! s'écria M. de Monsoreau, reconnaissant Remy, par quel hasard ?

Comme on le voit, M. de Monsoreau était fidèle à son caractère ; dans son agonie, il se défiait et interrogeait.

Remy comprit toute la portée de cette interrogation. Ce n'était pas un chemin battu que ce bois, et l'on n'y

venait pas sans y avoir affaire. La question était donc
presque naturelle.

— Comment êtes-vous ici ? redemanda Monsoreau, à qui les soupçons rendaient quelque force.

— Pardieu ! répondit le Haudouin, parce qu'à une
lieue d'ici j'ai rencontré M. de Saint-Luc.

— Ah ! mon meurtrier, balbutia Monsoreau, en
blêmissant de douleur et de colère à la fois.

— Alors, il m'a dit : Remy, courez dans le bois, et à
l'endroit appelé le Vieux-Taillis vous trouverez un
homme mort.

— Mort ! répéta Monsoreau.

— Dame ! il le croyait, dit Remy, il ne faut pas lui
en vouloir pour cela ; alors, je suis venu, j'ai vu, vous
êtes vaincu.

— Et maintenant, dites-moi, vous parlez à un
homme, ne craignez donc rien, dites-moi, suis-je
blessé mortellement ?

— Ah ! diable, fit Remy, vous m'en demandez
beaucoup ; cependant je vais tâcher ; voyons.

Nous avons dit que la conscience du médecin l'avait
emporté sur le dévouement de l'ami.

Remy s'approcha donc de Monsoreau, et, avec
toutes les précautions d'usage, il lui enleva son manteau, son pourpoint et sa chemise.

L'épée avait pénétré au-dessous du téton droit,
entre la sixième et la septième côte.

— Hum ! fit Remy, souffrez-vous beaucoup ?

— Pas de la poitrine, du dos.

— Ah ! voyons un peu, fit Remy, de quelle partie
du dos ?

— Au-dessous de l'omoplate.

— Le fer aura rencontré un os, fit Remy : de là la
douleur.

Et il regarda vers l'endroit que le comte indiquait
comme le siège d'une souffrance plus vive.

— Non, dit-il, non, je me trompais ; le fer n'a rien
rencontré du tout, et il est entré comme il est sorti.
Peste ! le joli coup d'épée, Monsieur le comte ; à la
bonne heure, il y a plaisir à soigner les blessés de

M. de Saint-Luc ; vous êtes troué à jour, mon cher
Monsieur.

Monsoreau s'évanouit ; mais Remy ne s'inquiéta
point de cette faiblesse.

— Ah ! voilà, c'est bien cela : syncope, le pouls
petit ; cela doit être. Il tâta les mains et les jambes :
froides aux extrémités. Il appliqua l'oreille à la poitrine : absence du bruit respiratoire. Il frappa doucement dessus : matité du son. Diable, diable, le veuvage
de madame Diane pourrait bien n'être qu'une affaire
de chronologie.

En ce moment, une légère mousse rougeâtre et
rutilante vint humecter les lèvres du blessé.

Remy tira vivement une trousse de sa poche et une
lancette ; puis il déchira une bande de la chemise du
blessé et lui comprima le bras.

— Nous allons voir, dit-il ; si le sang coule, ma foi,
madame Diane n'est peut-être pas veuve. Mais s'il ne
coule pas !... Ah ! ah ! il coule, ma foi. Pardon, mon
cher monsieur de Bussy, pardon, mais, ma foi ! on est
médecin avant tout.

Le sang, en effet, après avoir pour ainsi dire hésité
un instant, venait de jaillir de la veine ; presque en
même temps qu'il se faisait jour, le malade respirait et
ouvrait les yeux.

— Ah ! balbutia-t-il, j'ai bien cru que tout était fini.

— Pas encore, mon cher Monsieur, pas encore ; il
est même possible...

— Que j'en réchappe ?

— Oh ! mon Dieu ! oui ; voyez-vous, fermons
d'abord la plaie. Attendez, ne bougez pas. Voyez-
vous, la nature, dans ce moment-ci, vous soigne au-
dedans comme je vous soigne au-dehors. Je vous mets
un appareil, elle fait son caillot. Je fais couler le sang,
elle l'arrête. Ah ! c'est une grande chirurgienne que la
nature, mon cher Monsieur. Là ! attendez que j'essuie
vos lèvres.

Et Remy passa un mouchoir sur les lèvres du
comte.

— D'abord, dit le blessé, j'ai craché le sang à pleine
bouche.

— Eh bien ! voyez, dit Remy, maintenant, voilà déjà l'hémorragie arrêtée. Bon ! cela va bien ; ou plutôt tant pis !

— Comment ! tant pis ?

— Tant mieux pour vous, certainement ; mais tant pis ! je sais ce que je veux dire. Mon cher monsieur de Monsoreau, j'ai peur d'avoir le bonheur de vous guérir.

— Comment ! vous avez peur ?

— Oui, je m'entends.

— Vous croyez donc que j'en reviendrai ?

— Hélas !

— Vous êtes un singulier docteur, monsieur Remy.

— Que vous importe ? pourvu que je vous sauve !... Maintenant, voyons.

Remy venait d'arrêter la saignée : il se leva.

— Eh bien ! vous m'abandonnez ? dit le comte.

— Ah ! vous parlez trop, mon cher Monsieur. Trop parler nuit. Ce n'est pas l'embarras, je devrais bien plutôt lui donner le conseil de crier.

— Je ne vous comprends pas.

— Heureusement. Maintenant vous voilà pansé.

— Eh bien ?

— Eh bien ! je vais au château chercher du renfort.

— Et moi, que faut-il que je fasse pendant ce temps ?

— Tenez-vous tranquille, ne bougez pas, respirez tout doucement, tâchez de ne pas tousser, ne dérangeons pas ce précieux caillot. Quelle est la maison la plus voisine ?

— Le château de Méridor.

— Quel est le chemin ? demanda Remy, affectant la plus parfaite ignorance.

— Ou enjambez la muraille et vous vous trouverez dans le parc, ou suivez le mur du parc et vous trouverez la grille.

— Bien, j'y cours.

— Merci, homme généreux ! s'écria Monsoreau.

— Si tu savais, en effet, à quel point je le suis, balbutia Remy, tu me remercierais bien davantage.

En remontant sur son cheval, il se lança au galop dans la direction indiquée.

Au bout de cinq minutes, il arriva au château dont tous les habitants, empressés et remuant comme des fourmis dont on a forcé la demeure, cherchaient dans les fourrés, dans les retraits, dans les dépendances, sans pouvoir trouver la place où gisait le corps de leur maître ; attendu que Saint-Luc, pour gagner du temps, avait donné une fausse adresse.

Remy tomba comme un météore au milieu d'eux et les entraîna sur ses pas. Il mettait tant d'ardeur dans ses recommandations, que madame de Monsoreau ne put s'empêcher de le regarder avec surprise.

Une pensée bien secrète, bien voilée, apparut à son esprit, et en une seconde elle ternit l'angélique pureté de cette âme.

— Ah ! je le croyais l'ami de M. de Bussy, murmura-t-elle, tandis que Remy s'éloignait emportant civière, charpie, eau fraîche, enfin, toutes les choses nécessaires au pansement.

Esculape lui-même n'eût pas fait plus avec ses ailes de divinité.

CHAPITRE LXX

COMMENT LE DUC D'ANJOU ALLA A MÉRIDOR POUR FAIRE À MADAME DE MONSOREAU DES COMPLIMENTS SUR LA MORT DE SON MARI, ET COMMENT IL TROUVA M. DE MONSOREAU QUI VENAIT AU-DEVANT DE LUI

Aussitôt l'entretien rompu entre le duc d'Anjou et sa mère, le premier s'était empressé d'aller trouver Bussy pour connaître la cause de cet incroyable changement qui s'était fait en lui.

Bussy, rentré chez lui, lisait pour la cinquième fois la lettre de Saint-Luc, dont chaque ligne lui offrait des sens de plus en plus agréables.

De son côté, Catherine, retirée chez elle, faisait venir ses gens, et commandait ses équipages pour un départ qu'elle croyait pouvoir fixer au lendemain ou au surlendemain au plus tard.

Bussy reçut le prince avec un charmant sourire.

— Comment ! Monseigneur, dit-il, Votre Altesse daigne prendre la peine de passer chez moi ?

— Oui, mordieu ! dit le duc, et je viens te demander une explication.

— A moi ?

— Oui, à toi.

— J'écoute, Monseigneur.

— Comment, s'écria le duc, tu me commandes de m'armer de pied en cap contre les suggestions de ma mère, et de soutenir vaillamment le choc ; je le fais, et, au plus fort de la lutte, quand tous les coups se sont émoussés sur moi, tu viens me dire : ôtez votre cuirasse, Monseigneur ; ôtez-la.

— Je vous avais fait toutes ces recommandations, Monseigneur, parce que j'ignorais dans quel but était venue Madame Catherine. Mais maintenant que je vois qu'elle est venue pour la plus grande gloire et pour la plus grande fortune de Votre Altesse...

— Comment ! fit le duc, pour ma plus grande gloire et pour ma plus grande fortune ; comment comprends-tu donc cela ?

— Sans doute, reprit Bussy ; que veut Votre Altesse, voyons ? Triompher de ses ennemis, n'est-ce pas ? Car je ne pense point, comme l'avancent certaines personnes, que vous songiez à devenir roi de France.

Le duc regarda sournoisement Bussy.

— Quelques-uns vous le conseilleront peut-être, Monseigneur, dit le jeune homme ; mais ceux-là, croyez-le bien, ce sont vos plus cruels ennemis ; puis, s'ils sont trop tenaces, si vous ne savez comment vous en débarrasser, envoyez-les-moi ; je les convaincrai qu'ils se trompent.

Le duc fit la grimace.

— D'ailleurs, continua Bussy, examinez-vous,

Monseigneur, sondez vos reins, comme dit la Bible ;
avez-vous cent mille hommes, dix millions de livres,
des alliances à l'étranger, et puis enfin, voulez-vous
aller contre votre seigneur ?

— Mon seigneur ne s'est pas gêné d'aller contre
moi, dit le duc.

— Ah ! si vous le prenez sur ce pied-là, vous avez
raison : déclarez-vous, faites-vous couronner et prenez
le titre de roi de France ; je ne demande pas mieux que
de vous voir grandir, puisque si vous grandissez, je
grandirai avec vous.

— Qui te parle d'être roi de France ? repartit aigre-
ment le duc ; tu discutes là une question que jamais je
n'ai proposé à personne de résoudre, pas même à moi.

— Alors, tout est dit, Monseigneur, et il n'y a plus
de discussion entre nous, puisque nous sommes
d'accord sur le point principal.

— Nous sommes d'accord ?

— Cela me semble, au moins. Faites-vous donc
donner une compagnie de gardes, cinq cent mille
livres. Demandez, avant que la paix ne soit signée, un
subside à l'Anjou pour faire la guerre. Une fois que
vous le tiendrez, vous le garderez ; cela n'engage à
rien. De cette façon nous aurons des hommes, de
l'argent, de la puissance, et nous irons... Dieu sait où !

— Mais une fois à Paris, une fois qu'ils m'auront
repris, une fois qu'ils me tiendront, ils se moqueront
de moi, dit le duc.

— Allons donc ! Monseigneur, vous n'y pensez
pas. Eux se moquer de vous ! N'avez-vous pas
entendu ce que vous offre Sa Majesté la reine mère ?

— Elle m'a offert bien des choses.

— Je comprends, cela vous inquiète ?

— Oui.

— Mais, entre choses, elle vous a offert une
compagnie de gardes, cette compagnie fût-elle
commandée par M. de Bussy.

— Sans doute elle a offert cela.

— Eh bien, acceptez, c'est moi qui vous le dis ;
nommez Bussy votre capitaine, nommez Antraguet et

Livarot vos lieutenants ; nommez Riberac enseigne.
Laissez-nous à nous quatre composer cette compagnie
comme nous l'entendrons ; puis vous verrez, avec
cette escorte à vos talons, si quelqu'un se moque de
vous et ne vous salue pas quand vous passerez, même
le roi.

— Ma foi, dit le duc, je crois que tu as raison,
Bussy ; j'y songerai.

— Songez-y, Monseigneur.

— Oui ; mais que lisais-tu là si attentivement,
quand je suis arrivé ?

— Ah ! pardon, j'oubliais, une lettre.

— Une lettre ?

— Qui vous intéresse encore plus que moi ; où
diable avais-je donc la tête de ne pas vous la montrer
tout de suite ?

— C'est donc une grande nouvelle ?

— Oh ! mon Dieu oui, et même une triste nouvelle : M. de Monsoreau est mort.

— Plaît-il ! s'écria le duc avec un mouvement si
marqué de surprise, que Bussy, qui avait les yeux fixés
sur le prince, crut au milieu de cette surprise remarquer une joie extravagante.

— Mort, Monseigneur.

— Mort, M. de Monsoreau ?

— Eh ! mon Dieu oui ! ne sommes-nous pas tous
mortels ?

— Oui ; mais l'on ne meurt pas comme cela tout à
coup.

— C'est selon. Si l'on vous tue.

— Il a donc été tué ?

— Il paraît que oui.

— Par qui ?

— Par Saint-Luc, avec qui il s'est pris de querelle.

— Ah ! ce cher Saint-Luc, s'écria le prince.

— Tiens, dit Bussy, je ne le savais pas si fort de vos
amis, ce cher Saint-Luc !

— Il est des amis de mon frère, dit le duc ; et du
moment où nous nous réconcilions, les amis de mon
frère sont les miens.

— Ah ! Monseigneur, à la bonne heure, et je suis charmé de vous voir dans de pareilles dispositions.

— Et tu es sûr ?...

— Dame ! aussi sûr qu'on peut l'être. Voici un billet de Saint-Luc qui m'annonce cette mort, et, comme je suis aussi incrédule que vous et que je doutais, Monseigneur, j'ai envoyé mon chirurgien Remy pour constater le fait et présenter mes compliments de condoléance au vieux baron.

— Mort, Monsoreau mort ! répéta le duc d'Anjou ; mort *tout seul !*

Le mot lui échappait comme le *cher Saint-Luc* lui était échappé. Tous deux étaient d'une effroyable naïveté.

— Il n'est pas mort tout seul, dit Bussy, puisque c'est Saint-Luc qui l'a tué.

— Oh ! je m'entends, dit le duc.

— Monseigneur l'avait-il par hasard donné à tuer à un autre ? demanda Bussy.

— Ma foi non, et toi ?

— Oh ! moi, Monseigneur, je ne suis pas assez grand prince pour faire faire cette sorte de besogne par les autres, et je suis obligé de la faire moi-même.

— Ah ! Monsoreau, Monsoreau, fit le prince avec son affreux sourire.

— Tiens ! Monseigneur ! on dirait que vous lui en vouliez, à ce pauvre comte.

— Non, c'est toi qui lui en voulais.

— Moi, c'était tout simple que je lui en voulusse, dit Bussy en rougissant malgré lui. Ne m'a-t-il pas un jour fait subir de la part de Votre Altesse une affreuse humiliation !

— Tu t'en souviens encore ?

— Oh ! mon Dieu non, Monseigneur, vous le voyez bien ; mais vous, dont il était le serviteur, l'ami, l'âme damnée...

— Voyons, voyons, dit le prince interrompant la conversation qui devenait embarrassante pour lui, fais seller les chevaux, Bussy.

— Seller les chevaux, et pourquoi faire ?

— Pour aller à Méridor ; je veux faire mes compliments de condoléance à madame Diane. D'ailleurs, cette visite était projetée depuis longtemps, et je ne sais comment elle ne s'est pas faite encore ; mais je ne la retarderai pas davantage. Corbleu ! je ne sais pas pourquoi, mais j'ai le cœur aux compliments aujourd'hui.

— Ma foi, se dit Bussy en lui-même, à présent que le Monsoreau est mort et que je n'ai plus peur qu'il vende sa femme au duc, peu m'importe qu'il la revoie ; s'il l'attaque, je la défendrai bien tout seul. Allons, puisque l'occasion de la revoir m'est offerte, profitons de l'occasion.

Et il sortit pour donner l'ordre de seller les chevaux.

Un quart d'heure après, tandis que Catherine dormait ou feignait de dormir pour se remettre des fatigues du voyage, le prince, Bussy et dix gentilshommes, montés sur de beaux chevaux, se dirigeaient vers Méridor avec cette joie qu'inspirent toujours le beau temps, l'herbe fleurie et la jeunesse, aux hommes comme aux chevaux.

A l'aspect de cette magnifique cavalcade, le portier du château vint au bord du fossé demander le nom des visiteurs.

— Le duc d'Anjou ! cria le prince.

Aussitôt le portier saisit un cor et sonna une fanfare qui fit accourir tous les serviteurs au pont-levis.

Bientôt ce fut une course rapide dans les appartements, dans les corridors et sur les perrons ; les fenêtres des tourelles s'ouvrirent, on entendit un bruit de ferrailles sur les dalles, et le vieux baron parut au seuil, tenant à la main les clefs de son château.

— C'est incroyable comme Monsoreau est peu regretté, dit le duc ; vois donc, Bussy, comme tous ces gens-là ont des figures naturelles.

Une femme parut sur le perron.

— Ah ! voilà la belle Diane, s'écria le duc ; vois-tu, Bussy, vois-tu !

— Certainement que je la vois, Monseigneur, dit le jeune homme ; mais, ajouta-t-il tout bas, je ne vois pas Remy.

Diane sortait en effet de la maison ; mais immédiatement derrière Diane sortait une civière, sur laquelle, couché, l'œil brillant de fièvre ou de jalousie, se faisait porter Monsoreau, plus semblable à un sultan des Indes sur son palanquin qu'à un mort sur sa couche funèbre.

— Oh ! oh ! Qu'est-ce ceci ? s'écria le duc, s'adressant à son compagnon devenu plus blanc que le mouchoir à l'aide duquel il essayait d'abord de dissimuler son émotion.

— Vive monseigneur le duc d'Anjou ! cria Monsoreau en levant par un violent effort sa main en l'air.

— Tout beau ! fit une voix derrière lui, vous allez rompre le caillot.

C'était Remy qui, fidèle jusqu'au bout à son rôle de médecin, faisait au blessé cette prudente recommandation.

Les surprises ne durent pas longtemps à la cour, sur les visages du moins : le duc d'Anjou fit un mouvement pour changer la stupéfaction en sourire.

— Oh ! mon cher comte, s'écria-t-il, quelle heureuse surprise ! Croyez-vous qu'on nous avait dit que vous étiez mort ?

— Venez, venez, Monseigneur, dit le blessé, venez, que je baise la main de Votre Altesse. Dieu merci ! non seulement je ne suis pas mort, mais encore j'en réchapperai, je l'espère, pour vous servir avec plus d'ardeur et de fidélité que jamais.

Quant à Bussy, qui n'était ni prince ni mari, ces deux positions sociales où la dissimulation est de première nécessité, il sentait une sueur froide couler de ses tempes, il n'osait regarder Diane. Ce trésor, deux fois perdu pour lui, lui faisait mal à voir, si près de son possesseur.

— Et vous, monsieur de Bussy, dit Monsoreau, vous qui venez avec Son Altesse, recevez tous mes remerciements, car c'est presque à vous que je dois la vie.

— Comment ! à moi ! balbutia le jeune homme, croyant que le comte le raillait.

— Sans doute, indirectement, c'est vrai ; mais ma reconnaissance n'est pas moindre, car voici mon sauveur, ajouta-t-il en montrant Remy qui levait des bras désespérés au ciel, et qui eût voulu se cacher dans les entrailles de la terre ; c'est à lui que mes amis doivent de me posséder encore.

Et, malgré les signes que lui faisait le pauvre docteur pour qu'il gardât le silence, et que lui prenait pour des recommandations hygiéniques, il raconta emphatiquement les soins, l'adresse, l'empressement dont le Haudouin avait fait preuve envers lui.

Le duc fronça le sourcil : Bussy regarda Remy avec une expression effrayante.

Le pauvre garçon, caché derrière Monsoreau, se contenta de répliquer par un geste qui voulait dire :

— Hélas ! ce n'est point ma faute.

— Au reste, continua le comte, j'ai appris que Remy vous a trouvé un jour mourant comme il m'a trouvé moi-même. C'est un lien d'amitié entre nous ; comptez sur la mienne, monsieur de Bussy : quand Monsoreau aime, il aime bien ; il est vrai que, lorsqu'il hait, c'est comme lorsqu'il aime, c'est de tout son cœur.

Bussy crut remarquer que l'éclair qui avait un instant brillé en prononçant ces paroles dans l'œil fiévreux du comte était à l'adresse de M. le duc d'Anjou.

Le duc ne vit rien.

— Allons donc ! dit-il en descendant de cheval et en offrant la main à Diane : veuillez, belle Diane, nous faire les honneurs de ce logis, que nous comptions trouver en deuil, et qui continue au contraire à être un séjour de bénédictions et de joie. Quant à vous, Monsoreau, reposez-vous ; le repos sied aux blessés.

— Monseigneur, dit le comte, il ne sera pas dit que vous viendrez chez Monsoreau vivant, et que, tant que Monsoreau vivra, un autre fera à Votre Altesse les honneurs de son logis ; mes gens me porteront, et partout où vous irez, j'irai.

Pour le coup, on eût cru que le duc démêlait la véritable pensée du comte, car il quitta la main de Diane.

Dès lors Monsoreau respira.

— Approchez d'elle, dit tout bas Remy à l'oreille de Bussy.

Bussy s'approcha de Diane, et Monsoreau leur sourit, Bussy prit la main de Diane, et Monsoreau lui sourit encore.

— Voilà bien du changement, monsieur le comte, dit Diane à demi-voix.

— Hélas ! murmura Bussy, que n'est-il plus grand encore !

Il va sans dire que le baron déploya, à l'égard du prince et des gentilshommes qui l'accompagnaient, tout le faste de sa patriarcale hospitalité.

CHAPITRE LXXI

DU DÉSAGRÉMENT DES LITIÈRES TROP LARGES ET DES PORTES TROP ÉTROITES

Bussy ne quittait point Diane ; le sourire bienveillant de Monsoreau lui donnait une liberté dont il se fût bien gardé de ne point user.

Les jaloux ont ce privilège, qu'ayant rudement fait la guerre pour conserver leur bien, ils ne sont point épargnés, quand une fois les braconniers ont mis le pied sur leurs terres.

— Madame, disait Bussy à Diane, je suis en vérité le plus misérable des hommes. Sur la nouvelle de sa mort, j'ai conseillé au prince de retourner à Paris et de s'accommoder avec sa mère ; il a consenti, et voilà que vous restez en Anjou.

— Oh ! Louis, répondit la jeune femme en serrant du bout de ses doigts effilés la main de Bussy, osez-vous dire que nous sommes malheureux ? Tant de beaux jours, tant de joies ineffables, dont le souvenir passe comme un frisson sur mon cœur, vous les oubliez donc, vous ?

— Je n'oublie rien, Madame ; au contraire, je me souviens trop, et voilà pourquoi, perdant ce bonheur, je me trouve si fort à plaindre. Comprenez-vous ce que je vais souffrir, Madame, s'il faut que je retourne à Paris, à cent lieues de vous ! Mon cœur se brise, Diane, et je me sens lâche.

Diane regarda Bussy ; tant de douleur éclatait dans ses yeux, qu'elle baissa la tête et qu'elle se prit à réfléchir.

Le jeune homme attendit un instant, le regard suppliant et les mains jointes.

— Eh bien ! dit tout à coup Diane, vous irez à Paris, Louis, et moi aussi.

— Comment ! s'écria le jeune homme, vous quitterez M. de Monsoreau ?

— Je le quitterais, répondit Diane, que lui ne me quitterait pas ; non, croyez-moi, Louis, mieux vaut qu'il vienne avec nous.

— Blessé, malade comme il est, impossible !

— Il viendra, vous dis-je.

Et aussitôt, quittant le bras de Bussy, elle se rapprocha du prince, lequel répondait de fort mauvaise humeur à Monsoreau, dont Riberac, Antraguet et Livarot entouraient la litière.

A l'aspect de Diane, le front du comte se rasséréna ; mais cet instant de calme ne fut pas de longue durée, il passa comme passe un rayon de soleil entre deux orages.

Diane s'approcha du duc, et le comte fronça le sourcil.

— Monseigneur, dit-elle avec un charmant sourire, on dit Votre Altesse passionnée pour les fleurs. Venez, je montrerai à Votre Altesse les plus belles fleurs de tout l'Anjou.

François lui offrit galamment la main.

— Où conduisez-vous donc Monseigneur, Madame ? demanda Monsoreau inquiet.

— Dans la serre, Monsieur.

— Ah ! fit Monsoreau. Eh bien ! soit ; portez-moi dans la serre.

— Ma foi, se dit Remy, je crois maintenant que j'ai bien fait de ne pas le tuer, Dieu merci ! il se tuera bien tout seul.

Diane sourit à Bussy d'une façon qui promettait merveilles.

— Que M. de Monsoreau, lui dit-elle tout bas, ne se doute pas que vous quittez l'Anjou, et je me charge du reste.

— Bien ! fit Bussy.

Et il s'approcha du prince, tandis que la litière du Monsoreau tournait derrière un massif.

— Monseigneur, dit-il, pas d'indiscrétion surtout ; que le Monsoreau ne sache pas que nous sommes sur le point de nous accommoder.

— Pourquoi cela ?

— Parce qu'il pourrait prévenir la reine mère de nos intentions pour s'en faire une amie, et que, sachant la résolution prise, madame Catherine pourrait bien être moins disposée à nous faire des largesses.

— Tu as raison, dit le duc ; tu t'en défies donc ?

— Du Monsoreau ? parbleu !

— Eh bien ! moi aussi ; je crois, en vérité, qu'il a fait exprès le mort.

— Non par ma foi ! il a bel et bien reçu un coup d'épée à travers la poitrine ; cet imbécile de Remy, qui l'a tiré d'affaire, l'a cru lui-même mort un instant ; il faut, en vérité, qu'il ait l'âme chevillée dans le corps.

On arriva devant la serre. Diane souriait au duc d'une façon plus charmante que jamais.

Le prince passa le premier, puis Diane ; Monsoreau voulut venir après ; mais quand sa litière se présenta pour passer, on s'aperçut qu'il était impossible de la faire entrer : la porte, de style ogival, était longue et haute, mais large seulement comme les plus grosses caisses, et la litière de M. de Monsoreau avait six pieds de largeur.

A la vue de cette porte trop étroite et de cette litière trop large, le Monsoreau poussa un rugissement.

Diane entra dans la serre sans faire attention aux gestes désespérés de son mari.

Bussy, pour qui le sourire de la jeune femme, dans le cœur de laquelle il avait l'habitude de lire par les yeux, devenait parfaitement clair, demeura près de Monsoreau en lui disant avec une parfaite tranquillité :

— Vous vous entêtez inutilement, monsieur le comte ; cette porte est trop étroite, et jamais vous ne passerez par là.

— Monseigneur ! Monseigneur ! criait Monsoreau, n'allez pas dans cette serre, il y a de mortelles exhalaisons, des fleurs étrangères qui répandent les parfums les plus vénéneux, Monseigneur !

Mais François n'écoutait pas : malgré sa prudence accoutumée, heureux de sentir dans ses mains la main de Diane, il s'enfonçait dans les verdoyants détours.

Bussy encourageait Monsoreau à patienter avec la douleur ; mais, malgré les exhortations de Bussy, ce qui devait arriver arriva ; Monsoreau ne put supporter, non pas la douleur physique, sous ce rapport il semblait de fer, mais la douleur morale. Il s'évanouit.

Remy reprenait tous ses droits ; il ordonna que le blessé fût reconduit dans sa chambre.

— Maintenant, demanda Remy au jeune homme, que dois-je faire ?

— Eh ! pardieu ! dit Bussy, achève ce que tu as si bien commencé ; reste près de lui, et guéris-le.

Puis il annonça à Diane l'accident arrivé à son mari.

Diane quitta aussitôt le duc d'Anjou, et s'achemina vers le château.

— Avons-nous réussi ? lui demanda Bussy, lorsqu'elle passa à ses côtés.

— Je le crois, dit-elle ; en tout cas, ne partez point sans avoir vu Gertrude.

Le duc n'aimait les fleurs que parce qu'il les visitait avec Diane : aussitôt que Diane fut éloignée, les recommandations du comte lui revinrent à l'esprit, et il sortit du bâtiment.

Riberac, Livarot et Antraguet le suivirent.

Pendant ce temps, Diane avait rejoint son mari, à qui Remy faisait respirer des sels.

Le comte ne tarda pas à rouvrir les yeux.

Son premier mouvement fut de se soulever avec violence ; mais Remy avait prévu ce premier mouvement, et le comte était attaché sur son matelas.

Il poussa un second rugissement, mais en regardant autour de lui il aperçut Diane debout à son chevet.

— Ah ! c'est vous, Madame, dit-il ; je suis bien aise de vous voir pour vous dire que ce soir nous partons pour Paris.

Remy jeta les hauts cris, mais Monsoreau ne fit pas plus attention à Remy que s'il n'était pas là.

— Y pensez-vous, Monsieur ? dit Diane avec son calme habituel, et votre blessure !

— Madame, dit le comte, il n'y a pas de blessure qui tienne ; j'aime mieux mourir que souffrir, et, dussé-je mourir par les chemins, ce soir nous partirons.

— Eh bien ! Monsieur, dit Diane, comme il vous plaira.

— Il me plaît ainsi ; faites donc vos préparatifs, je vous prie.

— Mes préparatifs seront vite faits, Monsieur ; mais puis-je savoir quelle cause a amené cette subite détermination ?

— Je vous la dirai, Madame, quand vous n'aurez plus de fleurs à montrer au prince, ou quand j'aurai fait construire des portes assez larges pour que ma litière entre partout.

Diane s'inclina.

— Mais, Madame, dit Remy.

— M. le comte le veut, répondit Diane, mon devoir est d'obéir.

Et Remy crut reconnaître à un signe de la jeune femme qu'il devait cesser ses observations.

Il se tut tout en grommelant :

— Ils me le tueront, et puis on dira que c'est la faute de la médecine.

Pendant ce temps le duc d'Anjou s'apprêtait à quitter Méridor. Il témoigna la plus grande reconnaissance au baron de l'accueil qu'il lui avait fait et remonta à cheval.

Gertrude apparut en ce moment : elle venait annoncer tout haut au duc que sa maîtresse, retenue près du comte, ne pouvait avoir l'honneur de lui présenter ses hommages, et tout bas à Bussy, que Diane partait le soir.

On partit.

Le duc avait les volontés, dégénérescences ou plutôt perfectionnements de ses caprices.

Diane cruelle le blessait et le repoussait de l'Anjou ; Diane souriante lui fut une amorce.

Comme il ignorait la résolution prise par le grand veneur, tout le long du chemin il ne cessa de méditer sur le danger qu'il y aurait à obéir trop facilement aux désirs de la reine mère.

Bussy avait prévu cela, et il comptait bien sur ce désir de rester.

— Vois-tu, Bussy, lui dit le duc, j'ai réfléchi.

— Bon, Monseigneur ; et à quoi ? demanda le jeune homme.

— Qu'il n'est pas bon de me rendre ainsi tout de suite aux raisonnements de ma mère.

— Vous avez raison ; elle se croit déjà bien assez profonde politique comme cela.

— Tandis que, vois-tu, en lui demandant huit jours, ou plutôt en traînant huit jours ; en donnant quelques fêtes auxquelles nous appellerons la noblesse, nous montrerons à notre mère combien nous sommes forts.

— Puissamment raisonné, Monseigneur. Cependant il me semble...

— Je resterai ici huit jours, dit le duc, et, grâce à ce délai, j'arracherai de nouvelles conditions à ma mère ; c'est moi qui te le dis.

Bussy parut réfléchir profondément.

— En effet, Monseigneur, dit-il, arrachez, arrachez ; mais tâchez qu'au lieu de profiter par ce retard, vos affaires n'en souffrent pas. Le roi, par exemple...

— Eh bien ! le roi ?

— Le roi, ne connaissant pas vos intentions, peut s'irriter ; il est très irascible, le roi.

— Tu as raison, il faudrait que je pusse envoyer quelqu'un pour saluer mon frère de ma part et pour lui annoncer mon retour : cela me donnera les huit jours dont j'ai besoin.

— Oui, mais ce quelqu'un court grand risque, dit Bussy.

Le duc d'Anjou sourit de son mauvais sourire.

— Si je changeais de résolution, n'est-ce pas ? dit-il.

— Eh ! malgré la promesse faite à votre frère, vous en changerez si l'intérêt vous y pousse, n'est-ce pas ?

— Dame ! fit le prince.

— Très bien ! et alors on enverra votre ambassadeur à la Bastille.

— Nous ne le préviendrons pas de ce qu'il porte, et nous lui donnerons une lettre.

— Au contraire, dit Bussy, ne lui donnez pas de lettre et prévenez-le.

— Mais alors personne ne voudra se charger de la mission.

— Allons donc !

— Tu connais un homme qui s'en chargera, toi ?

— Oui, j'en connais un.

— Lequel ?

— Moi, Monseigneur.

— Toi ?

— Oui, moi, j'aime les négociations difficiles.

— Bussy, mon cher Bussy, s'écria le duc, si tu fais cela tu peux compter sur mon éternelle reconnaissance.

Bussy sourit, il connaissait la mesure de cette reconnaissance dont lui parlait Son Altesse.

Le duc crut qu'il hésitait.

— Et je te donnerai dix mille écus pour ton voyage, ajouta-t-il.

— Allons donc, Monseigneur, dit Bussy, soyez plus généreux ; est-ce que l'on paye ces choses-là ?

— Ainsi, tu pars ?

— Je pars.

— Pour Paris ?

— Pour Paris.

— Et quand cela ?

— Dame ! quand vous voudrez.

— Le plus tôt serait le mieux.

— Oui, eh bien !

— Eh bien ?

— Ce soir, si vous voulez, Monseigneur.

— Brave Bussy, cher Bussy, tu consens donc réellement ?

— Si je consens ? dit Bussy ; mais pour le service
de Votre Altesse vous savez bien, Monseigneur, que je
passerais dans le feu. C'est donc convenu ! je pars ce
soir. Vous, vivez joyeusement ici, et attrapez-moi de la
reine mère quelque bonne abbaye.

— J'y songe déjà, mon ami.

— Alors, adieu ! Monseigneur.

— Adieu, Bussy ! ah ! n'oublie pas une chose.

— Laquelle ?

— Prends congé de ma mère.

— J'aurai cet honneur.

En effet, Bussy, plus leste, plus joyeux, plus léger
qu'un écolier pour lequel la cloche vient de sonner
l'heure de la récréation, fit sa visite à Catherine et
s'apprêta pour partir aussitôt que le signal du départ
lui viendrait de Méridor.

Le signal se fit attendre jusqu'au lendemain matin ;
Monsoreau s'était senti si faible après cette émotion
éprouvée, qu'il avait jugé lui-même qu'il avait besoin
de cette nuit de repos.

Mais vers sept heures, le même palefrenier qui avait
apporté la lettre de Saint-Luc vint annoncer à Bussy
que, malgré les larmes du vieux baron et les opposi-
tions de Remy, le comte venait de partir pour Paris,
dans une litière qu'escortaient à cheval Diane, Remy
et Gertrude.

Cette litière était portée par huit hommes qui, de
lieue en lieue, devaient se relayer.

Bussy n'attendait que cette nouvelle ; il sauta sur un
cheval sellé depuis la veille, et prit le même chemin.

CHAPITRE LXXII

DANS QUELLES DISPOSITIONS ÉTAIT LE ROI HENRI III
QUAND M. DE SAINT-LUC REPARUT À LA COUR

Depuis le départ de Catherine, le roi, quelle que fût sa confiance dans l'ambassadeur qu'il avait envoyé dans l'Anjou, le roi, disons-nous, ne songeait plus qu'à s'armer contre les tentatives de son frère.

Il connaissait par expérience le génie de sa maison ; il savait tout ce que peut un prétendant à la couronne, c'est-à-dire l'homme nouveau contre le possesseur légitime, c'est-à-dire contre l'homme ennuyeux et prévu.

Il s'amusait, ou plutôt il s'ennuyait comme Tibère, à dresser avec Chicot des listes de proscription, où l'on inscrivait, par ordre alphabétique, tous ceux qui ne se montraient pas zélés à prendre le parti du roi.

Ces listes devenaient chaque jour plus longues.

Et à l'S et à l'L, c'est-à-dire plutôt deux fois qu'une, le roi inscrivait chaque jour le nom de M. de Saint-Luc.

Au reste, la colère du roi contre l'ancien favori était bien servie par les commentaires de la cour, par les insinuations perfides des courtisans et par les amères récriminations contre la fuite en Anjou de l'époux de Jeanne de Cossé, fuite qui était une trahison depuis le jour où le duc, fuyant lui-même, avait dirigé sa course vers cette province.

En effet, Saint-Luc fuyant à Méridor ne devait-il pas être considéré comme le fourrier de M. le duc d'Anjou, allant préparer les logements du prince à Angers ?

Au milieu de tout ce trouble, de tout ce mouvement, de toute cette émotion, Chicot, encourageant les mignons à affiler leurs dagues et leurs rapières pour tailler et percer les ennemis de Sa Majesté Très Chrétienne, Chicot, disons-nous, était magnifique à voir.

D'autant plus magnifique à voir, que tout en ayant

l'air de jouer le rôle de la mouche du coche, Chicot
jouait en réalité un rôle beaucoup plus sérieux.

Chicot, petit à petit, et pour ainsi dire homme par
homme, mettait sur pied une armée pour le service de
son maître.

Tout à coup, une après-midi, tandis que le roi
soupait avec la reine, dont à chaque péril politique il
cultivait la société plus assidûment, et que le départ de
François avait naturellement ramenée près de lui,
Chicot entra les jambes étendues et les bras écartés,
comme les pantins que l'on écarte à l'aide d'un fil.

— Ouf ! dit-il.

— Quoi ? demanda le roi.

— M. de Saint-Luc, fit Chicot.

— M. de Saint-Luc ? exclama Sa Majesté.

— Oui.

— A Paris ?

— Oui.

— Au Louvre ?

— Oui.

Sur cette triple affirmation, le roi se leva de table,
tout rouge et tout tremblant. Il eût été difficile de dire
quel sentiment l'animait.

— Pardon, dit-il à la reine en essuyant sa moustache et en jetant sa serviette sur son fauteuil, mais ce
sont des affaires d'État qui ne regardent point les
femmes.

— Oui, dit Chicot en grossissant la voix, ce sont
des affaires d'État.

La reine voulut se lever de table pour laisser la place
libre à son mari.

— Non, Madame, dit Henri, restez, s'il vous plaît,
je vais entrer dans mon cabinet.

— Oh ! sire, dit la reine, avec ce tendre intérêt
qu'elle eut constamment pour son ingrat époux, ne
vous mettez pas en colère, je vous prie.

— Dieu le veuille, répondit Henri, sans remarquer
l'air narquois avec lequel Chicot tortillait sa moustache.

Henri s'élança vivement hors de la chambre, Chicot
le suivit.

Une fois dehors :

— Que vient-il faire ici, le traître ? demanda Henri d'une voix émue.

— Qui sait ? fit Chicot.

— Il vient, j'en suis sûr, comme député des États d'Anjou. Il vient comme ambassadeur de mon frère, car ainsi vont les rébellions ; ce sont des eaux troubles et fangeuses dans lesquelles les révoltés pêchent toute sorte de bénéfices, sordides c'est vrai, mais avantageux, et qui, de provisoires et précaires, deviennent peu à peu fixes et immuables. Celui-ci a flairé la rébellion, et il s'en est fait un sauf-conduit pour venir m'insulter ici.

— Qui sait ? dit Chicot.

Le roi regarda le laconique personnage.

— Il se peut encore, dit Henri, toujours traversant les galeries d'un pas inégal et qui décelait son agitation, il se peut qu'il vienne pour me redemander ses terres, dont je retiens les revenus, ce qui est un peu abusif peut-être, lui n'ayant pas commis, après tout, de crime qualifié, hein ?

— Qui sait ? continua Chicot.

— Ah ! fit Henri, tu répètes comme mon papegeai toujours la même chose ; mort de ma vie ! tu m'impatientes enfin, avec ton éternel qui sait ?

— Eh ! mordieu ! te crois-tu bien amusant, toi, avec tes éternelles questions ?

— On répond quelque chose, au moins.

— Et que veux-tu que je te réponde ? me prends-tu par hasard pour le Fatum des anciens ; me prends-tu pour Jupiter, pour Apollon ou pour Manto ? Eh ! c'est toi-même qui m'impatientes, morbleu ! avec tes sottes suppositions.

— Monsieur Chicot...

— Après ? monsieur Henri.

— Chicot, mon ami, tu vois ma douleur et tu me rudoies.

— N'aie pas de douleur, mordieu !

— Mais tout le monde me trahit.

— Qui sait ? ventre de biche ! qui sait ?

Henri, se perdant en conjectures, descendit en son
cabinet où, sur l'étrange nouvelle du retour de Saint-
Luc, se trouvaient déjà réunis tous les familiers du
Louvre, parmi lesquels, ou plutôt à la tête desquels
brillait Crillon, l'œil en feu, le nez rouge et la moustache hérissée comme un dogue qui demande le
combat.

Saint-Luc était là, debout, au milieu de tous ces
menaçants visages, sentant bruire autour de lui toutes
ces colères et ne se troublant pas le moins du monde.

Chose étrange! il avait amené sa femme, et l'avait
fait asseoir sur un tabouret contre la balustrade du lit.

Lui se promenait le poing sur la hanche, regardant
les curieux et les insolents du même regard dont ils le
regardaient.

Par égard pour la jeune femme, quelques seigneurs
s'étaient écartés, malgré leur envie de coudoyer Saint-
Luc, et s'étaient tus, malgré leur désir de lui adresser
quelques paroles désagréables. C'était dans ce vide et
dans ce silence que se mouvait l'ex-favori.

Jeanne, modestement enveloppée dans sa mante de
voyage, attendait les yeux baissés.

Saint-Luc, drapé fièrement dans son manteau,
attendait de son côté avec une attitude qui semblait
plutôt appeler que craindre la provocation.

Enfin les assistants attendaient, pour provoquer, de
bien savoir ce que revenait faire Saint-Luc à cette cour
où chacun, désireux de se partager une portion de son
ancienne faveur, le trouvait bien inutile.

En un mot, comme on le voit, de toutes parts
l'attente était grande lorsque le roi parut.

Henri entra tout agité, tout occupé de s'exciter lui-
même: cet essoufflement perpétuel compose la plupart du temps ce qu'on appelle la dignité chez les
princes.

Il entra, suivi de Chicot, qui avait pris les airs
calmes et dignes qu'aurait dû prendre le roi de France,
et qui regardait le maintien de Saint-Luc, ce qu'aurait
dû commencer par faire Henri III.

— Ah! Monsieur, vous ici? s'écria tout d'abord le

roi, sans faire attention à ceux qui l'entouraient, et semblable en cela au taureau des arènes espagnoles qui, dans des milliers d'hommes, ne voit qu'un brouillard mouvant, et dans l'arc-en-ciel des bannières que la couleur rouge.

— Oui, sire, répondit simplement et modestement Saint-Luc en s'inclinant avec respect.

Cette réponse frappa si peu l'oreille du roi, ce maintien plein de calme et de déférence communiqua si peu à son esprit aveuglé ces sentiments de raison et de mansuétude que doit exciter la réunion du respect des autres et de la dignité de soi-même, que le roi continua sans intervalle :

— Vraiment, votre présence au Louvre me surprend étrangement.

À cette agression brutale, un silence de mort s'établit autour du roi et de son favori.

C'était le silence qui s'établit en un champ clos autour de deux adversaires qui vont vider une question suprême.

Saint-Luc le rompit le premier.

— Sire, dit-il avec son élégance habituelle et sans paraître troublé le moins du monde de la boutade royale, je ne suis, moi, surpris que d'une chose, c'est que, dans les circonstances où elle se trouve, Votre Majesté ne m'ait pas attendu.

— Qu'est-ce à dire, Monsieur ? répliqua Henri avec un orgueil tout à fait royal et en relevant sa tête qui, dans les grandes circonstances, prenait une incomparable expression de dignité.

— Sire, répondit Saint-Luc, Votre Majesté court un danger.

— Un danger ! s'écrièrent les courtisans.

— Oui, Messieurs, un danger, grand, réel, sérieux, un danger dans lequel le roi a besoin depuis le plus grand jusqu'au plus petit de tous ceux qui lui sont dévoués ; et, convaincu que, dans un danger pareil à celui que je signale, il n'y a pas de faible assistance, je viens remettre aux pieds de mon roi l'offre de mes très humbles services.

— Ah ! ah ! fit Chicot, vois-tu, mon fils, que j'avais raison de dire : Qui sait ?

Henri III ne répondit point tout d'abord : il regarda l'assemblée, l'assemblée était émue et offensée ; mais Henri distingua bientôt dans le regard des assistants la jalousie qui s'agitait au fond de la plupart des cœurs.

Il en conclut que Saint-Luc avait fait quelque chose dont était incapable la majorité de l'assemblée, c'est-à-dire quelque chose de bien.

Cependant il ne voulut point se rendre ainsi tout à coup.

— Monsieur, répondit-il, vous n'avez fait que votre devoir, car vos services nous sont dus.

— Les services de tous les sujets du roi sont dus au roi, je le sais, sire, répondit Saint-Luc ; mais par le temps qui court, beaucoup de gens oublient de payer leurs dettes. Moi, sire, je viens payer la mienne, heureux que Votre Majesté veuille bien me compter toujours au nombre de ses débiteurs.

Henri, désarmé par cette douceur et cette humilité persévérantes, fit un pas vers Saint-Luc.

— Ainsi, dit-il, vous revenez sans autre motif que celui que vous dites, vous revenez sans mission, sans sauf-conduit ?

— Sire, dit vivement Saint-Luc, reconnaissant au ton dont lui parlait le roi qu'il n'y avait plus dans son maître ni reproche ni colère, je reviens purement et simplement pour revenir, et cela à franc-étrier. Maintenant, Votre Majesté peut me faire jeter à la Bastille dans une heure, arquebuser dans deux ; mais j'aurai fait mon devoir. Sire, l'Anjou est en feu, la Touraine va se révolter, la Guyenne se lève pour lui donner la main. M. le duc d'Anjou travaille l'ouest et le midi de la France.

— Et il y est bien aidé, n'est-ce pas ? s'écria le roi.

— Sire, dit Saint-Luc, qui comprit le sens des paroles royales, ni conseils ni représentations n'arrêtent le duc ; et M. de Bussy, tout ferme qu'il soit, ne peut rassurer votre frère sur la terreur que Votre Majesté lui a inspirée.

— Ah ! ah ! dit Henri, il tremble donc, le rebelle ! Et il sourit dans sa moustache.

— Tudieu ! dit Chicot en se caressant le menton, voilà un habile homme.

Et poussant le roi du coude :

— Range-toi donc, Henri, dit-il, que j'aille donner une poignée de main à M. de Saint-Luc.

Ce mouvement entraîna le roi. Il laissa Chicot faire son compliment à l'arrivant, puis, marchant avec lenteur vers son ancien ami, et lui posant la main sur l'épaule :

— Sois le bienvenu, Saint-Luc, lui dit-il.

— Ah ! sire, s'écria Saint-Luc en baisant la main du roi, je retrouve donc enfin mon maître bien-aimé !

— Oui ; mais moi, je ne te retrouve pas, dit le roi, ou du moins je te retrouve si maigri, mon pauvre Saint-Luc, que je ne t'eusse pas reconnu en te voyant passer.

A ces mots, une voix féminine se fit entendre.

— Sire, dit cette voix, c'est du chagrin d'avoir déplu à Votre Majesté.

Quoique cette voix fût douce et respectueuse, Henri tressaillit. Cette voix lui était aussi antipathique que l'était à Auguste le bruit du tonnerre.

— Madame de Saint-Luc ! murmura-t-il. Ah ! c'est vrai ; j'avais oublié...

Jeanne se jeta à ses genoux.

— Relevez-vous, Madame, dit le roi : j'aime tout ce qui porte le nom de Saint-Luc.

Jeanne saisit la main du roi, et la porta à ses lèvres. Henri la retira vivement.

— Allez, dit Chicot à la jeune femme, allez, convertissez le roi, ventre de biche ! vous êtes assez jolie pour cela.

Mais Henri tourna le dos à Jeanne et, passant son bras autour du cou de Saint-Luc, entra avec lui dans ses appartements.

— Ah çà ! lui dit-il, la paix est faite, Saint-Luc ?

— Dites, sire, répondit le courtisan, que la grâce est accordée.

— Madame, dit Chicot à Jeanne indécise, une bonne femme ne doit pas quitter son mari..., surtout lorsque son mari est en danger.

Et il poussa Jeanne sur les talons du roi et de Saint-Luc.

CHAPITRE LXXIII

OÙ IL EST TRAITÉ DE DEUX PERSONNAGES IMPORTANTS DE CETTE HISTOIRE QUE LE LECTEUR AVAIT DEPUIS QUELQUE TEMPS PERDUS DE VUE

Il est un des personnages de cette histoire, il en est même deux, des faits et gestes desquels le lecteur a droit de nous demander compte.

Avec l'humilité d'un auteur de préface antique, nous nous empresserons d'aller au-devant de ces questions dont nous comprenons toute l'importante.

Il s'agit d'abord d'un énorme moine, au sourcil épais, aux lèvres rouges et charnues, aux larges mains, aux vastes épaules, dont le cou diminue chaque jour de tout ce que prennent de développement la poitrine et les joues.

Il s'agit ensuite d'un fort grand âne dont les côtes s'arrondissent et se ballonnent avec grâce.

Le moine tend chaque jour à ressembler à un muid calé par deux poutrelles.

L'âne ressemble déjà à un berceau d'enfant soutenu par quatre quenouilles.

L'un habite une cellule du couvent de Sainte-Geneviève, où toutes les grâces du Seigneur viennent le visiter.

L'autre habite l'écurie du même couvent, où il vit à même d'un râtelier toujours plein.

L'un répond au nom de Gorenflot.

L'autre devrait répondre au nom de Panurge.

Tous deux jouissent, pour le moment du moins, du

destin le plus prospère qu'aient jamais rêvé un âne et
un moine. Les génovéfains entourent de soins leur
illustre compagnon, et, semblables aux divinités de
troisième ordre qui soignaient l'aigle de Jupiter, le
paon de Junon et les colombes de Vénus, les frères
servants engraissent Panurge en l'honneur de son
maître.

La cuisine de l'abbaye fume perpétuellement ; le vin
des clos les plus renommés de Bourgogne coule dans
les verres les plus larges. Arrive-t-il un missionnaire
ayant voyagé dans les pays lointains pour la propaga-
tion ; arrive-t-il un légat secret du pape apportant des
indulgences de la part de Sa Sainteté, on lui montre le
frère Gorenflot, ce double modèle de l'Église prê-
chante et militante, qui manie la parole comme saint
Luc et l'épée comme saint Paul ; on lui montre
Gorenflot dans toute sa gloire, c'est-à-dire au milieu
d'un festin : on a échancré une table pour le ventre
sacré de Gorenflot, et l'on s'épanouit d'un noble
orgueil en faisant voir au saint voyageur que Gorenflot
engloutit à lui tout seul la ration des huit plus robustes
appétits du couvent.

Et quand le nouveau venu a pieusement contemplé
cette merveille :

— Quelle admirable nature, dit le prieur en joignant les mains et en levant les yeux au ciel, le frère
Gorenflot aime la table et cultive les arts ; vous voyez
comme il mange ! Ah ! si vous aviez entendu le sermon qu'il a fait certaine nuit, sermon dans lequel il
offrait de se dévouer pour le triomphe de la foi ! C'est
une bouche qui parle comme celle de saint Jean Chry-
sostome, et qui engloutit comme celle de Gargantua.

Cependant, parfois, au milieu de toutes ces splen-
deurs, un nuage passe sur le front de Gorenflot, les
volailles du Mans fument inutilement devant ses larges
narines, les petites huîtres de Flandre, dont il engloutit
un millier en se jouant, bâillent et se contournent en
vain dans leur conque nacrée ; les bouteilles aux différentes formes restent intactes quoique débouchées,
Gorenflot est lugubre, Gorenflot n'a pas faim, Gorenflot rêve.

Alors le bruit court que le digne génovéfain est en extase comme saint François, ou en pâmoison comme sainte Thérèse, et l'admiration redouble.

Ce n'est plus un moine, c'est un saint ; ce n'est plus même un saint, c'est un demi-dieu ; quelques-uns même vont jusqu'à dire que c'est un Dieu complet.

— Chut ! murmure-t-on, ne troublons pas la rêverie de frère Gorenflot.

Et l'on s'écarte avec respect.

Le prieur seul attend le moment où frère Gorenflot donne un signe quelconque de vie, il s'approche du moine, lui prend la main avec affabilité, et l'interroge avec respect. Gorenflot lève la tête et regarde le prieur avec des yeux hébétés.

Il sort d'un autre monde.

— Que faisiez-vous, mon digne frère ? demande le prieur.

— Moi ? dit Gorenflot.

— Oui, vous ; vous faisiez quelque chose.

— Oui, mon père, je composais un sermon.

— Dans le genre de celui que vous nous avez si bravement débité dans la nuit de la sainte Ligue.

Chaque fois qu'on lui parle de ce sermon, Gorenflot déplore son infirmité.

— Oui, dit-il en poussant un soupir, dans le même genre. Ah ! quel malheur que je n'aie pas écrit celui-là !

— Un homme comme vous a-t-il besoin d'écrire, mon cher frère ? Non, il parle d'inspiration, il ouvre la bouche, et, comme la parole de Dieu est en lui, la parole de Dieu coule de ses lèvres.

— Vous croyez ? dit Gorenflot.

— Heureux celui qui doute, répond le prieur.

En effet, de temps en temps, Gorenflot, qui comprend les nécessités de la position, et qui est engagé par ses antécédents, médite un sermon.

Foin de Marcus Tullius, de César, de saint Grégoire, de saint Augustin, de saint Jérôme et de Tertullien, la régénération de l'éloquence sacrée va commencer à Gorenflot. *Rerum novus ordo nascitur.*

De temps en temps aussi, à la fin de son repas, ou au milieu de ses extases, Gorenflot se lève et, comme si un bras invisible le poussait, va droit à l'écurie ; arrivé là, il regarde avec amour Panurge qui hennit de plaisir, puis il passe sa main pesante sur le pelage plantureux où ses gros doigts disparaissent tout entiers. Alors c'est plus que du plaisir, c'est du bonheur, Panurge ne se contente plus de hennir, il se roule.

Le prieur et trois ou quatre dignitaires du couvent l'escortent d'ordinaire dans ces excursions, et font mille platitudes à Panurge : l'un lui offre des gâteaux, l'autre des biscuits, l'autre des macarons, comme autrefois ceux qui voulaient se rendre Pluton favorable, offraient des gâteaux au miel à Cerbère.

Panurge se laisse faire ; il a le caractère accommodant ; d'ailleurs, lui qui n'a pas d'extases, lui qui n'a pas de sermon à méditer, lui qui n'a d'autre réputation à soutenir que sa réputation d'entêtement, de paresse et de luxure, trouve qu'il ne lui reste rien à désirer et qu'il est le plus heureux des ânes.

Le prieur le regarde avec attendrissement.

— Simple et doux, dit-il, c'est la vertu des forts.

Gorenflot a appris que l'on dit en latin *ita* pour dire oui ; cela le sert merveilleusement, et à tout ce qu'on lui dit, il répond *ita* avec une fatuité qui ne manque jamais son effet.

Encouragé par cette adhésion perpétuelle, l'abbé lui dit parfois :

— Vous travaillez trop, mon cher frère, cela vous rend triste de cœur.

Et Gorenflot répond à messire Joseph Foulon, comme Chicot répond parfois à sa majesté Henri III :

— Qui sait ?

— Peut-être nos repas sont-ils un peu grossiers, ajoute le prieur ; désirez-vous qu'on change le frère cuisinier ? Vous le savez, cher frère : *Quædam saturationes minus succedunt.*

— *Ita,* répond éternellement Gorenflot en redoublant de tendresse pour son âne.

— Vous caressez bien votre Panurge, mon frère, dit le prieur ; la manie des voyages vous reprendrait-elle ?

— Oh ! répond alors Gorenflot avec un soupir.

Le fait est que c'est là le souvenir qui tourmente Gorenflot. Gorenflot, qui avait d'abord trouvé son éloignement du couvent un immense malheur, a découvert dans l'exil des joies infinies et inconnues dont la liberté est la source. Au milieu de son bonheur, un ver le pique au cœur, c'est le désir de la liberté ; la liberté avec Chicot, le joyeux convive ; avec Chicot qu'il aime sans trop savoir pourquoi, peut-être parce que, de temps en temps, il le bat.

— Hélas ! dit timidement un jeune frère qui a suivi le jeu de la physionomie du moine, je crois que vous avez raison, digne prieur, et que le séjour du couvent fatigue le révérend père.

— Pas précisément, dit Gorenflot ; mais je sens que je suis né pour une vie de lutte, pour la politique du carrefour, pour le prêche de la borne.

Et, en disant ces mots, les yeux de Gorenflot s'animent ; il pense aux omelettes de Chicot, au vin d'Anjou de maître Claude Bonhomet, à la salle basse de la Corne-d'Abondance.

Depuis la soirée de la Ligue, ou plutôt depuis la matinée du lendemain où il est rentré à son couvent, on ne l'a pas laissé sortir ; depuis que le roi s'est fait chef de l'Union, les ligueurs ont redoublé de prudence.

Gorenflot est si simple, qu'il n'a pas même pensé à user de sa position pour se faire ouvrir les portes.

On lui a dit : « Frère, il est défendu de sortir », et il n'est point sorti.

On ne se doutait point de cette flamme intérieure qui lui rendait pesante la félicité du couvent.

Aussi, voyant que sa tristesse augmente de jour en jour, le prieur lui dit un matin :

— Très cher frère, nul ne doit combattre sa vocation, la vôtre est de militer pour le Christ ; allez donc, remplissez la mission que le Seigneur vous a confiée ; seulement, veillez bien sur votre précieuse vie, et revenez pour le grand jour.

— Quel grand jour ? demanda Gorenflot absorbé dans sa joie.

— Celui de la Fête-Dieu.

— *Ita* ! dit le moine avec un air de profonde intelligence : mais, ajouta Gorenflot, afin que je m'inspire chrétiennement par des aumônes, donnez-moi quelque argent.

Le prieur s'empressa d'aller chercher une large bourse qu'il ouvrit à Gorenflot. Gorenflot y plongea sa large main.

— Vous verrez ce que je rapporterai au couvent, dit-il en faisant passer dans la large poche de son froc ce qu'il venait d'emprunter à la bourse du prieur.

— Vous avez votre texte, n'est-ce pas, très cher frère ? demanda Joseph Foulon.

— Oui, certainement.

— Confiez-le-moi.

— Volontiers, mais à vous seul.

Le prieur s'approcha de Gorenflot et prêta une oreille attentive.

— Écoutez.

— J'écoute.

— Le fléau qui bat le grain se bat lui-même, dit Gorenflot.

— Oh ! magnifique ! oh ! sublime ! s'écria le prieur.

Et les assistants, partageant de confiance l'enthousiasme de messire Joseph Foulon, répétèrent d'après lui : Magnifique ! sublime !

— Et maintenant, mon père, suis-je libre ? demanda Gorenflot avec humilité.

— Oui, mon fils, s'écria le révérend abbé, allez et marchez dans la voie du Seigneur.

Gorenflot fit seller Panurge, l'enfourcha avec l'aide de deux vigoureux moines, et sortit du couvent vers les sept heures du soir.

C'était le jour même où Saint-Luc était arrivé de Méridor. Les nouvelles qui venaient de l'Anjou tenaient Paris en émotion.

Gorenflot, après avoir suivi la rue Saint-Étienne, venait de prendre à droite et de dépasser les Jacobins, quand tout à coup Panurge tressaillit : une main vigoureuse venait de s'appesantir sur sa croupe.

— Qui va là ? s'écria Gorenflot effrayé.

— Ami, répliqua une voix que Gorenflot crut reconnaître.

Gorenflot avait bonne envie de se retourner ; mais, comme les marins, qui, toutes les fois qu'ils s'embarquent, ont besoin d'habituer de nouveau leur pied au roulis, toutes les fois que Gorenflot remontait sur son âne, il était quelque temps à reprendre son centre de gravité.

— Que demandez-vous ? dit-il.

— Voudriez-vous, mon respectable frère, reprit la voix, m'indiquer le chemin de la *Corne-d'Abondance* ?

— Morbleu ! s'écria Gorenflot au comble de la joie, c'est M. Chicot en personne.

— Justement, répondit le Gascon, j'allais vous chercher au couvent, mon très cher frère, quand je vous ai vu sortir ; je vous ai suivi quelque temps de peur de me compromettre en vous parlant ; mais, maintenant que nous sommes bien seuls, me voilà ; bonjour, frocard. Ventre de biche ! je te trouve maigri.

— Et vous, monsieur Chicot, je vous trouve engraissé, parole d'honneur.

— Je crois que nous nous flattons tous les deux.

— Mais, qu'avez-vous donc, monsieur Chicot ? dit le moine, vous paraissez bien chargé.

— C'est un quartier de daim que j'ai volé à Sa Majesté, dit le Gascon ; nous en ferons des grillades.

— Cher Monsieur Chicot ! s'écria le moine, et sous l'autre bras ?

— C'est un flacon de vin de Chypre envoyé par un roi à mon roi.

— Voyons, dit Gorenflot.

— C'est mon vin à moi ; je l'aime beaucoup, dit Chicot en écartant son manteau, et toi, frère moine ?

— Oh ! oh ! s'écria Gorenflot, en apercevant la double aubaine et en s'ébaudissant si fort sur sa monture que Panurge plia sous lui, oh ! oh !

CHAPITRE LXXIV   261

Dans sa joie, le moine leva les bras au ciel, et, d'une voix qui fit trembler à droite et à gauche les vitres des maisons, il chanta, tandis que Panurge l'accompagnait en hihannant :

> La musique a des appas,
> Mais on ne fait que l'entendre.
> Les fleurs ont le parfum tendre,
> Mais l'odeur ne nourrit pas.
> Sans que notre main y touche,
> Un beau ciel flatte nos yeux,
> Mais le vin coule en la bouche,
> Mais le vin se sent, se touche
> Et se boit ; je l'aime mieux
> Que musique, fleurs et cieux.

C'était la première fois que Gorenflot chantait depuis près d'un mois.

CHAPITRE LXXIV

Laissons les deux amis entrer au cabaret de la *Corne-d'Abondance*, où Chicot, on se le rappelle, ne conduisait jamais le moine qu'avec des intentions dont celui-ci était loin de soupçonner la gravité, et revenons à M. de Monsoreau, qui suit en litière le chemin de Méridor à Paris, et à Bussy, qui est parti d'Angers avec l'intention de faire la même route.

Non seulement il n'est pas difficile à un cavalier bien monté de rejoindre des gens qui vont à pied, mais encore il court un risque, c'est celui de les dépasser.

La chose arriva à Bussy.

On était à la fin de mai, et la chaleur était grande, surtout vers le midi. Aussi M. de Monsoreau ordonna-t-il de faire halte dans un petit bois qui se trouvait sur la route ; et comme il désirait que son départ fût connu le plus tard possible de M. le duc d'Anjou, il veilla à ce que toutes les personnes de sa suite entrassent avec lui dans l'épaisseur du taillis pour

laisser passer la plus grande ardeur du soleil ; un
cheval était chargé de provisions, on put donc faire la
collation sans avoir recours à personne.

Pendant ce temps, Bussy passa.

Mais Bussy n'allait pas, comme on le pense bien,
par la route sans s'informer si l'on n'avait pas vu des
chevaux, des cavaliers et une litière portée par des
paysans.

Jusqu'au village de Durtal, il avait obtenu les renseignements les plus positifs et les plus satisfaisants ;
aussi, convaincu que Diane était devant lui, avait-il
mis son cheval au pas, se haussant sur ses étriers au
sommet de chaque monticule, afin d'apercevoir au
loin la petite troupe à la poursuite de laquelle il s'était
mis. Mais, contre son attente, tout à coup les renseignements lui manquèrent ; les voyageurs qui le
croisaient n'avaient rencontré personne, et, en arrivant
aux premières maisons de La Flèche, il acquit la
conviction qu'au lieu d'être en retard, il était en
avance, et qu'il précédait au lieu de suivre.

Alors il se rappela le petit bois qu'il avait rencontré
sur sa route, et il s'expliqua les hennissements de son
cheval qui avait interrogé l'air de ses naseaux fumants
au moment où il y était entré.

Son parti fut pris à l'instant même ; il s'arrêta au
plus mauvais cabaret de la rue, et après s'être assuré
que son cheval ne manquerait de rien, moins inquiet
de lui-même que de sa monture, à la vigueur de
laquelle il pouvait avoir besoin de recourir, il s'installa
près d'une fenêtre, en ayant le soin de se cacher
derrière un lambeau de toile qui servait de rideau.

Ce qui avait surtout déterminé Bussy dans le choix
qu'il avait fait de cette espèce de bouge, c'est qu'il était
situé en face de la meilleure hôtellerie de la ville, et
qu'il ne doutait point que Monsoreau ne fît halte dans
cette hôtellerie.

Bussy avait deviné juste ; vers quatre heures de
l'après-midi, il vit apparaître un coureur, qui s'arrêta à
la porte de l'hôtellerie.

Une demi-heure après vint le cortège. Il se composait, en personnages principaux, du comte, de la comtesse, de Remy et de Gertrude ; en personnages secondaires, de huit porteurs qui se relayaient de cinq lieues en cinq lieues.

Le coureur avait mission de préparer les relais de paysans. Or, comme Monsoreau était trop jaloux pour ne pas être généreux, cette manière de voyager, tout inusitée qu'elle était, ne souffrait ni difficulté ni retard.

Les personnages principaux entrèrent les uns après les autres dans l'hôtellerie ; Diane resta la dernière, et il sembla à Bussy qu'elle regardait avec inquiétude autour d'elle. Son premier mouvement fut de se montrer, mais il eut le courage de se retenir ; une imprudence les perdait.

La nuit vint : Bussy espérait que, pendant la nuit, Remy sortirait, ou que Diane paraîtrait à quelque fenêtre ; il s'enveloppa de son manteau et se mit en sentinelle dans la rue.

Il attendit ainsi jusqu'à neuf heures du soir ; à neuf heures du soir le coureur sortit.

Cinq minutes après, huit hommes s'approchèrent de la porte : quatre entrèrent dans l'hôtellerie.

— Oh ! se dit Bussy, voyageraient-ils de nuit ? Ce serait une excellente idée qu'aurait M. de Monsoreau.

Effectivement, tout venait à l'appui de cette probabilité : la nuit était douce, le ciel tout parsemé d'étoiles ; une de ces brises qui semblent le souffle de la terre rajeunie passait dans l'air, caressante et parfumée.

La litière sortit la première.

Puis vinrent à cheval Diane, Remy et Gertrude.

Diane regarda encore avec attention autour d'elle ; mais comme elle regardait le comte l'appela, et force lui fut de revenir près de la litière.

Les quatre hommes de relais allumèrent des torches et marchèrent aux deux côtés de la route.

— Bon, dit Bussy, j'aurais commandé moi-même les détails de cette marche, que je n'eusse pas mieux fait.

Et il rentra dans son cabaret, sella son cheval, et se mit à la poursuite du cortège.

Cette fois, il n'y avait point à se tromper de route, ou à le perdre de vue : les torches indiquaient clairement le chemin qu'il suivait.

Monsoreau ne laissait point Diane s'éloigner un instant de lui.

Il causait avec elle, ou plutôt il la gourmandait. Cette visite dans la serre servait de texte à d'inépuisables commentaires, et à une foule de questions envenimées.

Remy et Gertrude se boudaient, ou, pour mieux dire, Remy rêvait, et Gertrude boudait Remy.

La cause de cette bouderie était facile à expliquer : Remy ne voyait plus la nécessité d'être amoureux de Gertrude, depuis que Diane était amoureuse de Bussy.

Le cortège s'avançait donc, les uns disputant, les autres boudant, quand Bussy, qui suivait la cavalcade hors de la portée de la vue, donna, pour prévenir Remy de sa présence, un coup du sifflet d'argent avec lequel il avait l'habitude d'appeler ses serviteurs à l'hôtel de la rue de Grenelle-Saint-Honoré.

Le son en était aigu et vibrant. Ce son retentissait d'un bout à l'autre de la maison, et faisait accourir bêtes et gens.

Nous disons bêtes et gens, parce que Bussy, comme tous les hommes forts, se plaisait à dresser des chiens de combat, des chevaux indomptables et des faucons sauvages.

Or, au son de ce sifflet, les chiens tressaillaient dans leurs chenils, les chevaux dans leurs écuries, les faucons sur leurs perchoirs.

Remy le reconnut à l'instant même. Diane tressaillit et regarda le jeune homme qui fit un signe affirmatif.

Puis il passa à sa gauche et lui dit tout bas :

— C'est lui.

— Qu'est-ce ? demanda Monsoreau, et qui vous parle, Madame ?

— A moi ? personne, Monsieur.

— Si fait ; une ombre a passé près de vous, et j'ai entendu une voix.

— Cette voix, dit Diane, est celle de M. Remy ; êtes-vous jaloux aussi de M. Remy ?

— Non ; mais j'aime à entendre parler tout haut, cela me distrait.

— Il y a cependant des choses que l'on ne peut pas dire devant monsieur le comte, interrompit Gertrude venant au secours de sa maîtresse.

— Pourquoi cela ?

— Pour deux raisons.

— Lesquelles ?

— La première, parce qu'on peut dire des choses qui n'intéressent pas monsieur le comte, ou des choses qui l'intéressent trop.

— Et de quel genre étaient les choses que M. Remy vient de dire à Madame ?

— Du genre de celles qui intéressent trop Monsieur.

— Que vous disait Remy, Madame ? je veux le savoir.

— Je disais, monsieur le comte, que si vous vous démenez ainsi, vous serez mort avant d'avoir fait le tiers de la route.

On put voir, aux sinistres rayons des torches, le visage de Monsoreau devenir aussi pâle que celui d'un cadavre.

Diane, toute palpitante et toute pensive, se taisait.

— Il vous attend à l'arrière, dit d'une voix à peine intelligible Remy à Diane ; ralentissez un peu le pas de votre cheval ; il vous rejoindra.

Remy avait parlé si bas, que Monsoreau n'entendit qu'un murmure ; il fit un effort, renversa sa tête en arrière, et vit Diane qui le suivait.

— Encore un mouvement pareil, monsieur le comte, dit Remy, et je ne réponds pas de l'hémorragie.

Depuis quelque temps, Diane était devenue courageuse. Avec son amour était née l'audace que toute femme véritablement éprise pousse d'ordinaire au-delà des limites raisonnables ; elle tourna bride et attendit.

Au même moment, Remy descendait de cheval,

donnait sa bride à tenir à Gertrude et s'approchait de
la litière pour occuper le malade.

— Voyons ce pouls, dit-il, je parie que nous avons
la fièvre.

Cinq secondes après, Bussy était à ses côtés.

Les deux jeunes gens n'avaient plus besoin de se
parler pour s'entendre ; ils restèrent pendant quelques
instants suavement embrassés.

— Tu vois, dit Bussy rompant le premier le silence,
tu pars et je te suis.

— Oh ! que mes jours seront beaux, Bussy, que
mes nuits seront douces, si je te sais toujours ainsi près
de moi !

— Mais le jour, il nous verra.

— Non, tu nous suivras de loin, et c'est moi seulement qui te verrai, mon Louis. Au détour des routes,
au sommet des monticules, la plume de ton feutre, la
broderie de ton manteau, ton mouchoir flottant, tout
me parlera en ton nom, tout me dira que tu m'aimes.
Qu'au moment où le jour baisse, où le brouillard bleu
descend dans la plaine, je voie ton doux fantôme
s'incliner en m'envoyant le doux baiser du soir, et je
serai heureuse, bien heureuse !

— Parle, parle toujours, ma Diane bien-aimée, tu
ne peux savoir toi-même tout ce qu'il y a d'harmonie
dans ta douce voix.

— Et quand nous marcherons la nuit, et cela arrivera souvent, car Remy lui a dit que la fraîcheur du
soir était bonne pour ses blessures, quand nous marcherons la nuit, alors, comme ce soir, de temps en
temps je resterai en arrière, de temps en temps je
pourrai te presser dans mes bras et te dire, dans un
rapide serrement de main, tout ce que j'aurai pensé de
toi dans le courant du jour.

— Oh ! que je t'aime ! que je t'aime ! murmura
Bussy.

— Vois-tu, dit Diane, je crois que nos âmes sont
assez étroitement unies pour que, même à distance
l'un de l'autre, même sans nous parler, sans nous voir,
nous soyons heureux par la pensée.

— Oh ! oui ! mais te voir, mais te presser dans mes bras, oh ! Diane ! Diane !

Et les chevaux se touchaient et se jouaient en secouant leurs brides argentées, et les deux amants s'étreignaient et oubliaient le monde.

Tout à coup une voix retentit qui les fit tressaillir tous deux, Diane de crainte, Bussy de colère.

— Madame Diane, criait cette voix, où êtes-vous ? Madame Diane, répondez.

Ce cri traversa l'air comme une funèbre évocation.

— Oh ! c'est lui, c'est lui ! je l'avais oublié, murmura Diane... C'est lui, je rêvais ! O doux songe ! réveil affreux !

— Écoute, s'écriait Bussy, écoute, Diane, nous voici réunis. Dis un mot, et rien ne peut plus t'enlever à moi. Diane, fuyons. Qui nous empêche de fuir ? Regarde : devant nous l'espace, le bonheur, la liberté ! Un mot et nous partons ! un mot, et, perdue pour lui, tu m'appartiens éternellement.

Et le jeune homme la retenait doucement.

— Et mon père ? dit Diane.

— Quand le baron saura que je t'aime, murmura-t-il.

— Oh ! fit Diane. Un père, que dis-tu là ?

Ce seul mot fit rentrer Bussy en lui-même.

— Rien par violence, chère Diane, dit-il, ordonne et j'obéirai.

— Écoute, dit Diane en étendant la main, notre destinée est là ; soyons plus forts que le démon qui nous persécute ; ne crains rien et tu verras si je sais aimer.

— Il faut donc nous séparer, mon Dieu ! murmura Bussy.

— Comtesse ! comtesse ! cria la voix. Répondez, ou, dussé-je me tuer, je saute au bas de cette infernale litière.

— Adieu, dit Diane, adieu ; il le ferait comme il le dit, et il se tuerait.

— Tu le plains ?

— Jaloux, fit Diane avec un adorable accent et un ravissant sourire.

Et Bussy la laissa partir.

En deux élans, Diane était revenue près de la litière : elle trouva le comte à moitié évanoui.

— Arrêtez ! murmura le comte, arrêtez !

— Morbleu ! disait Remy, n'arrêtez pas ! il est fou ; s'il veut se tuer qu'il se tue.

Et la litière marchait toujours.

— Mais après qui donc criez-vous ? disait Gertrude ; Madame est là, à mes côtés. Venez, Madame, et répondez-lui, bien certainement monsieur le comte a le délire.

Diane, sans prononcer une parole, entra dans le cercle de lumière épandu par les torches.

— Ah ! fit Monsoreau épuisé, où donc étiez-vous ?

— Où voulez-vous que je sois, Monsieur, sinon derrière vous ?

— A mes côtés, Madame, à mes côtés ; ne me quittez pas.

Diane n'avait plus aucun motif pour rester en arrière ; elle savait que Bussy la suivait. Si la nuit eût été éclairée par un rayon de lune, elle eût pu le voir.

On arriva à la halte. Monsoreau se reposa quelques heures et voulut partir.

Il avait hâte, non point d'arriver à Paris, mais de s'éloigner d'Angers.

De temps en temps la scène que nous venons de raconter se renouvelait.

Remy disait tout bas :

— Qu'il étouffe de rage, et l'honneur du médecin sera sauvé.

Mais Monsoreau ne mourut pas ; au contraire, au bout de dix jours il était arrivé à Paris, et il allait sensiblement mieux.

C'était décidément un homme fort habile que Remy, plus habile qu'il ne l'eût voulu lui-même.

Pendant les dix jours qu'avait duré le voyage, Diane avait, à force de tendresses, démoli toute cette grande fierté de Bussy.

Elle l'avait engagé à se présenter chez Monsoreau, et à exploiter l'amitié qu'il lui témoignait.

Le prétexte de la visite était tout simple : la santé du comte.

Remy soignait le mari et remettait les billets à la femme.

— Esculape et Mercure, disait-il, je cumule.

CHAPITRE LXXV

COMMENT L'AMBASSADEUR DE M. LE DUC D'ANJOU ARRIVA À PARIS, ET DE LA RÉCEPTION QUI LUI FUT FAITE

Cependant, on ne voyait reparaître au Louvre ni Catherine, ni le duc d'Anjou, et la nouvelle d'une dissension entre les deux frères prenait de jour en jour plus d'accroissement et plus d'importance.

Le roi n'avait reçu aucun message de sa mère, et, au lieu de conclure selon le proverbe : Pas de nouvelles, bonnes nouvelles ! il se disait, au contraire, en secouant la tête :

— Pas de nouvelles, mauvaises nouvelles !

Les mignons ajoutaient :

— *François, mal conseillé*, aura retenu votre mère.

François, mal conseillé. En effet, toute la politique de ce règne singulier et des trois règnes précédents se réduisait là.

Mal conseillé avait été le roi Charles IX, lorsqu'il avait, sinon ordonné, du moins autorisé la Saint-Barthélemy. Mal conseillé avait été François II, lorsqu'il ordonna le massacre d'Amboise. Mal conseillé avait été Henri II, le père de cette race perverse, lorsqu'il fit brûler tant d'hérétiques et de conspirateurs avant d'être tué par Montgomery, qui lui-même avait été mal conseillé, disait-on, lorsque le bois de sa lance avait si malencontreusement pénétré dans la visière du casque de son roi.

On n'ose pas dire à un roi :

— Votre frère a de mauvais sang dans les veines ; il cherche, comme c'est l'usage dans votre famille, à vous détrôner, à vous tondre ou à vous empoisonner ; il veut vous faire à vous ce que vous avez fait à votre frère aîné, ce que votre frère aîné a fait au sien, ce que votre mère vous a tous instruits à vous faire les uns aux autres.

Non, un roi de ce temps-là surtout, un roi du seizième siècle eût pris ces observations pour des injures, car un roi était en ce temps-là un homme, et la civilisation seule en a pu faire un *fac-simile* de Dieu comme Louis XIV, ou un mythe non responsable, — comme un roi constitutionnel.

Les mignons disaient donc à Henri III :

— Sire, votre frère est mal conseillé.

Et, comme une seule personne avait à la fois le pouvoir et l'esprit de conseiller François, c'était contre Bussy que se soulevait la tempête, chaque jour plus furieuse et plus près d'éclater.

On en était dans les conseils publics à trouver des moyens d'intimidation, et dans les conseils privés à chercher des moyens d'extermination, lorsque la nouvelle arriva que monseigneur le duc d'Anjou envoyait un ambassadeur.

Comment vint cette nouvelle ? par qui vint-elle ? qui l'apporta ? qui la répandit ?

Il serait aussi facile de dire comment se soulèvent les tourbillons de vent dans l'air, les tourbillons de poussière dans la campagne, les tourbillons de bruit dans les villes.

Il y a un démon qui met des ailes à certaines nouvelles et qui les lâche comme des aigles dans l'espace.

Lorsque celle que nous venons de dire arriva au Louvre, ce fut une conflagration générale. Le roi en devint pâle de colère, et les courtisans, outrant comme d'habitude la passion du maître, se firent livides.

On jura. Il serait difficile de dire tout ce que l'on jura, mais on jura entre autres choses :

Que si c'était un ambassadeur, ce vieillard serait bafoué, berné, embastillé ;

Que si c'était un jeune homme, il serait pourfendu, troué à jour, déchiqueté en petits morceaux, lesquels seraient envoyés à toutes les provinces de France comme un échantillon de la royale colère.

Et les mignons, selon leur habitude, de fourbir leurs rapières, de prendre des leçons d'escrime et de jouer de la dague contre les murailles. Chicot laissa son épée au fourreau, laissa sa dague dans sa gaine, et se mit à réfléchir profondément.

Le roi, voyant Chicot réfléchir, se souvint que Chicot avait un jour, dans un point difficile qui s'était éclairci depuis, été de l'avis de la reine mère, laquelle avait eu raison.

Il comprit donc que dans Chicot était la sagesse du royaume, et il interrogea Chicot.

— Sire, répliqua celui-ci après avoir mûrement réfléchi, ou monseigneur le duc d'Anjou vous envoie un ambassadeur, ou il ne vous en envoie pas.

— Pardieu, dit le roi, c'était bien la peine de te creuser la joue avec le poing pour trouver ce beau dilemme.

— Patience, patience, comme dit, dans la langue de maître Machiavelli, votre auguste mère que Dieu conserve ; patience.

— Tu vois que j'en ai, dit le roi, puisque je t'écoute.

— S'il vous envoie un ambassadeur, c'est qu'il croit pouvoir le faire ; s'il croit pouvoir le faire, lui qui est la prudence en personne, c'est qu'il se sent fort ; s'il se sent fort, il faut le ménager. Respectons les puissances, trompons-les, mais ne jouons pas avec elles ; recevons leur ambassadeur et témoignons-lui toutes sortes de plaisir de le voir.

Cela n'engage à rien. Vous rappelez-vous comment votre frère a embrassé ce bon amiral Coligny qui venait en ambassadeur de la part des huguenots, qui, eux aussi, se croyaient une puissance ?

— Alors tu approuves la politique de mon frère Charles IX ?

— Non pas, entendons-nous ; je cite un fait, et j'ajoute : si plus tard nous trouvons moyen, non pas de

nuire à un pauvre diable de héraut d'armes, d'envoyé,
de commis ou d'ambassadeur, si plus tard nous trouvons moyen de saisir au collet le maître, le moteur, le
chef, le très grand et très honoré prince monseigneur
le duc d'Anjou, vrai, seul et unique coupable, avec les
trois Guises, bien entendu, et de le claquemurer dans
un fort plus sûr que le Louvre, oh ! sire, faisons-le.

— J'aime assez ce prélude, dit Henri III.

— Peste, tu n'es pas dégoûté, mon fils, dit Chicot.
Je continue donc.

— Va !

— Mais s'il n'envoie pas d'ambassadeur, pourquoi
laisser beugler tous tes amis ?

— Beugler !

— Tu comprends ; je dirais rugir, s'il y avait moyen
de les prendre pour des lions. Je dis beugler... parce
que... Tiens, Henri, cela fait en vérité mal au cœur de
voir des gaillards, plus barbus que les singes de ta
ménagerie, jouer comme des petits garçons au fantôme, et essayer de faire peur à des hommes en criant :
hou ! hou !... Sans compter que si le duc d'Anjou
n'envoie personne, ils s'imagineront que c'est à cause
d'eux, et ils se croiront des personnages.

— Chicot, tu oublies que les gens dont tu parles
sont mes amis, mes seuls amis.

— Veux-tu que je te gagne mille écus, ô mon roi ?
dit Chicot.

— Parle.

— Gage avec moi que ces gens-là resteront fidèles
à toute épreuve, et moi je gagerai en avoir trois sur
quatre, bien à moi, corps et âme, d'ici à demain soir.

L'aplomb avec lequel parlait Chicot fit à son tour
réfléchir Henri. Il ne répondit point.

— Ah ! dit Chicot, voilà que tu rêves aussi, voilà
que tu enfonces ton joli poing dans ta charmante
mâchoire. Tu es plus fort que je ne croyais, mon fils,
car voilà que tu flaires la vérité.

— Alors, que me conseilles-tu ?

— Je te conseille d'attendre, mon roi. La moitié de
la sagesse du roi Salomon est dans ce mot-là. S'il

t'arrive un ambassadeur, fais bonne mine ; s'il ne vient personne, fais ce que tu voudras ; mais saches-en gré au moins à ton frère, qu'il ne faut pas, crois-moi, sacrifier à tes drôles. Cordieu, c'est un grand gueux, je le sais bien, mais il est Valois. Tue-le si cela te convient, mais, pour l'honneur du nom, ne le dégrade pas ; c'est un soin dont il s'occupe assez avantageusement lui-même.

— C'est vrai, Chicot.

— Encore une nouvelle leçon que tu me dois ; heureusement que nous ne comptons plus. Maintenant, laisse-moi dormir, Henri ; il y a huit jours que je me suis vu dans la nécessité de soûler un moine, et, quand je fais de ces tours de force-là, j'en ai pour une semaine à être gris.

— Un moine ! est-ce ce bon génovéfain dont tu m'as déjà parlé ?

— Justement. Tu lui as promis une abbaye ?

— Moi ?

— Pardieu ! c'est bien le moins que tu fasses cela pour lui après ce qu'il a fait pour toi.

— Il m'est donc toujours dévoué ?

— Il t'adore. A propos, mon fils...

— Quoi ?

— C'est dans trois semaines la Fête-Dieu.

— Après ?

— J'espère bien que tu nous mitonnes quelque jolie petite procession.

— Je suis le roi très chrétien, et c'est de mon devoir de donner à mon peuple l'exemple de la religion.

— Et tu feras, comme d'habitude, les stations dans les quatre grands couvents de Paris.

— Comme d'habitude.

— L'abbaye de Sainte-Geneviève en est, n'est-ce pas ?

— Sans doute, c'est le second où je compte me rendre.

— Bon.

— Pourquoi me demandes-tu cela ?

— Pour rien. Je suis curieux, moi. Maintenant je sais ce que je veux savoir. Bonsoir, Henri.

En ce moment, et comme Chicot prenait toutes ses aises pour faire un somme, on entendit une grande rumeur dans le Louvre.

— Quel est ce bruit ? demanda le roi.

— Allons, dit Chicot, il est écrit que je ne dormirai pas, Henri.

— Eh bien ?

— Mon fils, loue-moi une chambre en ville, ou je quitte ton service ; ma parole d'honneur, le Louvre devient inhabitable.

En ce moment le capitaine des gardes entra ; il avait l'air fort effaré.

— Qu'y a-t-il ? demanda le roi.

— Sire, répondit le capitaine, c'est l'envoyé de M. le duc d'Anjou qui descend au Louvre.

— Avec une suite ? demanda le roi.

— Non, tout seul.

— Alors il faut doublement bien le recevoir, Henri, car c'est un brave.

— Allons, dit le roi en essayant de prendre un air calme que démentait sa froide pâleur, allons, qu'on réunisse toute ma cour dans la grande salle et que l'on m'habille de noir ; il faut être lugubrement vêtu quand on a le malheur de traiter par ambassadeur avec un frère !

CHAPITRE LXXVI

LEQUEL N'EST AUTRE CHOSE QUE LA SUITE DU PRÉCÉDENT, ÉCOURTÉ PAR L'AUTEUR POUR CAUSE DE FIN D'ANNÉE

Le trône de Henri III s'élevait dans la grande salle.

Autour de ce trône se pressait une foule frémissante et tumultueuse.

Le roi vint s'y asseoir, triste et le front plissé.

Tous les yeux étaient tournés vers la galerie par

laquelle le capitaine des gardes devait introduire
l'envoyé.

— Sire, dit Quélus en se penchant à l'oreille du roi,
savez-vous le nom de cet ambassadeur ?

— Non, que m'importe ?

— Sire, c'est M. de Bussy ; l'insulte n'est-elle pas
triple ?

— Je ne vois pas en quoi il peut y avoir insulte, dit
Henri s'efforçant de garder son sang-froid.

— Peut-être Votre Majesté ne le voit-elle pas, dit
Schomberg, mais nous le voyons bien, nous.

Henri ne répliqua rien ; il sentait fermenter la colère
et la haine autour de son trône, et s'applaudissait
intérieurement de jeter deux remparts de cette force
entre lui et ses ennemis.

Quélus, pâlissant et rougissant tour à tour, appuya
ses deux mains sur la garde de sa rapière.

Schomberg ôta ses gants et tira à moitié son poignard hors du fourreau.

Maugiron prit son épée des mains d'un page et
l'agrafa à sa ceinture.

D'Épernon se troussa les moustaches jusqu'aux
yeux, et se rangea derrière ses compagnons.

Quant à Henri, semblable au chasseur qui entend
rugir ses chiens contre le sanglier, il laissait faire ses
favoris et souriait.

— Faites entrer, dit-il.

A ces paroles, un silence de mort s'établit dans la
salle, et du fond de ce silence on eût dit qu'on entendait gronder sourdement la colère du roi.

Alors un pas sec, alors un pied, dont l'éperon sonnait avec orgueil sur la dalle, retentit dans la galerie.

Bussy entra le front haut, l'œil calme et le chapeau à
la main.

Aucun de ceux qui entouraient le roi n'attira le
regard hautain du jeune homme. Il s'avança droit à
Henri, salua profondément, et attendit qu'on l'inter-
rogeât, fièrement posé devant le trône, mais avec une
fierté toute personnelle, fierté de gentilhomme qui
n'avait rien d'insultant pour la majesté royale.

— Vous ici ! monsieur de Bussy ; je vous croyais au fond de l'Anjou.

— Sire, dit Bussy, j'y étais effectivement ; mais, comme vous le voyez, je l'ai quitté.

— Et qui vous amène dans notre capitale ?

— Le désir de présenter mes bien humbles respects à Votre Majesté.

Le roi et les mignons se regardèrent ; il était évident qu'ils attendaient autre chose de l'impétueux jeune homme.

— Et... rien de plus ? dit assez superbement le roi.

— J'y ajouterai, sire, l'ordre que j'ai reçu de Son Altesse monseigneur le duc d'Anjou, mon maître, de joindre ses respects aux miens.

— Et le duc ne vous a rien dit autre chose ?

— Il m'a dit qu'étant sur le point de revenir avec la reine mère, il désirait que Votre Majesté sût le retour d'un de ses plus fidèles sujets.

Le roi, presque suffoqué de surprise, ne put continuer son interrogatoire.

Chicot profita de l'interruption pour s'approcher de l'ambassadeur.

— Bonjour, monsieur de Bussy, dit-il.

Bussy se retourna, étonné d'avoir un ami dans toute l'assemblée.

— Ah ! monsieur Chicot, salut et de tout mon cœur, répliqua Bussy. Comment se porte M. de Saint-Luc ?

— Mais, fort bien ; il se promène en ce moment avec sa femme du côté des volières.

— Et voilà tout ce que vous aviez à me dire, monsieur de Bussy ? demanda le roi.

— Oui, sire ; s'il reste quelque autre nouvelle importante, monseigneur le duc d'Anjou aura l'honneur de vous l'annoncer lui-même.

— Très bien, dit le roi.

Et, se levant tout silencieux de son trône, il descendit les deux degrés.

L'audience était finie, les groupes se rompirent.

Bussy remarqua, du coin de l'œil, qu'il était entouré

par les quatre mignons et comme enfermé dans un cercle vivant plein de frémissement et de menaces.

A l'extrémité de la salle, le roi causait bas avec son chancelier.

Bussy fit semblant de ne rien voir et continua de s'entretenir avec Chicot.

Alors, comme s'il fût entré dans le complot et qu'il eût résolu d'isoler Bussy, le roi appela.

— Venez çà, Chicot, dit-il, on a quelque chose à vous dire par ici.

Chicot salua Bussy avec une courtoisie qui sentait son gentilhomme d'une lieue.

Bussy lui rendit son salut avec non moins d'élégance et demeura seul dans le cercle.

Alors il changea de contenance et de visage : de calme qu'il avait été avec le roi, il était devenu poli avec Chicot ; de poli il se fit gracieux.

Voyant Quélus s'approcher de lui :

— Eh ! bonjour, monsieur de Quélus, lui dit-il, puis-je avoir l'honneur de vous demander comment va votre maison ?

— Mais assez mal, Monsieur, répliqua Quélus.

— Oh ! mon Dieu, s'écria Bussy comme s'il eût eu souci de cette réponse, et qu'est-il donc arrivé ?

— Il y a quelque chose qui nous gêne infiniment, répondit Quélus.

— Quelque chose ? fit Bussy avec étonnement ; eh ! n'êtes-vous pas assez puissants vous et les vôtres, et surtout vous monsieur de Quélus, pour renverser ce quelque chose !

— Pardon, Monsieur, dit Maugiron en écartant Schomberg qui s'avançait pour placer son mot dans cette conversation qui promettait d'être intéressante, ce n'est pas quelque chose, c'est quelqu'un que voulait dire M. de Quélus.

— Mais si quelqu'un gêne M. de Quélus, dit Bussy, qu'il le pousse comme vous venez de faire.

— C'est aussi le conseil que je lui ai donné, monsieur de Bussy, dit Schomberg, et je crois que Quélus est décidé à le suivre.

— Ah ! c'est vous, monsieur de Schomberg, dit Bussy, je n'avais pas l'honneur de vous reconnaître.

— Peut-être, dit Schomberg, ai-je encore du bleu sur la figure.

— Non pas, vous êtes fort pâle, au contraire ; seriez-vous indisposé, Monsieur ?

— Monsieur, dit Schomberg, si je suis pâle, c'est de colère.

— Ah çà ! mais vous êtes donc comme M. de Quélus, gêné par quelque chose ou par quelqu'un ?

— Oui, Monsieur.

— C'est comme moi, dit Maugiron, moi aussi j'ai quelqu'un qui me gêne.

— Toujours spirituel, mon cher monsieur de Maugiron, dit Bussy ; mais en vérité, Messieurs, plus je vous regarde, plus vos figures renversées me préoccupent.

— Vous m'oubliez, Monsieur, dit d'Épernon en se campant fièrement devant Bussy.

— Pardon, monsieur d'Épernon, vous étiez derrière les autres, selon votre habitude, et j'ai si peu le plaisir de vous connaître, que ce n'était point à moi de vous parler le premier.

C'était un spectacle curieux que le sourire et la désinvolture de Bussy, placé entre ces quatre furieux dont les yeux parlaient avec une éloquence terrible. Pour ne pas comprendre où ils en voulaient venir, il eût fallu être aveugle ou stupide.

Pour avoir l'air de ne pas comprendre, il fallait être Bussy.

Il garda le silence, et le même sourire demeura imprimé sur ses lèvres.

— Enfin ! dit avec un éclat de voix et en frappant de sa botte sur la dalle Quélus, qui s'impatienta le premier.

Bussy leva les yeux au plafond et regarda autour de lui.

— Monsieur, dit-il, remarquez-vous comme il y a de l'écho dans cette salle ? Rien ne renvoie le son comme les murs de marbre, et les voix sont doublement sonores sous les voûtes de stuc ; bien au contraire, quand on se trouve en rase campagne, les sons se divisent, et je crois, sur mon honneur, que les nuées en prennent leur part. J'avance cette proposition d'après Aristophane. Avez-vous lu Aristophane, Messieurs ?

Maugiron crut avoir compris l'invitation de Bussy, et il s'approcha du jeune homme pour lui parler à l'oreille.

Bussy l'arrêta.

— Pas de confidence ici, Monsieur, je vous en supplie, lui dit-il ; vous savez combien Sa Majesté est jalouse ; elle croirait que nous médisons.

Maugiron s'éloigna plus furieux que jamais.

Schomberg prit sa place, et, d'un ton empesé :

— Moi, dit-il, je suis un Allemand très lourd, très obtus, mais très franc ; je parle haut pour donner à ceux qui m'écoutent toutes facilités de m'entendre ; mais quand ma parole, que j'essaie de rendre le plus claire possible, n'est pas entendue parce que celui à qui je m'adresse est sourd ou n'est pas comprise parce que celui à qui je parle ne veut pas comprendre, alors je...

— Vous ? dit Bussy, en fixant sur le jeune homme dont la main agitée s'écartait du centre, un de ces regards comme les tigres seuls en font jaillir de leurs incommensurables prunelles, regards qui semblent sourdre d'un abîme et verser incessamment des torrents de feu, vous ?...

Schomberg s'arrêta.

Bussy haussa les épaules, pirouetta sur le talon et lui tourna le dos.

Il se trouva en face de d'Épernon.

D'Épernon était lancé, il ne lui était pas possible de reculer.

— Voyez, Messieurs, dit-il, comme M. de Bussy est devenu provincial dans la fugue qu'il vient de faire avec M. le duc d'Anjou ; il a de la barbe et il n'a pas de nœud à l'épée ; il a des bottes noires et un feutre gris.

— C'est l'observation que j'étais en train de me

faire à moi-même, mon cher monsieur d'Épernon. En vous voyant si bien mis, je me demandais où quelques jours d'absence pouvaient conduire un homme ; me voilà forcé, moi Louis de Bussy, seigneur de Clermont, de prendre modèle de goût sur un petit gentilhomme gascon. Mais laissez-moi passer, je vous prie ; vous êtes si près de moi que vous m'avez marché sur le pied, et M. de Quélus aussi, ce que j'ai senti malgré mes bottes, ajouta-t-il avec un sourire charmant.

En ce moment Bussy, passant entre d'Épernon et Quélus, tendait la main à Saint-Luc, qui venait d'entrer.

Saint-Luc trouva cette main ruisselante de sueur.

Il comprit qu'il se passait quelque chose d'extraordinaire, et il entraîna Bussy hors du groupe d'abord, puis hors de la salle.

Un murmure étrange circulait parmi les mignons et gagnait les autres groupes de courtisans.

— C'est incroyable, disait Quélus, je l'ai insulté et il n'a pas répondu.

— Moi, dit Maugiron, je l'ai provoqué et il n'a pas répondu.

— Moi, dit Schomberg, ma main s'est levée à la hauteur de son visage, et il n'a pas répondu.

— Moi, je lui ai marché sur le pied, criait d'Épernon, marché sur le pied, et il n'a pas répondu.

Et il semblait se grandir de toute l'épaisseur du pied de Bussy.

— Il est clair qu'il n'a pas voulu entendre, dit Quélus. Il y a quelque chose là-dessous.

— Ce qu'il y a, dit Schomberg, je le sais, moi !

— Et qu'y a-t-il ?

— Il y a qu'il sent bien qu'à nous quatre nous le tuerons et qu'il ne veut pas qu'on le tue.

En ce moment le roi vint aux jeunes gens, Chicot lui parlait à l'oreille.

— Eh bien ! disait le roi, que disait donc M. de Bussy ? il m'a semblé entendre parler haut de ce côté.

— Vous voulez savoir ce que disait M. de Bussy, sire ? demanda d'Épernon.

— Oui, vous savez que je suis curieux, répliqua Henri en souriant.

— Ma foi, rien de bon, sire, dit Quélus ; il n'est plus parisien.

— Et qu'est-il donc ?

— Il est campagnard. Il se range.

— Oh ! oh ! fit le roi, qu'est-ce à dire ?

— C'est-à-dire que je vais dresser un chien à lui mordre les mollets, dit Quélus, et encore qui sait si, à travers ses bottes, il s'en apercevra.

— Et moi, dit Schomberg, j'ai une quintaine dans ma maison, je l'appellerai Bussy.

— Moi, dit d'Épernon, j'irai plus droit et plus loin. Aujourd'hui je lui ai marché sur le pied, demain je le souffletterai. C'est un faux brave, un brave d'amour-propre ; il se dit : Je me suis assez battu pour l'honneur, je veux être prudent pour la vie.

— Eh quoi ! Messieurs, dit Henri avec une feinte colère, vous avez osé maltraiter chez moi, dans le Louvre, un gentilhomme qui est à mon frère ?

— Hélas ! oui, dit Maugiron répondant à la feinte colère du roi par une feinte humilité, et quoique nous l'ayons fort maltraité, sire, je vous jure qu'il n'a rien répondu.

Le roi regarda Chicot en souriant, et se penchant à son oreille :

— Trouves-tu toujours qu'ils beuglent, Chicot ? demanda-t-il. Je crois qu'ils ont rugi, hein !

— Eh ! dit Chicot, peut-être ont-ils miaulé. Je connais des gens à qui le cri du chat fait horriblement mal aux nerfs. Peut-être M. de Bussy est-il de ces gens-là. Voilà pourquoi il sera sorti sans répondre.

— Tu crois ? dit le roi.

— Qui vivra verra, répondit sentencieusement Chicot.

— Laisse donc, dit Henri ; tel maître, tel valet.

— Voulez-vous dire par ces mots, sire, que Bussy soit le valet de votre frère ? vous vous tromperiez fort.

— Messieurs, dit Henri, je vais chez la reine, avec qui je dîne. A tantôt ; les Gelosi[1] viennent nous jouer une farce, je vous invite à les venir voir.

1. Comédiens italiens qui donnaient leurs représentations à l'hôtel de Bourgogne.

L'assemblée s'inclina respectueusement, et le roi sortit par la grande porte.

Précisément alors M. de Saint-Luc entra par la petite.

Il arrêta du geste les quatre gentilshommes qui allaient sortir.

— Pardon, monsieur de Quélus, dit-il en saluant, demeurez-vous toujours rue Saint-Honoré ?

— Oui, cher ami, pourquoi cela ? demanda Quélus.

— J'ai deux mots à vous dire.

— Ah ! ah !

— Et vous, monsieur de Schomberg, oserai-je m'enquérir de votre adresse ?

— Moi, je demeure rue Béthisy, dit Schomberg étonné.

— D'Épernon, je sais la vôtre.

— Rue de Grenelle.

— Vous êtes mon voisin. Et vous, Maugiron ?

— Moi, je suis du quartier du Louvre.

— Je commencerai donc par vous, si vous le permettez ; ou plutôt, non, par vous, Quélus.

— A merveille ! je crois comprendre. Vous venez de la part de M. de Bussy ?

— Je ne dis pas de quelle part je viens, Messieurs. J'ai à vous parler, voilà tout.

— A tous quatre ?

— Oui.

— Eh bien ! mais si vous ne voulez pas parler au Louvre, comme je le présume, parce que le lieu est mauvais, nous pouvons nous rendre chez l'un de nous. Nous pouvons tous entendre ce que vous avez à nous dire à chacun en particulier ?

— Parfaitement.

— Allons chez Schomberg alors, rue Béthisy, c'est à deux pas.

— Oui, allons chez moi, dit le jeune homme.

— Soit, Messieurs, dit Saint-Luc, et il salua encore.

— Montrez-nous le chemin, monsieur de Schomberg.

— Très volontiers.

Les cinq gentilshommes sortirent du Louvre en se
tenant par-dessous le bras, et en occupant toute la
largeur de la rue.

Derrière eux marchaient leurs laquais armés
jusqu'aux dents.

On arriva ainsi rue de Béthisy, et Schomberg fit
préparer le grand salon de l'hôtel.

Saint-Luc s'arrêta dans l'antichambre.

CHAPITRE LXXVII

COMMENT M. DE SAINT-LUC S'ACQUITTA DE LA
COMMISSION QUI LUI AVAIT ÉTÉ DONNÉE PAR BUSSY

Laissons un moment Saint-Luc dans l'antichambre
de Schomberg, et voyons ce qui s'était passé entre lui
et Bussy.

Bussy avait, comme nous l'avons vu, quitté la salle
d'audience avec son ami, en adressant des saluts à
tous ceux que l'esprit de courtisanerie n'absorbait pas
au point de négliger un homme aussi redoutable que
Bussy.

Car, en ces temps de force brutale où la puissance
personnelle était tout, un homme pouvait, s'il était
vigoureux et adroit, se tailler un petit royaume physique et moral dans le beau royaume de France.

C'était ainsi que Bussy régnait à la cour du roi
Henri III.

Mais ce jour-là, comme nous l'avons vu, Bussy
avait été assez mal reçu dans son royaume.

Une fois hors de la salle, Saint-Luc s'arrêta, et le
regardant avec inquiétude :

— Est-ce que vous allez vous trouver mal, mon
ami ? lui demanda-t-il ; en vérité vous pâlissez à croire
que vous êtes sur le point de vous évanouir.

— Non, dit Bussy, seulement j'étouffe de colère.

— Bon, faites-vous donc attention aux propos de
tous ces drôles ?

— Corbleu ! si j'y fais attention, cher ami, vous allez en juger.

— Allons, allons, Bussy, du calme.

— Vous êtes charmant, du calme : si l'on vous avait dit la moitié de ce que je viens d'entendre, du tempérament dont je vous connais, il y aurait déjà eu mort d'homme.

— Enfin, que désirez-vous ?

— Vous êtes mon ami, Saint-Luc, et vous m'avez donné une preuve terrible de cette amitié.

— Ah ! cher ami, dit Saint-Luc qui croyait Monsoreau mort et enterré, la chose n'en vaut pas la peine ; ne me parlez donc plus de cela, vous me désobligeriez ; certainement le coup était joli, et surtout il a réussi galamment ; mais je n'en ai pas le mérite, c'est le roi qui me l'avait montré tandis qu'il me retenait prisonnier au Louvre.

— Cher ami...

— Laissons donc le Monsoreau où il est, et parlons de Diane. A-t-elle été un peu contente, la pauvre petite ? Me pardonne-t-elle ? A quand la noce ? A quand le baptême ?

— Eh ! cher ami, attendez donc que le Monsoreau soit mort.

— Plaît-il ? fit Saint-Luc en bondissant comme s'il eût marché sur un clou aigu.

— Eh ! cher ami, les coquelicots ne sont pas une plante si dangereuse que vous l'aviez cru d'abord, et il n'est point du tout mort pour être tombé dessus ; tout au contraire, il vit, et il est plus furieux que jamais.

— Bah ! vraiment ?

— Oh ! mon Dieu ! oui ; il ne respire que vengeance et a juré de vous tuer à la première occasion.

— En vérité, mon cher, vous me confondez.

— C'est comme cela.

— Il vit ?

— Hélas ! oui.

— Et quel est donc l'âne bâté de médecin qui l'a soigné !

— Le mien, cher ami.

— Comment ! je n'en reviens pas, reprit Saint-Luc écrasé par cette révélation. Ah çà ! mais je suis déshonoré, alors ; vertubleu ! moi qui ai annoncé sa mort à tout le monde, il va trouver ses héritiers en deuil ; oh ! mais je n'en aurai pas le démenti, je le rattraperai, et, à la prochaine rencontre, au lieu d'un coup d'épée, je lui en donnerai quatre, s'il le faut.

— A votre tour, calmez-vous, cher Saint-Luc, dit Bussy ; en vérité, Monsoreau me sert mieux que vous ne pensez ; figurez-vous que c'est le duc qu'il soupçonne de vous avoir dépêché contre lui ; c'est du duc qu'il est jaloux. Moi, je suis un ange, un ami précieux, un Bayard ; je suis son cher Bussy, enfin. C'est tout naturel, c'est cet animal de Remy qui l'a tiré d'affaire.

— Quelle sotte idée il a eue là !

— Que voulez-vous ? une idée d'honnête homme ; il se figure que parce qu'il est médecin il doit guérir les gens.

— Mais c'est un visionnaire que ce gaillard-là.

— Bref, c'est à moi qu'il se prétend redevable de la vie ; c'est à moi qu'il confie sa femme.

— Ah ! je comprends que ce procédé vous fasse attendre plus tranquillement sa mort, mais il n'en est pas moins vrai que j'en suis tout émerveillé.

— Cher ami !

— D'honneur ! je tombe des nues.

— Vous voyez qu'il ne s'agit pas pour le moment de M. de Monsoreau.

— Non ! jouissons de la vie pendant qu'il est encore sur le flanc. Mais, pour le moment de sa convalescence, je vous préviens que je me commande une cuirasse de mailles et que je fais doubler mes volets en fer. Vous, informez-vous donc auprès du duc d'Anjou si sa bonne mère ne lui aurait pas donné quelque recette de contre-poison. En attendant, amusons-nous, très cher, amusons-nous !

Bussy ne put s'empêcher de sourire : il passa son bras sous celui de Saint-Luc.

— Ainsi, dit-il, mon cher Saint-Luc, vous voyez que vous ne m'avez rendu qu'une moitié de service !

Saint-Luc le regarda d'un air étonné.

— C'est vrai, dit-il ; voudriez-vous donc que je l'achevasse ? ce serait dur ; mais, ma foi, pour vous, mon cher Bussy, je suis prêt à faire bien des choses, surtout s'il me regarde avec cet œil jaune, pouah !

— Non, très cher, non ; je vous l'ai déjà dit, laissons là le Monsoreau, et, si vous redevez quelque chose, rapportez ce quelque chose à un autre emploi.

— Voyons, dites, je vous écoute.

— Êtes-vous très bien avec ces messieurs de la mignonnerie ?

— Ma foi, poil à poil, comme chats et chiens au soleil ; tant que le rayon nous échauffe tous, nous ne nous disons rien : si l'un de nous seulement prenait la part de lumière et de chaleur des autres, oh ! alors je ne réponds plus de rien ; griffes et dents joueraient leur jeu.

— Eh bien ! mon ami, ce que vous me dites là me charme.

— Ah ! tant mieux.

— Admettons que le rayon soit intercepté.

— Admettons, soit.

— Alors, montrez-moi vos belles dents blanches, allongez vos formidables griffes, et ouvrons la partie.

— Je ne vous comprends pas.

Bussy sourit.

— Vous allez, s'il vous plaît, cher ami, aborder M. de Quélus.

— Ah ! ah ! fit Saint-Luc.

— Vous commencez à comprendre, n'est-ce pas ?

— Oui.

— A merveille ! Vous lui demanderez quel jour il lui plairait de me couper la gorge ou de se la faire couper par moi.

— Je le lui demanderai, cher ami.

— Cela ne vous fâche point ?

— Moi, pas le moins du monde. J'irai quand vous voudrez, tout de suite, si cela peut vous être agréable.

— Un moment. En allant chez M. de Quélus, vous me ferez, par la même occasion, le plaisir de passer chez M. de Schomberg, à qui vous ferez la même proposition, n'est-ce pas ?

— Ah ! ah ! fit Saint-Luc, à M. de Schomberg aussi ! Diable ! comme vous y allez, Bussy.

Bussy fit un geste qui n'admettait pas de réplique.

— Soit, dit Saint-Luc ; votre volonté sera faite.

— Alors, mon cher Saint-Luc, reprit Bussy, puisque je vous trouve si aimable, vous entrerez au Louvre chez M. de Maugiron à qui j'ai vu le hausse-col, signe qu'il est de garde ; vous l'engagerez à se joindre aux autres, n'est-ce pas ?

— Oh ! oh ! fit Saint-Luc, trois ; y songez-vous, Bussy ? Est-ce tout, au moins ?

— Non pas.

— Comment, non pas ?

— De là vous vous rendrez chez M. d'Épernon ; je ne vous arrête pas longtemps sur lui, car je le tiens pour un assez pauvre compagnon ; mais enfin il fera nombre.

Saint-Luc laissa tomber ses deux bras de chaque côté de son corps et regarda Bussy.

— Quatre ! murmura-t-il.

— C'est cela même, cher ami, dit Bussy en faisant de la tête un signe d'assentiment, quatre ; il va sans dire que je ne recommanderai pas à un homme de votre esprit, de votre bravoure et de votre courtoisie, de procéder vis-à-vis de ces messieurs avec toute la douceur, toute la politesse que vous possédez à un si suprême degré...

— Oh ! cher ami.

— Je m'en rapporte à vous pour faire cela... galam-ment. Que la chose soit accommodée de façon sei-gneuriale, n'est-ce pas ?

— Vous serez content, mon ami.

Bussy tendit en souriant la main à Saint-Luc.

— A la bonne heure, dit-il. Ah ! messieurs les mignons ! nous allons donc rire à notre tour.

— Maintenant, cher ami, les conditions.

— Quelles conditions ?

— Les vôtres.

— Moi, je n'en fais pas ; j'accepterai celles de ces
Messieurs.

— Vos armes ?

— Les armes de ces Messieurs.

— Le jour, le lieu et l'heure ?

— Le jour, le lieu et l'heure de ces Messieurs.

— Mais enfin...

— Ne parlons pas de ces misères-là ; faites et faites
vite, cher ami. Je me promène là-bas dans le petit
jardin du Louvre ; vous m'y retrouverez, la commission faite.

— Alors vous attendez ?

— Oui.

— Attendez donc. Dame ! ce sera peut-être un peu
long.

— J'ai le temps.

Nous savons maintenant comment Saint-Luc
trouva les quatre jeunes gens encore réunis dans la
salle d'audience, et comment il entama l'entretien.

Rejoignons-le donc dans l'antichambre de l'hôtel de
Schomberg, où nous l'avons laissé, attendant cérémo-
nieusement et selon toutes les lois de l'étiquette en
vogue à cette époque, tandis que les quatre favoris de
Sa Majesté, se doutant de la cause de la visite de
Saint-Luc, se posaient aux quatre coins cardinaux du
vaste salon.

Cela fait, les portes s'ouvrirent à deux battants, et
un huissier vint saluer Saint-Luc qui, le poing sur la
hanche, relevant galamment son manteau avec sa
rapière, sur la poignée de laquelle il appuyait sa main
gauche, marcha le chapeau à la main droite jusqu'au
milieu du seuil de la porte, où il s'arrêta avec une
régularité qui eût fait honneur au plus habile archi-
tecte.

— M. d'Espinay de Saint-Luc ! cria l'huissier.

Saint-Luc entra.

Schomberg, en sa qualité de maître de maison, se
leva et vint au-devant de son hôte, qui, au lieu de le
saluer, remit son chapeau sur sa tête.

Cette formalité donnait à la visite sa couleur et son
intention.

Schomberg répondit par un salut, puis se tournant vers Quélus :

— J'ai l'honneur de vous présenter, dit-il, monsieur Jacques de Lévis, comte de Quélus.

Saint-Luc fit un pas vers Quélus, et salua à son tour profondément.

— Je cherchais Monsieur, dit-il.

Quélus salua.

Schomberg reprit en se tournant vers un autre point de la salle :

— J'ai l'honneur de vous présenter monsieur Louis de Maugiron.

Même salutation de la part de Saint-Luc, même réponse de Maugiron.

— Je cherchais Monsieur, dit Saint-Luc.

Pour d'Épernon, ce fut la même cérémonie, faite avec le même flegme et la même lenteur.

Puis à son tour Schomberg se nomma lui-même et reçut le même compliment.

Cela fait, les quatre amis s'assirent ; Saint-Luc resta debout.

— Monsieur le comte, dit-il à Quélus, vous avez insulté M. le comte Louis de Clermont d'Amboise, seigneur de Bussy, qui vous présente ses très humbles civilités et vous appelle en combat singulier tel jour et à telle heure qu'il vous conviendra, pour que vous combattiez avec telles armes qu'il vous plaira, jusqu'à ce que mort s'ensuive... Acceptez-vous ?

— Certes, oui, répondit tranquillement Quélus, et M. le comte de Bussy me fait beaucoup d'honneur.

— Votre jour ? monsieur le comte.

— Je n'ai pas de préférence ; seulement j'aimerais mieux demain qu'après-demain, après-demain que les jours suivants.

— Votre heure ?

— Le matin.

— Vos armes ?

— La rapière et la dague, si M. de Bussy s'accommode de ces deux instruments.

Saint-Luc s'inclina.

— Tout ce que vous déciderez sur ce point, dit-il, fera loi pour M. de Bussy.

Puis il s'adressa à Maugiron qui répondit la même chose, puis successivement aux deux autres.

— Mais, dit Schomberg, qui reçut comme maître de maison, le compliment le dernier, nous ne songeons pas à une chose, monsieur de Saint-Luc.

— A laquelle ?

— C'est que, s'il nous plaisait, le hasard fait parfois des choses bizarres, s'il nous plaisait, dis-je, de choisir tous le même jour et la même heure, M. de Bussy pourrait être fort embarrassé.

Saint-Luc salua avec son plus courtois sourire sur les lèvres.

— Certes, dit-il, M. de Bussy serait embarrassé comme doit l'être tout gentilhomme en présence de quatre vaillants comme vous ; mais il dit que le cas ne serait pas nouveau pour lui, puisque ce cas s'est déjà présenté aux Tournelles, près la Bastille.

— Et il nous combattrait tous quatre ? dit d'Épernon.

— Tous quatre, reprit Saint-Luc.

— Séparément ? demanda Schomberg.

— Séparément ou à la fois ; le défi est tout ensemble individuel et collectif.

Les quatre jeunes gens se regardèrent. Quélus rompit le premier le silence.

— C'est fort beau de la part de M. de Bussy, dit-il, rouge de colère ; mais si peu que nous valions, nous pouvons isolément faire chacun notre besogne ; nous accepterons donc la proposition du comte en nous succédant les uns aux autres, ou, ce qui serait mieux encore...

Quélus regarda ses amis qui, comprenant sans doute sa pensée, firent un signe d'assentiment.

— Ou, ce qui serait mieux encore, reprit-il, comme nous ne cherchons pas à assassiner un galant homme, c'est que le hasard décidât lequel de nous échoira à M. de Bussy.

— Mais, dit vivement d'Épernon, les trois autres ?

— Les trois autres ! M. de Bussy a certes trop d'amis et nous trop d'ennemis pour que les trois autres restent les bras croisés.

— Est-ce votre avis, Messieurs ? ajouta Quélus en se retournant vers ses compagnons.

— Oui, dirent-ils d'une commune voix.

— Il me serait même particulièrement agréable, dit Schomberg, que M. de Bussy invitât à cette fête M. de Livarot.

— Si j'osais émettre une opinion, dit Maugiron, je désirerais que M. de Balzac d'Entragues en fût.

— Et la partie serait complète, dit Quélus, si M. de Riberac voulait bien accompagner ses amis.

— Messieurs, dit Saint-Luc, je transmettrai vos désirs à M. le comte de Bussy, et je crois pouvoir vous répondre d'avance qu'il est trop courtois pour ne pas s'y conformer. Il ne me reste donc plus, Messieurs, qu'à vous remercier bien sincèrement de la part de M. le comte.

Saint-Luc salua de nouveau, et l'on vit les quatre têtes des gentilshommes provoqués s'abaisser au niveau de la sienne.

Les quatre jeunes gens reconduisirent Saint-Luc jusqu'à la porte du salon.

Dans la dernière antichambre, il trouva les quatre laquais rassemblés.

Il tira sa bourse pleine d'or, et la jeta au milieu d'eux en disant :

— Voici pour boire à la santé de vos maîtres.

CHAPITRE LXXVIII

EN QUOI M. DE SAINT-LUC ÉTAIT PLUS CIVILISÉ QUE M. DE BUSSY, DES LEÇONS QU'IL LUI DONNA ET DE L'USAGE QU'EN FIT L'AMANT DE LA BELLE DIANE

Saint-Luc revint très fier d'avoir si bien fait sa commission.

Bussy l'attendait et le remercia.

Saint-Luc le trouva tout triste, ce qui n'était pas naturel chez un homme aussi brave à la nouvelle d'un bon et brillant duel.

— Ai-je mal fait les choses ? dit Saint-Luc. Vous voilà tout hérissé.

— Ma foi, cher ami, je regrette qu'au lieu de prendre un terme, vous n'ayez pas dit : « Tout de suite. »

— Ah ! patience, les Angevins ne sont pas encore venus. Que diable ! laissez-leur le temps de venir. Et puis, où est la nécessité de vous faire si vite une litière de morts et de mourants ?

— C'est que je voudrais mourir le plus tôt possible.

Saint-Luc regarda Bussy avec cet étonnement que les gens parfaitement organisés éprouvent tout d'abord à la moindre apparence d'un malheur même étranger.

— Mourir ! quand on a votre âge, votre maîtresse et votre nom !

— Oui ! j'en tuerai, je suis sûr, quatre, et je recevrai un bon coup qui me tranquillisera éternellement.

— Des idées noires ! Bussy.

— Je voudrais bien vous y voir, vous. Un mari qu'on croyait mort et qui revient ; une femme qui ne peut plus quitter le chevet du lit de ce prétendu moribond ; ne jamais se sourire, ne jamais se parler, ne jamais se toucher la main. Mordieu ! je voudrais bien avoir quelqu'un à écharper...

Saint-Luc répondit à cette sortie par un éclat de rire qui fit envoler toute une volée de moineaux qui picotaient les sorbiers du petit jardin du Louvre.

— Ah ! s'écria-t-il, que voilà un homme innocent ! Dire que les femmes aiment ce Bussy, un écolier ! Mais, mon cher, vous perdez le sens : il n'y a pas d'amant aussi heureux que vous sur la terre.

— Ah ! fort bien ; prouvez-moi un peu cela, vous, homme marié !

— *Nihil facilius*, comme disait le jésuite Triquet, mon pédagogue ; vous êtes l'ami de M. de Monsoreau ?

— Ma foi ! j'en ai honte pour l'honneur de l'intelligence humaine. Ce butor m'appelle son ami.

— Eh bien ! soyez son ami.

— Oh !... abuser de ce titre.

— *Prorsus absurdum !* disait toujours Triquet. Est-il vraiment votre ami ?

— Mais il le dit.

— Non, puisqu'il vous rend malheureux. Or, le but de l'amitié est de faire que les hommes soient heureux l'un par l'autre ; du moins c'est ainsi que Sa Majesté définit l'amitié, et le roi est lettré.

Bussy se mit à rire.

— Je continue, dit Saint-Luc. S'il vous rend malheureux, vous n'êtes pas amis ; donc, vous pouvez le traiter soit en indifférent, et alors lui prendre sa femme, soit en ennemi, et le retuer s'il n'était pas content.

— Au fait, dit Bussy, je le déteste.

— Et lui vous craint.

— Vous croyez qu'il ne m'aime pas ?

— Dame ! essayez. Prenez-lui sa femme, et vous verrez.

— Est-ce toujours la logique du père Triquet ?

— Non, c'est la mienne.

— Je vous en fais mon compliment.

— Elle vous satisfait ?

— Non. J'aime mieux être homme d'honneur.

— Et laisser madame de Monsoreau guérir moralement et physiquement son mari ? Car enfin si vous vous faites tuer, il est certain qu'elle s'attachera au seul homme qui lui reste...

Bussy fronça le sourcil.

— Mais au surplus, ajouta Saint-Luc, voici madame de Saint-Luc, elle est de bon conseil. Après s'être fait un bouquet dans les parterres de la reine mère, elle sera de très bonne humeur. Écoutez-la, elle parle d'or.

En effet, Jeanne arrivait radieuse, éblouissante de bonheur et pétillante de malice.

Il y a de ces heureuses natures qui font de tout ce

qui les environne, comme l'alouette aux champs, un réveil joyeux, un riant augure.

Bussy la salua en ami.

Elle lui tendit la main, ce qui prouve bien que ce n'est pas le plénipotentiaire Dubois qui a rapporté cette mode d'Angleterre avec le traité de la quadruple alliance.

— Comment vont les amours ? dit-elle en liant son bouquet avec une tresse d'or.

— Ils se meurent, dit Bussy.

— Bon ! ils sont blessés et ils s'évanouissent, dit Saint-Luc ; je gage que vous allez les faire revenir à eux, Jeanne.

— Voyons, dit-elle, qu'on me montre la plaie.

— En deux mots, voici, reprit Saint-Luc ; M. de Bussy n'aime pas à sourire au comte de Monsoreau, et il a formé le dessein de se retirer.

— Et de lui laisser Diane ? s'écria Jeanne avec effroi.

Bussy, inquiet, de cette première démonstration, ajouta :

— Oh ! Madame, Saint-Luc ne vous dit pas que je veux mourir.

Jeanne le regarda un moment avec une compassion qui n'était pas évangélique.

— Pauvre Diane ! murmura-t-elle ; aimez donc ! Décidément les hommes sont tous des ingrats !

— Bon ! fit Saint-Luc, voilà la morale de ma femme.

— Ingrat, moi ! s'écria Bussy, parce que je crains d'avilir mon amour en le soumettant aux lâches pratiques de l'hypocrisie ?

— Eh ! Monsieur, ce n'est là qu'un méchant prétexte, dit Jeanne. Si vous étiez bien épris, vous ne craindriez qu'une sorte d'avilissement, n'être plus aimé.

— Ah ! ah ! fit Saint-Luc, ouvrez votre escarcelle, mon cher.

— Mais, Madame, dit affectueusement Bussy, il est des sacrifices tels...

— Plus un mot. Avouez que vous n'aimez plus Diane, ce sera plus digne d'un galant homme.

Bussy pâlit à cette seule idée.

— Vous n'osez pas le dire ; eh bien ! moi, je le lui dirai.

— Madame ! Madame !

— Vous êtes plaisants, vous autres, avec vos sacrifices... Et nous, n'en faisons-nous pas des sacrifices ? Quoi ! s'exposer à se faire massacrer par ce tigre de Monsoreau ; conserver tous ses droits à un homme en déployant une force, une volonté dont Samson et Annibal eussent été incapables ; dompter la bête féroce de Mars pour l'atteler au char de monsieur le triomphateur, ce n'est pas de l'héroïsme ? Oh ! je le jure, Diane est sublime, et je n'eusse pas fait le quart de ce qu'elle fait chaque jour.

— Merci, répondit Saint-Luc avec un salut révérencieux, qui fit éclater Jeanne de rire.

Bussy hésitait.

— Et il réfléchit ! s'écria Jeanne ; il ne tombe pas à genoux, il ne fait pas son *mea culpa* !

— Vous avez raison, répliqua Bussy, je ne suis qu'un homme, c'est-à-dire une créature imparfaite et inférieure à la plus vulgaire des femmes.

— C'est bien heureux, dit Jeanne, que vous soyez convaincu.

— Que m'ordonnez-vous ?

— Allez tout de suite rendre visite...

— A M. de Monsoreau ?

— Eh ! qui vous parle de cela ?... à Diane.

— Mais ils ne se quittent pas, ce me semble.

— Quand vous alliez voir si souvent madame de Barbezieux, n'avait-elle pas toujours près d'elle ce gros singe qui vous mordait parce qu'il était jaloux ?

Bussy se mit à rire, Saint-Luc l'imita, Jeanne suivit leur exemple ; ce fut un trio d'hilarité qui attira aux fenêtres tout ce qui se promenait de courtisans dans les galeries.

— Madame, dit enfin Bussy, je m'en vais chez M. de Monsoreau. Adieu.

Et sur ce, ils se séparèrent, Bussy ayant recommandé à Saint-Luc de ne rien dire de la provocation adressée aux mignons.

Il s'en retourna en effet chez M. de Monsoreau, qu'il trouva au lit.

Le comte poussa des cris de joie en l'apercevant : Remy venait de promettre que sa blessure serait guérie avant trois semaines.

Diane posa un doigt sur ses lèvres : c'était sa manière de saluer.

Il fallut raconter au comte toute l'histoire de la commission dont le duc d'Anjou avait chargé Bussy, la visite à la cour, le malaise du roi, la froide mine des mignons.

Froide mine fut le mot dont se servit Bussy. Diane ne fit qu'en rire.

Monsoreau, tout pensif à ces nouvelles, pria Bussy de se pencher vers lui et lui dit à l'oreille :

— Il y a encore des projets sous jeu, n'est-ce pas ?

— Je le crois, répliqua Bussy.

— Croyez-moi, dit Monsoreau, ne vous compromettez pas pour ce vilain homme ; je le connais, il est perfide ; je vous réponds qu'il n'hésite jamais au bord d'une trahison.

— Je le sais, dit Bussy avec un sourire qui rappela au comte la circonstance dans laquelle lui, Bussy, avait souffert de cette trahison du duc.

— C'est que, voyez-vous, dit Monsoreau, vous êtes mon ami, et je veux vous mettre en garde. Au surplus, chaque fois que vous aurez une position difficile, demandez-moi conseil.

— Monsieur ! Monsieur ! il faut dormir après le pansement, dit Remy ; allons, dormez !

— Oui, cher docteur. Mon ami, faites donc un tour de promenade avec madame de Monsoreau, dit le comte. On dit que le jardin est charmant cette année.

— A vos ordres, répondit Bussy.

CHAPITRE LXXIX

LES PRÉCAUTIONS DE M. DE MONSOREAU

Saint-Luc avait raison, Jeanne avait raison ; au bout de huit jours, Bussy s'en était aperçu et leur rendait pleinement justice.

Être un homme d'autrefois eût été grand et beau pour la postérité ; mais c'était n'être plus qu'un vieil homme, et Bussy, oublieux de Plutarque qui avait cessé d'être son auteur favori depuis que l'amour l'avait corrompu ; Bussy, beau comme Alcibiade, ne se souciant plus que du présent, se montrait désormais peu friand d'un article d'histoire près de Scipion ou de Bayard en leurs jours de continence.

Diane était plus simple, plus nature, comme on dit aujourd'hui. Elle se laissait aller aux deux instincts que le misanthrope Figaro reconnaît innés dans l'espèce, aimer et tromper. Elle n'avait jamais eu l'idée de pousser jusqu'à la spéculation philosophique ses opinions sur ce que Charron et Montaigne appellent : *l'honneste*.

— Aimer Bussy, c'était sa logique ; — n'être qu'à Bussy, c'était sa morale ; frissonner de tout son corps au simple contact de sa main effleurée, c'était sa métaphysique.

M. de Monsoreau, — il y avait déjà quinze jours que l'accident lui était arrivé, — M. de Monsoreau, disons-nous, se portait de mieux en mieux. Il avait évité la fièvre, grâce aux applications d'eau froide, ce nouveau remède que le hasard ou plutôt la Providence avait découvert à Ambroise Paré, quand il éprouva tout à coup une grande secousse : il apprit que M. le duc d'Anjou venait d'arriver à Paris avec la reine mère et ses Angevins.

Le comte avait raison de s'inquiéter ; car, le lendemain de son arrivée, le prince, sous prétexte de venir prendre de ses nouvelles, se présenta dans son hôtel de la rue des Petits-Pères : il n'y a pas moyen de fermer sa porte à une Altesse Royale qui vous donne une preuve d'un si tendre intérêt. M. de Monsoreau reçut le prince, et le prince fut charmant pour le grand veneur et surtout pour sa femme.

Aussitôt le prince sorti, M. de Monsoreau appela Diane, s'appuya sur son bras, et, malgré les cris de Remy, fit trois fois le tour de son fauteuil.

Après quoi il se rassit dans ce même fauteuil autour duquel il venait, comme nous l'avons dit, de tracer une triple ligne de circonvallation ; il avait l'air très satisfait, et Diane devina à son sourire qu'il méditait quelque sournoiserie.

Mais ceci rentre dans l'histoire privée de la maison de Monsoreau. Revenons donc à l'arrivée de M. le duc d'Anjou, laquelle appartient à la partie épique de ce livre.

Ce ne fut pas, comme on le pense bien, un jour indifférent aux observateurs, que le jour où monseigneur François de Valois fit sa rentrée au Louvre.

Voici ce qu'ils remarquèrent :

Beaucoup de morgue de la part du roi.

Une grande tiédeur de la part de la reine mère.

Et une humble insolence de la part de M. le duc d'Anjou, qui semblait dire :

— Pourquoi diable me rappelez-vous, si vous me faites, quand j'arrive, cette fâcheuse mine ?

Toute cette réception était assaisonnée des regards rutilants, flamboyants, dévorants de MM. de Livarot, de Riberac et d'Entragues, lesquels, prévenus par Bussy, étaient bien aises de faire comprendre à leurs futurs adversaires que, s'il y avait empêchement au combat, cet empêchement, pour sûr, ne viendrait point de leur part.

Chicot, ce jour-là, fit plus d'allées et de venues que César la veille de la bataille de Pharsale.

Puis tout rentra dans un calme plat.

Le surlendemain de sa rentrée au Louvre, le duc d'Anjou vint faire une seconde visite au blessé.

Monsoreau, instruit des moindres particularités de l'entrevue du roi avec son frère, caressa du geste et de la voix M. le duc d'Anjou, pour l'entretenir dans les plus hostiles dispositions.

Puis, comme il allait de mieux en mieux, quand le duc fut parti il reprit le bras de sa femme, et, au lieu de faire trois fois le tour de son fauteuil, il fit une fois le tour de sa chambre.

Après quoi il se rassit d'un air encore plus satisfait que la première fois.

Le même soir, Diane prévint Bussy que M. de Monsoreau méditait bien certainement quelque chose.

Un instant après, Monsoreau et Bussy se trouvèrent seuls.

— Quand je pense, dit Monsoreau à Bussy, que ce prince, qui me fait si bonne mine, est mon ennemi mortel, et que c'est lui qui m'a fait assassiner par M. de Saint-Luc.

— Oh ! assassiner ! dit Bussy ; prenez garde, monsieur le comte, Saint-Luc est bon gentilhomme, et vous avouez vous-même que vous l'aviez provoqué, que vous aviez tiré l'épée le premier, et que vous avez reçu le coup en combattant.

— D'accord, mais il n'en est pas moins vrai qu'il obéissait aux instigations du duc d'Anjou.

— Écoutez, dit Bussy, je connais le duc, et surtout je connais M. de Saint-Luc ; je dois vous dire que M. de Saint-Luc est tout entier au roi et pas du tout au prince. Ah ! si votre coup d'épée vous venait d'Antraguet, de Livarot ou de Riberac, je ne dis pas... mais de Saint-Luc...

— Vous ne connaissez pas l'histoire de France comme je la connais, mon cher monsieur de Bussy, dit Monsoreau, obstiné dans son opinion.

Bussy eût pu lui répondre que s'il connaissait mal l'histoire de France, il connaissait en échange parfaitement celle de l'Anjou, et surtout de la partie de l'Anjou où était enclavé Méridor.

Enfin Monsoreau en vint à se lever et à descendre dans le jardin.

— Cela me suffit, dit-il en remontant. Ce soir, nous déménagerons.

— Pourquoi cela ? dit Remy. Est-ce que vous n'êtes pas en bon air dans la rue des Petits-Pères, ou la distraction vous manque-t-elle ?

— Au contraire, dit Monsoreau, j'en ai trop de distractions ; M. d'Anjou me fatigue avec ses visites ; il amène toujours avec lui une trentaine de gentils-hommes, et le bruit de leurs éperons m'agace horriblement les nerfs.

— Mais où allez-vous ?

— J'ai ordonné qu'on mît en état ma petite maison des Tournelles.

Bussy et Diane, car Bussy était toujours là, échangèrent un regard amoureux de souvenir.

— Comment ! cette bicoque ? s'écria étourdiment Remy.

— Ah ! ah ! vous la connaissez, fit Monsoreau.

— Pardieu ! dit le jeune homme, qui ne connaît pas les habitations de M. le grand veneur de France, et surtout quand on a demeuré rue Beautreillis ?

Monsoreau, par l'habitude, roula quelque vague soupçon dans son esprit.

— Oui, oui, j'irai là, dit-il, et j'y serai bien. On n'y peut recevoir que quatre personnes au plus. C'est une forteresse, et par la fenêtre on voit à trois cents pas de distance ceux qui viennent vous faire visite.

— De sorte ? demanda Remy.

— De sorte qu'on peut les éviter quand on veut, dit Monsoreau, surtout lorsqu'on se porte bien.

Bussy se mordit les lèvres ; il craignait qu'il ne vînt un temps où Monsoreau l'éviterait à son tour.

Diane soupira. Elle se souvenait avoir vu dans cette petite maison Bussy blessé, évanoui sur son lit.

Remy réfléchit ; aussi fut-il le premier des trois qui parla.

— Vous ne pouvez pas, dit-il.

— Et pourquoi cela, s'il vous plaît, monsieur le docteur ?

— Parce qu'un grand veneur de France a des réceptions à faire, des valets à entretenir, des équipages à soigner. Qu'il ait un palais pour ses chiens, cela se conçoit ; mais qu'il ait un chenil pour lui, c'est impossible.

— Hum ! fit Monsoreau d'un ton qui voulait dire : c'est vrai.

— Et puis, dit Remy, car je suis le médecin du cœur comme celui du corps, ce n'est pas votre séjour ici qui vous préoccupe.

— Qu'est-ce donc ?

— C'est celui de Madame.

— Eh bien ?

— Eh bien ! faites déménager la comtesse.

— M'en séparer ! s'écria Monsoreau en fixant sur Diane un regard où il y avait, certes, plus de colère que d'amour.

— Alors, séparez-vous de votre charge, donnez votre démission de grand veneur ; je crois que ce serait sage ; car, vraiment, ou vous ferez, ou vous ne ferez pas votre service ; si vous ne le faites pas, vous mécontenterez le roi ; et si vous le faites...

— Je ferai ce qu'il faudra faire, dit Monsoreau les dents serrées, mais je ne quitterai pas la comtesse.

Le comte achevait ces mots lorsqu'on entendit dans la cour un grand bruit de chevaux et de voix.

Monsoreau frémit.

— Encore le duc ! murmura-t-il.

— Oui, justement, dit Remy en allant à la fenêtre.

Le jeune homme n'avait point achevé que, grâce au privilège qu'ont les princes d'entrer sans être annoncés, le duc entra dans la chambre.

Monsoreau était aux aguets ; il vit que le premier coup d'œil de François avait été pour Diane.

Bientôt les galanteries intarissables du duc l'éclairèrent mieux encore ; il apportait à Diane un de ces rares bijoux comme en faisaient trois ou quatre en leur vie ces patients et généreux artistes qui illustrèrent un temps où malgré cette lenteur à les produire, les chefs-d'œuvre étaient plus fréquents qu'aujourd'hui.

C'était un charmant poignard au manche d'or ciselé ; ce manche était un flacon ; sur la lame courait toute une chasse burinée avec un merveilleux talent :

chiens, chevaux, chasseurs, gibier, arbres et ciel s'y confondaient dans un pêle-mêle harmonieux qui forçait le regard à demeurer longtemps fixé sur cette lame d'azur et d'or.

— Voyons, dit Monsoreau, qui craignait qu'il n'y eût quelque billet caché dans le manche.

Le prince alla au-devant de cette crainte en le séparant en deux parties.

— A vous, qui êtes chasseur, la lame, dit-il ; à la comtesse, le manche. Bonjour, Bussy, vous voilà donc ami intime avec le comte, maintenant ?

Diane rougit.

Bussy, au contraire, demeura assez maître de lui-même.

— Monseigneur, dit-il, vous oubliez que Votre Altesse elle-même m'a chargé ce matin de venir savoir des nouvelles de M. de Monsoreau. J'ai obéi, comme toujours, aux ordres de Votre Altesse.

— C'est vrai, dit le duc.

Puis il alla s'asseoir près de Diane et lui parla bas.

Au bout d'un instant :

— Comte, dit-il, il fait horriblement chaud dans cette chambre de malade. Je vois que la comtesse étouffe, et je vais lui offrir le bras pour lui faire faire un tour de jardin.

Le mari et l'amant échangèrent un regard courroucé.

Diane, invitée à descendre, se leva et posa son bras sur celui du prince.

— Donnez-moi le bras, dit Monsoreau à Bussy.

Et Monsoreau descendit derrière sa femme.

— Ah ! ah ! dit le duc, il paraît que vous allez tout à fait bien ?

— Oui, Monseigneur, et j'espère être bientôt en état de pouvoir accompagner madame de Monsoreau partout où elle ira.

— Bon ! mais en attendant il ne faut pas vous fatiguer.

Monsoreau lui-même sentait combien était juste la recommandation du prince.

Il s'assit à un endroit où il ne pouvait la perdre de vue.

— Tenez, comte, dit-il à Bussy, si vous étiez bien aimable, vous escorteriez madame de Monsoreau jusqu'à mon petit hôtel de la Bastille ; je l'y aime mieux qu'ici, en vérité. Arrachée à Méridor aux griffes de ce vautour, je ne le laisserai pas la dévorer à Paris.

— Non pas, Monsieur, dit Remy à son maître, non pas, vous ne pouvez accepter.

— Et pourquoi cela ? dit Monsoreau.

— Parce que vous êtes à M. d'Anjou, et que M. d'Anjou ne vous pardonnerait jamais d'avoir aidé le comte à lui jouer un pareil tour.

— Que m'importe ! allait s'écrier l'impétueux jeune homme, lorsqu'un coup d'œil de Remy lui indiqua qu'il se devait taire.

Monsoreau réfléchissait.

— Remy a raison, dit-il, ce n'est point de vous que je dois réclamer un pareil service ; j'irai moi-même la conduire, car, demain ou après-demain, je serai en mesure d'habiter cette maison.

— Folie, dit Bussy, vous perdrez votre charge.

— C'est possible, dit le comte, mais je garderai ma femme.

Et il accompagna ces paroles d'un froncement de sourcils qui fit soupirer Bussy.

En effet, le soir même, le comte conduisit sa femme à sa maison des Tournelles, bien connue de nos lecteurs.

Remy aida le convalescent à s'y installer.

Puis, comme c'était un homme d'un dévouement à toute épreuve, comme il comprit que, dans ce local resserré, Bussy aurait grand besoin de lui pour servir ses amours menacées, il se rapprocha de Gertrude, qui commença par le battre et finit par lui pardonner.

Diane reprit sa chambre, située sur le devant, cette chambre au portrait et au lit de damas blanc et or.

Un corridor seulement séparait cette chambre de celle du comte de Monsoreau.

Bussy s'arrachait des poignées de cheveux.

Saint-Luc prétendait que les échelles de corde étant
arrivées à leur plus haute perfection, elles pouvaient à
merveille remplacer les escaliers.

Monsoreau se frottait les mains et souriait en songeant au dépit de M. le duc d'Anjou.

CHAPITRE LXXX

UNE VISITE À LA MAISON DES TOURNELLES

La surexcitation tient lieu à quelques hommes de
passion réelle, comme la faim donne au loup et à la
hyène une apparence de courage.

C'était sous l'impression d'un sentiment pareil que
M. d'Anjou, dont le dépit ne pourrait se décrire,
lorsqu'il ne retrouva plus Diane à Méridor, était
revenu à Paris ; à son retour il était presque amoureux
de cette femme, et cela justement parce qu'on la lui
enlevait.

Il en résultait que sa haine pour Monsoreau, haine
qui datait du jour où il avait appris que le comte le
trahissait, il en résultait, disons-nous, que sa haine
s'était changée en une sorte de fureur, d'autant plus
dangereuse qu'ayant expérimenté déjà le caractère
énergique du comte, il voulait se tenir prêt à frapper
sans donner prise sur lui-même.

D'un autre côté, il n'avait pas renoncé à ses espé-
rances politiques, bien au contraire ; et l'assurance
qu'il avait prise de sa propre importance l'avait grandi
à ses propres yeux. A peine de retour à Paris, il avait
donc recommencé ses ténébreuses et souterraines
machinations. Le moment était favorable : bon
nombre de ces conspirateurs chancelants, qui sont
dévoués au succès, rassurés par l'espèce de triomphe
que la faiblesse du roi et l'astuce de Catherine venaient
de donner aux Angevins, s'empressaient autour du
duc d'Anjou, ralliant par des fils imperceptibles, mais

puissants, la cause du prince à celle des Guises, qui demeuraient prudemment dans l'ombre, et qui gardaient un silence dont Chicot se trouvait fort alarmé.

Au reste, plus d'épanchement politique du duc envers Bussy ; une hypocrisie amicale, voilà tout. Le prince était vaguement troublé d'avoir vu le jeune homme chez Monsoreau, et il lui gardait rancune de cette confiance que Monsoreau, si défiant, avait néanmoins envers lui.

Il s'effrayait aussi de cette joie qui épanouissait le visage de Diane de ces fraîches couleurs qui la rendaient si désirable, d'adorable qu'elle était. Le prince savait que les fleurs ne se colorent et ne se parfument qu'au soleil, et les femmes qu'à l'amour. Diane était visiblement heureuse, et pour le prince, toujours malveillant et soucieux, le bonheur d'autrui semblait une hostilité.

Né prince, devenu puissant par une route sombre et tortueuse ; décidé à se servir de la force, soit pour ses amours, soit pour ses vengeances, depuis que la force lui avait réussi ; bien conseillé d'ailleurs par Aurilly, le duc pensa qu'il serait honteux pour lui d'être ainsi arrêté dans ses désirs par des obstacles aussi ridicules que le sont une jalousie de mari et une répugnance de femme.

Un jour qu'il avait mal dormi et qu'il avait passé la nuit à poursuivre ces mauvais rêves qu'on fait dans un demi-sommeil fiévreux, il sentit qu'il était monté au ton de ses désirs, et commanda ses équipages pour aller voir Monsoreau.

Monsoreau, comme on le sait, était parti pour sa maison des Tournelles.

Le prince sourit à cette annonce. C'était la petite pièce de la comédie de Méridor. Il s'enquit, mais pour la forme seulement, de l'endroit où était située cette maison ; on lui répondit que c'était sur la place Saint-Antoine, et, se retournant alors vers Bussy qui l'avait accompagné :

— Puisqu'il est aux Tournelles, dit-il, allons aux Tournelles.

L'escorte se remit en marche, et bientôt tout le
quartier fut en rumeur par la présence de ces vingt-
quatre beaux gentilshommes qui composaient d'ordinaire la suite du prince, et qui avaient chacun deux
laquais et trois chevaux.

Le prince connaissait bien la maison et la porte ;
Bussy ne la connaissait pas moins bien que lui. Ils
s'arrêtèrent tous deux devant la porte, s'engagèrent
dans l'allée et montèrent tous deux ; seulement, le
prince entra dans les appartements, et Bussy demeura
sur le palier.

Il résulta de cet arrangement que le prince, qui
paraissait le privilégié, ne vit que Monsoreau, lequel le
reçut couché sur une chaise longue, tandis que Bussy
fut reçu dans les bras de Diane qui l'étreignit fort
tendrement, tandis que Gertrude faisait le guet.

Monsoreau, naturellement pâle, devint livide, en
apercevant le prince. C'était sa vision terrible.

— Monseigneur ! dit-il frissonnant de contrariété ;
Monseigneur, dans cette pauvre maison ! en vérité
c'est trop d'honneur pour le peu que je suis.

L'ironie était visible, car à peine le comte se don-
nait-il la peine de la déguiser.

Cependant le prince ne parut aucunement la remarquer, et s'approchant du convalescent avec un sourire :

— Partout où va un ami souffrant, dit-il, j'irais
pour demander de ses nouvelles.

— En vérité, prince, Votre Altesse a dit le mot ami,
je crois.

— Je l'ai dit, mon cher comte ; comment allez-
vous ?

— Beaucoup mieux, Monseigneur ; je me lève, je
vais, je viens, et, dans huit jours, il n'y paraîtra plus.

— Est-ce votre médecin qui vous a prescrit l'air de
la Bastille ? demanda le prince avec l'accent le plus
candide du monde.

— Oui, Monseigneur.

— N'étiez-vous pas bien rue des Petits-Pères ?

— Non, Monseigneur, j'y recevais trop de monde,
et ce monde menait trop grand bruit.

Le comte prononça ces paroles avec un ton de fermeté qui n'échappa point au prince ; et cependant le prince ne parut point y faire attention.

— Mais, vous n'avez point de jardin ici, ce me semble, dit-il.

— Le jardin me faisait tort, Monseigneur, répondit Monsoreau.

— Mais où vous promeniez-vous, mon cher ?

— Justement, Monseigneur : je ne me promenais pas.

Le prince se mordit les lèvres et se renversa sur sa chaise.

— Vous savez, comte, dit-il après un moment de silence, que l'on demande beaucoup votre charge de grand veneur au roi ?

— Bah ! et sous quel prétexte, Monseigneur ?

— Beaucoup prétendent que vous êtes mort.

— Oh ! Monseigneur, j'en suis sûr, répond que je ne le suis pas.

— Moi, je ne réponds rien du tout ; vous vous enterrez, mon cher ; donc vous êtes mort.

Monsoreau se mordit les lèvres à son tour.

— Que voulez-vous, Monseigneur ? dit-il, je perdrai mes charges.

— Vraiment ?

— Oui, il y a des choses que je leur préfère.

— Ah ! fit le prince, c'est fort désintéressé de votre part.

— Je suis fait ainsi, Monseigneur.

— En ce cas, puisque vous êtes ainsi fait, vous ne trouveriez pas mauvais que le roi le sût.

— Qui le lui dirait ?

— Dame ! s'il m'interroge, il faudra bien que je lui répète notre conversation.

— Ma foi, Monseigneur, si l'on répétait au roi tout ce qui se dit à Paris, Sa Majesté n'aurait pas assez de ses deux oreilles.

— Que se dit-il donc à Paris, Monsieur ? dit le prince en se retournant vers le comte aussi vivement que si un serpent l'eût piqué.

Monsoreau vit que, tout doucement, la conversation avait pris une tournure un peu trop sérieuse pour un convalescent n'ayant pas encore toute liberté d'agir ; il calma la colère qui bouillonnait au fond de son âme, et, prenant un visage indifférent :

— Que sais-je, moi, pauvre paralytique ? dit-il, les événements passent et j'en aperçois à peine l'ombre. Si le roi est dépité de me voir si mal faire son service, il a tort.

— Comment cela ?

— Sans doute, mon accident...

— Eh bien !

— Vient un peu de sa faute.

— Expliquez-vous.

— Dame ! M. de Saint-Luc, qui m'a donné ce coup d'épée, n'est-il pas des plus chers amis du roi ? C'est le roi qui lui a montré la botte secrète à l'aide de laquelle il m'a troué la poitrine, et rien ne me dit même que ce ne soit pas le roi qui me l'ait tout doucement dépêché.

Le duc d'Anjou fit presqu'un signe d'approbation.

— Vous avez raison, dit-il, mais enfin le roi est le roi.

— Jusqu'à ce qu'il ne le soit plus, n'est-ce pas ? dit Monsoreau.

Le duc tressaillit.

— A propos, dit-il, madame de Monsoreau ne loge-t-elle donc pas ici ?

— Monseigneur, elle est malade en ce moment, sans quoi elle serait déjà venue vous présenter ses très humbles hommages.

— Malade ? Pauvre femme !

— Oui, Monseigneur.

— Le chagrin de vous avoir vu souffrir ?

— D'abord ; puis la fatigue de cette translation.

— Espérons que l'indisposition sera de courte durée, mon cher comte. Vous avez un médecin si habile.

Et il leva le siège.

— Le fait est, dit Monsoreau, que ce cher Remy m'a admirablement soigné.

— Mais c'est le médecin de Bussy que vous me
nommez là !

— Le comte me l'a donné, en effet, Monseigneur.

— Vous êtes donc très lié avec Bussy ?

— C'est mon meilleur, je devrais même dire, c'est
mon seul ami, répondit froidement Monsoreau.

— Adieu, comte, dit le prince en soulevant la portière de damas.

Au même instant, et comme il passait la tête sous la
tapisserie, il crut voir comme un bout de robe s'effacer
dans la chambre voisine, et Bussy apparut tout à coup
à son poste au milieu du corridor.

Le soupçon grandit chez le duc.

— Nous partons, dit-il à Bussy.

Bussy, sans répondre, descendit aussitôt pour donner à l'escorte l'ordre de se préparer, mais peut-être
bien aussi pour cacher sa rougeur au prince.

Le duc, resté seul sur le palier, essaya de pénétrer
dans le corridor où il avait vu disparaître la robe de
soie.

Mais, en se retournant, il remarqua que Monsoreau
l'avait suivi et se tenait debout, pâle et appuyé au
chambranle, sur le seuil de la porte.

— Votre Altesse se trompe de chemin, dit froidement le comte.

— C'est vrai, balbutia le duc, merci.

Et il descendit la rage dans le cœur.

Pendant toute la route, qui était longue, cependant,
Bussy et lui n'échangèrent pas une seule parole.

Bussy quitta le duc à la porte de son hôtel.

Lorsque le duc fut rentré, et seul dans son cabinet,
Aurilly s'y glissa mystérieusement.

— Eh bien ! dit le duc en l'apercevant, je suis
bafoué par le mari.

— Et peut-être aussi par l'amant, Monseigneur, dit
le musicien.

— Que dis-tu ?

— La vérité, Altesse.

— Achève, alors.

— Écoutez, Monseigneur, j'espère que vous me

pardonnerez, car c'était pour le service de Votre
Altesse.

— Va, c'est convenu, je te pardonne d'avance.

— Eh bien ! j'ai guetté sous un hangar de la cour
après que vous fûtes monté.

— Ah ! ah ! Et tu as vu ?

— J'ai vu paraître une robe de femme, j'ai vu cette
femme se pencher, j'ai vu deux bras se nouer autour
de son cou ; et comme mon oreille est exercée, j'ai
entendu fort distinctement le bruit d'un long et tendre
baiser.

— Mais quel était l'homme ? demanda le duc.
L'as-tu reconnu, lui ?

— Je ne puis reconnaître des bras, dit Aurilly ; les
gants n'ont pas de visage, Monseigneur.

— Oui ; mais on peut reconnaître des gants.

— En effet, il m'a semblé, dit Aurilly.

— Que tu les reconnaissais, n'est-ce pas ? Allons
donc.

— Mais ce n'est qu'une présomption.

— N'importe, dis toujours.

— Eh bien ! Monseigneur, il m'a semblé que
c'étaient les gants de M. de Bussy.

— Des gants de buffle brodés d'or, n'est-ce pas ?
s'écria le duc, aux yeux duquel disparut tout à coup le
nuage qui voilait la vérité.

— De buffle, brodés d'or ; oui, Monseigneur, c'est
cela, répéta Aurilly.

— Ah ! Bussy ; oui, Bussy ! c'est Bussy, s'écria de
nouveau le duc ; aveugle que j'étais, ou plutôt, non, je
n'étais pas aveugle ; seulement, je ne pouvais pas
croire à tant d'audace.

— Prenez-y garde, dit Aurilly, il me semble que
Votre Altesse parle bien haut.

— Bussy ! répéta encore une fois le duc, se rappelant mille circonstances qui avaient passé inaperçues et
qui maintenant repassaient grandissantes devant ses
yeux.

— Cependant, Monseigneur, dit Aurilly, il ne faudrait pas croire trop légèrement ; ne pouvait-il y avoir

un homme caché dans la chambre de madame de Monsoreau ?

— Oui, sans doute ; mais Bussy, Bussy qui était dans le corridor, l'aurait vu, cet homme.

— C'est vrai, Monseigneur.

— Et puis les gants, les gants.

— C'est encore vrai ; et puis, outre le bruit du baiser, j'ai encore entendu...

— Quoi ?

— Trois mots.

— Lesquels ?

— Les voici : A demain soir.

— Oh ! mon Dieu !

— De sorte que si nous voulions, Monseigneur, un peu recommencer cet exercice que nous faisions autrefois, eh bien ! nous serions sûrs.

— Aurilly, demain soir nous recommencerons.

— Votre Altesse sait que je suis à ses ordres.

— Bien. Ah ! Bussy ! répéta le duc entre ses dents ; Bussy, traître à son seigneur ! Bussy, cet épouvantail de tous ! Bussy, l'honnête homme... Bussy, qui ne veut pas que je sois roi de France !

Et le duc, souriant avec une infernale joie, congédia Aurilly pour réfléchir à son aise.

CHAPITRE LXXXI

LES GUETTEURS

Aurilly et le duc d'Anjou se tinrent mutuellement parole : le duc retint près de lui Bussy tant qu'il put pendant le jour, afin de ne perdre aucune de ses démarches.

Bussy ne demandait pas mieux que de faire pendant le jour sa cour au prince ; de cette façon, il avait la soirée libre. C'était sa méthode, et il la pratiquait même sans arrière-pensée.

A dix heures du soir, il s'enveloppa de son manteau, et, son échelle sous le bras, il s'achemina vers la Bastille.

Le duc, qui ignorait que Bussy avait une échelle dans son antichambre, qui ne pouvait croire que l'on marchât seul ainsi dans les rues de Paris ; le duc qui pensait que Bussy passerait par son hôtel pour prendre un cheval et un serviteur, perdit dix minutes en apprêts. Pendant ces dix minutes, Bussy, leste et amoureux, avait déjà fait les trois quarts du chemin.

Bussy fut heureux comme le sont d'ordinaire les gens hardis ; il ne fit aucune mauvaise rencontre par les chemins, et en approchant il vit de la lumière aux vitres.

C'était le signal convenu entre lui et Diane.

Il jeta son échelle au balcon. Cette échelle, munie de six crampons placés en sens inverses, accrochait toujours quelque chose.

Au bruit, Diane éteignit sa lampe et ouvrit la fenêtre pour assurer l'échelle.

La chose fut faite en un instant.

Diane jeta les yeux sur la place ; elle fouilla du regard tous les coins et recoins.

La place lui parut déserte.

Alors elle fit signe à Bussy qu'il pouvait monter.

Bussy, sur ce signe, escalada les échelons deux à deux ; il y en avait dix : ce fut l'affaire de cinq enjambées, c'est-à-dire de cinq secondes.

Ce moment avait été heureusement choisi, car tandis que Bussy montait par la fenêtre, M. de Monsoreau, après avoir écouté patiemment pendant plus de dix minutes à la porte de sa femme, descendait péniblement l'escalier, appuyé sur le bras d'un valet de confiance, lequel remplaçait Remy avec avantage toutes les fois qu'il ne s'agissait ni d'appareils ni de topiques.

Cette double manœuvre, qu'on eût dit combinée par un habile stratégiste, s'exécuta de cette façon, que Monsoreau ouvrait la porte de la rue juste au moment où Bussy retirait son échelle et où Diane fermait sa fenêtre.

Monsoreau se trouva dans la rue ; mais, nous l'avons dit, la rue était déserte, et le comte ne vit rien.

— Aurais-tu été mal renseigné ? demanda Monsoreau à son domestique.

— Non, Monseigneur, répondit celui-ci. Je quitte l'hôtel d'Anjou, et le maître palefrenier, qui est de mes amis, m'a dit positivement que Monseigneur avait commandé deux chevaux pour ce soir. Maintenant, Monseigneur, peut-être était-ce pour aller tout autre part qu'ici.

— Où veux-tu qu'il aille ? dit Monsoreau d'un air sombre.

Le comte était comme tous les jaloux, qui ne croient pas que le reste de l'humanité puisse être préoccupé d'autre chose que de les tourmenter.

Il regarda autour de lui une seconde fois.

— Peut-être eussé-je mieux fait de rester dans la chambre de Diane, murmura-t-il. Mais peut-être ont-ils des signaux pour correspondre ; elle l'eût prévenu de ma présence, et je n'eusse rien su. Mieux vaut encore guetter du dehors, comme nous en sommes convenus. Voyons, conduis-moi à cette cachette de laquelle tu prétends que l'on peut tout voir.

— Venez, Monseigneur, dit le valet.

Monsoreau s'avança moitié s'appuyant au bras de son domestique, moitié se soutenant au mur.

En effet, à vingt ou vingt-cinq pas de la porte, du côté de la Bastille, se trouvait un énorme tas de pierres provenant de maisons démolies et servant de fortifications aux enfants du quartier lorsqu'ils simulaient les combats, restes populaires des Armagnacs et des Bourguignons.

Au milieu de ce tas de pierres le valet avait pratiqué une espèce de guérite qui pouvait facilement contenir et cacher deux personnes.

Il étendit un manteau sur ces pierres, et Monsoreau s'accroupit dessus.

Le valet se plaça aux pieds du comte.

Un mousqueton tout chargé était posé à tout événement à côté d'eux.

Le valet voulut apprêter la mèche de l'arme ; mais Monsoreau l'arrêta.

— Un instant, dit-il, il sera toujours temps. C'est gibier royal que celui que nous éventons, et il y a peine de la hart pour quiconque porte la main sur lui.

Et ses yeux, ardents comme ceux d'un loup embusqué dans le voisinage d'une bergerie, se portaient des fenêtres de Diane dans les profondeurs du faubourg, et des profondeurs du faubourg dans les rues adjacentes, car il désirait surprendre et craignait d'être surpris.

Diane avait prudemment fermé ses épais rideaux de tapisserie, en sorte qu'à leur bordure seulement filtrait un rayon lumineux, qui dénonçait la vie dans cette maison absolument noire.

Monsoreau n'était pas embusqué depuis dix minutes que deux chevaux parurent à l'embouchure de la rue Saint-Antoine.

Le valet ne parla point ; mais il étendit la main dans la direction des deux chevaux.

— Oui, dit Monsoreau, je vois.

Les deux cavaliers mirent pied à terre à l'angle de l'hôtel des Tournelles, et ils attachèrent leurs chevaux aux anneaux de fer disposés dans la muraille à cet effet.

— Monseigneur, dit Aurilly, je crois que nous arrivons trop tard ; il sera parti directement de votre hôtel ; il avait dix minutes d'avance sur vous, il est entré.

— Soit, dit le prince ; mais si nous ne l'avons pas vu entrer nous le verrons sortir.

— Oui, mais quand ? dit Aurilly.

— Quand nous voudrons, dit le prince.

— Serait-ce trop de curiosité que de vous demander comment vous comptez vous y prendre, Monseigneur ?

— Rien de plus facile. Nous n'avons qu'à heurter à la porte l'un de nous, c'est-à-dire toi, par exemple, sous prétexte que tu viens demander des nouvelles de M. de Monsoreau. Tout amoureux s'effraye au bruit.

Alors toi entré dans la maison, lui sort par la fenêtre, et moi, qui serai resté dehors, je le verrai déguerpir.

— Et le Monsoreau ?

— Que diable veux-tu qu'il dise ? C'est mon ami, je suis inquiet, je fais demander de ses nouvelles, parce que je lui ai trouvé mauvaise mine dans la journée ; rien de plus simple.

— C'est on ne peut plus ingénieux, Monseigneur, dit Aurilly.

— Entends-tu ce qu'ils disent ? demanda Monsoreau à son valet.

— Non, Monseigneur ; mais s'ils continuent de parler, nous ne pouvons manquer de les entendre, puisqu'ils viennent de ce côté.

— Monseigneur, dit Aurilly, voici un tas de pierres qui semble fait exprès pour cacher Votre Altesse.

— Oui ; mais attends, peut-être y a-t-il moyen de voir à travers les fentes des rideaux.

En effet, comme nous l'avons dit, Diane avait rallumé ou rapproché la lampe, et une légère lueur filtrait du dedans au-dehors.

Le duc et Aurilly tournèrent et retournèrent pendant plus de dix minutes, afin de chercher un point d'où leurs regards pussent pénétrer dans l'intérieur de la chambre.

Pendant ces différentes évolutions, Monsoreau bouillait d'impatience et arrêtait souvent sa main sur le canon du mousquet, moins froid que cette main.

— Oh ! souffrirai-je cela ? murmurait-il ; dévorerai-je encore cet affront ? Non, non ; tant pis, ma patience est à bout. Mordieu ! ne pouvoir ni dormir, ni veiller, ni même souffrir tranquille, parce qu'un caprice honteux s'est logé dans le cerveau oisif de ce misérable prince ! Non, je ne suis pas un valet complaisant, je suis le comte de Monsoreau, et qu'il vienne de ce côté, je lui fais, sur mon honneur, sauter la cervelle. Allume la mèche, René, allume...

En ce moment justement le prince, voyant qu'il était impossible à ses regards de pénétrer à travers l'obstacle, le prince en était revenu à son projet, et il s'apprêtait à se cacher dans les décombres, tandis qu'Aurilly allait frapper à la porte, quand tout à coup, oubliant la distance qu'il y avait entre lui et le prince, Aurilly posa vivement sa main sur le bras du duc d'Anjou.

— Eh bien ! Monsieur, dit le prince étonné, qu'y a-t-il ?

— Venez, Monseigneur, venez, dit Aurilly.

— Mais pourquoi cela ?

— Ne voyez-vous rien briller à gauche ? Venez, Monseigneur, venez.

— En effet, je vois comme une étincelle au milieu de ces pierres.

— C'est la mèche d'un mousquet ou d'une arquebuse, Monseigneur.

— Ah ! ah ! fit le duc, et qui diable peut être embusqué là ?

— Quelque ami ou quelque serviteur de Bussy. Éloignons-nous, faisons un détour, et revenons d'un autre côté. Le serviteur donnera l'alarme, et nous verrons Bussy descendre par la fenêtre.

— En effet, tu as raison, dit le duc ; viens.

Tous deux traversèrent la rue pour regagner la place où ils avaient attaché leurs chevaux.

— Ils s'en vont, dit le valet.

— Oui, dit Monsoreau. Les as-tu reconnus ?

— Mais il me semble bien, à moi, que c'est le prince et Aurilly.

— Justement. Mais tout à l'heure j'en serai plus sûr encore.

— Que va faire Monseigneur ?

— Viens !

Pendant ce temps, le duc et Aurilly tournaient par la rue Sainte-Catherine avec l'intention de longer les jardins et de revenir par le boulevard de la Bastille.

Monsoreau rentrait et ordonnait de préparer sa litière.

Ce qu'avait prévu le duc arriva. Au bruit que fit Monsoreau, Bussy prit l'alarme : la lumière s'éteignit de nouveau, la fenêtre se rouvrit, l'échelle de corde fut fixée, et Bussy, à son grand regret, obligé de fuir comme Roméo, mais sans avoir, comme Roméo, vu se lever le premier rayon du jour et entendu chanter l'alouette.

Au moment où il mettait pied à terre et où Diane lui renvoyait l'échelle, le duc et Aurilly débouchaient à l'angle de la Bastille.

Ils virent juste et au-dessous de la fenêtre de la belle Diane une ombre suspendue entre le ciel et la terre ; mais cette ombre disparut presque aussitôt au coin de la rue Saint-Paul.

— Monsieur, disait le valet, nous allons réveiller toute la maison.

— Qu'importe ? répondait Monsoreau furieux ; je suis le maître ici, ce me semble, et j'ai bien le droit de faire chez moi ce que voulait y faire M. le duc d'Anjou.

La litière était prête. Monsoreau envoya chercher deux de ses gens qui logeaient rue des Tournelles, et lorsque ces gens, qui avaient l'habitude de l'accompagner depuis sa blessure, furent arrivés et eurent pris place aux deux portières, la machine partit au trot de deux robustes chevaux et en moins d'un quart d'heure fut à la porte de l'hôtel d'Anjou.

Le duc et Aurilly venaient de rentrer depuis si peu de temps que leurs chevaux n'étaient pas encore débridés.

Monsoreau, qui avait ses entrées libres chez le prince, parut sur le seuil juste au moment où celui-ci, après avoir jeté son feutre sur un fauteuil, tendait ses bottes à un valet de chambre.

Cependant un valet qui l'avait précédé de quelques pas annonça M. le grand veneur.

La foudre brisant les vitres de la chambre du prince n'eût pas plus étonné celui-ci que l'annonce qui venait de se faire entendre.

— Monsieur de Monsoreau ! s'écria-t-il avec une inquiétude qui perçait à la fois et dans sa pâleur et dans l'émotion de sa voix.

— Oui, Monseigneur, moi-même, dit le comte en

comprimant ou plutôt en essayant de comprimer le sang qui bouillait dans ses artères.

L'effort qu'il faisait sur lui-même fut si violent, que M. de Monsoreau sentit ses jambes qui manquaient sous lui et tomba sur un siège placé à l'entrée de la chambre.

— Mais, dit le duc, vous vous tuerez, mon cher ami, et, dans ce moment même, vous êtes si pâle que vous semblez près de vous évanouir.

— Oh ! que non, Monseigneur. J'ai pour le moment des choses trop importantes à confier à Votre Altesse. Peut-être m'évanouirai-je après, c'est possible.

— Voyons, parlez, mon cher comte, dit François tout bouleversé.

— Mais pas devant vos gens, je suppose, dit Monsoreau.

Le duc congédia tout le monde, même Aurilly.

Les deux hommes se trouvèrent seuls.

— Votre Altesse rentre ? dit Monsoreau.

— Comme vous voyez, comte.

— C'est bien imprudent à Votre Altesse d'aller ainsi la nuit par les rues.

— Qui vous dit que j'ai été par les rues ?

— Dame ! cette poussière qui couvre vos habits, Monseigneur...

— Monsieur de Monsoreau, dit le prince avec un accent auquel il n'y avait pas à se méprendre, faites-vous donc encore un autre métier que celui de grand veneur ?

— Le métier d'espion ? oui, Monseigneur. Tout le monde s'en mêle aujourd'hui, un peu plus un peu moins, et moi comme les autres.

— Et que vous rapporte ce métier, Monsieur ?

— De savoir ce qui se passe.

— C'est curieux, fit le prince, en se rapprochant de son timbre pour être à portée d'appeler.

— Très curieux, dit Monsoreau.

— Alors, contez-moi ce que vous avez à me dire.

— Je suis venu pour cela.

— Vous permettez que je m'assoie ?

— Pas d'ironie, Monseigneur, envers un humble et fidèle ami comme moi, qui ne vient à cette heure et dans l'état où il est que pour vous rendre un signalé service. Si je me suis assis, Monseigneur, c'est, sur mon honneur, que je ne puis rester debout.

— Un service, reprit le duc, un service ?

— Oui.

— Parlez, donc.

— Monseigneur, je viens à Votre Altesse de la part d'un puissant prince.

— Du roi ?

— Non, de monseigneur le duc de Guise.

— Ah ! dit le prince, de la part du duc de Guise ; c'est autre chose. Approchez-vous et parlez bas.

CHAPITRE LXXXII

COMMENT M. LE DUC D'ANJOU SIGNA, ET COMMENT, APRÈS AVOIR SIGNÉ, IL PARLA

Il se fit un instant de silence entre le duc d'Anjou et Monsoreau. Puis rompant le premier ce silence :

— Eh bien ! monsieur le comte, demanda le duc, qu'avez-vous à me dire de la part de MM. de Guise ?

— Beaucoup de choses, Monseigneur.

— Ils vous ont donc écrit ?

— Oh ! non pas ; MM. de Guise n'écrivent plus depuis l'étrange disparition de maître Nicolas David.

— Alors, vous avez donc été à l'armée ?

— Non, Monseigneur ; ce sont eux qui sont venus à Paris.

— MM. de Guise sont à Paris ! s'écria le duc.

— Oui, Monseigneur.

— Et je ne les ai pas vus !

— Ils sont trop prudents pour s'exposer, et pour exposer en même temps Votre Altesse.

— Et je ne suis pas prévenu ?

— Si fait, Monseigneur, puisque je vous préviens.

— Mais que viennent-ils faire ?

— Mais ils viennent, Monseigneur, au rendez-vous que vous leur avez donné.

— Moi ! je leur ai donné rendez-vous ?

— Sans doute, le même jour où Votre Altesse a été arrêtée, elle avait reçu une lettre de MM. de Guise, et elle leur avait fait répondre verbalement, par moi-même, qu'ils n'avaient qu'à se trouver à Paris du 31 mai au 2 juin. Nous sommes au 31 mai ; si vous avez oublié MM. de Guise, MM. de Guise, comme vous voyez, ne vous ont pas oublié, Monseigneur.

François pâlit. Il s'était passé tant d'événements depuis ce jour, qu'il avait oublié ce rendez-vous, si important qu'il fût.

— C'est vrai, dit-il ; mais les relations qui existaient à cette époque entre MM. de Guise et moi n'existent plus.

— S'il en est ainsi, Monseigneur, dit le comte, vous ferez bien de les en prévenir, car je crois qu'ils jugent les choses tout autrement.

— Comment cela ?

— Oui, peut-être vous croyez-vous délié envers eux, Monseigneur ; mais eux continuent de se croire liés envers vous.

— Piège, mon cher comte, leurre auquel un homme comme moi ne se laisse pas deux fois prendre.

— Et où Monseigneur a-t-il été pris une fois ?

— Comment ! où ai-je été pris ? Au Louvre, mor-dieu !

— Est-ce par la faute de MM. de Guise ?

— Je ne dis pas, murmura le duc, je ne dis pas ; seulement je dis qu'ils n'ont en rien aidé à ma fuite.

— C'eût été difficile, attendu qu'ils étaient en fuite eux-mêmes.

— C'est vrai, murmura le duc.

— Mais, vous une fois en Anjou, n'ai-je pas été chargé de vous dire de leur part que vous pouviez toujours compter sur eux comme ils pouvaient compter sur vous, et que le jour où vous marcheriez sur Paris, ils y marcheraient de leur côté.

— C'est encore vrai, dit le duc ; mais je n'ai point marché sur Paris.

— Si fait, Monseigneur, puisque vous y êtes.

— Oui ; mais je suis à Paris comme l'allié de mon frère.

— Monseigneur me permettra de lui faire observer qu'il est plus que l'allié des Guises.

— Que suis-je donc ?

— Monseigneur est leur complice.

Le duc d'Anjou se mordit les lèvres.

— Et vous dites qu'ils vous ont chargé de m'annoncer leur arrivée ?

— Oui, Votre Altesse, ils m'ont fait cet honneur.

— Mais ils ne vous ont pas communiqué les motifs de leur retour ?

— Ils m'ont tout communiqué, Monseigneur, me sachant l'homme de confiance de Votre Altesse, motifs et projets.

— Ils ont donc des projets ? Lesquels ?

— Les mêmes, toujours.

— Et ils les croient praticables ?

— Ils les tiennent pour certains.

— Et ces projets ont toujours pour but ?...

Le duc s'arrêta, n'osant prononcer les mots qui devaient naturellement suivre ceux qu'il venait de dire.

Monsoreau acheva la pensée du duc.

— Pour but de vous faire roi de France, oui, Monseigneur.

Le duc sentit la rougeur de la joie lui monter au visage.

— Mais, demanda-t-il, le moment est-il favorable ?

— Votre sagesse en décidera.

— Ma sagesse ?

— Oui ; voici les faits, faits visibles, irrécusables.

— Voyons.

— La nomination du roi comme chef de la Ligue n'a été qu'une comédie, vite appréciée et jugée aussitôt qu'appréciée. Or, maintenant la réaction s'opère, et

l'État tout entier se soulève contre la tyrannie du roi et
de ses créatures. Les prêches sont des appels aux
armes, les églises des lieux où l'on maudit le roi en
place de prier Dieu. L'armée frémit d'impatience, les
bourgeois s'associent, nos émissaires ne rapportent
que signatures et adhésions nouvelles à la Ligue ; enfin
le règne de Valois touche à son terme. Dans une
pareille occurrence, MM. de Guise ont besoin de
choisir un compétiteur sérieux au trône, et leur choix
s'est naturellement arrêté sur vous. Maintenant,
renoncez-vous à vos idées d'autrefois ?

Le duc ne répondit pas.

— Eh bien ! demanda Monsoreau, que pense Monseigneur ?

— Dame ! répondit le prince, je pense...

— Monseigneur sait qu'il peut, en toute franchise,
s'expliquer avec moi.

— Je pense, dit le duc, que mon frère n'a pas
d'enfants : qu'après lui le trône me revient ; qu'il est
d'une vacillante santé ; pourquoi donc alors me
remuerais-je avec tous ces gens, pourquoi compro-
mettrais-je mon nom, ma dignité, mon affection, dans
une rivalité inutile, pourquoi enfin essayerais-je de
prendre avec danger ce qui me reviendra sans péril ?

— Voilà justement, dit Monsoreau, où est l'erreur
de Votre Altesse : le trône de votre frère ne vous
reviendra que si vous le prenez. MM. de Guise ne
peuvent être rois eux-mêmes, mais ils ne laisseront
régner qu'un roi de leur façon ; ce roi, qu'ils doivent
substituer au roi régnant, ils avaient compté que ce
serait Votre Altesse ; mais au refus de Votre Altesse, je
vous en préviens, ils en chercheront un autre.

— Et qui donc ? s'écria le duc d'Anjou en fronçant
le sourcil, qui donc osera s'asseoir sur le trône de
Charlemagne ?

— Un Bourbon au lieu d'un Valois ; voilà tout,
Monseigneur : fils de Saint Louis pour fils de Saint
Louis.

— Le roi de Navarre ? s'écria François.

— Pourquoi pas ? il est jeune, il est brave ; il n'a pas

d'enfants, c'est vrai ; mais on est sûr qu'il en peut
avoir.

— Il est huguenot.

— Lui ! est-ce qu'il ne s'est pas converti à la Saint-
Barthélemy ?

— Oui, mais il a abjuré depuis.

— Eh ! Monseigneur, ce qu'il a fait pour la vie, il le
fera pour le trône.

— Ils croient donc que je céderai mes droits sans
les défendre ?

— Je crois que le cas est prévu.

— Je les combattrai rudement.

— Peuh ! ils sont gens de guerre.

— Je me mettrai à la tête de la Ligue.

— Ils en sont l'âme.

— Je me réunirai à mon frère.

— Votre frère sera mort.

— J'appellerai les rois de l'Europe à mon aide.

— Les rois de l'Europe feront volontiers la guerre à
des rois, mais ils y regarderont à deux fois avant de
faire la guerre à un peuple.

— Comment, à un peuple ?

— Sans doute, MM. de Guise sont décidés à tout,
même à constituer des États, même à faire une république.

François joignit les mains dans une angoisse inex-
primable. Monsoreau était effrayant avec ses réponses
qui répondaient si bien.

— Une république ? murmura-t-il.

— Oh ! mon Dieu ! oui, comme en Suisse, comme
à Gênes, comme à Venise.

— Mais mon parti ne souffrira point que l'on fasse
ainsi de la France une république.

— Votre parti ? dit Monsoreau. Eh ! Monseigneur,
vous avez été si désintéressé, si magnanime, que, sur
ma parole, votre parti ne se compose plus guère que
de M. de Bussy et de moi.

Le duc ne put réprimer un sourire sinistre.

— Je suis lié, alors, dit-il.

— Mais à peu près, Monseigneur.

— Alors, qu'a-t-on besoin de recourir à moi, si je suis comme vous le dites, dénué de toute puissance ?

— C'est-à-dire, Monseigneur, que vous ne pouvez rien sans MM. de Guise, mais que vous pouvez tout avec eux.

— Je peux tout avec eux ?

— Oui, dites un mot, et vous êtes roi.

Le duc se leva fort agité, se promena par la chambre, froissant tout ce qui tombait sous sa main : rideaux, portières, tapis de table ; puis enfin il s'arrêta devant Monsoreau.

— Tu as dit vrai, comte, quand tu as dit que je n'avais plus que deux amis, toi et Bussy.

Et il prononça ces paroles avec un sourire de bienveillance qu'il avait eu le temps de substituer à sa pâle fureur.

— Ainsi donc ? fit Monsoreau, l'œil brillant de joie.

— Ainsi donc, fidèle serviteur, reprit le duc, parle, je t'écoute.

— Vous l'ordonnez ? Monseigneur.

— Oui.

— Eh bien ! en deux mots, Monseigneur, voici le plan.

Le duc pâlit, mais il s'arrêta pour écouter.

Le comte reprit :

— C'est dans huit jours la Fête-Dieu, n'est-ce pas, Monseigneur ?

— Oui.

— Le roi, pour cette sainte journée, médite depuis longtemps une grande procession aux principaux couvents de Paris.

— C'est son habitude de faire tous les ans pareille procession à pareille époque.

— Alors, comme Votre Altesse se rappelle, le roi est sans gardes, ou du moins les gardes restent à la porte. Le roi s'arrête devant chaque reposoir, il s'y agenouille, y dit cinq *Pater* et cinq *Ave*, le tout accompagné des sept psaumes de la Pénitence.

— Je sais tout cela.

— Il ira à l'abbaye Sainte-Geneviève comme aux autres.

— Sans contredit.

— Seulement, comme un accident sera arrivé en face du couvent...

— Un accident ?

— Oui, un égout se sera enfoncé pendant la nuit.

— Eh bien ?

— Le reposoir ne pourra être sous le porche, il sera dans la cour même.

— J'écoute.

— Attendez donc : le roi entrera, quatre ou cinq personnes entreront avec lui ; mais derrière le roi et ces quatre ou cinq personnes, on fermera les portes.

— Et alors ?

— Alors, reprit Monsoreau, Votre Altesse connaît les moines qui feront les honneurs de l'abbaye à Sa Majesté.

— Ce seront les mêmes ?

— Qui étaient là quand on a sacré Votre Altesse, justement.

— Ils oseront porter les mains sur l'oint du Seigneur ?

— Oh ! pour le tondre, voilà tout : vous connaissez ce quatrain :

> De trois couronnes, la première,
> Tu perdis, ingrat et fuyard ;
> La seconde court grand hasard ;
> Des ciseaux feront la dernière.

— On osera faire cela ! s'écria le duc l'œil brillant d'avidité, on touchera un roi à la tête ?

— Oh ! il ne sera plus roi, alors.

— Comment cela ?

— N'avez-vous point entendu parler d'un frère génovéfain, d'un saint homme qui fait des discours en attendant qu'il fasse des miracles ?

— De frère Gorenflot ?

— Justement.

— Le même qui voulait prêcher la Ligue l'arquebuse sur l'épaule ?

— Le même.

— Eh bien ! on conduira le roi dans sa cellule ; une

fois là, le frère se charge de lui faire signer son abdication ; puis, quand il aura abdiqué, madame de Montpensier entrera les ciseaux à la main. Les ciseaux sont
achetés, madame de Montpensier les porte pendus à
son côté. Ce sont de charmants ciseaux, d'or massif, et
admirablement ciselés : à tout seigneur, tout honneur.

François demeura muet ; son œil faux s'était dilaté
comme celui d'un chat qui guette sa proie dans l'obscurité.

— Vous comprenez le reste, Monseigneur, continua le comte. On annonce au peuple que le roi,
éprouvant un saint repentir de ses fautes, a exprimé le
vœu de ne plus sortir du couvent ; si quelques-uns...
doutent que la vocation soit réelle, M. le duc de Guise
tient l'armée, M. le cardinal tient l'Église, M. de
Mayenne tient la bourgeoisie ; et avec ces trois pou-
voirs-là, on fait croire au peuple à peu près tout ce que
l'on veut.

— Mais on m'accusera de violence, dit le duc après
un instant.

— Vous n'êtes pas tenu de vous trouver là.

— On me regardera comme un usurpateur.

— Monseigneur oublie l'abdication.

— Le roi refusera.

— Il paraît que frère Gorenflot est non seulement
un homme très capable, mais encore un homme très
fort.

— Le plan est donc arrêté ?

— Tout à fait.

— Et l'on ne craint pas que je ne le dénonce ?

— Non, Monseigneur, car il y en a un autre non
moins sûr arrêté contre vous dans le cas où vous
trahiriez.

— Ah ! ah ! dit François.

— Oui, Monseigneur, et celui-là je ne le connais
pas, on me sait trop votre ami pour me l'avoir confié.
Je sais qu'il existe, voilà tout.

— Alors, je me rends, comte ; que faut-il faire ?

— Approuver.

— Eh bien ! j'approuve.

— Oui ; mais cela ne suffit point de l'approuver de paroles.

— Comment donc faut-il l'approuver encore ?

— Par écrit.

— C'est une folie que de supposer que je consentirai à cela.

— Et pourquoi ?

— Si la conjuration avorte ?

— Justement, c'est pour le cas où elle avorterait qu'on demande la signature de Monseigneur.

— On veut donc se faire un rempart de mon nom ?

— Pas autre chose.

— Alors je refuse et mille fois.

— Vous ne pouvez plus.

— Je ne peux plus refuser ?

— Non.

— Êtes-vous fou ?

— Refuser, c'est trahir.

— En quoi ?

— En ce que je ne demandais pas mieux que de me taire ; et que c'est Votre Altesse qui m'a ordonné de parler.

— Eh bien ! soit ; que ces messieurs le prennent comme ils voudront, j'aurai choisi mon danger, au moins.

— Monseigneur, prenez garde de mal choisir.

— Je risquerai, dit François un peu ému, mais essayant néanmoins de conserver sa fermeté.

— Dans votre intérêt, Monseigneur, dit le comte, je ne vous le conseille pas.

— Mais je me compromets en signant.

— En refusant de signer vous faites bien pis ; vous vous assassinez !

François frissonna.

— On oserait ? dit-il.

— On osera tout, Monseigneur. Les conspirateurs sont trop avancés ; il faut qu'ils réussissent à quelque prix que ce soit.

Le duc tomba dans une indécision facile à comprendre.

— Je signerai, dit-il.

— Quand cela ?

— Demain.

— Demain, non, Monseigneur ; si vous signez, il
faut signer tout de suite.

— Mais encore faut-il que MM. de Guise rédigent
l'engagement que je prends vis-à-vis d'eux.

— Il est tout rédigé, Monseigneur, je l'apporte.

Monsoreau tira un papier de sa poche : c'était une
adhésion pleine et entière au plan que nous connaissons.

Le duc le lut d'un bout à l'autre, et, à mesure qu'il
lisait, le comte pouvait le voir pâlir ; lorsqu'il eut fini,
les jambes lui manquèrent, et il s'assit ou plutôt il
tomba devant la table.

— Tenez, Monseigneur, dit Monsoreau en lui présentant une plume.

— Il faut donc que je signe ? dit François en
appuyant la main sur son front, car la tête lui tournait.

— Il le faut si vous le voulez, personne ne vous y
force.

— Mais si, l'on me force, puisque vous me menacez d'un assassinat.

— Je ne vous menace pas, Monseigneur, Dieu
m'en garde, je vous préviens, c'est bien différent.

— Donnez, fit le duc.

Et comme faisant un effort sur lui-même, il prit ou
plutôt il arracha la plume des mains du comte et signa.

Monsoreau le suivait d'un œil ardent de haine et
d'espoir ; quand il lui vit poser la plume sur le papier,
il fut obligé de s'appuyer sur la table, sa prunelle
semblait se dilater à mesure que la main du duc
formait les lettres qui composaient son nom.

— Ah ! dit-il quand le duc eut fini.

Et, saisissant le papier d'un mouvement non moins
violent que le duc avait saisi la plume, il le plia,
l'enferma entre sa chemise et l'étoffe en tresse de soie
qui remplaçait le gilet à cette époque, boutonna son
pourpoint, et croisa son manteau par-dessus.

Le duc la regardait faire avec étonnement, ne

comprenant rien à l'expression de ce visage pâle sur lequel passait comme un éclair de féroce joie.

— Et maintenant, Monseigneur, dit Monsoreau, soyez prudent.

— Comment cela ? demanda le duc.

— Oui, ne courez plus par les rues le soir avec Aurilly, comme vous venez de le faire il n'y a qu'un instant encore.

— Qu'est-ce à dire ?

— C'est-à-dire que ce soir, Monseigneur, vous avez été poursuivre d'amour une femme que son mari adore, et dont il est jaloux au point de... ma foi, oui, de tuer quiconque l'approcherait sans sa permission.

— Serait-ce par hasard de vous et de votre femme que vous voudriez parler ?

— Oui, Monseigneur, puisque vous avez deviné si juste du premier coup, je n'essayerai pas même de nier. J'ai épousé Diane de Méridor, elle est à moi, et personne ne l'aura, moi vivant, du moins, pas même un prince. Et tenez, Monseigneur, pour que vous en soyez bien sûr, je le jure par mon nom et sur ce poignard.

Et il mit la lame du poignard presque sur la poitrine du prince qui recula.

— Monsieur, vous me menacez, dit François, pâle de colère et de rage.

— Non, mon prince, comme tout à l'heure, je vous avertis seulement.

— Et de quoi m'avertissez-vous ?

— Que personne n'aura ma femme !

— Et moi, maître sot, s'écria d'Anjou hors de lui, je vous réponds que vous m'avertissez trop tard, et que quelqu'un l'a déjà.

Monsoreau poussa un cri terrible en enfonçant ses deux mains dans ses cheveux.

— Ce n'est pas vous, balbutia-t-il, ce n'est pas vous, Monseigneur ?

Et son bras, toujours armé, n'avait qu'à s'étendre pour aller percer la poitrine du prince.

François se recula.

— Vous êtes en démence, comte, dit-il en s'apprêtant à frapper sur le timbre.

— Non, je vois clair, je parle raison et j'entends juste ; vous venez de dire que quelqu'un possède ma femme ; vous l'avez dit.

— Je le répète.

— Nommez cette personne et prouvez le fait.

— Qui était embusqué ce soir à vingt pas de votre porte avec un mousquet ?

— Moi.

— Eh bien ! comte, pendant ce temps...

— Pendant ce temps...

— Un homme était chez vous, ou plutôt chez votre femme.

— Vous l'avez vu entrer ?

— Je l'ai vu sortir.

— Par la porte ?

— Par la fenêtre.

— Vous avez reconnu cet homme ?

— Oui, dit le duc.

— Nommez-le, s'écria Monsoreau, nommez-le, Monseigneur, ou je ne réponds de rien.

Le duc passa sa main sur son front, et quelque chose comme un sourire passa sur ses lèvres.

— Monsieur le comte, dit-il, foi de prince du sang, sur mon Dieu et sur mon âme, avant huit jours je vous ferai connaître l'homme qui possède votre femme.

— Vous me le jurez ? s'écria Monsoreau.

— Je vous le jure.

— Eh bien ! Monseigneur, à huit jours, dit le comte en frappant sa poitrine à l'endroit où était le papier signé du prince... à huit jours, ou, vous comprenez ?...

— Revenez dans huit jours ; voilà tout ce que j'ai à vous dire.

— Aussi bien, cela vaut mieux, dit Monsoreau. Dans huit jours j'aurai toutes mes forces, et il a besoin de toutes ses forces celui qui veut se venger.

Et il sortit en faisant au prince un geste d'adieu que l'on eût pu facilement prendre pour un geste de menace.

CHAPITRE LXXXIII

UNE PROMENADE AUX TOURNELLES

Cependant peu à peu les gentilshommes angevins étaient revenus à Paris.

Dire qu'ils y rentraient avec confiance, on ne le croirait pas. Ils connaissaient trop bien le roi, son frère et sa mère pour espérer que les choses se passassent en embrassades de famille.

Ils se rappelaient toujours cette chasse qui leur avait été faite par les amis du roi, et ils ne voulaient pas se décider à croire qu'on pût leur donner un triomphe pour pendant à cette cérémonie assez désagréable.

Ils revenaient donc timidement et se glissaient en ville armés jusqu'à la gorge, prêts à faire feu sur le moindre geste suspect, et ils dégainèrent cinquante fois, avant d'arriver à l'hôtel d'Anjou, contre des bourgeois qui n'avaient commis d'autre crime que de les regarder passer. Antraguet surtout se montrait féroce et reportait toutes ces disgrâces à MM. les mignons du roi, se promettant de leur en dire à l'occasion deux mots fort explicites.

Il fit part de ce projet à Riberac, homme de bon conseil, et celui-ci lui répondit qu'avant de se donner un pareil plaisir, il fallait avoir à sa portée une frontière ou deux.

— On s'arrangera pour cela, dit Antraguet.

Le duc leur fit bon accueil.

C'étaient ses hommes à lui, comme MM. de Maugiron, Quélus, Schomberg et d'Épernon étaient ceux du roi.

Il débuta par leur dire :

— Mes amis, on songe à vous tuer un peu, à ce qu'il paraît. Le vent est à ces sortes de réceptions ; gardez-vous bien.

— C'est fait, Monseigneur, répliqua Antraguet ; mais ne convient-il pas que nous allions offrir à Sa Majesté nos très humbles respects ? Car enfin si nous

nous cachons, cela ne fera pas honneur à l'Anjou. Que vous en semble ?

— Vous avez raison, dit le duc ; allez, et si vous le voulez, je vous accompagnerai.

Les trois jeunes gens se consultèrent du regard. A ce moment Bussy entra dans la salle et vint embrasser ses amis.

— Eh ! dit-il, vous êtes bien en retard ! Mais qu'est-ce que j'entends ? Son Altesse qui se propose d'aller se faire tuer au Louvre comme César dans le sénat de Rome. Songez donc que chacun de MM. les mignons emporterait volontiers un petit morceau de Monseigneur sous son manteau.

— Mais, cher ami, nous voulons nous frotter un peu à ces messieurs.

Bussy se mit à rire.

— Eh ! eh ! dit-il, on verra, on verra.

Le duc le regarda très attentivement.

— Allons au Louvre, fit Bussy, mais nous seulement, Monseigneur restera dans son jardin à abattre des têtes de pavots.

François feignit de rire très joyeusement. Le fait est qu'au fond il se trouvait heureux de n'avoir plus la corvée à faire.

Les Angevins se parèrent superbement. C'étaient de fort grands seigneurs qui mangeaient volontiers en soie, velours et passementerie le revenu des terres paternelles.

Leur réunion était un mélange d'or, de pierreries et de brocart qui, sur leur chemin, fit crier noël au populaire, dont le flair infaillible devinait sous ces beaux atours des cœurs embrasés de haine pour les mignons du roi.

Henri III ne voulut pas recevoir ces messieurs de l'Anjou et ils attendirent vainement dans la galerie.

Ce furent MM. Quélus, Maugiron, Schomberg et d'Épernon qui, saluant avec politesse et témoignant tous les regrets du monde, vinrent annoncer cette nouvelle aux Angevins.

— Ah ! messire, dit Antraguet, car Bussy s'effaçait

le plus possible, la nouvelle est triste, mais passant par votre bouche, elle perd beaucoup de son désagrément.

— Messieurs, dit Schomberg, vous êtes la fine fleur de la grâce et de la courtoisie. Vous plaît-il que nous métamorphosions cette réception qui est manquée en une petite promenade ?

— Oh ! Messieurs, nous allions vous le demander, dit vivement Antraguet, à qui Bussy toucha légèrement le bras pour lui dire :

— Tais-toi donc, et laisse-les faire.

— Où irions-nous bien ? dit Quélus en cherchant.

— Je connais un charmant endroit du côté de la Bastille, fit Schomberg.

— Messieurs, nous vous suivons, dit Riberac ; marchez devant.

En effet, les quatre amis du roi sortirent du Louvre, suivis des quatre Angevins, et se dirigèrent par les quais vers l'ancien enclos des Tournelles, alors Marché-aux-Chevaux, sorte de place unie, plantée de quelques arbres maigres et semée çà et là de barrières destinées à arrêter les chevaux ou à les attacher.

Chemin faisant, les huit gentilshommes s'étaient pris par le bras et, avec mille civilités, s'entretenaient de sujets gais et badins, au grand ébahissement des bourgeois qui regrettaient leurs vivats de tout à l'heure et disaient que les Angevins venaient de pactiser avec les pourceaux d'Hérodes.

On arriva.

Quélus prit la parole.

— Voyez le beau terrain, dit-il, voyez l'endroit solitaire, et comme le pied tient bien sur ce salpêtre.

— Ma foi, oui, répliqua Antraguet en battant plusieurs appels.

— Eh bien ! continua Quélus, nous avions pensé, ces messieurs et moi, que vous voudriez bien, un de ces jours, nous accompagner jusqu'ici pour seconder, tiercer et quarter M. de Bussy, votre ami, qui nous a fait l'honneur de nous appeler tous quatre.

— C'est vrai, dit Bussy à ses amis stupéfaits.

— Il n'en avait rien dit ! s'écria Antraguet.

— Oh ! M. de Bussy est un homme qui sait le prix des choses, repartit Maugiron. Accepteriez-vous, messieurs de l'Anjou ?

— Certes oui, répliquèrent les trois Angevins d'une seule voix ; l'honneur est tel que nous nous en réjouissons.

— C'est à merveille, dit Schomberg en se frottant les mains. Vous plaît-il maintenant que nous nous choisissions l'un l'autre ?

— J'aime assez cette méthode, dit Riberac avec des yeux ardents... et alors...

— Non pas, interrompit Bussy, cela n'est pas juste. Nous avons tous les mêmes sentiments ; donc nous sommes inspirés de Dieu. C'est Dieu qui fait les idées humaines. Messieurs, je vous l'assure. Eh bien ! laissons à Dieu le soin de nous appareiller. Vous savez d'ailleurs que rien n'est plus indifférent au cas où nous conviendrions que le premier libre charge les autres.

— Et il le faut ! et il le faut ! s'écrièrent les mignons.

— Alors raison de plus, faisons comme firent les Horaces : tirons au sort.

— Tirèrent-ils au sort ? dit Quélus en réfléchissant.

— J'ai tout lieu de le croire, répondit Bussy.

— Alors imitons-les.

— Un moment, dit encore Bussy. Avant de connaître nos antagonistes, convenons des règles du combat. Il serait malséant que les conditions du combat suivissent le choix des adversaires.

— C'est simple, fit Schomberg, nous nous battrons jusqu'à ce que mort s'ensuive, comme a dit M. de Saint-Luc.

— Sans doute, mais comment nous battrons-nous ?

— Avec l'épée et la dague, dit Bussy ; nous sommes tous exercés.

— A pied ? dit Quélus.

— Eh ! que voulez-vous faire d'un cheval ? On n'a pas les mouvements libres.

— A pied, soit.

— Quel jour ?

— Mais le plus tôt possible.

— Non, dit d'Épernon ; j'ai mille choses à régler, un testament à faire ; pardon, mais je préfère attendre... Trois ou six jours nous aiguiseront l'appétit.

— C'est parler en brave, dit Bussy assez ironiquement.

— Est-ce convenu ?

— Oui. Nous nous entendrons toujours à merveille.

— Alors tirons au sort, dit Bussy.

— Un moment, fit Antraguet ; je propose ceci : divisons le terrain en gens impartiaux. Comme les noms vont sortir au hasard deux par deux, coupons quatre compartiments sur le terrain pour chacune des quatre paires.

— Bien dit.

— Je propose pour le numéro 1 le carré long entre deux tilleuls... il y a belle place.

— Accepté.

— Mais le soleil ?

— Tant pis pour le second de la paire ; il sera tourné à l'est.

— Non pas, Messieurs, ce serait injuste, dit Bussy, tuons-nous, mais ne nous assassinons pas. Décrivons un demi-cercle, et opposons-nous tous à la lumière ; que le soleil nous frappe de profil.

Bussy montra la position, qui fut acceptée, puis on tira les noms.

Schomberg sortit le premier, Riberac le second. Ils furent désignés pour la première paire.

Quélus et Antraguet furent les seconds.

Livarot et Maugiron les troisièmes ; au nom de Quélus, Bussy, qui croyait l'avoir pour champion, fronça le sourcil.

D'Épernon, se voyant forcément accouplé à Bussy, pâlit et fut obligé de se tirer la moustache pour rappeler quelques couleurs à ses joues.

— Maintenant, Messieurs, dit Bussy, jusqu'au jour du combat, nous nous appartenons les uns aux autres. C'est à la vie, à la mort ; nous sommes amis. Voulez-vous bien accepter un dîner à l'hôtel Bussy ?

Tous saluèrent en signe d'assentiment et revinrent chez Bussy où un somptueux festin les réunit jusqu'au matin.

CHAPITRE LXXXIV

OÙ CHICOT S'ENDORT

Toutes ces dispositions des Angevins avaient été remarquées par le roi d'abord, et par Chicot. Henri s'agitait dans l'intérieur du Louvre, attendant impatiemment que ses amis revinssent de leur promenade avec Messieurs de l'Anjou.

Chicot avait suivi de loin la promenade, examiné en connaisseur ce que personne ne pouvait comprendre aussi bien que lui, et, après s'être convaincu des intentions de Bussy et de Quélus, il avait rebroussé chemin vers la demeure de Monsoreau.

C'était un homme rusé que Monsoreau ; mais quant à duper Chicot, il n'y pouvait prétendre : le Gascon lui apportait force compliments de condoléance de la part du roi ; comment ne pas le recevoir à merveille ?

Chicot trouva Monsoreau couché. La visite de la veille avait brisé tous les ressorts de cette organisation à peine reconstruite ; et Remy, une main sur son menton, guettait avec dépit les premières atteintes de la fièvre qui menaçait de ressaisir sa victime.

Néanmoins Monsoreau put soutenir la conversation et dissimuler assez habilement sa colère contre le duc d'Anjou, pour que tout autre que Chicot ne l'eût pas soupçonnée. Mais plus il était discret et réservé, plus le Gascon découvrait sa pensée.

— En effet, se disait-il, un homme ne peut être si passionné pour M. d'Anjou sans qu'il y ait quelque chose sous jeu.

Chicot, qui se connaissait en malades, voulut savoir également si la fièvre du comte n'était pas une comédie à l'instar de celle qu'avait jouée naguère Nicolas David.

Mais Remy ne se trompait pas ; et à la première pulsation du pouls de Monsoreau :

— Celui-là est malade réellement, pensa Chicot, et ne peut rien entreprendre. Il reste M. de Bussy ; voyons un peu de quoi il est capable.

Et il courut à l'hôtel de Bussy qu'il trouva tout éblouissant de lumières, tout embaumé de vapeurs qui eussent fait pousser à Gorenflot des exclamations de joie.

— Est-ce que M. de Bussy se marie ? demanda-t-il à un laquais.

— Non, Monsieur, répliqua celui-ci, M. de Bussy se réconcilie avec plusieurs seigneurs de la cour, et on célèbre cette réconciliation par un repas, fameux repas, allez.

— A moins qu'il ne les empoisonne, ce dont je le sais incapable, pensa Chicot, Sa Majesté est encore en sûreté de ce côté-là.

Il retourna au Louvre et aperçut Henri qui se promenait dans une salle d'armes en maugréant. Il avait envoyé trois courriers à Quélus, et, comme ces gens ne comprenaient pas pourquoi Sa Majesté était dans l'inquiétude, ils s'étaient arrêtés tout simplement chez M. de Birague le fils, où tout homme aux livrées du roi trouvait toujours un verre plein, un jambon entamé et des fruits confits.

C'était la méthode des Birague pour demeurer en faveur.

Chicot apparaissant à la porte du cabinet, Henri poussa une grande exclamation.

— Oh ! cher ami, dit-il, sais-tu ce qu'ils sont devenus ?

— Qui cela ? tes mignons ?

— Hélas ! oui, mes pauvres amis.

— Ils doivent être bien bas en ce moment, répliqua Chicot.

— On me les aurait tués ! s'écria Henri en se redressant la menace dans les yeux ; ils seraient morts !

— Morts, j'en ai peur...

— Tu le sais et tu ris, païen !

— Attends donc, mon fils, morts oui, mais morts-ivres.

— Ah ! bouffon... que tu m'as fait de mal ! Mais pourquoi calomnies-tu ces gentilshommes ?

— Je les glorifie, au contraire.

— Tu railles toujours... Voyons, du sérieux, je t'en supplie ; sais-tu qu'ils sont sortis avec les Angevins ?

— Pardieu ! si je le sais.

— Eh bien ! qu'est-il résulté ?

— Eh bien ! il est résulté ce que je t'ai dit : ils sont morts-ivres, ou peu s'en faut.

— Mais Bussy, Bussy ?

— Bussy les saoule, c'est un homme bien dange-reux.

— Chicot, par grâce !

— Eh bien ! oui, Bussy leur donne à dîner, à tes amis ; est-ce que tu trouves cela bien, toi ?

— Bussy leur donne à dîner ! Oh ! c'est impossible ; des ennemis jurés.

— Justement ; s'ils étaient amis, ils n'éprouveraient pas le besoin de s'enivrer ensemble. Écoute, as-tu de bonnes jambes ?

— Que veux-tu dire ?

— Irais-tu bien jusqu'à la rivière ?

— J'irais jusqu'au bout du monde pour être témoin d'une chose pareille.

— Eh bien ! va seulement jusqu'à l'hôtel Bussy, tu verras ce prodige.

— Tu m'accompagnes ?

— Merci, j'en arrive.

— Mais enfin, Chicot...

— Oh ! non, non, tu comprends que moi qui ai vu, je n'ai pas besoin de me convaincre ; mes jambes sont diminuées de trois pouces à force de me rentrer dans le ventre. Si j'allais jusque-là, elles commenceraient au genou. Va, mon fils, va.

Le roi lui lança un regard de colère.

— Tu es bien bon, dit Chicot de te faire de la bile

pour ces gens-là. Ils rient, festinent et font de l'opposition à ton gouvernement. Réponds à toutes ces choses
en philosophe : ils rient, rions ; ils dînent, fais-nous
servir quelque chose de bon et de chaud ; ils font de
l'opposition, viens nous coucher après souper.

Le roi ne put s'empêcher de sourire.

— Tu peux te flatter d'être un vrai sage, dit
Chicot ; il y a eu en France des rois chevelus, un roi
hardi, un roi grand, des rois paresseux : je suis sûr que
l'on t'appellera Henri le patient... Ah ! mon fils, c'est
une si belle vertu... Quand on n'en a pas d'autre !

— Trahi ! se dit le roi, trahi... ces gens-là n'ont pas
même des mœurs de gentilshommes.

— Ah çà ! tu es inquiet de tes amis, s'écria Chicot
en poussant le roi vers la salle dans laquelle on venait
de servir le souper, tu les plains comme s'ils étaient
morts, et lorsqu'on te dit qu'ils ne sont pas morts, tu
pleures et t'inquiètes encore... Henri, tu geins toujours.

— Vous m'impatientez, monsieur Chicot.

— Voyons, aimerais-tu mieux qu'ils eussent chacun sept ou huit grands coups de rapière dans l'estomac ? sois donc conséquent.

— J'aimerais à pouvoir compter sur des amis, dit
Henri d'une voix sombre.

— Oh ! ventre de biche ! répondit Chicot, compte
sur moi ; je suis là, mon fils, seulement nourris-moi. Je
veux du faisan... et des truffes, ajouta-t-il en tendant
son assiette.

Henri et son unique ami se couchèrent de bonne
heure, le roi soupirant d'avoir le cœur si vide, Chicot
essoufflé d'avoir l'estomac si plein.

Le lendemain, au petit lever du roi se présentèrent
MM. de Quélus, Schomberg, Maugiron et d'Épernon ; l'huissier avait coutume d'ouvrir, il ouvrit la
portière aux gentilshommes.

Chicot dormait encore, le roi n'avait pu dormir. Il
sauta furieux hors de son lit, et, arrachant les appareils
parfumés qui couvraient ses joues et ses mains :

— Hors d'ici ! cria-t-il, hors d'ici !

L'huissier, stupéfait, expliqua aux jeunes gens que le roi les congédiait. Ils se regardèrent avec une stupeur égale.

— Mais, sire, balbutia Quélus, nous voulions dire à Votre Majesté...

— Que vous n'êtes plus ivres, vociféra Henri, n'est-ce pas ?

Chicot ouvrit un œil.

— Pardon, sire, reprit Quélus avec gravité, Votre Majesté fait erreur...

— Je n'ai pourtant pas bu le vin d'Anjou, moi !

— Ah !... fort bien, fort bien !... dit Quélus en souriant... Je comprends ; oui. Eh bien !...

— Eh bien ! Quoi ?

— Que Votre Majesté demeure seule avec nous, et nous causerons, s'il lui plaît.

— Je hais les ivrognes et les traîtres.

— Sire ! s'écrièrent d'une commune voix les trois gentilshommes.

— Patience, Messieurs, dit Quélus en les arrêtant ; Sa Majesté a mal dormi et aura fait de méchants rêves. Un mot donnera le réveil meilleur à notre très vénéré prince.

Cette impertinente excuse, prêtée par un sujet à son roi, fit impression sur Henri. Il devina que des gens assez hardis pour dire de pareilles choses ne pouvaient avoir rien fait que d'honorable.

— Parlez ! dit-il, et soyez bref.

— C'est possible, sire, mais c'est difficile.

— Oui... on tourne longtemps autour de certaines accusations.

— Non, sire, on y va tout droit, fit Quélus en regardant Chicot et l'huissier comme pour réitérer à Henri sa demande d'une audience particulière.

Le roi fit un geste : l'huissier sortit. Chicot ouvrit l'autre œil et dit :

— Ne faites pas attention à moi, je dors comme un bœuf.

Et refermant ses deux yeux, il se mit à ronfler de tous ses poumons.

CHAPITRE LXXXV

OÙ CHICOT S'ÉVEILLE

Quand on vit que Chicot dormait si consciencieuse-
ment, personne ne s'occupa de lui. D'ailleurs, on avait
assez pris l'habitude de considérer Chicot comme un
meuble de la chambre à coucher du roi.

— Votre Majesté, dit Quélus en s'inclinant, ne sait
que la moitié des choses, et, j'ose le dire, la moitié la
moins intéressante. Assurément, et personne de nous
n'a l'intention de le nier, assurément nous avons dîné
tous chez M. de Bussy, et je dois même dire, en
l'honneur de son cuisinier, que nous y avons fort bien
dîné.

— Il y avait surtout d'un certain vin d'Autriche ou
de Hongrie, dit Schomberg, qui, en vérité, m'a paru
merveilleux.

— Oh ! le vilain Allemand, interrompit le roi ; il
aime le vin, je m'en étais toujours douté.

— Moi, j'en étais sûr, dit Chicot, je l'ai vu vingt fois
ivre.

Schomberg se retourna de son côté :

— Ne fais pas attention, mon fils, dit le Gascon, le
roi te dira que je rêve tout haut.

Schomberg revint à Henri.

— Ma foi, sire, dit-il, je ne me cache ni de mes
amitiés ni de mes haines ; c'est bon, le bon vin.

— N'appelons pas bonne une chose qui nous fait
oublier Notre Seigneur, dit le roi d'un ton réservé.

Schomberg allait répondre, ne voulant sans doute
pas abandonner si promptement une si belle cause,
quand Quélus lui fit un signe.

— C'est juste, dit Schomberg, continue.

— Je disais donc, sire, reprit Quélus, que pendant
le repas et surtout avant, nous avons eu les entretiens
les plus sérieux et les plus intéressants concernant
particulièrement les intérêts de Votre Majesté.

— Nous faisons l'exorde bien long, dit Henri, c'est
mauvais signe.

— Ventre de biche, que ce Valois est bavard ! s'écria Chicot.

— Oh ! oh ! maître Gascon, dit Henri avec hauteur, si vous ne dormez pas, sortez d'ici.

— Pardieu ! dit Chicot, si je ne dors pas, c'est que tu m'empêches de dormir ; ta langue claque comme les crécelles du Vendredi Saint.

Quélus voyant qu'on ne pouvait dans ce logis royal aborder sérieusement un sujet, si sérieux qu'il fût, tant l'habitude avait rendu tout le monde frivole, soupira, haussa les épaules et se leva dépité.

— Sire, dit d'Épernon en se dandinant, il s'agit cependant de graves matières.

— De graves matières ? répéta Henri.

— Sans doute, si toutefois la vie de huit braves gentilshommes semble mériter à Votre Majesté la peine qu'on s'en occupe.

— Qu'est-ce à dire ? s'écria le roi.

— C'est-à-dire que j'attends que le roi veuille bien m'écouter.

— J'écoute, mon fils, j'écoute, dit Henri en posant sa main sur l'épaule de Quélus.

— Eh bien ! je vous disais, sire, que nous avions causé sérieusement, et maintenant voici le résultat de nos entretiens : la royauté est menacée, affaiblie.

— C'est-à-dire que tout le monde semble conspirer contre elle, s'écria Henri.

— Elle ressemble, continua Quélus, à ces dieux étranges qui, pareils aux dieux de Tibère et de Caligula, tombaient en vieillesse sans pouvoir mourir, et continuaient à marcher dans leur immortalité par le chemin des infirmités mortelles. Ces dieux, arrivés à ce point-là, ne s'arrêtent, dans leur décrépitude toujours croissante, que si un beau dévouement de quelque sectateur les rajeunit et les ressuscite. Alors, régénérés par la transfusion d'un sang jeune, ardent et généreux, ils recommencent à vivre et redeviennent forts et puissants. Eh bien ! sire, votre royauté est semblable à ces dieux-là, elle ne peut plus vivre que par des sacrifices.

— Il parle d'or, dit Chicot ; Quélus, mon fils, va-t'en prêcher par les rues de Paris, et je parie un bœuf contre un œuf que tu éteins Lincestre, Cahier, Cotton, et même ce foudre d'éloquence que l'on nomme Gorenflot.

Henri ne répliqua rien ; il était évident qu'un grand changement se faisait dans son esprit : il avait d'abord attaqué les mignons par des regards hautains, puis peu à peu le sentiment de la vérité l'ayant saisi, il redevenait réfléchi, sombre, inquiet.

— Allez, dit-il, vous voyez que je vous écoute, Quélus.

— Sire, reprit celui-ci, vous êtes un très grand roi mais vous n'avez plus d'horizons devant vous ; la noblesse vient vous poser des barrières au-delà desquelles vos yeux ne voient plus rien, si ce n'est les barrières déjà grandissantes qu'à son tour vous pose le peuple. Eh bien ! sire, vous qui êtes un vaillant, dites que fait-on à la guerre, quand un bataillon vient se placer, muraille menaçante, à trente pas d'un autre bataillon ? Les lâches regardent derrière eux, et, voyant l'espace libre, ils fuient ; les braves baissent la tête et fondent en avant.

— Eh bien ! soit ; en avant ! s'écria le roi ; par la mordieu ! ne suis-je pas le premier gentilhomme de mon royaume ? a-t-on mené plus belles batailles, je vous le demande, que celles de ma jeunesse ? et le siècle à la fin duquel nous touchons a-t-il beaucoup de noms plus retentissants que ceux de Jarnac et de Moncontour ? En avant donc, Messieurs, et je marcherai le premier, c'est mon habitude, dans la mêlée, à ce que je présume.

— Eh bien ! oui, sire, s'écrièrent les jeunes gens électrisés par cette belliqueuse démonstration du roi, en avant !

Chicot se mit sur son séant.

— Paix, là-bas, vous autres, dit-il ; laissez continuer mon orateur. Va, Quélus, va, mon fils ; tu as déjà dit de belles et bonnes choses, et il t'en reste encore à dire ; continue, mon ami, continue.

— Oui, Chicot, et toi aussi tu as raison comme cela t'arrive souvent. Au reste, oui, je continuerai, et pour dire à Sa Majesté que le moment est venu pour la royauté d'agréer un de ces sacrifices dont nous parlions tout à l'heure. Contre tous ces remparts qui enferment insensiblement Votre Majesté, quatre hommes vont marcher, sûrs d'être encouragés par vous, sire, et d'être glorifiés par la postérité.

— Que dis-tu, Quélus ? demanda le roi les yeux brillants d'une joie tempérée par la sollicitude, quels sont ces quatre hommes ?

— Moi et ces Messieurs, dit le jeune homme avec le sentiment de fierté qui grandit tout homme jouant sa vie pour un principe ou pour une passion ; moi et ces Messieurs, nous nous dévouons, sire.

— A quoi ?

— A votre salut.

— Contre qui ?

— Contre vos ennemis.

— Des haines de jeunes gens, s'écria Henri.

— Oh ! voilà l'expression du préjugé vulgaire, sire, et la tendresse de Votre Majesté pour nous est si généreuse, qu'elle consent à se déguiser sous ce trivial manteau ; mais nous la reconnaissons ; parlez en roi, sire, et non en bourgeois de la rue Saint-Denis. Ne feignez pas de croire que Maugiron déteste Antraguet, que Schomberg est gêné par Livarot, que d'Épernon jalouse Bussy, et que Quélus en veut à Riberac. Eh ! non pas, ils sont tous jeunes, beaux et bons ; amis et ennemis, tous pourraient s'aimer comme frères. Mais ce n'est point une rivalité d'hommes à hommes qui nous met l'épée à la main, c'est la querelle de France contre Anjou, la querelle du droit populaire contre le droit divin ; nous nous présentons comme champions de la royauté dans cette lice où descendent des champions de la Ligue, et nous venons vous dire : Bénissez-nous, seigneur, souriez à ceux qui vont mourir pour vous. Votre bénédiction les fera peut-être vaincre, votre sourire les aidera à mourir.

Henri, suffoqué par les larmes, ouvrit ses bras à Quélus et aux autres.

Il les réunit sur son cœur ; et ce n'était pas un spectacle sans intérêt, un tableau sans expression que cette scène où le mâle courage s'alliait aux émotions d'une tendresse profonde que le dévouement sanctifiait à cette heure.

Chicot, sérieux et assombri, Chicot, la main sur son front, regardait du fond de l'alcôve, et cette figure ordinairement refroidie par l'indifférence ou contractée par le rire du sarcasme n'était pas la moins noble et la moins éloquente des six.

— Ah ! mes braves, dit enfin le roi, c'est un beau dévouement, c'est une noble tâche, et je suis fier aujourd'hui, non pas de régner sur la France, mais d'être votre ami. Toutefois, comme je connais mes intérêts mieux que personne, je n'accepterai pas un sacrifice dont le résultat, glorieux en espérance, me livrerait, si vous veniez à échouer, entre les mains de mes ennemis. Pour faire la guerre à Anjou, France suffit, croyez-moi. Je connais mon frère, les Guises et la Ligue ; souvent, dans ma vie, j'ai dompté des chevaux plus fougueux et plus insoumis.

— Mais, sire, s'écria Maugiron, des soldats ne raisonnent pas ainsi ; ils ne peuvent faire entrer la mauvaise chance dans l'examen d'une question de ce genre ; question d'honneur, question de conscience, que l'homme poursuit dans sa conviction sans s'inquiéter comment il jugera dans sa justice.

— Pardonnez-moi, Maugiron, répondit le roi, un soldat peut aller en aveugle, mais le capitaine réfléchit.

— Réfléchissez donc, sire, et laissez-nous faire, nous qui ne sommes que soldats, dit Schomberg : d'ailleurs, je ne connais pas la mauvaise chance, moi, j'ai toujours du bonheur.

— Ami ! ami ! interrompit tristement le roi, je n'en puis dire autant, moi ; il est vrai que tu n'as que vingt ans.

— Sire, interrompit Quélus, les paroles obligeantes de Votre Majesté ne font que redoubler notre ardeur. Quel jour devrons-nous croiser le fer avec MM. de Bussy, Livarot, Antraguet et Riberac ?

— Jamais, je vous le défends absolument ; jamais, entendez-vous bien ?

— De grâce, sire, excusez-nous, reprit Quélus, le rendez-vous a été pris hier avant le dîner, paroles sont dites, et nous ne pouvons les reprendre.

— Excusez-moi, Monsieur, répondit Henri, le roi délie des serments et des paroles en disant : je veux ou je ne veux pas ; car le roi est la toute-puissance. Faites dire à ces messieurs que je vous ai menacés de toute ma colère si vous en venez aux mains, et, pour que vous n'en doutiez pas vous-mêmes, je jure de vous exiler si...

— Arrêtez, sire, dit Quélus, car si vous pouvez nous relever de nos paroles, Dieu seul peut vous relever de la vôtre. Ne jurez donc pas, car si pour une pareille cause nous avons mérité votre colère, et que cette colère se traduise par l'exil, nous irons en exil avec joie, parce que, n'étant plus sur les terres de Votre Majesté, nous pourrons alors tenir notre parole et rencontrer nos adversaires en pays étrangers.

— Si ces messieurs s'approchent de vous à la distance seulement d'une portée d'arquebuse, s'écria Henri, je les fais jeter tous les quatre à la Bastille.

— Sire, dit Quélus, le jour où Votre Majesté se conduirait ainsi, nous irions nu-pieds et la corde au cou nous présenter à maître Laurent Testu, le gouverneur, pour qu'il nous incarcérât avec ces gentils-hommes.

— Je leur ferai trancher la tête mordieu ! Je suis le roi, j'espère.

— S'il arrivait pareille chose à nos ennemis, sire, nous nous couperions la gorge au pied de leur échafaud.

Henri garda longtemps le silence, et, relevant ses yeux noirs :

— A la bonne heure, dit-il, voilà de bonne et brave noblesse. C'est bien... Si Dieu ne bénissait pas une cause défendue par de telles gens !...

— Ne sois pas impie... ne blasphème pas ! dit solennellement Chicot en descendant de son lit et en

s'avançant vers le roi. Oui, ce sont là de nobles cœurs ;
mon Dieu ! fais ce qu'il veut ; entends-tu, mon
maître ? Allons, fixe un jour à ces jeunes gens : c'est
ton affaire, et non de dicter son devoir au Tout-
Puissant.

— Oh ! mon Dicu ! mon Dieu ! murmura Henri.

— Sire, nous vous en supplions, dirent les quatre
gentilshommes en inclinant la tête et en pliant le
genou.

— Eh bien ! soit. En effet, Dieu est juste, il nous
doit la victoire ; mais, au surplus, nous saurons la
préparer par des voies chrétiennes et judicieuses.
Chers amis, souvenez-vous que Jarnac fit ses dévotions avec exactitude avant de combattre La Cha-
taigneraie : c'était une rude lame que ce dernier ; mais
il s'oublia dans les fêtes, les festins, il alla voir des
femmes, abominable péché ! Bref, il tenta Dieu qui
peut-être souriait à sa jeunesse, à sa beauté, à sa
vigueur, et lui voulait sauver la vie. Jarnac lui coupa le
jarret, cependant. Écoutez-moi, nous allons entrer en
dévotion ; si j'avais le temps, je ferais porter vos épées
à Rome pour que le saint-père les bénît toutes... Mais
nous avons la châsse de sainte Geneviève qui vaut les
meilleures reliques. Jeûnons ensemble, macérons-
nous, et sanctifions le grand jour de la Fête-Dieu ;
puis le lendemain...

— Ah ! sire, merci, merci, s'écrièrent les quatre
jeunes gens... c'est dans huit jours.

Et ils se précipitèrent sur les mains du roi, qui les
embrassa tous encore une fois, et rentra dans son
oratoire en fondant en larmes.

— Notre cartel est tout rédigé, dit Quélus ; il ne
faut qu'y mettre le jour et l'heure. Écris, Maugiron,
sur cette table... avec la plume du roi ; écris le lendemain de la Fête-Dieu !

— Voilà qui est fait, répondit Maugiron ; quel est le
héraut qui portera cette lettre ?

— Ce sera moi, s'il vous plaît, dit Chicot en
s'approchant ; seulement je veux vous donner un
conseil, mes petits ; Sa Majesté parle de jeûnes, de

macérations et de châsses... C'est merveilleux comme
vœu fait après une victoire ; mais avant le combat,
j'aime mieux l'efficacité d'une bonne nourriture, d'un
vin généreux, d'un sommeil solitaire de huit heures
par jour ou par nuit. Rien ne donne au poignet la
souplesse et le nerf comme une station de trois heures
à table, — sans ivresse du moins. — J'approuve assez
le roi sur le chapitre des amours ; cela est trop atten-
drissant, vous ferez bien de vous en sevrer.

— Bravo, Chicot ! s'écrièrent ensemble les jeunes
gens.

— Adieu, mes petits lions, répondit le Gascon, je
m'en vais à l'hôtel de Bussy.

Il fit trois pas et revint.

— A propos, dit-il, ne quittez pas le roi pendant ce
beau jour de la Fête-Dieu ; n'allez à la campagne ni les
uns ni les autres : demeurez au Louvre comme une
poignée de paladins. C'est convenu, hein ? Oui ; alors
je vais faire votre commission.

Et Chicot, sa lettre à la main, ouvrit l'équerre de ses
longues jambes et disparut.

CHAPITRE LXXXVI

LA FÊTE-DIEU

Pendant ces huit jours, les événements se prépa-
rèrent, comme une tempête se prépare au fond des
cieux dans les jours calmes et lourds de l'été.

Monsoreau, remis sur pied après quarante-huit
heures de fièvre, s'occupa de guetter lui-même son
larron d'honneur ; mais comme il ne découvrit personne, il demeura plus convaincu que jamais de
l'hypocrisie du duc d'Anjou et de ses mauvaises intentions au sujet de Diane.

Bussy ne discontinua pas ses visites de jour à la
maison du grand veneur.

Seulement il fut averti par Remy des fréquents espionnages du convalescent, et s'abstint de venir la nuit par la fenêtre.

Chicot faisait deux parts de son temps :

L'une était consacrée à son maître bien-aimé Henri de Valois, qu'il quittait le moins possible, le surveillant comme fait une mère de son enfant.

L'autre était pour son tendre ami Gorenflot, qu'il avait déterminé à grand'peine depuis huit jours à retourner à sa cellule où il l'avait reconduit, et où il avait reçu de l'abbé, messire Joseph Foulon, le plus charmant accueil.

A cette première visite, on avait fort parlé de la piété du roi, et le prieur paraissait on ne peut plus reconnaissant à Sa Majesté de l'honneur qu'il faisait à l'abbaye en la visitant.

Cet honneur était même plus grand qu'on ne s'y était attendu d'abord ; Henri, sur la demande du vénérable abbé, avait consenti à passer la journée et la nuit en retraite dans le couvent.

Chicot confirma l'abbé dans cette espérance à laquelle il n'osait s'arrêter, et comme on savait que Chicot avait l'oreille du roi, on l'invita fort à revenir, ce que Chicot promit de faire.

Quant à Gorenflot, il grandit de dix coudées aux yeux des moines.

C'était en effet un coup de partie à lui d'avoir ainsi capté toute la confiance de Chicot ; Machiavel, de politique mémoire, n'eût pas mieux fait.

Invité à revenir, Chicot revint ; et comme avec lui, dans ses poches, sous son manteau, dans ses larges bottes, il apportait des flacons de vins des crus les plus rares et les plus recherchés, frère Gorenflot le recevait encore mieux que messire Joseph Foulon.

Alors il s'enfermait des heures entières dans la cellule du moine, partageant, au dire général, ses études et ses extases.

L'avant-veille de la Fête-Dieu, il passa même la nuit tout entière dans le couvent : le lendemain, le bruit courait à l'abbaye que Gorenflot avait déterminé Chicot à prendre la robe.

Quant au roi, il donnait pendant ce temps de bonnes leçons d'escrime à ses amis, cherchant avec eux des coups nouveaux, et s'étudiant surtout à exercer d'Épernon à qui le sort avait donné un si rude adversaire, et que l'attente du jour décisif préoccupait fort visiblement.

Quelqu'un qui eût parcouru la ville à de certaines heures de la nuit, eût rencontré dans le quartier Sainte-Geneviève les moines étranges dont nos premiers chapitres ont fourni quelques descriptions, et qui ressemblaient beaucoup plus à des reîtres qu'à des frocards.

Enfin nous pourrions ajouter, pour compléter le tableau que nous avons commencé d'esquisser, nous pourrions ajouter, disons-nous, que l'hôtel de Guise était devenu à la fois l'antre le plus mystérieux et le plus turbulent, le plus peuplé au dedans et le plus désert au dehors qu'il se puisse voir ; que des conciliabules se tenaient chaque soir dans la grande salle, après qu'on avait eu soin de fermer hermétiquement les jalousies, et que ces conciliabules étaient précédés de dîners auxquels on n'invitait que des hommes et que présidait cependant madame de Montpensier.

Ces sortes de détails que nous trouvons dans les Mémoires du temps, nous sommes forcés de les donner à nos lecteurs, attendu qu'ils ne les trouveraient pas dans les archives de la police.

En effet, la police de ce bénin règne ne soupçonnait même pas ce qui se tramait, quoique le complot, comme on le pourra voir, fût d'importance, et les dignes bourgeois qui faisaient leur ronde nocturne, salade en tête et hallebarde au poing, ne le soupçonnaient pas plus qu'elle, n'étant point gens à deviner d'autres dangers que ceux qui résultent du feu, des voleurs, des chiens enragés et des ivrognes querelleurs.

De temps en temps quelque patrouille s'arrêtait bien devant l'hôtel de la *Belle-Étoile*, rue de l'Arbre-Sec ; mais maître La Hurière était connu pour un si zélé catholique, que l'on ne doutait point que le grand bruit qui se menait chez lui ne fût mené pour la plus grande gloire de Dieu.

Voilà dans quelles conditions la ville de Paris atteignit, jour par jour, le matin de cette grande solennité abolie par le gouvernement constitutionnel, et qu'on appelle la Fête-Dieu.

Le matin de ce grand jour il faisait un temps superbe, et les fleurs qui jonchaient les rues envoyaient au loin leurs parfums embaumés.

Ce matin, disons-nous, Chicot, qui depuis quinze jours couchait assidûment dans la chambre du roi, réveilla Henri de bonne heure ; personne n'était encore entré dans la chambre royale.

— Ah ! mon pauvre Chicot, s'écria Henri, foin de toi ! Je n'ai jamais vu homme plus mal choisir son temps. Tu me tires du plus doux songe que j'aie fait de ma vie.

— Et que rêvais-tu donc, mon fils ? demanda Chicot.

— Je rêvais que Quélus avait transpercé Antraguet d'un coup de seconde, et qu'il nageait, ce cher ami, dans le sang de son adversaire. Mais voici le jour. Allons prier le Seigneur que mon rêve se réalise. Appelle, Chicot, appelle.

— Que veux-tu donc ?

— Mon cilice et mes verges.

— Tu n'aimerais pas mieux un bon déjeuner ? demanda Chicot.

— Païen, dit Henri, qui veut entendre la messe de la Fête-Dieu l'estomac plein !

— C'est juste.

— Appelle, Chicot, appelle.

— Patience, dit Chicot, il est huit heures à peine, et tu as le temps de te fustiger jusqu'à ce soir. Causons premièrement ; veux-tu causer avec ton ami ? tu ne t'en repentiras pas, Valois, foi de Chicot.

— Eh bien ! causons, dit Henri, mais fais vite.

— Comment divisons-nous notre journée, mon fils ?

— En trois parties.

— En l'honneur de la Sainte-Trinité, très bien. Voyons ces trois parties.

— D'abord, la messe à Saint-Germain-l'Auxerrois.

— Bien.

— Au retour au Louvre, la collation.

— Très bien !

— Puis, processions de pénitents par les rues, en s'arrêtant pour faire des stations dans les principaux couvents de Paris, en commençant par les Jacobins et en finissant par Sainte-Geneviève, où j'ai promis au prieur de faire retraite jusqu'au lendemain dans la cellule d'une espèce de saint qui passera la nuit en prières pour assurer le succès de nos armes.

— Je le connais.

— Le saint ?

— Parfaitement.

— Tant mieux ; tu m'accompagneras, Chicot ; nous prierons ensemble.

— Oui, sois tranquille.

— Alors, habille-toi et viens.

— Attends donc !

— Quoi ?

— J'ai encore quelques détails à te demander.

— Ne peux-tu les demander tandis qu'on m'accommodera ?

— J'aime mieux te les demander tandis que nous sommes seuls.

— Fais donc vite, le temps se passe.

— Ta cour, que fait-elle ?

— Elle me suit.

— Ton frère ?

— Il m'accompagne.

— Ta garde ?

— Les gardes françaises m'attendent avec Crillon au Louvre ; les Suisses m'attendent à la porte de l'abbaye.

— A merveille ! dit Chicot, me voilà renseigné.

— Je puis donc appeler ?

— Appelle.

Henri frappa sur un timbre.

— La cérémonie sera magnifique, continua Chicot.

— Dieu nous en saura gré, je l'espère.

— Nous verrons cela demain. Mais, dis-moi, Henri, avant que personne n'entre, tu n'as rien autre chose à me dire ?

— Non. Ai-je oublié quelque détail du cérémonial ?

— Ce n'est pas de cela que je te parle.

— De quoi me parles-tu donc ?

— De rien.

— Mais tu me demandes...

— S'il est bien arrêté que tu vas à l'abbaye de Sainte-Geneviève ?

— Sans doute.

— Et que tu y passes la nuit ?

— Je l'ai promis.

— Eh bien ! si tu n'as rien à me dire, mon fils, je te dirai, moi, que ce cérémonial ne me convient pas, à moi.

— Comment ?

— Non, et quand nous aurons dîné...

— Quand nous aurons dîné ?

— Je te ferai part d'une autre disposition que j'ai imaginée.

— Soit, j'y consens.

— Tu n'y consentirais pas, mon fils, que ce serait encore la même chose.

— Que veux-tu dire ?

— Chut ! voici ton service qui entre dans l'anti-chambre.

En effet, les huissiers ouvrirent les portières, et l'on vit paraître le barbier, le parfumeur et le valet de chambre de Sa Majesté, qui, s'emparant du roi, se mirent à exécuter conjointement sur son auguste personne une de ces toilettes que nous avons décrites dans le commencement de cet ouvrage.

Lorsque la toilette de Sa Majesté fut aux deux tiers, on annonça Son Altesse monseigneur le duc d'Anjou.

Henri se retourna de son côté, préparant son meilleur sourire pour le recevoir.

Le duc était accompagné de M. de Monsoreau, de d'Épernon et d'Aurilly.

D'Épernon et Aurilly restèrent en arrière.

Henri, à la vue du comte encore pâle et dont la mine était plus effrayante que jamais, ne put retenir un mouvement de surprise.

Le duc s'aperçut de ce mouvement qui n'échappa point non plus au comte.

— Sire, dit le duc, c'est M. de Monsoreau qui vient présenter ses hommages à Votre Majesté.

— Merci, Monsieur, dit Henri, et je suis d'autant plus touché de votre visite, que vous avez été bien blessé, n'est-ce pas ?

— Oui, sire.

— A la chasse ? m'a-t-on dit.

— A la chasse, sire.

— Mais vous allez mieux à présent, n'est-ce pas ?

— Je suis rétabli.

— Sire, dit le duc d'Anjou, ne vous plairait-il pas qu'après nos dévotions faites, M. le comte de Monsoreau nous allât préparer une belle chasse dans les bois de Compiègne ?

— Mais, dit Henri, ne savez-vous pas que demain...

Il allait dire quatre de mes amis se rencontrent avec quatre des vôtres, mais il se rappela que le secret avait dû être gardé, et il s'arrêta.

— Je ne sais rien, sire, reprit le duc d'Anjou, et si Votre Majesté veut m'informer...

— Je voulais dire, reprit Henri, que passant la nuit prochaine en dévotions à l'abbaye Sainte-Geneviève, je ne serais peut-être pas prêt pour demain ; mais que monsieur le comte parte toujours : si ce n'est demain, ce sera après-demain que la chasse aura lieu.

— Vous entendez ? dit le duc à Monsoreau qui s'inclina.

— Oui, Monseigneur, répondit le comte.

En ce moment entrèrent Schomberg et Quélus ; le roi les reçut à bras ouverts.

— Encore un jour, dit Quélus en saluant le roi.

— Mais plus qu'un jour, heureusement, dit Schomberg.

Pendant ce temps, Monsoreau disait de son côté au duc :

— Vous me faites exiler, à ce qu'il paraît, Monseigneur.

— Le devoir d'un grand veneur n'est-il point de préparer les chasses du roi ? dit en riant le duc.

— Je m'entends, répondit Monsoreau, et je vois ce que c'est. C'est ce soir qu'expire le huitième jour de délai que Votre Altesse m'a demandé, et Votre Altesse préfère m'envoyer à Compiègne que de tenir sa promesse. Mais que Votre Altesse y prenne garde ; d'ici à ce soir, je puis, d'un seul mot...

François saisit le comte par le poignet.

— Taisez-vous, dit-il, car au contraire je la tiens, cette promesse que vous réclamez.

— Expliquez-vous.

— Votre départ pour la chasse sera connu de tout le monde, puisque l'ordre est officiel.

— Eh bien ?

— Eh bien ! vous ne partirez pas ; mais vous vous cacherez aux environs de votre maison ; alors, vous croyant parti, viendra l'homme que vous voulez connaître, le reste vous regarde, car je ne me suis engagé à rien autre chose, ce me semble.

— Ah ! ah ! si cela se fait ainsi, dit Monsoreau.

— Vous avez ma parole, dit le duc.

— J'ai mieux que cela, Monseigneur, j'ai votre signature.

— Eh ! oui, mordieu, je le sais bien.

Et le duc s'éloigna de Monsoreau pour se rapprocher de son frère ; Aurilly toucha le bras de d'Épernon.

— C'est fait, dit-il.

— Quoi ? qu'y a-t-il de fait ?

— M. de Bussy ne se battra point demain.

— M. de Bussy ne se battra point demain ?

— J'en réponds.

— Et qui l'en empêchera ?

— Qu'importe ! pourvu qu'il ne se batte point.

— Si cela arrive, mon cher sorcier, il y a mille écus pour vous.

— Messieurs, dit Henri qui venait d'achever sa toilette, à Saint-Germain-l'Auxerrois.

— Et de là à l'abbaye Sainte-Geneviève ? demanda
le duc.

— Certainement, répondit le roi.

— Comptez là-dessus, dit Chicot en bouclant le
ceinturon de sa rapière.

Et Henri passa dans la galerie, où toute sa cour
l'attendait.

CHAPITRE LXXXVII

LEQUEL AJOUTERA ENCORE À LA CLARTÉ DU CHAPITRE PRÉCÉDENT

La veille au soir, quand tout avait été décidé et
arrêté entre les Guises et les Angevins, M. de Monsoreau était rentré chez lui et y avait trouvé Bussy.

Alors, songeant que ce brave gentilhomme auquel il
portait toujours une grande amitié pouvait, n'étant
prévenu de rien, se compromettre cruellement le lendemain, il l'avait pris à part.

— Mon cher comte, lui avait-il dit, voudriez-vous
bien me permettre de vous donner un conseil ?

— Comment donc ! avait répondu Bussy, je vous
en prie ; faites.

— A votre place, je m'absenterais demain de Paris.

— Moi ! Et pourquoi cela ?

— Tout ce que je puis vous dire, c'est que votre
absence vous sauverait, selon toute probabilité, d'un
grand embarras.

— D'un grand embarras ? reprit Bussy regardant le
comte jusqu'au fond des yeux ; et lequel ?

— Ignorez-vous ce qui doit se passer demain ?

— Complètement.

— Sur l'honneur ?

— Foi de gentilhomme.

— M. d'Anjou ne vous a rien confié ?

— Rien. M. d'Anjou ne me confie que les choses

qu'il peut dire tout haut, et j'ajouterai presque qu'il
peut dire à tout le monde.

— Eh bien ! moi qui ne suis pas le duc d'Anjou,
moi qui aime mes amis pour eux et non pour moi, je
vous dirai, mon cher comte, qu'il se prépare pour
demain des événements graves, et que les partis
d'Anjou et de Guise méditent un coup dont la
déchéance du roi pourrait bien être le résultat.

Bussy regarda M. de Monsoreau avec une certaine
défiance, mais sa figure exprimait la plus entière franchise, et il n'y avait point à se tromper à cette expression.

— Comte, lui répondit-il, je suis au duc d'Anjou,
vous le savez, c'est-à-dire que ma vie et mon épée lui
appartiennent. Le roi, contre lequel je n'ai jamais rien
ostensiblement entrepris, me garde rancune, et n'a
jamais manqué l'occasion de me dire ou de me faire
une chose blessante. Et demain même, — Bussy
baissa la voix, — je vous dis cela, mais je le dis à vous
seul, comprenez-vous bien ? demain je vais risquer ma
vie pour humilier Henri de Valois dans la personne de
ses favoris.

— Ainsi, demanda Monsoreau, vous êtes résolu à
subir toutes les conséquences de votre attachement au
duc d'Anjou.

— Oui.

— Vous savez où cela vous entraîne, peut-être ?

— Je sais où je compte m'arrêter ; quelque motif
que j'aie de me plaindre du roi, jamais je ne lèverai la
main sur l'oint du Seigneur ; je laisserai faire les
autres, et je suivrai, sans frapper et sans provoquer
personne, M. le duc d'Anjou, afin de le défendre en
cas de péril.

M. de Monsoreau réfléchit un instant, et, posant sa
main sur l'épaule de Bussy :

— Cher comte, lui dit-il, le duc d'Anjou est un
perfide, un lâche, un traître, capable, sur une jalousie
ou une crainte, de sacrifier son serviteur le plus fidèle,
son ami le plus dévoué : cher comte, abandonnez-le,
suivez le conseil d'un ami, allez passer la journée de

demain dans votre petite maison de Vincennes, allez
où vous voudrez, mais n'allez pas à la procession de la
Fête-Dieu.

Bussy le regarda fixement.

— Mais pourquoi suivez-vous le duc d'Anjou
vous-même ? répliqua-t-il.

— Parce que, pour des choses qui intéressent mon
honneur, répondit le comte, j'ai besoin de lui quelque
temps encore.

— Eh bien ! c'est comme moi, dit Bussy : pour des
choses qui intéressent aussi mon honneur, je suivrai le
duc.

Le comte de Monsoreau serra la main de Bussy, et
tous deux se quittèrent.

Nous avons dit, dans le chapitre précédent, ce qui
se passa le lendemain, au lever du roi.

Monsoreau rentra chez lui et annonça à sa femme
son départ pour Compiègne ; en même temps, il
donna l'ordre de faire tous les préparatifs de ce départ.

Diane entendit la nouvelle avec joie.

Elle savait de son mari le duel futur de Bussy et de
d'Épernon, mais d'Épernon était celui des mignons du
roi qui avait la moindre réputation de courage et
d'adresse, elle n'avait donc qu'une crainte mêlée
d'orgueil en songeant au combat du lendemain.

Bussy s'était présenté dès le matin chez le duc
d'Anjou et l'avait accompagné au Louvre, tout en se
tenant dans la galerie.

Le duc le prit, en revenant de chez son frère, et tout
le cortège royal s'achemina vers Saint-Germain-
l'Auxerrois.

En voyant Bussy si franc, si loyal, si dévoué, le
prince avait eu quelques remords, mais deux choses
combattaient en lui les bonnes dispositions : le grand
empire que Bussy avait pris sur lui, comme toute
nature puissante sur une nature faible, et qui lui inspirait la crainte que, tout en se tenant debout près de
son trône, ce ne fût Bussy le véritable roi ; puis
l'amour de Bussy pour madame de Monsoreau,
amour qui éveillait toutes les tortures de la jalousie au
fond du cœur du prince.

Cependant il s'était dit, car Monsoreau lui inspirait de son côté des inquiétudes presque aussi grandes que Bussy, cependant il s'était dit :

— Ou Bussy m'accompagnera, et, en me secondant par son courage, fera triompher ma cause, et alors, si j'ai triomphé, peu m'importe ce que dira et ce que fera le Monsoreau ; ou Bussy m'abandonnera, et alors je ne lui dois plus rien, et je l'abandonne à mon tour.

Le résultat de cette double réflexion dont Bussy était l'objet faisait que le prince ne quittait pas un instant des yeux le jeune homme.

Il le vit avec son visage calme et souriant entrer à l'église après avoir galamment cédé le pas à M. d'Épernon, son adversaire, et s'agenouiller un peu en arrière.

Le prince fit alors signe à Bussy de se rapprocher de lui. Dans la position où il se trouvait, il était obligé de tourner complètement la tête, tandis qu'en le faisant mettre à sa gauche, il n'avait besoin que de tourner les yeux.

La messe était commencée depuis un quart d'heure à peu près quand Remy entra dans l'église et vint s'agenouiller près de son maître. Le duc tressaillit à l'apparition du jeune médecin qu'il savait être confident des plus secrètes pensées de Bussy.

En effet, au bout d'un instant, après quelques paroles échangées tout bas, Remy glissa un billet au comte.

Le prince sentit un frisson passer dans ses veines : une petite écriture fine et charmante formait la suscription de ce billet.

— C'est d'elle, dit-il ; elle lui annonce que son mari quitte Paris.

Bussy glissa le billet dans le fond de son chapeau, l'ouvrit et lut.

Le prince ne voyait plus le billet ; mais il voyait le visage de Bussy que dorait un rayon de joie et d'amour.

— Ah ! malheur à toi si tu ne m'accompagnes pas ! murmura-t-il.

Bussy porta le billet à ses lèvres et le glissa sur son cœur.

Le duc regarda autour de lui. Si Monsoreau eût été là, peut-être le duc n'eût-il pas eu la patience d'attendre le soir pour lui nommer Bussy.

La messe finie, on reprit le chemin du Louvre où une collation attendait le roi dans ses appartements et les gentilshommes dans la galerie.

Les Suisses étaient en haie à partir de la porte du Louvre. Crillon et les gardes françaises étaient rangés dans sa cour.

Chicot ne perdait pas plus le roi de vue que le duc d'Anjou ne perdait Bussy.

En entrant au Louvre, Bussy s'approcha du duc.

— Pardon, Monseigneur, fit-il en s'inclinant ; je désirerais dire deux mots à Votre Altesse.

— Pressés ? demanda le duc.

— Très pressés, Monseigneur.

— Ne pourras-tu me les dire pendant la procession ? Nous marcherons à côté l'un de l'autre.

— Monseigneur m'excusera, mais je l'arrêtais justement pour lui demander la permission de ne pas l'accompagner.

— Comment cela ! demanda le duc d'une voix dont il ne put complètement dissimuler l'altération.

— Monseigneur, demain est un grand jour, Votre Altesse le sait, puisqu'il doit vider la querelle entre l'Anjou et la France ; je désirerais donc me retirer dans ma petite maison de Vincennes et y faire retraite toute la journée.

— Ainsi tu ne viens pas à la procession où vient la cour, où vient le roi ?

— Non, Monseigneur, avec la permission toutefois de Votre Altesse.

— Tu ne me rejoindras pas même à Sainte-Geneviève ?

— Monseigneur, je désire avoir toute la journée à moi.

— Mais cependant, dit le duc, si une occasion se présente dans le courant de la journée où j'aie besoin de mes amis !...

— Comme Monseigneur n'en aurait besoin, dit-il, que pour tirer l'épée contre son roi, je lui demande doublement congé, répondit Bussy ; mon épée est engagée contre M. d'Épernon.

Monsoreau avait dit la veille au prince qu'il pouvait compter sur Bussy. Tout était donc changé depuis la veille, et ce changement venait du billet apporté par le Haudouin à l'église.

— Ainsi, dit le duc les dents serrées, tu abandonnes ton seigneur et maître, Bussy ?

— Monseigneur, dit Bussy, l'homme qui joue sa vie le lendemain dans un duel acharné, sanglant, mortel, comme sera le nôtre, je vous en réponds, celui-là n'a plus qu'un seul maître, et c'est ce maître-là qui aura mes dernières dévotions.

— Tu sais qu'il s'agit pour moi du trône, et tu me quittes.

— Monseigneur, j'ai assez travaillé pour vous ; je travaillerai encore assez demain ; ne me demandez pas plus que ma vie.

— C'est bien ! répliqua le duc d'une voix sourde ; vous êtes libre, allez, monsieur de Bussy.

Bussy, sans s'inquiéter de cette froideur soudaine, salua le prince, descendit l'escalier du Louvre et, une fois hors du palais, s'achemina vivement vers sa maison.

Le duc appela Aurilly.

Aurilly parut.

— Eh bien ! Monseigneur ? demanda le joueur de luth.

— Eh bien ! il s'est condamné lui-même.

— Il ne vous suit pas ?

— Non.

— Il va au rendez-vous du billet ?

— Oui.

— Alors c'est pour ce soir ?

— C'est pour ce soir.

— M. de Monsoreau est-il prévenu ?

— Du rendez-vous, oui ; de l'homme qu'il trouvera au rendez-vous, pas encore.

— Ainsi vous êtes décidé à sacrifier le comte ?

— Je suis décidé à me venger, dit le prince. Je ne crains plus qu'une chose maintenant.

— Laquelle ?

— C'est que le Monsoreau ne se fie à sa force et à son adresse, et que Bussy ne lui échappe.

— Que Monseigneur se rassure.

— Comment ?

— M. de Bussy est-il bien décidément condamné ?

— Oui, mordieu ! Un homme qui me tient en tutelle, qui me prend ma volonté, qui en fait sa volonté ; qui me prend ma maîtresse et qui en fait la sienne ; une espèce de lion dont je suis moins le maître que le gardien. Oui, oui, Aurilly, il est condamné sans appel, sans miséricorde.

— Eh bien ! comme je vous le disais, que Monseigneur se rassure ; s'il échappe au Monsoreau, il n'échappera point à un autre.

— Et quel est cet autre ?

— Monseigneur m'ordonne de le nommer ?

— Oui, je te l'ordonne.

— Cet autre est M. d'Épernon.

— D'Épernon, d'Épernon qui doit se battre contre lui demain ?

— Oui, Monseigneur.

— Conte-moi donc cela.

Aurilly allait commencer le récit demandé, quand on appela le duc. Le roi était à table, et il s'étonnait de n'y pas voir le duc d'Anjou, ou plutôt Chicot venait de lui faire observer cette absence, et le roi demandait son frère.

— Tu me conteras tout cela à la procession, dit le duc. Et il suivit l'huissier qui l'appelait.

Maintenant que nous n'aurons pas le loisir, préoccupés que nous serons d'un plus grand personnage, de suivre le duc et Aurilly dans les rues de Paris, disons à nos lecteurs ce qui s'était passé entre d'Épernon et le joueur de luth.

Le matin, vers le point du jour, d'Épernon s'était présenté à l'hôtel d'Anjou et avait demandé à parler à Aurilly.

Depuis longtemps le gentilhomme connaissait le musicien.

Ce dernier avait été appelé à lui enseigner le luth, et plusieurs fois l'élève et le maître s'étaient réunis pour racler la basse ou pincer la viole, comme c'était la mode en ce temps-là, non seulement en Espagne, mais encore en France.

Il en résultait qu'une assez tendre amitié, tempérée par l'étiquette, unissait les deux musiciens.

D'ailleurs M. d'Épernon, Gascon subtil, pratiquait la méthode d'insinuation, qui consiste à arriver aux maîtres par les valets, et il y avait peu de secrets chez le duc d'Anjou dont il ne fût instruit par son ami Aurilly.

Ajoutons que, par suite de son habileté diplomatique, il ménageait le roi et le duc, flottant de l'un à l'autre, dans la crainte d'avoir pour ennemi le roi futur et pour se conserver le roi régnant.

Cette visite à Aurilly avait pour but de causer avec lui de son duel prochain avec Bussy.

Ce duel ne laissait pas de l'inquiéter vivement.

Pendant sa longue vie, la partie saillante du caractère de d'Épernon ne fut jamais la bravoure ; or il eût fallu être plus que brave, il eût fallu être téméraire pour affronter de sang-froid le combat avec Bussy : se battre avec lui c'était affronter une mort certaine. Quelques-uns l'avaient osé qui avaient mesuré la terre dans la lutte et qui ne s'en étaient pas relevés.

Au premier mot que d'Épernon dit au musicien du sujet qui le préoccupait, celui-ci, qui connaissait la sourde haine que son maître nourrissait contre Bussy, celui-ci, disons-nous, abonda dans son sens, plaignant bien tendrement son élève en lui annonçant que depuis huit jours M. de Bussy faisait des armes deux heures chaque matin avec un clairon des gardes, la plus perfide lame que l'on eût encore rencontrée à Paris, une sorte d'artiste en coups d'épée, qui, voyageur et philosophe, avait emprunté aux Italiens leur jeu prudent et serré, aux Espagnols leurs feintes subtiles et brillantes, aux Allemands l'inflexibilité du poi-

gnet et la logique des ripostes, enfin aux sauvages
Polonais, que l'on appelait alors des Sarmates, leurs
voltes, leurs bonds, leurs prostrations subites et les
étreintes corps à corps.

D'Épernon, pendant cette longue énumération de
chances contraires, mangea de terreur tout le carmin
qui lustrait ses ongles.

— Ah çà ! mais je suis mort, dit-il moitié riant,
moitié pâlissant.

— Dame ! répondit Aurilly.

— Mais c'est absurde, s'écria d'Épernon, d'aller sur
le terrain avec un homme qui doit indubitablement
nous tuer. C'est comme si l'on jouait aux dés avec un
homme qui serait sûr d'amener tous les coups le
double-six.

— Il fallait songer à cela avant de vous engager,
monsieur le duc.

— Peste, dit d'Épernon, je me dégagerai. On n'est
pas Gascon pour rien. Bien fou qui sort volontairement de la vie, et surtout à vingt-cinq ans. Mais j'y
pense, mordieu ! oui, ceci est de la logique. Attends.

— Dites.

— M. de Bussy est sûr de me tuer, dis-tu ?

— Je n'en doute pas un seul instant.

— Alors ce n'est plus un duel, s'il est sûr ; c'est un
assassinat.

— Au fait !

— Et si c'est un assassinat, que diable !

— Eh bien ?

— Il est permis de prévenir un assassinat par...

— Par ?...

— Par... un meurtre.

— Sans doute.

— Qui m'empêche, puisqu'il veut me tuer, de le
tuer auparavant ? moi !

— Oh ! mon Dieu ! rien du tout, et j'y songeais
même.

— Est-ce que mon raisonnement n'est pas clair ?

— Clair comme le jour.

— Naturel ?

— Très naturel !

— Seulement au lieu de le tuer cruellement de mes mains, comme il veut le faire à mon égard, eh bien ! moi qui abhorre le sang, je laisserai ce soin à quelque autre.

— C'est-à-dire que vous payerez des sbires ?

— Ma foi, oui ! comme M. de Guise, M. de Mayenne pour Saint-Mégrin.

— Cela vous coûtera cher.

— J'y mettrai trois mille écus.

— Pour trois mille écus, quand vos sbires sauront à qui ils ont affaire, vous n'aurez guère que six hommes.

— N'est-ce point assez donc ?

— Six hommes ! M. de Bussy en aura tué quatre avant d'être seulement effleuré. Rappelez-vous l'échauffourée de la rue Saint-Antoine, dans laquelle il a blessé Schomberg à la cuisse, vous au bras, et presque assommé Quélus.

— Je mettrai six mille écus, s'il le faut, dit d'Épernon. Mordieu ! si je fais la chose, je veux la bien faire et qu'il n'en réchappe pas.

— Vous avez votre monde ? dit Aurilly.

— Dame ! répliqua d'Épernon, j'ai çà et là des gens inoccupés, des soldats en retraite, des braves, après tout, qui valent bien ceux de Venise et de Florence.

— Très bien ! très bien ! Mais prenez garde.

— A quoi ?

— S'ils échouent, ils vous dénonceront.

— J'ai le roi pour moi.

— C'est quelque chose, mais le roi ne peut vous empêcher d'être tué par M. de Bussy.

— Voilà qui est juste et parfaitement juste, dit d'Épernon rêveur.

— Je vous indiquerais bien une combinaison, dit Aurilly.

— Parle, mon ami, parle.

— Mais vous ne voudriez peut-être pas faire cause commune ?

— Je ne répugnerais à rien de ce qui doublerait mes chances de me défaire de ce chien enragé.

— Eh bien ! certain ennemi de votre ennemi est jaloux.

— Ah ! ah !

— De sorte qu'à cette heure même...

— Eh bien ! à cette heure même... achève donc !

— Il lui tend un piège.

— Après ?

— Mais il manque d'argent ; avec les six mille écus il ferait votre affaire en même temps que la sienne. Vous ne tenez point à ce que l'honneur du coup vous revienne, n'est-ce pas ?

— Mon Dieu, non ! je ne demande autre chose, moi, que de demeurer dans l'obscurité.

— Envoyez donc vos hommes au rendez-vous, sans vous faire connaître, et il les utilisera.

— Mais encore faudrait-il, si mes hommes ne me connaissent pas, que je connusse cet homme, moi.

— Je vous le ferai voir ce matin.

— Où cela ?

— Au Louvre.

— C'est donc un gentilhomme ?

— Oui.

— Aurilly, séance tenante, les six mille écus seront à ta disposition.

— C'est donc arrêté ainsi ?

— Irrévocablement.

— Au Louvre donc !

— Au Louvre.

Nous avons vu dans le chapitre précédent comment Aurilly dit à d'Épernon :

— Soyez tranquille, M. de Bussy ne se battra pas avec vous demain !

CHAPITRE LXXXVIII

LA PROCESSION

Aussitôt la collation finie, le roi était rentré dans sa chambre avec Chicot pour y prendre ses habits de pénitent, et il en était sorti un instant après les pieds nus, les reins ceints d'une corde et le capuchon rabattu sur le visage.

Pendant ce temps les courtisans avaient fait la même toilette.

Le temps était magnifique, le pavé jonché de fleurs ; on parlait de reposoirs plus splendides les uns que les autres, et surtout de celui que les génovéfains avaient dressé dans la crypte de la chapelle.

Un peuple immense bordait le chemin qui conduisait aux quatre stations que devait faire le roi, et qui étaient aux Jacobins, aux Carmes, aux Capucins et aux Génovéfains.

Le clergé de Saint-Germain-l'Auxerrois ouvrit la marche. L'archevêque de Paris portait le Saint-Sacrement. Entre le clergé et l'archevêque marchaient à reculons de jeunes garçons qui secouaient les encensoirs, et de jeunes filles qui effeuillaient des roses.

Puis venait le roi, les pieds nus, comme nous avons dit, et suivi de ses quatre amis, les pieds nus comme lui et enfroqués comme lui.

Le duc d'Anjou suivait, mais dans son costume ordinaire : toute sa cour angevine l'accompagnait, mêlée aux grands dignitaires de la couronne qui marchaient à la suite du prince, chacun gardant le rang que l'étiquette lui assignait.

Puis enfin venaient les bourgeois et le peuple.

Il était déjà plus d'une heure de l'après-midi lorsqu'on quitta le Louvre.

Crillon et les gardes françaises voulaient suivre le roi, mais celui-ci leur fit signe que c'était inutile, et Crillon et les gardes demeurèrent pour garder le palais.

Il était près de six heures du soir quand, après avoir fait ses stations aux différents reposoirs, la tête du cortège commença d'apercevoir le porche dentelé de la vieille abbaye, et les génovéfains, le prieur en tête, disposés sur les trois marches qui formaient le seuil, pour recevoir Sa Majesté.

Pendant la marche qui séparait l'abbaye de la dernière station, qui était celle que l'on avait faite au

couvent des Capucins, le duc d'Anjou, qui était sur
pied depuis le matin, s'était trouvé mal de fatigue : il
avait alors demandé au roi la permission de se retirer
dans son hôtel, permission que le roi lui avait accordée.

Ses gentilshommes s'étaient alors détachés du cortège et s'étaient retirés avec lui, comme pour indiquer
bien hautement que c'était le duc qu'ils suivaient et
non le roi.

Mais le fait était que, comme trois d'entre eux
devaient se battre le lendemain, ils désiraient ne pas se
fatiguer outre mesure.

A la porte de l'abbaye, le roi, sous prétexte que
Quélus, Maugiron, Schomberg et d'Épernon n'avaient
pas moins besoin de repos que Livarot, Riberac et
Antraguet, le roi, disons-nous, leur donna congé aussi.

L'archevêque, qui officiait depuis le matin et qui
n'avait encore rien pris, non plus que les autres
prêtres, tombait de fatigue ; le roi prit pitié de ces
saints martyrs, et arrivé, comme nous l'avons dit, à la
porte de l'abbaye, il les renvoya tous.

Puis, se retournant vers le prieur Joseph Foulon :

— Me voici, mon père, dit-il en nasillant, je viens,
comme un pécheur que je suis, chercher le repos dans
votre solitude.

Le prieur s'inclina.

Alors s'adressant à ceux qui avaient résisté à cette
rude journée et qui l'avaient suivi jusque-là :

— Je vous remercie, Messieurs, dit-il, allez en paix.

Chacun salua respectueusement, et le royal pénitent
monta une à une, en se frappant la poitrine, les
marches de l'abbaye.

A peine Henri avait-il dépassé le seuil de l'abbaye,
que les portes en furent fermées derrière lui.

Le roi était si profondément absorbé dans ses méditations, qu'il ne parut pas remarquer cette circonstance, qui d'ailleurs, après le congé donné par le
roi à sa suite, n'avait rien d'extraordinaire.

— Nous allons d'abord, dit le prieur au roi,
conduire Votre Majesté dans la crypte, que nous

avons ornée de notre mieux en l'honneur du roi du ciel et de la terre.

Le roi se contenta de répondre par un geste d'assentiment et marcha derrière le prieur.

Mais aussitôt qu'il fut passé sous la sombre arcade où se tenaient immobiles deux rangées de moines, aussitôt qu'on l'eut vu tourner l'angle de la cour qui conduisait à la chapelle, vingt capuchons sautèrent en l'air, et l'on vit resplendir dans la demi-teinte des yeux étincelants de la joie et de l'orgueil du triomphe.

Certes, ce n'étaient point là des figures de moines paresseux et poltrons ; la moustache épaisse, le teint basané dénotaient chez eux la force et l'activité.

Bon nombre démasquaient des visages sillonnés de cicatrices, et à côté du plus fier de tous, de celui qui portait la cicatrice la plus illustre et la plus célèbre, apparaissait triomphante et exaltée la figure d'une femme couverte d'un froc.

Cette femme agita une paire de ciseaux d'or qui pendaient d'une chaîne nouée à sa ceinture, et s'écria :

— Ah ! mes frères, nous tenons enfin le Valois.

— Ma foi, ma sœur, je le crois comme vous, répondit le Balafré.

— Pas encore, pas encore, murmura le cardinal.

— Comment cela ?

— Oui, aurons-nous assez de troupes bourgeoises pour maintenir Crillon et ses gardes ?

— Nous avons mieux que des troupes bourgeoises, répliqua le duc de Mayenne, et, croyez-moi, il ne sera pas échangé un seul coup de mousquet.

— Voyons, dit la duchesse de Montpensier, comment entendez-vous cela ? J'aurais cependant bien voulu un peu de tapage, moi.

— Eh bien ! ma sœur, je vous le dis à regret, vous en serez privée. Quand le roi sera pris, il criera ; mais nul ne répondra à ses cris. Nous lui ferons alors, par persuasion ou par violence, mais sans nous montrer, signer une abdication. Aussitôt l'abdication courra la ville et disposera en notre faveur les bourgeois et les soldats.

— Le plan est bon et ne peut échouer maintenant,
dit la duchesse.

— Il est un peu brutal, fit le cardinal de Guise en
secouant la tête.

— Le roi refusera de signer l'abdication, ajouta le
Balafré ; il est brave, il aimera mieux mourir.

— Qu'il meure alors, s'écrièrent Mayenne et la
duchesse.

— Non pas, répliqua fermement le duc de Guise,
non pas ! Je veux bien succéder à un prince qui
abdique et que l'on méprise ; mais je ne veux pas
remplacer un homme assassiné que l'on plaindra.
D'ailleurs, dans vos plans, vous oubliez M. le duc
d'Anjou qui, si le roi est tué, réclamera la couronne.

— Qu'il réclame, mordieu ! qu'il réclame, dit
Mayenne ; voici notre frère le cardinal qui a prévu le
cas ; M. le duc d'Anjou sera compris dans l'acte
d'abdication de son frère. M. le duc d'Anjou a eu des
relations avec les huguenots, il est indigne de régner.

— Avec les huguenots, êtes-vous sûr de cela ?

— Pardieu ! puisqu'il a fui par l'aide du roi de
Navarre.

— Bien.

— Puis une autre clause en faveur de notre maison
suit la clause de déchéance : cette clause vous fera
lieutenant du royaume, mon frère, et de la lieutenance
à la royauté il n'y aura qu'un pas.

— Oui, oui, dit le cardinal, j'ai prévu tout cela ;
mais il se pourrait que les gardes françaises, pour
s'assurer que l'abdication est bien réelle et surtout bien
volontaire, forçassent l'abbaye. Crillon n'entend pas
raillerie, et il serait homme à dire au roi : Sire, il y a
danger de la vie, c'est bien ; mais, avant tout, sauvons
l'honneur.

— Cela regardait le général, dit Mayenne, et le
général a pris ses précautions. Nous avons ici pour
soutenir le siège quatre-vingts gentilshommes, et j'ai
fait distribuer des armes à cent moines. Nous tien-
drons un mois contre une armée. Sans compter qu'en
cas d'infériorité nous avons le souterrain pour fuir
avec notre proie.

— Et que fait le duc d'Anjou dans ce moment ?

— A l'heure du danger il a faibli comme toujours. Le duc d'Anjou est rentré chez lui, où il attend sans doute de nos nouvelles entre Bussy et Monsoreau.

— Eh mon Dieu ! c'est ici qu'il faudrait qu'il fût, et non chez lui.

— Je crois que vous vous trompez, mon frère, dit le cardinal, le peuple et la noblesse eussent vu dans cette réunion des deux frères un guet-apens contre la famille comme nous le disions tout à l'heure, nous devons, avant toute chose, éviter de jouer le rôle d'usurpateur. Nous héritons, voilà tout. En laissant le duc d'Anjou libre, la reine mère indépendante, nous nous faisons bénir de tous et admirer de nos partisans, et nul n'aura le plus petit mot à nous dire. Sinon, nous aurons contre nous Bussy et cent autres épées fort dangereuses.

— Bah ! Bussy se bat demain contre les mignons.

— Pardieu ! il les tuera ; la belle affaire : et ensuite il sera des nôtres, dit le duc de Guise. Quant à moi, je le fais général d'une armée en Italie, où la guerre éclatera sans nul doute. C'est un homme supérieur et que j'estime fort, que le seigneur de Bussy.

— Et moi, en preuve que je ne l'estime pas moins que vous, mon frère, si je deviens veuve, dit la duchesse de Montpensier, moi je l'épouse.

— L'épouser ! ma sœur, s'écria Mayenne.

— Tiens, dit la duchesse, il y a de plus grandes dames que moi qui ont fait plus pour lui, et il n'était pas général d'armée à cette époque.

— Allons, allons, dit Mayenne, nous verrons tout cela plus tard ; à l'œuvre maintenant !

— Qui est près du roi ? demanda le duc de Guise.

— Le prieur et frère Gorenflot, à ce que je crois, dit le cardinal. Il faut qu'il ne voie que des visages de connaissance, sans cela il s'effaroucherait tout d'abord.

— Oui, dit Mayenne, mangeons les fruits de la conspiration, mais ne les cueillons pas.

— Est-ce qu'il est déjà dans la cellule ? dit madame

de Montpensier, impatiente de donner au roi la troisième couronne qu'elle lui promettait depuis si longtemps.

— Oh ! non pas ; il verra d'abord le grand reposoir de la crypte, et il adorera les saintes reliques.

— Ensuite ?

— Ensuite, le prieur lui adressera quelques paroles sonores sur la vanité des biens de ce monde ; après quoi le frère Gorenflot, vous savez, celui qui a prononcé ce magnifique discours pendant la soirée de la Ligue ?...

— Oui ; eh bien ?

— Le frère Gorenflot essayera d'obtenir de sa conviction ce que nous répugnons d'arracher à sa faiblesse.

— En effet, cela vaudrait infiniment mieux ainsi, dit le duc rêveur.

— Bah ! Henri est superstitieux et affaibli, dit Mayenne, je réponds qu'il cédera à la peur de l'enfer.

— Et moi je suis moins convaincu que vous, dit le duc, mais nos vaisseaux sont brûlés, il n'y a plus à revenir en arrière. Maintenant, après la tentative du prieur, après le discours de Gorenflot, si l'un et l'autre échouent, nous essayerons du dernier moyen, c'est-à-dire de l'intimidation.

— Et alors je tondrai mon Valois, s'écria la duchesse revenant toujours à sa pensée favorite.

En ce moment une sonnette retentit sous les voûtes assombries par les premières ombres de la nuit.

— Le roi descend à la crypte, dit le duc de Guise ; allons, Mayenne, appelez vos amis et redevenons moines.

Aussitôt les capuchons recouvrirent fronts audacieux, yeux ardents et cicatrices parlantes ; puis trente ou quarante moines, conduits par les trois frères, se dirigèrent vers l'ouverture de la crypte.

CHAPITRE LXXXIX

CHICOT PREMIER

Le roi était plongé dans un recueillement qui promettait un succès facile aux projets de MM. de Guise.

Il visita la crypte avec toute la communauté, baisa la châsse, et termina toutes les cérémonies en se frappant la poitrine à coups redoublés et en marmottant les psaumes les plus lugubres.

Le prieur commença ses exhortations, que le roi écouta en donnant les mêmes signes de contrition fervente.

Enfin, sur un geste du duc de Guise, Joseph Foulon s'inclina devant Henri et lui dit :

— Sire, vous plairait-il de venir maintenant déposer votre couronne terrestre aux pieds du maître éternel ?

— Allons... répliqua simplement le roi.

Et aussitôt toute la communauté, formant la haie sur son passage, s'achemina vers les cellules dont on entrevoyait à gauche le corridor principal.

Henri semblait très attendri. Ses mains ne cessaient de battre sa poitrine, le gros chapelet qu'il roulait vivement sonnait sur les têtes de mort en ivoire suspendues à sa ceinture.

On arriva enfin à la cellule : au seuil se carrait Gorenflot, le visage enluminé, l'œil brillant comme une escarboucle.

— Ici ? fit le roi.

— Ici même, répliqua le gros moine.

Le roi pouvait hésiter en effet, parce qu'au bout de ce corridor on voyait une porte, ou plutôt une grille assez mystérieuse, ouvrant sur une pente rapide et n'offrant à l'œil que des ténèbres épaisses.

Henri entra dans la cellule.

— *Hic portus salutis ?* murmura-t-il de sa voix émue.

— Oui, répondit Foulon, *ici est le port.*

— Laissez-nous, fit Gorenflot avec un geste majestueux.

Et aussitôt la porte se referma ; les pas des assistants s'éloignèrent.

Le roi, avisant un escabeau dans le fond de la cellule, s'y plaça les deux mains sur les genoux.

— Ah ! te voilà, Hérodes, te voilà, païen, te voilà, Nabuchodonosor, dit Gorenflot sans transition aucune et en appuyant ses épaisses mains sur ses hanches.

Le roi sembla surpris.

— Est-ce à moi, dit-il, que vous parlez, mon frère ?

— Oui, c'est à toi que je parle, et à qui donc ? Peut-on dire une injure qui ne te soit pas convenable ?

— Mon frère ! murmura le roi.

— Bah ! tu n'as pas de frère ici. Voilà assez long-temps que je médite un discours... tu l'auras... Je le divise en trois points comme tout bon prédicateur. D'abord tu es un tyran, ensuite tu es un satyre, enfin tu es un détrôné ; voilà sur quoi je vais parler.

— Détrôné ! mon frère... dit avec explosion le roi perdu dans l'ombre.

— Ni plus, ni moins. Ce n'est pas ici comme en Pologne, et tu ne t'enfuiras pas...

— Un guet-apens !...

— Oh ! Valois, apprends qu'un roi n'est qu'un homme, lorsqu'il est homme encore.

— Des violences, mon frère !

— Pardieu ! crois-tu que nous t'emprisonnions pour te ménager !

— Vous abusez de la religion, mon frère.

— Est-ce qu'il y a une religion ? s'écria Gorenflot.

— Oh ! fit le roi, un saint dire de pareilles choses !

— Tant pis, j'ai dit.

— Vous vous damnerez.

— Est-ce qu'on se damne !

— Vous parlez en mécréant, mon frère.

— Allons, pas de capucinades ; es-tu prêt, Valois ?

— A quoi faire ?

— A déposer ta couronne : on m'a chargé de t'y inviter, je t'y invite.

— Mais vous faites un péché mortel.

— Oh ! oh ! fit Gorenflot avec un sourire cynique, j'ai droit d'absolution, et je m'absous d'avance ; voyons ! renonce, frère Valois.

— A quoi ?

— Au trône de France

— Plutôt la mort !

— Eh ! mais tu mourras alors... Tiens, voici le prieur qui revient... décide-toi.

— J'ai mes gardes, mes amis ; je me défendrai.

— C'est possible, mais on te tuera d'abord.

— Laisse-moi au moins un instant pour réfléchir.

— Pas un instant, pas une seconde.

— Votre zèle vous emporte, mon frère, dit le prieur.

Et il fit de la main un signe qui voulait dire au roi :

— Sire, votre demande vous est accordée.

Et le prieur referma la porte.

Henri tomba dans une rêverie profonde.

— Allons ! dit-il, acceptons le sacrifice.

Dix minutes s'étaient écoulées tandis que Henri réfléchissait ; on heurta aux guichets de la cellule.

— C'est fait, dit Gorenflot ; il accepte.

Le roi entendit comme un murmure de joie et de surprise autour de lui dans le corridor.

— Lisez-lui l'acte, dit une voix qui fit tressaillir le roi... à tel point qu'il regarda par les grillages de la porte.

Et un parchemin roulé passa de la main d'un moine dans celle de Gorenflot.

Gorenflot fit péniblement lecture de cet acte au roi, dont la douleur était grande, et qui cachait son front dans ses mains.

— Et si je refuse de signer ? s'écria-t-il en larmoyant.

— C'est vous perdre doublement, repartit la voix du duc de Guise, assourdie par le capuchon. Regardez-vous comme mort au monde, et ne forcez pas des sujets à verser le sang d'un homme qui a été leur roi.

— On ne me contraindra pas, dit Henri.

— Je l'avais prévu, murmura le duc à sa sœur, dont

le front se plissa, dont les yeux reflétèrent un sinistre
dessein.

— Allez, mon frère, ajouta-t-il en s'adressant à
Mayenne, faites armer tout le monde et qu'on se
prépare.

— A quoi ? dit le roi d'un ton lamentable.

— A tout, répondit Joseph Foulon.

Le désespoir du roi redoubla.

— Corbleu ! s'écria Gorenflot, je te haïssais,
Valois ; mais à présent je te méprise. Allons, signe, ou
tu ne périras que de ma main.

— Patientez, patientez, dit le roi, que je me
recommande au souverain maître, que j'obtienne de
lui la résignation.

— Il veut réfléchir encore ! cria Gorenflot.

— Qu'on lui laisse jusqu'à minuit, dit le cardinal.

— Merci, chrétien charitable, dit le roi dans un
paroxysme de désolation. Dieu te le rende !

— C'était réellement un cerveau affaibli, dit le duc
de Guise, nous servons la France en le détrônant.

— N'importe, fit la duchesse ; tout affaibli qu'il est,
j'aurai du plaisir à le tondre.

Pendant ce dialogue, Gorenflot, les bras croisés,
accablait Henri des injures les plus violentes et lui
racontait tous ses débordements.

Tout à coup un bruit sourd retentit en dehors du
couvent.

— Silence ! cria la voix du duc de Guise.

Le plus profond silence s'établit. On distingua bientôt des coups frappés fortement et à intervalles égaux
sur la porte sonore de l'abbaye.

Mayenne accourut aussi vite que le lui permettait
son embonpoint.

— Mes frères, dit-il, une troupe de gens armés se
porte au-devant du portail.

— On vient le chercher, dit la duchesse.

— Raison de plus pour qu'il signe vite, dit le cardinal.

— Signe ! Valois, signe ! cria Gorenflot d'une voix
de tonnerre.

— Vous m'avez donné jusqu'à minuit, dit pitoyablement le roi.

— Oh ! tu te ravises, parce que tu crois être secouru...

— Sans doute, j'ai une chance.

— Pour mourir s'il ne signe aussitôt, répliqua la voix aigre et impérieuse de la duchesse.

Gorenflot saisit le poignet du roi et lui offrit une plume.

Le bruit redoublait au-dehors.

— Une nouvelle troupe ! vint dire un moine ; elle entoure le parvis et le cerne à gauche.

— Allons ! crièrent impatiemment Mayenne et la duchesse.

Le roi trempa la plume dans l'encre.

— Les Suisses ! accourut dire Foulon ; ils envahissent le cimetière à droite ; toute l'abbaye est cernée présentement.

— Eh bien ! nous nous défendrons, répliqua résolument Mayenne. Avec un otage comme celui-là, une place n'est jamais prise à discrétion.

— Il a signé ! hurla Gorenflot en arrachant le papier des mains de Henri, qui, abattu, enfouit sa tête dans son capuchon et son capuchon dans ses deux bras.

— Alors nous sommes roi, dit le cardinal au duc. Emporte vite ce précieux papier.

Le roi, dans son accès de douleur, renversa la petite lampe qui seule éclairait cette scène ; mais le duc de Guise tenait déjà le parchemin.

— Que faire ! que faire ! vint demander un moine sous le froc duquel se dessinait un gentilhomme bien complet, bien armé. Crillon arrive avec les gardes françaises et menace de briser les portes. Écoutez !...

— Au nom du roi ! cria la voix puissante de Crillon.

— Bon ! il n'y a plus de roi, répliqua Gorenflot par une fenêtre.

— Qui dit cela, maraud ? répondit Crillon.

— Moi ! moi ! moi ! fit Gorenflot dans les ténèbres, avec un orgueil des plus provocateurs.

— Qu'on tâche de m'apercevoir ce drôle et de lui planter quelques balles dans le ventre, dit Crillon.

Et Gorenflot, voyant les gardes apprêter leurs armes, fit le plongeon aussitôt et retomba sur son derrière au milieu de la cellule.

— Enfoncez la porte, mons Crillon, dit au milieu du silence général une voix qui fit dresser les cheveux à tous les moines faux ou vrais qui attendaient dans le corridor.

Cette voix était celle d'un homme qui, sorti des rangs, s'était avancé jusqu'aux marches de l'abbaye.

— Voilà, sire, répliqua Crillon en déchargeant dans la porte principale un vigoureux coup de hache.

Les murs en gémirent.

— Que veut-on ?... dit le prieur, paraissant tout tremblant à la fenêtre.

— Ah ! c'est vous, messire Foulon, dit la même voix hautaine et calme. Rendez-moi donc mon fou, qui est allé passer la nuit dans une de vos cellules. J'ai besoin de Chicot ; je m'ennuie au Louvre.

— Et moi je m'amuse joliment, va, mon fils, répliqua Chicot, se dégageant de son capuchon et fendant la foule des moines, qui s'écartèrent avec un hurlement d'effroi.

A ce moment le duc de Guise, qui s'était fait apporter une lampe, lisait au bas de l'acte la signature, encore fraîche, obtenue avec tant de peine :

« CHICOT PREMIER. »

— Moi, Chicot Ier, s'écria-t-il ; mille damnations !

— Allons, dit le cardinal, nous sommes perdus ; fuyons.

— Ah ! bah ! fit Chicot en distribuant à Gorenflot, presque évanoui, des coups de la corde qu'il portait à sa ceinture ; ah ! bah !

CHAPITRE XC

LES INTÉRÊTS ET LE CAPITAL

A mesure que le roi avait parlé, à mesure que les conjurés l'avaient reconnu, ils étaient passés de la stupeur à l'épouvante.

L'abdication signée Chicot Ier avait changé l'épouvante en rage.

Chicot rejeta son froc sur ses épaules, croisa les bras, et tandis que Gorenflot fuyait à toutes jambes, il soutint, immobile et souriant, le premier choc.

Ce fut un terrible moment à passer.

Les gentilshommes, furieux, s'avancèrent sur le Gascon, bien déterminés à se venger de la cruelle mystification dont ils étaient victimes.

Mais cet homme sans armes, la poitrine couverte de ses deux bras seulement, ce visage au masque railleur qui semblait défier tant de force de s'attaquer à tant de faiblesse, les arrêta plus encore peut-être que les remontrances du cardinal, lequel leur faisait observer que la mort de Chicot ne servirait à rien, mais tout au contraire serait vengée terriblement par le roi, de complicité avec son fou dans cette scène de terrible bouffonnerie.

Il en résulta que les dagues et les rapières s'abaissèrent devant Chicot qui, soit dévouement, et il en était capable, soit pénétration de leur pensée, continua de leur rire au nez.

Cependant les menaces du roi devenaient plus pressantes et les coups de hache de Crillon plus pressés. Il était évident que la porte ne pouvait résister longtemps à une pareille attaque, qu'on n'essayait pas même de repousser.

Aussi, après un moment de délibération, le duc de Guise donna-t-il l'ordre de la retraite.

Cet ordre fit sourire Chicot.

Pendant les nuits de retraite avec Gorenflot, il avait examiné le souterrain : il avait reconnu la porte de sortie, et il avait dénoncé cette porte au roi, qui y avait placé Tocquenot, lieutenant des gardes suisses.

Il était donc évident que les ligueurs, les uns après les autres, allaient se jeter dans la gueule du loup.

Le cardinal s'éclipsa le premier, suivi d'une vingtaine de gentilshommes.

Alors Chicot vit passer le duc avec un pareil nombre à peu près de moines ; puis Mayenne, à qui sa

difficulté de courir, à cause de son énorme ventre et de
son épaisse encolure, avait tout naturellement fait
confier le soin de la retraite.

Quand M. de Mayenne passa le dernier devant la
cellule de Gorenflot, et que Chicot le vit se traîner
alourdi par sa masse, Chicot ne souriait plus, il se
tenait les côtes de rire.

Dix minutes s'écoulèrent pendant lesquelles Chicot
prêta l'oreille, croyant toujours entendre le bruit des
ligueurs refoulés dans le souterrain ; mais, à son grand
étonnement, le bruit, au lieu de revenir à lui, continuait de s'éloigner.

Tout à coup une pensée vint au Gascon qui changea ses éclats de rire en grincements de dents. Le
temps s'écoulant, les ligueurs ne revenaient pas ; les
ligueurs s'étaient-ils aperçus que la porte était gardée
et avaient-ils découvert une autre sortie ?

Chicot allait s'élancer hors de la cellule, quand tout
à coup la porte en fut obstruée par une masse informe
qui se vautra à ses pieds en s'arrachant des poignées
de cheveux tout autour de la tête.

— Ah ! misérable que je suis, s'écriait le moine.
Oh ! mon bon seigneur Chicot, pardonnez-moi ! pardonnez-moi !

Comment Gorenflot, qui était parti le premier,
revenait-il seul quand déjà il eût dû être bien loin ?

Voilà la question qui se présenta tout naturellement
à la pensée de Chicot.

— Oh ! mon bon monsieur Chicot, cher seigneur, à
moi ! continuait de hurler Gorenflot ; pardonnez à
votre indigne ami, qui se repent et fait amende honorable à vos genoux.

— Mais, demanda Chicot, comment ne t'es-tu pas
enfui avec les autres drôles ?

— Parce que je n'ai pas pu passer par où passent
les autres, mon bon seigneur : parce que le Seigneur,
dans sa colère, m'a frappé d'obésité. Oh ! malheureux
ventre, oh ! misérable bedaine ! criait le moine, en
frappant de ses deux poings la partie qu'il apostro-
phait. Ah ! que ne suis-je mince comme vous, mon-

sieur Chicot ! Que c'est beau, et surtout que c'est heureux d'être mince !

Chicot ne comprenait absolument rien aux lamentations du moine.

— Mais les autres passent donc quelque part ? s'écria Chicot d'une voix de tonnerre ; les autres s'enfuient donc ?

— Pardieu ! dit le moine, que voulez-vous qu'ils fassent ? qu'ils attendent la corde ? Oh ! malheureux ventre !

— Silence ! cria Chicot, et répondez-moi.

Gorenflot se redressa sur ses deux genoux.

— Interrogez, monsieur Chicot, répondit-il, vous en avez bien certainement le droit.

— Comment se sauvent les autres ?

— A toutes jambes.

— Je comprends... mais par où ?

— Par le soupirail.

— Mordieu ! par quel soupirail ?

— Par le soupirail qui donne dans le caveau du cimetière.

— Est-ce le chemin que tu appelles le souterrain ? réponds vite.

— Non, cher monsieur Chicot. La porte du souterrain était gardée extérieurement. Le grand cardinal de Guise, au moment de l'ouvrir, a entendu un Suisse qui disait : *Mich durstet*, ce qui veut dire, à ce qu'il paraît : *J'ai soif.*

— Ventre de biche ! s'écria Chicot, je sais ce que cela veut dire ; de sorte que les fuyards ont pris un autre chemin ?

— Oui, cher monsieur Chicot, ils se sauvent par le caveau du cimetière.

— Qui donne ?

— D'un côté dans la crypte, de l'autre sous la porte Saint-Jacques.

— Tu mens.

— Moi, cher seigneur !

— S'ils s'étaient sauvés par le caveau donnant dans la crypte, je les eusse vus repasser devant ta cellule.

— Voilà justement, cher monsieur Chicot ; ils ont pensé qu'ils n'auraient pas le temps de faire ce grand détour, et ils sont passés par le soupirail.

— Quel soupirail ?

— Par un soupirail qui donne dans le jardin et qui sert à éclairer le passage.

— De sorte que toi ?...

— De sorte que moi qui suis trop gros...

— Eh bien ?

— Je n'ai jamais pu passer : et l'on s'est mis à me tirer par les pieds, vu que j'interceptais le chemin aux autres.

— Mais, s'écria Chicot le visage éclairé tout à coup d'une étrange jubilation, si tu n'as pas pu passer...

— Non, et cependant j'ai fait de grands efforts, voyez mes épaules, voyez ma poitrine.

— Alors lui qui est encore plus gros que toi...

— Qui, lui ?

— Oh ! mon Dieu ! dit Chicot, si tu es pour moi dans cette affaire-là, je te promets un fier cierge ; de sorte qu'il ne pourra pas passer non plus.

— Monsieur Chicot.

— Lève-toi, frocard.

Le moine se leva aussi vite qu'il put.

— Bien ! maintenant, conduis-moi au soupirail.

— Où vous voudrez, mon cher seigneur.

— Marche devant, malheureux, marche.

Gorenflot se mit à trotter aussi vite qu'il put en levant de temps en temps les bras au ciel, maintenu dans l'allure qu'il avait prise par les coups de corde que lui allongeait Chicot.

Tous deux traversèrent le corridor et descendirent dans le jardin.

— Par ici, dit Gorenflot, par ici.

— Tais-toi et marche, drôle.

Gorenflot fit un dernier effort et parvint jusqu'auprès d'un massif d'arbres d'où semblaient sortir des plaintes.

— Là, dit-il, là.

Et, au bout de son haleine, il tomba le derrière sur l'herbe.

Chicot fit trois pas en avant et aperçut quelque chose qui s'agitait à fleur de terre.

A côté de ce quelque chose qui ressemblait au train de derrière de l'animal que Diogène appelait un coq à deux pieds et sans plumes, gisaient une épée et un froc.

Il était évident que l'individu qui se trouvait pris si malheureusement s'était successivement défait de tous les objets qui pouvaient le grossir ; de sorte que, pour le moment, désarmé de son épée, non revêtu de son froc, il se trouvait réduit à sa plus simple expression.

Et cependant, comme Gorenflot, il faisait des efforts inutiles pour disparaître complètement.

— Mordieu ! ventrebleu ! sangdieu ! criait la voix étouffée du fugitif. J'aimerais mieux passer au milieu de toute la garde. — Aïe ! ne tirez pas si fort, mes amis, je glisserai tout doucement ; je sens que j'avance, pas vite, mais j'avance.

— Ventre de biche ! M. de Mayenne ! murmura Chicot en extase. Mon bon seigneur Dieu, tu as gagné ton cierge.

— Ce n'est pas pour rien que j'ai été surnommé Hercule, reprit la voix étouffée, je soulèverai cette pierre. Hein !

Et il fit un si violent effort qu'effectivement la pierre trembla.

— Attends, dit tout bas Chicot, attends.

Et il frappa des pieds comme quelqu'un qui accourt à grand bruit.

— Ils arrivent, dirent plusieurs voix dans le souterrain.

— Ah ! fit Chicot, comme s'il arrivait tout essoufflé. Ah ! c'est donc toi, misérable moine.

— Ne dites rien, Monseigneur, murmurèrent les voix, il vous prend pour Gorenflot.

— Ah ! c'est donc toi, lourde masse, *pondus immobile*, tiens ! ah ! c'est donc toi, *indigesta moles*, tiens !

Et, à chaque apostrophe, Chicot, arrivé enfin au but si désiré de sa vengeance, fit retomber de toute la volée de son bras sur les parties charnues qui s'offraient à lui, la corde avec laquelle il avait déjà flagellé Gorenflot.

— Silence, disaient toujours les voix, il vous prend pour le moine.

En effet, Mayenne ne poussait que des plaintes étouffées tout en redoublant d'efforts pour soulever la pierre.

— Ah ! conspirateur, reprit Chicot ; ah ! moine indigne : tiens, voilà pour l'ivrognerie ; tiens, voilà pour la paresse ; tiens, voilà pour la colère ; tiens, voilà pour la luxure ; tiens, voilà pour la gourmandise. Je regrette qu'il n'y ait que sept péchés capitaux ; tiens, tiens, tiens, voilà pour les vices que tu as.

— Monsieur Chicot, disait Gorenflot couvert de sueur ; monsieur Chicot, ayez pitié de moi.

— Ah ! traître, continua Chicot frappant toujours ; tiens, voilà pour ta trahison.

— Grâce ! murmurait Gorenflot croyant ressentir tous les coups qui tombaient sur Mayenne, grâce ! cher monsieur Chicot.

Mais Chicot, au lieu de s'arrêter, s'enivrait de sa vengeance et redoublait de coups.

Si puissant qu'il fût sur lui-même, Mayenne ne pouvait retenir ses gémissements.

— Ah ! continua Chicot, que ne plaît-il à Dieu de substituer à ton corps vulgaire, à ta carcasse roturière, les très hautes et très puissantes omoplates du duc de Mayenne, à qui je dois une volée de coups de bâton, dont les intérêts courent depuis sept ans !... Tiens, tiens, tiens.

Gorenflot poussa un soupir et tomba.

— Chicot ! vociféra le duc.

— Oui, moi-même, oui, Chicot, indigne serviteur du roi, Chicot, bras débile, qui voudrait avoir les cent bras de Briarée pour cette occasion.

Et Chicot, de plus en plus exalté, réitéra les coups de corde avec une telle rage, que le patient, rassemblant toutes ses forces, souleva la pierre dans un paroxysme de la douleur, et, les côtes déchirées, les reins sanglants, tomba entre les bras de ses amis.

Le dernier coup de Chicot frappa dans le vide.
Chicot alors se tourna : le vrai Gorenflot était évanoui, sinon de douleur, du moins d'effroi.

CHAPITRE XCI

CE QUI SE PASSAIT DU COTÉ DE LA BASTILLE, TANDIS
QUE CHICOT PAYAIT SES DETTES À L'ABBAYE
SAINTE-GENEVIÈVE

Il était onze heures du soir ; le duc d'Anjou attendait
impatiemment dans le cabinet où il s'était retiré à la
suite de la faiblesse dont il avait été pris, rue Saint-
Jacques, qu'un messager du duc de Guise vînt lui
annoncer l'abdication du roi son frère.

De la fenêtre à la porte du cabinet et de la porte du
cabinet aux fenêtres de l'antichambre, il allait et revenait, regardant la grande horloge, dont les secondes
tintaient lugubrement dans leur gaine de bois doré.

Tout à coup il entendit un cheval qui piaffait dans
la cour ; il crut que ce cheval pouvait être celui de son
messager, et courut s'appuyer au balcon ; mais ce
cheval, tenu en bride par un palefrenier, attendait son
maître.

Le maître sortit des appartements intérieurs : c'était
Bussy ; Bussy, qui, en sa qualité de capitaine des
gardes, venait, avant de se rendre à son rendez-vous,
de donner le mot d'ordre pour la nuit.

Le duc, en apercevant ce beau et brave jeune
homme, dont il n'avait jamais eu à se plaindre,
éprouva un instant de remords ; mais, à mesure qu'il
le vit s'approcher de la torche que tenait le valet, son
visage s'éclaira, et sur ce visage le duc lut tant de joie,
d'espérance et de bonheur, que toute sa jalousie lui
revint.

Cependant Bussy, ignorant que le duc le regardait
et épiait les différentes émotions de son visage, Bussy,

après avoir donné le mot d'ordre, roula le manteau sur
ses épaules, se mit en selle, et, piquant des deux son
cheval, s'élança avec un grand bruit sous la voûte
sonore.

Un instant le duc, inquiet de ne voir arriver personne, eut encore l'idée de faire courir après lui, car il
se doutait bien qu'avant de se rendre à la Bastille,
Bussy ferait une halte à son hôtel ; mais il se représenta le jeune homme riant avec Diane de son amour
méprisé, le mettant, lui, prince, sur la même ligne que
le mari dédaigné, et cette fois encore son mauvais
instinct l'emporta sur le bon.

Bussy avait souri de bonheur en partant ; ce sourire
était une insulte au prince ; il le laissa aller ; s'il eût eu
le regard attristé et le front sombre, peut-être l'eût-il
retenu.

Cependant, à peine hors de l'hôtel d'Anjou, Bussy
quitta son allure précipitée, comme s'il eût craint le
bruit de sa propre marche, et passant à son hôtel,
comme l'avait prévu le duc, il remit son cheval aux
mains d'un palefrenier qui écoutait respectueusement
une leçon d'hippiatrique que lui faisait Remy.

— Ah ! ah ! dit Bussy reconnaissant le jeune docteur, c'est toi, Remy ?

— Oui, Monseigneur, en personne.

— Et pas encore couché ?

— Il s'en faut de dix minutes, Monseigneur. Je
rentrais chez moi, ou plutôt chez vous. En vérité,
depuis que je n'ai plus mon blessé, il me semble que
les jours ont quarante-huit heures.

— T'ennuierais-tu, par hasard ? demanda Bussy.

— J'en ai peur !

— Et l'amour ?

— Ah ! je vous l'ai dit souvent ; l'amour, je m'en
défie, et je ne fais en général sur lui que des études
utiles.

— Alors Gertrude est abandonnée ?

— Parfaitement.

— Ainsi tu t'es lassé ?

— D'être battu. C'était ainsi que se manifestait
l'amour de mon amazone, brave fille du reste.

— Et ton cœur ne te dit rien pour elle, ce soir ?

— Pourquoi ce soir, Monseigneur ?

— Parce que je t'eusse emmené avec moi.

— A la Bastille ?

— Oui.

— Vous y allez ?

— Sans doute.

— Et le Monsoreau ?

— A Compiègne, mon cher, où il prépare une chasse pour Sa Majesté.

— Êtes-vous sûr, Monseigneur ?

— L'ordre lui en a été donné publiquement ce matin.

— Ah !

Remy demeura un instant pensif.

— Alors ? dit-il après un instant.

— Alors j'ai passé la journée à remercier Dieu du bonheur qu'il m'envoyait pour cette nuit, et je vais passer la nuit à jouir de ce bonheur.

— Bien. Jourdain, mon épée, fit Remy.

Le palefrenier disparut dans l'intérieur de la maison.

— Tu as donc changé d'avis ? demanda Bussy.

— En quoi ?

— En ce que tu prends ton épée.

— Oui, je vous accompagne jusqu'à la porte pour deux raisons.

— Lesquelles ?

— La première, de peur que vous ne fassiez par les rues quelque mauvaise rencontre.

Bussy sourit.

— Eh ! mon Dieu, oui. Riez, Monseigneur. Je sais bien que vous ne craignez pas les mauvaises rencontres, et que c'est un pauvre compagnon que le docteur Remy ; mais on attaque moins facilement deux hommes qu'un seul. La seconde, parce que j'ai une foule de bons conseils à vous donner.

— Viens, mon cher Remy, viens. Nous nous entretiendrons d'elle, et, après le plaisir de voir la femme qu'on aime, je n'en connais pas de plus grand que celui d'en parler.

— Il y a même des gens, répliqua Remy, qui mettent le plaisir d'en parler avant celui de la voir.

— Mais, dit Bussy, il me semble que le temps est bien incertain.

— Raison de plus : le ciel est tantôt sombre, tantôt clair. J'aime la variété, moi. — Merci, Jourdain, ajouta-t-il, s'adressant au palefrenier qui lui rapportait sa rapière.

Puis se retournant vers le comte :

— Me voici à vos ordres, Monseigneur ; partons.

Bussy prit le bras du jeune docteur, et tous deux s'acheminèrent vers la Bastille.

Remy avait dit au comte qu'il avait une foule de bons conseils à lui donner, et en effet, à peine furent-ils en route, que le docteur commença de tirer du latin mille citations imposantes pour prouver à Bussy qu'il avait tort de faire ce soir-là une visite à Diane au lieu de se tenir tranquillement dans son lit, attendu que d'ordinaire un homme se bat mal quand il a mal dormi ; puis des apophtegmes de la faculté, il passa aux mythes de la fable et raconta galamment que c'était d'habitude Vénus qui désarmait Mars.

Bussy souriait ; Remy insistait.

— Vois-tu, Remy, dit le comte, quand mon bras tient une épée, il s'y attache de telle sorte que les fibres de la chair prennent la rigueur et la souplesse de l'acier, tandis que de son côté l'acier semble s'animer et s'échauffer comme une chair vivante. De ce moment mon épée est un bras et mon bras est une épée. Dès lors, comprends-tu ? il ne s'agit plus de force ni de dispositions. Une lame ne se fatigue pas.

— Non, mais elle s'émousse.

— Ne crains rien.

— Ah ! mon cher seigneur, continua Remy, c'est que demain, voyez-vous, il s'agit de faire un combat comme celui d'Hercule contre Antée, comme celui de Thésée contre le Minotaure, comme celui des Trente, comme celui de Bayard ; quelque chose d'homérique, de gigantesque, d'impossible : il s'agit qu'on dise dans l'avenir le combat de Bussy comme étant le combat par excellence, et dans ce combat, je ne veux pas, voyez-vous, je ne veux pas seulement qu'on vous entame la peau.

— Sois tranquille, mon bon Remy ; tu verras des merveilles. J'ai ce matin mis quatre épées aux mains de quatre ferrailleurs qui, durant huit minutes, n'ont pu à eux quatre me toucher une seule fois, tandis que je leur ai mis leurs pourpoints en loques. Je bondissais comme un tigre.

— Je ne dis pas le contraire, maître ; mais vos jarrets de demain seront-ils vos jarrets d'aujourd'hui ?

Ici Bussy et son chirurgien entamèrent un dialogue latin, fréquemment interrompu par leurs éclats de rire.

Ils parvinrent ainsi au bout de la grande rue Saint-Antoine.

— Adieu, dit Bussy ; nous sommes arrivés.

— Si je vous attendais ? dit Remy.

— Pourquoi faire ?

— Pour être sûr que vous serez de retour avant deux heures, et que vous aurez au moins cinq ou six heures de bon sommeil avant votre duel.

— Si je te donne ma parole ?

— Oh ! alors cela me suffira. La parole de Bussy, peste ! il ferait beau voir que j'en doutasse.

— Eh bien, tu l'as. Dans deux heures, Remy, je serai à l'hôtel.

— Soit. Adieu, Monseigneur.

— Adieu, Remy.

Les deux jeunes gens se séparèrent ; mais Remy demeura en place.

Il vit le comte s'avancer vers la maison et, comme l'absence de Monsoreau lui donnait toute sécurité, entrer par la porte que lui ouvrit Gertrude et non pas monter par la fenêtre.

Puis il reprit philosophiquement à travers les rues désertes sa marche vers l'hôtel Bussy.

Comme il débouchait de la place Baudoyer, il vit venir à lui cinq hommes enveloppés de manteaux et paraissant, sous ces manteaux, parfaitement armés.

Cinq hommes à cette heure, c'était un événement. Il s'effaça derrière l'angle d'une maison en retraite.

Arrivés à dix pas de lui, ces cinq hommes s'arrêtèrent, et, après un bonsoir cordial, quatre prirent deux chemins différents, tandis que le cinquième demeurait immobile et réfléchissant à sa place.

En ce moment la lune sortit d'un nuage et éclaira d'un de ses rayons le visage du coureur de nuit.

— M. de Saint-Luc ! s'écria Remy.

Saint-Luc leva la tête, en entendant prononcer son nom, et vit un homme qui venait à lui.

— Remy ! s'écria-t-il à son tour.

— Remy en personne, et je suis heureux de ne pas dire à votre service, attendu que vous me paraissez vous porter à merveille. Est-ce une indiscrétion que de vous demander ce que Votre Seigneurie fait à cette heure si loin du Louvre ?

— Ma foi, mon cher, j'examine, par ordre du roi, la physionomie de la ville. Il m'a dit : « Saint-Luc, promène-toi dans les rues de Paris, et si tu entends dire par hasard que j'ai abdiqué, réponds hardiment que ce n'est pas vrai. »

— Et avez-vous entendu parler de cela ?

— Personne ne m'en a soufflé le mot. Or, comme il va être minuit, que tout est tranquille et que je n'ai rencontré que M. de Monsoreau, j'ai congédié mes amis, et j'allais rentrer quand tu m'as vu réfléchissant.

— Comment ? M. de Monsoreau !

— Oui.

— Vous avez rencontré M. de Monsoreau !

— Avec une troupe d'hommes armés, dix ou douze au moins.

— M. de Monsoreau ! impossible.

— Pourquoi cela impossible ?

— Parce qu'il doit être à Compiègne.

— Il devait y être, mais il n'y est pas.

— Mais l'ordre du roi ?

— Bah ! qui est-ce qui obéit au roi ?

— Vous avez rencontré M. de Monsoreau avec dix ou douze hommes ?

— Certainement.

— Vous a-t-il reconnu ?

— Je le crois.

— Vous n'étiez que cinq.

— Mes quatre amis et moi, pas davantage.

— Et il ne s'est pas jeté sur vous ?

— Il m'a évité, au contraire, et c'est ce qui m'étonne. En le reconnaissant, je me suis attendu à une horrible bataille.

— De quel côté allait-il ?

— Du côté de la rue de la Tixeranderie.

— Ah ! mon Dieu ! s'écria Remy.

— Quoi ? demanda Saint-Luc, effrayé de l'accent du jeune homme.

— Monsieur de Saint-Luc, il va sans doute arriver un grand malheur.

— Un grand malheur ! à qui ?

— A M. de Bussy !

— A Bussy ! Mordieu ! parlez, Remy ; je suis de ses amis, vous le savez.

— Quel malheur ! M. de Bussy le croyait à Compiègne.

— Eh bien ?

— Eh bien ! il a cru pouvoir profiter de son absence.

— De sorte qu'il est ?...

— Chez madame Diane.

— Ah ! fit Saint-Luc, cela s'embrouille.

— Oui. Comprenez-vous, dit Remy, il aura eu des soupçons, ou on les lui aura suggérés, et il n'aura feint de partir que pour revenir à l'improviste.

— Attendez donc ! dit Saint-Luc en se frappant le front.

— Avez-vous une idée ? répondit Remy.

— Il y a du duc d'Anjou là-dessous.

— Mais c'est le duc d'Anjou qui ce matin a provoqué le départ de M. de Monsoreau !

— Raison de plus. Avez-vous des poumons, mon brave Remy ?

— Corbleu ! comme des soufflets de forge.

— En ce cas, courons, courons sans perdre un instant. Vous connaissez la maison ?

— Oui.

— Marchez devant, alors.

Et les deux jeunes gens prirent à travers les rues une course qui eût fait honneur à des daims poursuivis.

— A-t-il beaucoup d'avance sur nous ? demanda Remy en courant.

— Qui ? le Monsoreau ?

— Oui.

— Un quart d'heure à peu près, dit Saint-Luc en franchissant un tas de pierres de cinq pieds de haut.

— Pourvu que nous arrivions à temps, dit Remy en tirant son épée pour être prêt à tout événement.

CHAPITRE XCII

L'ASSASSINAT

Bussy, sans inquiétude et sans hésitation, avait été reçu sans crainte par Diane, qui croyait être sûre de l'absence de son mari.

Jamais la belle jeune femme n'avait été si joyeuse, jamais Bussy n'avait été si heureux ; dans certain moment, dont l'âme ou plutôt l'instinct conservateur sent toute la gravité, l'homme unit ses facultés morales à tout ce que ses sens peuvent lui fournir de ressources physiques ; il se concentre et se multiplie. Il aspire de toutes ses forces la vie, qui peut lui manquer d'un moment à l'autre, sans qu'il devine par quelle catastrophe elle lui manquerait.

Diane émue, et d'autant plus émue qu'elle cherchait à cacher son émotion, Diane, émue des craintes de ce lendemain menaçant, paraissait plus tendre, parce que la tristesse, tombant au fond de tout amour, donne à cet amour le parfum de poésie qui lui manquait ; la véritable passion n'est point folâtre, et l'œil d'une femme sincèrement éprise est plus souvent humide que brillant.

Aussi débuta-t-elle par arrêter l'amoureux jeune homme. Ce qu'elle avait à lui dire ce soir-là, c'est que sa vie était sa vie ; ce qu'elle avait à débattre avec lui, c'étaient les plus sûrs moyens de fuite. Car ce n'était pas le tout que de vaincre, il fallait, après avoir vaincu, fuir la colère du roi ; car jamais Henri, c'était probable, ne pardonnerait au vainqueur la défaite ou la mort de ses favoris.

— Et puis, disait Diane, le bras passé autour du cou de Bussy et dévorant des yeux le visage de son amant, n'es-tu pas le plus brave de France ? Pourquoi mettrais-tu un point d'honneur à augmenter ta gloire ? Tu es déjà si supérieur aux autres hommes, qu'il n'y aurait pas de générosité à toi de vouloir te grandir encore. Tu ne veux pas plaire aux autres femmes, car tu m'aimes et tu craindrais de me perdre à jamais, n'est-ce pas, Louis ? Louis, défends ta vie. Je ne te dis pas : Songe à la mort, car il me semble qu'il n'existe pas au monde un homme assez fort, assez puissant pour tuer mon Louis autrement que par trahison ; mais songe aux blessures : on peut être blessé, tu le sais bien, puisque c'est à une blessure reçue en combattant contre ces mêmes hommes que je dois de te connaître.

— Sois tranquille, dit Bussy en riant, je garderai le visage ; je ne veux pas être défiguré.

— Oh ! garde ta personne tout entière. Qu'elle te soit sacrée, mon Bussy, comme si toi c'était moi. Songe à la douleur que tu éprouverais si tu me voyais revenir blessée et sanglante ; eh bien ! la même douleur que tu ressentirais je l'éprouverais en voyant ton sang. Sois prudent, mon lion trop courageux, voilà tout ce que je te recommande. Fais comme ce Romain dont tu me lisais l'histoire pour me rassurer l'autre jour. Oh ! imite-le bien ; laisse tes trois amis faire leur combat, porte-toi au secours du plus menacé ; mais si deux hommes, si trois hommes t'attaquent à la fois, fuis ; tu te retourneras comme Horace, et tu les tueras les uns après les autres et à distance.

— Oui, ma chère Diane, dit Bussy.

— Oh ! tu me réponds sans m'entendre, Louis ; tu me regardes et tu ne m'écoutes pas.

— Oui, mais je te vois, et tu es bien belle !

— Ce n'est point de ma beauté qu'il s'agit en ce moment, mon Dieu ! il s'agit de toi, de ta vie, de notre vie ; tiens, c'est bien affreux ce que je vais te dire, mais je veux que tu le saches, cela te rendra non pas plus fort, mais plus prudent. Eh bien ! j'aurai le courage de voir ce duel !

— Toi ?

— J'y assisterai.

— Comment cela ? impossible, Diane.

— Non ! Écoute : il y a, tu sais, dans la chambre à côté de celle-ci, une fenêtre qui donne sur une petite cour et qui regarde de biais l'enclos des Tournelles.

— Oui, je me la rappelle, cette fenêtre élevée de vingt pieds à peu près, et qui domine un treillis de fer, aux pointes duquel, l'autre jour, je faisais tomber du pain que les oiseaux venaient prendre.

— De là, comprends-tu ? Bussy, je te verrai. Surtout place-toi de manière à ce que je te voie ; tu sauras que je suis là, tu pourras me voir moi-même. Mais non, insensée que je suis, ne me regarde pas, car ton ennemi peut profiter de ta distraction.

— Et me tuer ! n'est-ce pas ? tandis que j'aurais les yeux fixés sur toi. Si j'étais condamné, et qu'on me laissât le choix de la mort, Diane, ce serait celle-là que je choisirais.

— Oui, mais tu n'es pas condamné, mais il ne s'agit pas de mourir, il s'agit de vivre au contraire.

— Et je vivrai, sois tranquille ; d'ailleurs je suis bien secondé, crois-moi ; tu ne connais pas mes amis ; mais je les connais : Antraguet tire l'épée comme moi ; Riberac est froid sur le terrain, et semble n'avoir de vivant que les yeux avec lesquels il dévore son adversaire, et le bras avec lequel il le frappe ; Livarot brille par une agilité de tigre. La partie est belle, crois-moi, Diane, trop belle. Je voudrais courir plus de danger pour avoir plus de mérite.

— Eh bien ! je te crois, cher ami, et je souris, car j'espère mais écoute-moi, et promets-moi de m'obéir.

— Oui, pourvu que tu ne m'ordonnes pas de te quitter.

— Eh bien ! justement, j'en appelle à ta raison.

— Alors il ne fallait pas me rendre fou.

— Pas de concetti, mon beau gentilhomme, de l'obéissance ; c'est en obéissant que l'on prouve son amour.

— Ordonne, alors.

— Cher ami, tes yeux sont fatigués ; il te faut une bonne nuit ; quitte-moi.

— Oh ! déjà !

— Je vais faire ma prière, et tu m'embrasseras.

— Mais c'est toi qu'on devrait prier comme on prie les anges.

— Et crois-tu donc que les anges ne prient pas Dieu ? dit Diane en s'agenouillant.

Et, du fond du cœur, avec des regards qui semblaient, à travers le plafond, aller chercher Dieu sous les voûtes azurées du ciel :

— Seigneur, dit-elle, si tu veux que ta servante vive heureuse et ne meure pas désespérée, protège celui que tu as poussé sur mon chemin, pour que je l'aime et que je n'aime que lui.

Elle achevait ces paroles, Bussy se baissait pour l'envelopper de son bras et ramener son visage à la hauteur de ses lèvres, quand tout à coup une vitre de la fenêtre vola en éclats ; puis la fenêtre elle-même, et trois hommes armés parurent sur le balcon, tandis que le quatrième enfourchait la balustrade. Celui-là avait le visage couvert d'un masque et tenait dans la main gauche un pistolet, de l'autre une épée nue.

Bussy demeura un instant immobile et glacé par le cri épouvantable que poussa Diane en s'élançant à son cou.

L'homme au masque fit un signe, et ses trois compagnons avancèrent d'un pas ; un de ces trois hommes était armé d'une arquebuse.

Bussy, d'un même mouvement, écarta Diane avec la main gauche, tandis que de la droite il tirait son épée.

Puis, se repliant sur lui-même, il l'abaissa lentement et sans perdre de vue ses adversaires.

— Allez, allez, mes braves, dit une voix sépulcrale qui sortait de dessous le masque de velours ; il est à moitié mort, la peur l'a tué.

— Tu te trompes, dit Bussy, je n'ai jamais peur.

Diane fit un mouvement pour se rapprocher de lui.

— Rangez-vous, Diane, dit-il avec fermeté.

Mais Diane, au lieu d'obéir, se jeta une seconde fois à son cou.

— Vous allez me faire tuer, Madame, dit-il.

Diane s'éloigna, le démasquant entièrement.

Elle comprenait qu'elle ne pouvait venir en aide à son amant que d'une seule manière : c'était en obéissant passivement.

— Ah ! ah ! dit la voix sombre, — c'est bien M. de Bussy ; — je ne le voulais pas croire, niais que je suis. Vraiment, quel ami, quel bon et excellent ami !

Bussy se taisait, tout en mordant ses lèvres et en examinant tout autour de lui quels seraient ses moyens de défense quand il faudrait en venir aux mains.

— Il apprend, continua la voix avec une intonation railleuse que rendait encore plus terrible sa vibration profonde et sombre, il apprend que le grand veneur est absent, qu'il a laissé sa femme seule, que cette femme peut avoir peur, et il vient lui tenir compagnie ; et quand cela ? la veille d'un duel. Je le répète, quel bon et excellent ami que le seigneur de Bussy !

— Ah ! c'est vous, monsieur de Monsoreau, dit Bussy. Bon ! jetez votre masque. Maintenant, je sais à qui j'ai affaire.

— Ainsi ferai-je, répliqua le grand veneur ; et il jeta loin de lui le loup de velours noir.

Diane poussa un faible cri.

La pâleur du comte était celle d'un cadavre, tandis que son sourire était celui d'un damné.

— Çà, finissons, Monsieur, dit Bussy, je n'aime pas les façons bruyantes, et c'était bon pour les héros d'Homère, qui étaient des demi-dieux, de parler avant de se battre ; moi je suis un homme ; seulement je suis un homme qui n'a pas peur, attaquez-moi ou laissez-moi passer.

Monsoreau répondit par un rire sourd et strident qui fit tressaillir Diane, mais qui provoqua chez Bussy la plus bouillante colère.

— Passage, voyons ! répéta le jeune homme dont le sang, qui un instant avait reflué vers son cœur, lui montait aux tempes.

— Oh ! oh ! fit Monsoreau, passage ; comment dites-vous cela, monsieur de Bussy ?

— Alors, croisez donc le fer et finissons-en, dit le jeune homme ; j'ai besoin de rentrer chez moi, et je demeure loin.

— Vous étiez venu pour coucher ici, Monsieur, dit le grand veneur, et vous y coucherez.

Pendant ce temps, la tête de deux autres hommes apparaissait à travers les barres du balcon, et ces deux hommes, enjambant la balustrade, vinrent se placer près de leurs camarades.

— Quatre et deux font six, dit Bussy ; où sont les autres ?

— Ils sont à la porte et attendent, dit le grand veneur.

Diane tomba sur ses genoux, et, quelque effort qu'elle fît, Bussy entendit ses sanglots.

Il jeta un coup d'œil rapide sur elle ; puis ramenant son regard vers le comte :

— Mon cher monsieur, dit-il après avoir réfléchi une seconde, vous savez que je suis un homme d'honneur ?

— Oui, dit Monsoreau, vous êtes homme d'honneur, comme madame est une femme chaste.

— Bien, Monsieur, répondit Bussy en faisant un léger mouvement de tête de haut en bas ; c'est vif, mais c'est mérité, et tout cela se payera ensemble. Seulement, comme j'ai demain partie liée avec quatre gentilshommes que vous connaissez, et qu'ils ont la priorité sur vous, je réclame la grâce de me retirer ce soir en vous engageant ma parole de me retrouver où et quand vous voudrez.

Monsoreau haussa les épaules.

— Écoutez, dit Bussy ; je jure Dieu, Monsieur, que lorsque j'aurai satisfait MM. de Schomberg, d'Épernon, Quélus et Maugiron, je serai à vous, tout à vous, et rien qu'à vous. S'ils me tuent, eh bien ! vous serez payé par leurs mains : voilà tout ; si, au contraire, je me trouve en fonds pour vous payer moi-même...

Monsoreau se retourna vers ses gens.

— Allons, leur dit-il, sus ! mes braves.

— Ah ! dit Bussy, je me trompais ; ce n'est plus un duel, c'est un assassinat.

— Parbleu ! fit Monsoreau.

— Oui, je le vois : nous nous étions trompés tous deux l'un à l'égard de l'autre ; mais songez-y, Monsieur, le duc d'Anjou prendra mal la chose.

— C'est lui qui m'envoie, dit Monsoreau.

Bussy frissonna. Diane leva les mains au ciel avec un gémissement.

— En ce cas, dit le jeune homme, j'en appelle à Bussy tout seul. Tenez-vous bien, mes braves !

Et d'un tour de main il renversa le prie-Dieu, attira à lui une table et jeta sur le tout une chaise ; de sorte qu'il avait en une seconde improvisé comme un rempart entre lui et ses ennemis.

Ce mouvement avait été si rapide que la balle partie de l'arquebuse ne frappa que le prie-Dieu, dans l'épaisseur duquel elle se logea en s'amortissant ; pendant ce temps, Bussy abattait une magnifique crédence du temps de François Ier et l'ajoutait à son retranchement.

Diane se trouva cachée par ce dernier meuble ; elle comprenait qu'elle ne pouvait aider Bussy que de ses prières, et elle priait. Bussy jeta un coup d'œil sur elle, puis sur les assaillants, puis sur son rempart improvisé.

— Allez, maintenant, dit-il ; mais prenez garde, mon épée pique.

Les braves poussés par Monsoreau firent un mouvement vers le sanglier qui les attendait replié sur lui-même et les yeux ardents ; l'un d'eux allongea

même la main vers le prie-Dieu pour l'attirer à lui ;
mais avant que sa main n'eût touché le meuble protecteur, l'épée de Bussy, passant par une meurtrière,
avait pris le bras dans toute sa longueur, et l'avait
percé depuis la saignée jusqu'à l'épaule.

L'homme poussa un cri et se recula jusqu'à la
fenêtre.

Bussy entendit alors des pas rapides dans le corridor
et se crut pris entre deux feux. Il s'élança vers la porte
pour en pousser les verrous ; mais avant qu'il ne l'eût
atteinte, elle s'ouvrit.

Le jeune homme fit un pas en arrière pour se mettre
en défense à la fois contre ses anciens et contre ses
nouveaux ennemis.

Deux hommes se précipitèrent par cette porte.

— Ah ! cher maître, cria une voix bien connue,
arrivons-nous à temps ?

— Remy ! dit le comte.

— Et moi ! cria une seconde voix, il paraît que l'on
assassine ici ?

Bussy reconnut cette voix, et poussa un rugissement
de joie.

— Saint-Luc ! dit-il.

— Moi-même.

— Ah ! ah ! dit Bussy, je crois maintenant, cher
monsieur de Monsoreau, que vous ferez bien de nous
laisser passer ; car maintenant, si vous ne vous rangez
pas, nous passerons sur vous.

— Trois hommes à moi ! cria Monsoreau.

Et l'on vit trois nouveaux assaillants apparaître au-
dessus de la balustrade.

— Ah çà ! mais ils sont donc une armée ? dit Saint-
Luc.

— Mon Dieu Seigneur, protégez-le, priait Diane.

— Infâme ! cria Monsoreau ; et il s'avança pour
frapper Diane.

Bussy vit le mouvement. Agile comme un tigre, il
sauta d'un bond par-dessus le retranchement ; son
épée rencontra celle de Monsoreau, puis il se fendit et
le toucha à la gorge ; mais la distance était trop
grande ; il en fut quitte pour une écorchure.

Cinq ou six hommes fondirent à la fois sur Bussy.

Un de ces hommes tomba sous l'épée de Saint-Luc.

— En avant ! cria Remy.

— Non pas en avant, dit Bussy ; au contraire, Remy, prends et emporte Diane.

Monsoreau poussa un rugissement, et arracha un pistolet des mains d'un des nouveaux venus.

Remy hésitait.

— Mais vous ? dit-il.

— Enlève ! enlève ! cria Bussy. Je te la confie.

— Mon Dieu ! murmura Diane, mon Dieu ! secourez-le.

— Venez, Madame, dit Remy.

— Jamais ; non, jamais je ne l'abandonnerai.

Remy l'enleva entre ses bras.

— Bussy ! cria Diane ; Bussy, à moi ! au secours !

La pauvre femme était folle, elle ne distinguait plus ses amis de ses ennemis ; tout ce qui l'écartait de Bussy lui était fatal et mortel.

— Va, va, dit Bussy, je te rejoins.

— Oui, hurla Monsoreau ; oui, tu la rejoindras, je l'espère.

Bussy vit le Haudouin osciller, puis s'affaisser sur lui-même et presque aussitôt tomber en entraînant Diane.

Bussy jeta un cri, et se retournant :

— Ce n'est rien, maître, dit Remy ; c'est moi qui ai reçu la balle ; elle est sauvée.

Trois hommes se jetèrent sur Bussy ; au moment où il se retournait, Saint-Luc passa entre Bussy et les trois hommes ; un des trois tomba.

Les deux autres reculèrent.

— Saint-Luc, dit Bussy, Saint-Luc, par celle que tu aimes ! sauve Diane.

— Mais toi ?

— Moi, je suis un homme.

Saint-Luc s'élança vers Diane, déjà relevée sur ses genoux, la prit entre ses bras et disparut avec elle par la porte.

— A moi ! cria Monsoreau ; à moi ceux de l'escalier !

— Ah ! scélérat ! cria Bussy. Ah ! lâche !

Monsoreau se retira derrière ses hommes.

Bussy tira un revers et poussa un coup de pointe ; du premier il fendit une tête par la tempe ; du second il troua une poitrine.

— Cela déblaye, dit-il ; puis il revint dans son retranchement.

— Fuyez ! maître, fuyez ! murmura Remy.

— Moi ! fuir... fuir devant des assassins !

Puis se penchant vers le jeune homme :

— Il faut que Diane se sauve, lui dit-il ; mais toi, qu'as-tu ?

— Prenez garde ! dit Remy, prenez garde !

En effet, quatre hommes venaient de s'élancer par la porte de l'escalier.

Bussy se trouvait pris entre deux troupes.

Mais il n'eut qu'une pensée.

— Et Diane ! cria-t-il, Diane !

Alors, sans perdre une seconde, il s'élança sur ces quatre hommes ; pris au dépourvu, deux tombèrent, un blessé, un mort.

Puis, comme Monsoreau avançait, il fit un pas de retraite, et se retrouva derrière son rempart.

— Poussez les verrous, cria Monsoreau, tournez la clef ; nous le tenons, nous le tenons.

Pendant ce temps, par un dernier effort, Remy s'était traîné jusque devant Bussy ; il venait ajouter son corps à la masse du retranchement.

Il y eut une pause d'un instant.

Bussy, les jambes fléchies, le corps collé contre la muraille, le bras plié, la pointe en arrêt, jeta un rapide regard autour de lui.

Sept hommes étaient couchés à terre, neuf restaient debout. Bussy les compta des yeux.

Mais en voyant reluire neuf épées, en entendant Monsoreau encourager ses hommes, en sentant ses pieds clapoter dans le sang, ce vaillant, qui n'avait jamais connu la peur vit comme l'image de la mort se dresser au fond de la chambre et l'appeler avec son morne sourire.

— Sur neuf, dit-il, j'en tuerai bien cinq encore, mais les quatre autres me tueront. Il me reste des forces pour dix minutes de combat ; eh bien ! faisons pendant les dix minutes ce que jamais homme ne fit ni ne fera.

Alors, détachant son manteau dont il enveloppa son bras gauche comme d'un bouclier, il fit un bond jusqu'au milieu de la chambre, comme s'il eût été indigne de sa renommée de combattre plus longtemps à couvert.

Là, il rencontra un fouillis dans lequel son épée glissa comme une vipère dans sa couvée, trois fois il vit le jour et allongea le bras dans ce jour ; trois fois il entendit crier le cuir des baudriers ou le buffle des justaucorps, et trois fois un filet de sang tiède coula jusque sur sa main droite par la rainure de sa lame.

Pendant ce temps, il avait paré vingt coups de taille ou de pointe avec son bras gauche. Le manteau était haché.

La tactique des assassins changea en voyant tomber deux hommes et se retirer le troisième ; ils renoncèrent à faire usage de l'épée : les uns tombèrent sur lui à coups de crosse de mousquet, les autres tirèrent sur lui leurs pistolets dont ils ne s'étaient pas servis encore, et dont il eut l'adresse d'éviter les balles, soit en se jetant de côté, soit en se baissant. Dans cette heure suprême tout son être se multipliait ; car, non seulement il voyait, entendait et agissait, mais encore il devinait presque la plus subite et la plus secrète pensée de ses ennemis ; Bussy enfin était dans un de ces moments où la créature atteint l'apogée de la perfection : il était moins qu'un Dieu, parce qu'il était mortel, mais il était certes plus qu'un homme.

Alors il pensa que tuer Monsoreau ce devait mettre fin au combat ; il le chercha donc des yeux parmi ses assassins. Mais celui-ci, aussi calme que Bussy était animé, chargeait les pistolets de ses gens, ou, les prenant tout chargés de leurs mains, tirait tout en se tenant masqué derrière ses spadassins.

Mais c'était chose facile pour Bussy que de faire

une trouée ; il se jeta au milieu des sbires, qui s'écartèrent, et se trouva face à face avec Monsoreau.

En ce moment, celui-ci, qui tenait un pistolet tout armé, ajusta Bussy et fit feu.

La balle rencontra la lame de l'épée, et la brisa à six pouces au-dessus de la poignée.

— Désarmé ! cria Monsoreau, désarmé !

Bussy fit un pas de retraite, et, en reculant, ramassa sa lame brisée.

En une seconde, elle fut soudée à son poignet avec son mouchoir.

Et la bataille recommença, présentant ce spectacle prodigieux d'un homme presque sans arme, mais aussi presque sans blessures, épouvantant six hommes bien armés et se faisant un rempart de dix cadavres.

La lutte recommença et redevint plus terrible que jamais ; tandis que les gens de Monsoreau se ruaient sur Bussy, Monsoreau, qui avait deviné que le jeune homme cherchait une arme par terre, tirait à lui toutes celles qui pouvaient être à sa portée.

Bussy était entouré. Le tronçon de sa lame, ébréché, tordu, émoussé, vacillait dans sa main ; la fatigue commençait à engourdir son bras ; il regardait autour de lui, quand un des cadavres, ranimé, se relève sur ses genoux, lui met aux mains une longue et forte rapière.

Ce cadavre, c'était Remy, dont le dernier effort était un dévouement.

Bussy poussa un cri de joie, et bondit en arrière, afin de dégager sa main de son mouchoir, et de se débarrasser du tronçon devenu inutile.

Pendant ce temps, Monsoreau s'approcha de Remy, et lui déchargea à bout portant son pistolet dans la tête.

Remy tomba le front fracassé, et cette fois pour ne plus se relever. Bussy jeta un cri, ou plutôt poussa un rugissement.

Les forces lui étaient revenues avec les moyens de défense ; il fit siffler son épée en cercle, abattit un poignet à droite, et ouvrit une joue à gauche.

La porte se trouvait dégagée par ce double coup.

Agile et nerveux, il s'élança contre elle et essaya de l'enfoncer avec une secousse qui ébranla le mur. Mais les verrous lui résistèrent.

Épuisé de l'effort, Bussy laissa retomber son bras droit, tandis que du gauche il essayait de tirer les verrous derrière lui, tout en faisant face à ses adversaires.

Pendant cette seconde, il reçut un coup de feu qui lui perça la cuisse, et deux coups d'épée lui entamèrent les flancs.

Mais il avait tiré les verrous et tourné la clef.

Hurlant et sublime de fureur, il foudroya d'un revers le plus acharné des bandits, et, se fendant sur Monsoreau, il le toucha à la poitrine.

Le grand veneur vociféra une malédiction.

— Ah ! dit Bussy en tirant la porte, je commence à croire que j'échapperai.

Les quatre hommes jetèrent leurs armes et s'accrochèrent à Bussy ; ils ne pouvaient l'atteindre avec le fer, tant sa merveilleuse adresse le faisait invulnérable. Ils tentèrent de l'étouffer.

Mais à coups de pommeau d'épée, mais à coups de taille, Bussy les assommait, les hachait sans relâche. Monsoreau s'approcha deux fois du jeune homme et fut touché deux fois encore.

Mais trois hommes s'attachèrent à la poignée de son épée et la lui arrachèrent des mains.

Bussy ramassa un trépied de bois sculpté qui servait de tabouret, frappa trois coups, abattit deux hommes ; mais le trépied se brisa sur l'épaule du dernier, qui resta debout.

Celui-là lui enfonça sa dague dans la poitrine.

Bussy le saisit au poignet, arracha la dague, et, la retournant contre son adversaire, il le força de se poignarder lui-même.

Le dernier sauta par la fenêtre.

Bussy fit deux pas pour le poursuivre, mais Monsoreau, étendu parmi les cadavres, se releva à son tour, et lui ouvrit le jarret d'un coup de couteau.

Le jeune homme poussa un cri, chercha des yeux une épée, ramassa la première venue, et la plongea si vigoureusement dans la poitrine du grand veneur qu'il le cloua au parquet.

— Ah ! s'écria Bussy, je ne sais pas si je mourrai ; mais du moins je t'aurai vu mourir.

Monsoreau voulut répondre ; mais ce fut son dernier soupir qui passa par sa bouche entr'ouverte.

Bussy alors se traîna vers le corridor ; il perdait tout son sang par sa blessure de la cuisse, et surtout par celle du jarret.

Il jeta un dernier regard derrière lui.

La lune venait de sortir brillante d'un nuage ; sa lumière entrait dans cette chambre inondée de sang, elle vint se mirer aux vitres et illuminer les murailles hachées par les coups d'épées, trouées par les balles, effleurant au passage les pâles visages des morts qui, pour la plupart, avaient conservé, en expirant, le regard féroce et menaçant de l'assassin.

Bussy, à la vue de ce champ de bataille peuplé par lui, tout blessé, tout mourant qu'il était, se sentit pris d'un orgueil sublime.

Comme il l'avait dit, il avait fait ce qu'aucun homme n'aurait pu faire.

Il lui restait maintenant à fuir, à se sauver ; mais il pouvait fuir, car il fuyait devant les morts.

Mais tout n'était pas fini pour le malheureux jeune homme.

En arrivant sur l'escalier, il vit reluire des armes dans la cour ; un coup de feu partit ; la balle lui traversa l'épaule.

La cour était gardée.

Alors il songea à cette petite fenêtre par laquelle Diane lui promettait de regarder le combat du lendemain, et aussi rapidement qu'il put il se traîna de ce côté.

Elle était ouverte, en encadrant un beau ciel parsemé d'étoiles.

Bussy referma et verrouilla la porte derrière lui ; puis il monta sur la fenêtre à grand'peine, enjamba la

rampe, et mesura des yeux la grille de fer, afin de
sauter de l'autre côté.

— Oh ! je n'aurai jamais la force, murmura-t-il.

Mais en ce moment il entendit des pas dans l'escalier ; c'était la seconde troupe qui montait.

Bussy était hors de défense ; il rappela toutes ses
forces. S'aidant de la seule main et du seul pied dont il
pût se servir encore, il s'élança.

Mais en s'élançant la semelle de sa botte glissa sur la
pierre.

Il avait tant de sang aux pieds !

Il tomba sur les pointes de fer : les unes pénétrèrent
dans son corps, les autres s'accrochèrent à ses habits,
et il demeura suspendu.

En ce moment il pensa au seul ami qui lui restât au
monde.

— Saint-Luc ! cria-t-il, à moi ! Saint-Luc ! à moi !

— Ah ! c'est vous, monsieur de Bussy, dit tout à
coup une voix sortant d'un massif d'arbres.

Bussy tressaillit. Cette voix n'était pas celle de
Saint-Luc.

— Saint-Luc ! s'écria-t-il de nouveau, à moi ! à
moi ! ne crains rien pour Diane. J'ai tué le Monsoreau !

Il espérait que Saint-Luc était caché aux environs,
et viendrait à cette nouvelle.

— Ah ! le Monsoreau est tué ? dit une autre voix.

— Oui.

— Bien.

Et Bussy vit sortir deux hommes du massif ; ils
étaient masqués tous deux.

— Messieurs, dit Bussy, Messieurs, au nom du ciel
secourez un pauvre gentilhomme qui peut échapper
encore, si vous le secourez !

— Qu'en pensez-vous, Monseigneur ? demanda à
demi-voix un des deux inconnus.

— Imprudent ! dit l'autre.

— Monseigneur ! s'écria Bussy qui avait entendu,
tant l'acuité de ses sens s'était augmentée du désespoir
de sa situation ; Monseigneur ! délivrez-moi, et je vous
pardonnerai de m'avoir trahi.

— Entends-tu ? dit l'homme masqué.

— Qu'ordonnez-vous ?

— Eh bien ! que tu le délivres.

Puis il ajouta avec un rire que cacha son masque :

— De ses souffrances...

Bussy tourna la tête du côté par où venait la voix qui osait parler avec un accent railleur dans un pareil moment.

— Oh ! je suis perdu, murmura-t-il.

En effet, au même moment le canon d'une arquebuse se posa sur sa poitrine et le coup partit. La tête de Bussy retomba sur son épaule, ses mains se raidirent.

— Assassin ! dit-il, sois maudit !

Et il expira en prononçant le nom de Diane.

Les gouttes de son sang tombèrent du treillis sur celui qu'on avait appelé Monseigneur.

— Est-il mort ? crièrent plusieurs hommes qui, après avoir enfoncé la porte, apparaissaient à la fenêtre.

— Oui, cria Aurilly ; mais fuyez ; songez que Monseigneur le duc d'Anjou était le protecteur et l'ami de M. de Bussy.

Les hommes n'en demandèrent pas davantage ; ils disparurent.

Le duc entendit le bruit de leurs pas s'éloigner, décroître et se perdre.

— Maintenant, Aurilly, dit l'autre homme masqué, monte dans cette chambre, et jette-moi par la fenêtre le corps du Monsoreau.

Aurilly monta, reconnut parmi ce nombre inouï de cadavres le corps du grand veneur, le chargea sur ses épaules, et, comme le lui avait ordonné son compagnon, il jeta par la fenêtre le corps qui, en tombant, vint à son tour éclabousser de son sang les habits du duc d'Anjou.

François fouilla sous le justaucorps du grand veneur et en tira l'acte d'alliance signé de sa royale main.

— Voilà ce que je cherchais, dit-il ; nous n'avons plus rien à faire ici.

— Et Diane ! demanda Aurilly de la fenêtre.

— Ma foi ! je ne suis plus amoureux, et comme elle ne nous a pas reconnus, détache-la, détache aussi Saint-Luc, et que tous deux s'en aillent où ils voudront.

Aurilly disparut.

— Je ne serai pas roi de France de ce coup-ci encore, dit le duc en déchirant l'acte en morceaux. Mais de ce coup-ci non plus je ne serai pas encore décapité pour cause de haute trahison.

CHAPITRE XCIII

COMMENT FRÈRE GORENFLOT SE TROUVA PLUS QUE JAMAIS ENTRE LA POTENCE ET L'ABBAYE

L'aventure de la conspiration fut jusqu'au bout une comédie ; les Suisses, placés à l'embouchure de ce fleuve d'intrigue, non plus que les gardes françaises embusquées à son confluent et qui avaient tendu là leurs filets pour y prendre les gros conspirateurs, ne purent pas même saisir le fretin.

Tout le monde avait filé par le passage souterrain.

Ils ne virent donc rien sortir de l'abbaye ; ce qui fit qu'aussitôt la porte enfoncée, Crillon se mit à la tête d'une trentaine d'hommes et fit invasion dans Sainte-Geneviève avec le roi.

Un silence de mort régnait dans les vastes et sombres bâtiments. Crillon, en homme de guerre expérimenté, eût mieux aimé un grand bruit ; il craignait quelque embûche.

Mais en vain se couvrit-on d'éclaireurs, en vain ouvrit-on les portes et les fenêtres, en vain fouilla-t-on la crypte ; tout était désert.

Le roi marchait des premiers, l'épée à la main, criant à tue-tête :

— Chicot ! Chicot !

Personne ne répondait.

— L'auraient-ils tué ? disait le roi. Mordieu ! ils me payeraient mon fou le prix d'un gentilhomme.

— Vous avez raison, sire, répondit Crillon, car c'en est un et des plus braves.

Chicot ne répondait pas, parce qu'il était occupé à fustiger M. de Mayenne, et qu'il prenait un si grand plaisir à cette occupation, qu'il ne voyait ni n'entendait rien de ce qui se passait autour de lui.

Cependant, lorsque le duc eut disparu, lorsque Gorenflot fut évanoui, comme rien ne préoccupait plus Chicot, il entendit appeler et reconnut la voix royale.

— Par ici, mon fils, par ici, cria-t-il de toute sa force, en essayant de remettre au moins Gorenflot sur son derrière.

Il y parvint et l'adossa contre un arbre.

La force qu'il était obligé d'employer à cette œuvre charitable ôtait à sa voix une partie de sa sonorité ; de sorte que Henri crut un instant remarquer que cette voix arrivait à lui empreinte d'un accent lamentable.

Il n'en était cependant rien : Chicot, au contraire, était dans toute l'exaltation du triomphe ; seulement, voyant le piteux état du moine, il se demandait s'il fallait faire percer à jour cette traîtresse bedaine, ou user de clémence envers ce volumineux tonneau.

Il regardait donc Gorenflot comme, pendant un instant, Auguste dut regarder Cinna.

Gorenflot revenait peu à peu à lui, et, si stupide qu'il fût, il ne l'était pas cependant au point de se faire illusion sur ce qui l'attendait : d'ailleurs, il ne ressemblait pas mal à ces sortes d'animaux incessamment menacés par les hommes, qui sentent instinctivement que jamais la main ne les touche que pour les battre, que jamais la bouche ne les effleure que pour les manger.

Ce fut dans cette disposition intérieure d'esprit qu'il rouvrit les yeux.

— Seigneur Chicot, s'écria-t-il.

— Ah ! ah ! fit le Gascon, tu n'es donc pas mort ?

— Mon bon seigneur Chicot, continua le moine en faisant un effort pour joindre les deux mains devant son énorme ventre, est-il donc possible que vous me livriez à mes persécuteurs, moi Gorenflot ?

— Canaille, dit Chicot avec un accent de tendresse mal déguisée.

Gorenflot se mit à hurler.

Après être parvenu à joindre les mains, il essayait de se les tordre.

— Moi qui ai fait avec vous de si bons dîners, criat-il en suffoquant ; moi qui buvais si gracieusement, selon vous, que vous m'appeliez toujours le roi des éponges ; moi qui aimais tant les poulardes que vous commandiez à la *Corne-d'Abondance*, que je n'en laissais jamais que les os !

Ce dernier trait parut le sublime du genre à Chicot, et le détermina tout à fait pour la clémence.

— Les voilà ! juste Dieu ! cria Gorenflot essayant de se relever, mais sans pouvoir en venir à bout ; les voilà ! ils viennent, je suis mort. Oh ! bon seigneur Chicot, secourez-moi !

Et le moine ne pouvant parvenir à se relever se jeta, ce qui était plus facile, la face contre terre.

— Relève-toi, dit Chicot.

— Me pardonnez-vous ?

— Nous verrons

— Vous m'avez tant battu que cela peut passer comme ça.

Chicot éclata de rire. Le pauvre moine avait l'esprit si troublé, qu'il avait cru recevoir les coups remboursés à Mayenne.

— Vous riez, bon seigneur Chicot ? dit-il.

— Eh ! sans doute, je ris, animal.

— Je vivrai donc ?

— Peut-être.

— Enfin vous ne ririez pas si votre Gorenflot allait mourir.

— Cela ne dépend pas de moi, dit Chicot, cela dépend du roi ; le roi seul a droit de vie et de mort.

Gorenflot fit un effort, et parvint à se caler sur ses deux genoux.

En ce moment, les ténèbres furent envahies par une splendide lumière : une foule d'habits brodés et d'épées flamboyantes aux lueurs des torches entoura les deux amis.

— Ah ! Chicot ! mon cher Chicot ! s'écria le roi, que je suis aise de te revoir !

— Vous entendez, mon bon monsieur Chicot, dit tout bas le moine, ce grand prince est heureux de vous revoir.

— Eh bien ?

— Eh bien ! dans son bonheur, il ne vous refusera point ce que vous lui demanderez ; demandez-lui ma grâce.

— Au vilain Hérodes ?

— Oh ! oh ! silence, cher monsieur Chicot.

— Eh bien ! sire, demanda Chicot en se retournant vers le roi, combien en tenez-vous ?

— *Confiteor !* disait Gorenflot.

— Pas un, répliqua Crillon. Les traîtres ! il faut qu'ils aient trouvé quelque ouverture à nous inconnue.

— C'est probable, dit Chicot.

— Mais tu les as vus ? dit le roi.

— Certainement que je les ai vus.

— Tous ?

— Depuis le premier jusqu'au dernier.

— *Confiteor !* répétait Gorenflot, qui ne pouvait sortir de là.

— Tu les as reconnus, sans doute ?

— Non, sire.

— Comment, tu ne les as pas reconnus ?

— C'est-à-dire, je n'en ai reconnu qu'un seul et encore...

— Et encore ?

— Ce n'était pas à son visage, sire.

— Et lequel as-tu reconnu ?

— M. de Mayenne.

— M. de Mayenne ? Celui à qui tu devais...

— Eh bien ! nous sommes quittes, sire.

— Ah ! conte-moi donc cela, Chicot !

— Plus tard, mon fils, plus tard ; occupons-nous du présent.

— *Confiteor !* répétait Gorenflot.

— Ah ! vous avez fait un prisonnier, dit tout à coup Crillon, en laissant tomber sa large main sur Gorenflot qui, malgré la résistance que présentait sa masse, plia sous le coup.

Le moine perdit la parole.

Chicot tarda à répondre, permettant que, pour un moment, toutes les angoisses qui naissent de la plus profonde terreur vinssent habiter le cœur du malheureux moine.

Gorenflot faillit s'évanouir une seconde fois en voyant autour de lui tant de fers hors du fourreau et tant de colères inassouvies.

Enfin, après un moment de silence pendant lequel Gorenflot crut entendre bruire à son oreille la trompette du jugement dernier :

— Sire, dit Chicot, regardez bien ce moine.

Un des assistants approcha une torche du visage de Gorenflot ; celui-ci ferma les yeux pour avoir moins à faire en passant de ce monde dans l'autre.

— Le prédicateur Gorenflot ! s'écria Henri.

— *Confiteor, Confiteor, Confiteor*, répéta vivement le moine.

— Lui-même, répondit Chicot.

— Celui qui...

— Justement, interrompit le Gascon.

— Ah ! ah ! fit le roi d'un air de satisfaction.

On eût recueilli la sueur avec une écuelle sur les joues de Gorenflot.

Et il y avait de quoi, car on entendait sonner les épées comme si le fer lui-même eût été doué de vie et ému d'impatience.

Quelques-uns s'approchèrent menaçants.

Gorenflot les sentit plutôt qu'il ne les vit venir, et poussa un faible cri.

— Attendez, dit Chicot, il faut que le roi sache tout.

Et, prenant Henri à l'écart.

— Mon fils, lui dit-il tout bas, rends grâce au Seigneur d'avoir permis à ce saint homme de naître, il y a quelque trente-cinq ans ; car c'est lui qui nous a sauvés tous.

— Comment cela ?

— Oui, c'est lui qui m'a raconté le complot depuis alpha jusqu'à oméga.

— Quand cela ?

— Il y a huit jours à peu près ; de sorte que si jamais les ennemis de Votre Majesté le trouvaient, ce serait un homme mort.

Gorenflot n'entendit que les derniers mots.

— Un homme mort !

Et il tomba sur ses deux mains.

— Digne homme, dit le roi en jetant un bienveillant coup d'œil sur cette masse de chair qui, aux regards de tout homme sensé, ne représentait qu'une somme de matière capable d'absorber et d'éteindre des brasiers d'intelligence, digne homme, nous le couvrirons de notre protection.

Gorenflot saisit au vol ce regard miséricordieux, et demeura, comme le masque du parasite antique, riant d'un côté jusqu'aux dents, et pleurant de l'autre jusqu'aux oreilles.

— Et tu feras bien, mon roi, répondit Chicot, car c'est un serviteur des plus étonnants.

— Que penses-tu donc qu'il faille faire de lui ? demanda le roi.

— Je pense que tant qu'il sera dans Paris, il courra gros risque.

— Si je lui donnais des gardes ? dit le roi.

Gorenflot entendit cette proposition de Henri.

— Bon ! dit-il, il paraît que j'en serai quitte pour la prison. J'aime encore mieux cela que l'estrapade, et pourvu qu'on me nourrisse bien !

— Non pas, dit Chicot, inutile ; il suffit que tu me permettes de l'emmener.

— Où cela ?

— Chez moi.

— Eh bien ! emmène-le et reviens au Louvre, où je vais retrouver nos amis pour les préparer au jour de demain.

— Levez-vous, mon révérend père, dit Chicot au moine.

— Il raille, murmura Gorenflot ; mauvais cœur !

— Mais relève-toi donc, brute ! reprit tout bas le Gascon en lui donnant un coup de genou au derrière.

— Ah ! j'ai bien mérité cela ! s'écria Gorenflot.

— Que dit-il donc ? demanda le roi.

— Sire, reprit Chicot, il se rappelle toutes ses fatigues, il énumère toutes ses tortures, et comme je lui promets la protection de Votre Majesté, il dit, dans la conscience de ce qu'il vaut : J'ai bien mérité cela !

— Pauvre diable ! dit le roi ; aies-en bien soin, au moins, mon ami.

— Ah ! soyez tranquille, sire ; quand il est avec moi il ne manque de rien.

— Ah ! monsieur Chicot ! s'écria Gorenflot, mon cher monsieur Chicot, où me mène-t-on ?

— Tu le sauras tout à l'heure. En attendant, remercie Sa Majesté, monstre d'iniquités, remercie.

— De quoi ?

— Remercie, te dis-je.

— Sire, balbutia Gorenflot, puisque votre gracieuse Majesté...

— Oui, dit Henri, je sais tout ce que vous avez fait dans votre voyage de Lyon, pendant la soirée de la Ligue, et aujourd'hui enfin. Soyez tranquille, vous serez récompensé selon vos mérites.

Gorenflot poussa un soupir.

— Où est Panurge ? demanda Chicot.

— Dans l'écurie ; pauvre bête !

— Eh bien ! va le chercher, monte dessus et reviens me trouver ici.

— Oui, monsieur Chicot.

Et le moine s'éloigna le plus vite qu'il put, étonné de ne pas être suivi par des gardes.

— Maintenant, mon fils, dit Chicot, garde vingt hommes pour ton escorte, et détaches-en dix autres avec M. de Crillon.

— Où dois-je les envoyer ?

— A l'hôtel d'Anjou, et qu'on t'amène ton frère.

— Pourquoi cela ?

— Pour qu'il ne se sauve pas une seconde fois.

— Est-ce que mon frère ?...

— T'es-tu mal trouvé d'avoir suivi mes conseils aujourd'hui ?

— Non, par la mordieu !

— Eh bien ! fais ce que je te dis.

Henri donna l'ordre au colonel des gardes françaises de lui amener le duc d'Anjou au Louvre.

Crillon, qui n'avait pas une profonde tendresse pour le prince, partit aussitôt.

— Et toi ? dit Henri.

— Moi, j'attends mon saint.

— Et tu me rejoins au Louvre ?

— Dans une heure.

— Alors, je te quitte.

— Va, mon fils.

Henri partit avec le reste de la troupe.

Quant à Chicot, il s'achemina vers les écuries, et comme il entrait dans la cour, il vit apparaître Gorenflot monté sur Panurge.

Le pauvre diable n'avait pas même eu l'idée d'essayer de se soustraire au sort qui l'attendait.

— Allons, allons, dit Chicot en prenant Panurge par la longe, dépêchons, on nous attend.

Gorenflot ne fit pas l'ombre de la résistance, seulement il versait tant de larmes, qu'on eût pu le voir maigrir à vue d'œil.

— Quand je le disais, murmurait-il, quand je le disais !

Chicot tirait Panurge à lui, tout en haussant les épaules.

CHAPITRE XCIV

OÙ CHICOT DEVINE POURQUOI D'ÉPERNON AVAIT DU SANG AUX PIEDS ET N'EN AVAIT PAS AUX JOUES

Le roi, en rentrant au Louvre, trouva ses amis couchés et dormant d'un paisible sommeil.

Les événements historiques ont une singulière

influence, c'est de refléter leur grandeur sur les circonstances qui les ont précédés.

Ceux qui considéreront donc les événements qui
devaient arriver le matin même, car le roi rentrait vers
deux heures au Louvre, ceux, disons-nous, qui considéreront ces événements avec le prestige que donne la
prescience, trouveront peut-être quelque intérêt à voir
le roi, qui vient de manquer perdre la couronne, se
réfugier près de ses trois amis, qui, dans quelques
heures, doivent affronter pour lui un danger où ils
risquent de perdre la vie.

Le poète, cette nature privilégiée qui ne prévoit pas,
mais qui devine, trouvera, nous en sommes certain,
mélancoliques et charmants ces jeunes visages que le
sommeil rafraîchit, que la confiance fait sourire, et qui,
pareils à des frères couchés dans le dortoir paternel,
reposent sur leurs lits rangés à côté les uns des autres.

Henri s'avança légèrement au milieu d'eux, suivi
par Chicot qui, après avoir déposé son patient en lieu
de sûreté, était venu rejoindre le roi.

Un lit était vide, celui de d'Épernon.

— Pas rentré encore, l'imprudent ! murmura le roi ;
ah ! le malheureux ! ah ! le fou ! se battre contre Bussy,
l'homme le plus brave de France, le plus dangereux
du monde, et n'y pas plus songer !

— Tiens, au fait, dit Chicot.

— Qu'on le cherche ! qu'on l'amène ! s'écria le roi.
Puis qu'on me fasse venir Miron ; je veux qu'il
endorme cet étourdi, fût-ce malgré lui. Je veux que le
sommeil le rende robuste et souple, et en état de se
défendre.

— Sire, dit un huissier, voici M. d'Épernon qui
rentre à l'instant même.

D'Épernon venait de rentrer en effet. Apprenant le
retour du roi et se doutant de la visite qu'il allait faire
au dortoir, il se glissait vers la chambre commune,
espérant y arriver inaperçu.

Mais on le guettait, et, comme nous l'avons vu, on
annonça son retour au roi.

Voyant qu'il n'y avait pas moyen d'échapper à la
mercuriale, il aborda le seuil, tout confus.

— Ah ! te voilà enfin, dit Henri ; viens ici, malheureux, et vois tes amis.

D'Épernon jeta un regard tout autour de la chambre, et fit signe qu'effectivement il avait vu.

— Vois tes amis, continua Henri : ils sont sages, ils ont compris de quelle importance est le jour de demain ; et toi, malheureux, au lieu de prier comme ils ont fait et de dormir comme ils font, tu vas courir le passedix et les ribaudes. Cordieu ! que tu es pâle ! et la belle figure que tu feras demain, si tu n'en peux déjà plus ce soir !

D'Épernon était bien pâle en effet, si pâle que la remarque du roi le fit rougir.

— Allons, continua Henri, couche-toi, je le veux ! et dors. Pourras-tu dormir, seulement ?

— Moi ? répondit d'Épernon, comme si une pareille question le blessait jusqu'au fond du cœur.

— Je te demande si tu auras le temps de dormir. Sais-tu que vous vous battez au jour ; que dans cette malheureuse saison, le jour vient à quatre heures ? il en est deux ; deux heures te restent à peine.

— Deux heures bien employées, dit d'Épernon, suffisent à bien des choses.

— Tu dormiras ?

— Parfaitement, sire.

— Et moi, je n'en crois rien.

— Pourquoi cela ?

— Parce que tu es agité, tu penses à demain. Hélas ! tu as raison, car demain c'est aujourd'hui. Mais, malgré moi, m'emporte le désir secret de dire que nous ne sommes point encore arrivés au jour fatal.

— Sire, dit d'Épernon, je dormirai, je vous le promets mais pour cela faut-il encore que Votre Majesté me laisse dormir.

— C'est juste, dit Chicot.

En effet, d'Épernon se déshabilla, et se coucha avec un calme et même une satisfaction qui parurent de bon augure au prince et à Chicot.

— Il est brave comme un César, dit le roi.

— Si brave, fit Chicot en se grattant l'oreille, que, ma parole d'honneur, je n'y comprends plus rien.

— Vois, il dort déjà.

Chicot s'approcha du lit ; car il doutait que la sécurité de d'Épernon allât jusque-là.

— Oh ! oh ! fit-il tout à coup.

— Quoi donc ? demanda le roi.

— Regarde.

Et du doigt Chicot montra au roi les bottes de d'Épernon.

— Du sang ! murmura le roi.

— Il a marché dans le sang, mon fils. Quel brave !

— Serait-il blessé ? demanda le roi avec inquiétude.

— Bah ! il l'aurait dit. Et puis, à moins qu'il ne fût blessé comme Achille, au talon.

— Tiens, et son pourpoint aussi est taché ; vois sa manche. Que lui est-il donc arrivé ?

— Peut-être a-t-il tué quelqu'un, dit Chicot.

— Pourquoi faire ?

— Pour se faire la main, donc.

— C'est singulier, fit le roi.

Chicot se gratta beaucoup plus sérieusement l'oreille.

— Hum ! hum ! dit-il.

— Tu ne me réponds pas ?

— Si fait : je fais hum ! hum ! Cela signifie beaucoup de choses, ce me semble.

— Mon Dieu ! dit Henri, que se passe-t-il donc autour de moi, et quel est l'avenir qui m'attend ? Heureusement que demain...

— Aujourd'hui, mon fils ; tu confonds toujours.

— Oui, c'est vrai.

— Eh bien ! aujourd'hui ?

— Aujourd'hui je serai tranquille.

— Pourquoi cela ?

— Parce qu'ils m'auront tué les Angevins maudits.

— Tu crois, Henri ?

— J'en suis sûr, ils sont braves.

— Je n'ai pas entendu dire que les Angevins fussent lâches.

— Non sans doute ; mais vois comme ils sont forts, vois le bras de Schomberg, les beaux muscles, les beaux bras.

— Ah ! si tu voyais celui d'Antraguet.

— Vois cette lèvre impérieuse de Quélus, et ce front de Maugiron, hautain jusque dans son sommeil. Avec de telles figures on ne peut manquer de vaincre. Ah ! quand ces yeux-là lancent l'éclair, l'ennemi est déjà à moitié vaincu.

— Cher ami, dit Chicot en secouant tristement la tête, il y a au-dessous de fronts aussi hautains que celui-ci des yeux que je connais qui lancent des éclairs non moins terribles que ceux sur lesquels tu comptes. Est-ce là tout ce qui te rassure ?

— Non, viens, et je te montrerai quelque chose.

— Où cela ?

— Dans mon cabinet.

— Et ce quelque chose que tu vas me montrer te donne la confiance de la victoire ?

— Oui.

— Viens donc.

— Attends.

Et Henri fit un pas pour se rapprocher des jeunes gens.

— Quoi ? demanda Chicot.

— Écoute, je ne veux, demain, ou plutôt aujourd'hui, ni les attrister ni les attendrir. Je vais prendre congé d'eux tout de suite.

Chicot secoua la tête.

— Prends, mon fils, dit-il.

L'intonation de voix avec laquelle il prononça ces paroles était si mélancolique, que le roi sentit un frisson qui parcourait ses veines et qui conduisait une larme à ses yeux arides.

— Adieu, mes amis, murmura le roi, adieu, mes bons amis.

Chicot se détourna, son cœur n'était pas plus de marbre que celui du roi.

Mais bientôt, comme malgré lui, ses yeux se reportèrent sur les jeunes gens.

Henri se penchait vers eux et les baisait au front l'un après l'autre.

Une pâle bougie rose éclairait cette scène et

communiquait sa teinte funèbre aux draperies de la chambre et aux visages des acteurs.

Chicot n'était pas superstitieux ; mais lorsqu'il vit Henri toucher de ses lèvres le front de Maugiron, de Quélus et de Schomberg, son imagination lui représenta un vivant désolé qui venait faire ses adieux à des morts déjà couchés sur leurs tombeaux.

— C'est singulier, dit Chicot, je n'ai jamais éprouvé cela ; pauvres enfants !

A peine le roi eut-il achevé d'embrasser ses amis, que d'Épernon rouvrit les yeux pour voir s'il était parti.

Il venait de quitter la chambre, appuyé sur le bras de Chicot.

D'Épernon sauta en bas de son lit, et se mit à effacer du mieux qu'il put les taches de sang empreintes sur ses bottes et sur son habit.

Cette occupation ramena sa pensée vers la scène de la place de la Bastille.

— Je n'eusse jamais eu, murmura-t-il, assez de sang pour cet homme qui en a tant versé ce soir à lui seul.

Et il se recoucha.

Quant à Henri, il conduisit Chicot à son cabinet, et ouvrant un long coffret d'ébène doublé de satin blanc :

— Tiens, dit-il, regarde.

— Des épées ! fit Chicot. Je vois bien. Après ?

— Oui, des épées, mais des épées bénites, cher ami.

— Par qui ?

— Par notre saint-père le pape lui-même, lequel m'accorde cette faveur. Tel que tu le vois, ce coffret, pour aller à Rome et revenir, me coûte vingt chevaux et quatre hommes ; mais j'ai les épées.

— Piquent-elles bien ? demanda Chicot.

— Sans doute ; mais ce qui fait leur mérite suprême, Chicot, c'est d'être bénites.

— Oui, je sais bien ; mais cela me fait toujours plaisir de savoir qu'elles piquent.

— Païen !

— Voyons, mon fils, maintenant, parlons d'autres choses.

— Soit ; mais dépêchons.

— Tu veux dormir ?

— Non, je veux prier.

— En ce cas, parlons d'affaires. As-tu fait venir M. d'Anjou ?

— Oui, il attend en bas.

— Que comptes-tu en faire ?

— Je compte le faire jeter à la Bastille.

— C'est fort sage. Seulement, choisis un cachot bien profond, bien sûr, bien clos ; celui, par exemple, qui a reçu le connétable de Saint-Pol ou Jacques d'Armagnac.

— Oh ! sois tranquille.

— Je sais où l'on vend de beau velours noir, mon fils.

— Chicot ! c'est mon frère.

— C'est juste, et, à la cour, le deuil de famille se porte en violet. Lui parleras-tu ?

— Oui, certainement, ne fût-ce que pour lui ôter tout espoir, en lui prouvant que ses complots sont découverts.

— Hum ! fit Chicot.

— Vois-tu quelque inconvénient à ce que je l'entretienne ?

— Non ; mais, à ta place, je supprimerais le discours et doublerais la prison.

— Qu'on amène le duc d'Anjou, dit Henri.

— C'est égal, dit Chicot en secouant la tête, je m'en tiens à ma première idée.

Un moment après, le duc entra ; il était fort pâle et désarmé. Crillon le suivait, tenant son épée à la main.

— Où l'avez-vous trouvé ? demanda le roi à Crillon, l'interrogeant du même ton que si le duc n'eût point été là.

— Sire, Son Altesse n'était pas chez elle ; mais un instant après que j'eus pris possession de son hôtel au nom de Votre Majesté, Son Altesse est rentrée, et nous l'avons arrêtée sans résistance.

— C'est bien heureux, dit le roi avec dédain.

Puis, se retournant vers le prince :

— Où étiez-vous, Monsieur ? demanda-t-il.

— Quelque part que je fusse, sire, soyez convaincu, répondit le duc, que je m'occupais de vous.

— Je m'en doute, dit Henri, et votre réponse me prouve que je n'avais pas tort de vous rendre la pareille.

François s'inclina calme et respectueux.

— Voyons, où étiez-vous ? dit le roi en marchant vers son frère, que faisiez-vous tandis qu'on arrêtait vos complices ?

— Mes complices ? dit François.

— Oui, vos complices, répéta le roi.

— Sire, à coup sûr, Votre Majesté est mal renseignée à mon égard.

— Oh ! cette fois, Monsieur, vous ne m'échapperez pas, et votre carrière de crimes est terminée. Cette fois encore vous n'hériterez pas de moi, mon frère...

— Sire, sire, par grâce, modérez-vous : il y a bien certainement quelqu'un qui vous aigrit contre moi.

— Misérable ! s'écria Henri au comble de la colère, tu mourras de faim dans un cachot de la Bastille.

— J'attends vos ordres, sire, et je les bénis, dussent-ils me frapper de mort.

— Mais enfin, où étiez-vous, hypocrite ?

— Sire, je sauvais Votre Majesté, et je travaillais à la gloire et à la tranquillité de son règne.

— Oh ! fit le roi pétrifié ; sur mon honneur, l'audace est grande.

— Bah ! fit Chicot en se renversant en arrière, contez-nous donc cela, mon prince, ce doit être curieux.

— Sire, je le dirais à l'instant même à Votre Majesté, si Votre Majesté m'eût traité en frère ; mais comme elle me traite en coupable, j'attendrai que l'événement parle pour moi.

Sur ces mots, il salua de nouveau et plus profondément encore que la première fois le roi son frère, et, se retournant vers Crillon et les autres officiers qui étaient là :

— Çà, dit-il, lequel d'entre vous, Messieurs, va

conduire le premier prince du sang de France à la Bastille ?

Chicot réfléchissait : un éclair illumina son esprit.

— Ah ! ah ! murmura-t-il, je crois que je comprends à cette heure pourquoi M. d'Épernon avait tant de sang aux pieds et en avait si peu sur les joues.

CHAPITRE XCV

LE MATIN DU COMBAT

Un beau jour se levait sur Paris ; aucun bourgeois ne savait la nouvelle ; mais les gentilshommes royalistes et ceux du parti de Guise, ces derniers encore dans la stupeur, s'attendaient à l'événement et prenaient des mesures de prudence pour complimenter à temps le vainqueur.

Ainsi qu'on l'a vu dans le chapitre précédent, le roi ne dormit point de toute la nuit, il pria et pleura, et comme, après tout, c'était un homme brave et expérimenté, surtout en matière de duel, il sortit vers trois heures du matin avec Chicot, pour aller rendre à ses amis le seul office qu'il fût en son pouvoir de leur rendre.

Il alla visiter le terrain où devait avoir lieu le combat.

Ce fut une scène bien remarquable et, disons-le sans raillerie, bien peu remarquée.

Le roi, vêtu d'habits de couleur sombre, enveloppé d'un large manteau, l'épée au côté, les cheveux et les yeux cachés sous les bords de son chapeau, suivit la rue Saint-Antoine jusqu'à trois cents pas en avant de la Bastille ; mais, arrivé là, voyant un grand rassemblement de monde un peu au-dessus de la rue Saint-Paul, il ne voulut point se hasarder dans cette foule, prit la rue Sainte-Catherine, et gagna par-derrière l'enclos des Tournelles.

Cette foule, on devine ce qu'elle faisait là : elle comptait les morts de la nuit.

Le roi l'évita et, en conséquence, ne sut rien de ce qui s'était passé.

Chicot, qui avait assisté à la querelle ou plutôt à l'accord qui avait eu lieu huit jours auparavant, expliquait au roi, sur l'emplacement même où l'affaire allait se passer, la place que devaient occuper les combattants et les conditions du combat.

A peine renseigné, Henri se mit à mesurer l'espace, regarda entre les arbres, calcula la réflexion du soleil et dit :

— Quélus se trouvera bien exposé ; il aura le soleil à droite, juste dans l'œil qui lui reste[1], tandis que Maugiron aura toute l'ombre. Quélus aurait dû prendre la place de Maugiron, et Maugiron, qui a des yeux excellents, celle de Quélus. Voilà qui est bien mal réglé jusqu'à présent. Quant à Schomberg, qui a le jarret faible, il a un arbre pour lui servir de retraite en cas de besoin. Voilà qui me rassure pour lui ; mais Quélus, mon pauvre Quélus !

Et il secoua tristement la tête.

— Tu me fais peine, mon roi, dit Chicot. Voyons, ne te tourmente pas ainsi, que diable ! ils auront ce qu'ils auront.

Le roi leva les yeux au ciel et soupira.

— Voyez, mon Dieu, comme il blasphème, murmura-t-il, mais heureusement, vous savez que c'est un fou.

Chicot leva les épaules.

— Et d'Épernon, reprit le roi ; je suis, par ma foi, injuste, je ne pensais pas à lui ; d'Épernon, qui aura affaire à Bussy ; comme il va être exposé !... Regarde la disposition du terrain, mon brave Chicot : à gauche, une barrière ; à droite, un arbre ; derrière, un fossé ; d'Épernon, qui aura besoin de rompre à tout moment, car Bussy, c'est un tigre, un lion, un serpent ; Bussy, c'est une épée vivante, qui bondit, qui se rapetisse, qui se développe, qui se replie.

---

1. Quélus avait eu, dans un duel précédent, l'œil gauche crevé d'un coup d'épée.

— Bah ! dit Chicot, je ne suis pas inquiet de d'Épernon, moi.

— Tu as tort, il se fera tuer.

— Lui ! pas si bête ; il aura pris ses précautions, va !

— Comment l'entends-tu ?

— J'entends qu'il ne se battra pas, mordieu !

— Allons donc ! ne l'as-tu pas entendu tout à l'heure ?

— Justement.

— Eh bien ?

— Eh bien ! c'est pour cela que je te répète qu'il ne se battra point.

— Homme incrédule et méprisant.

— Je connais mon Gascon, Henri ; mais, si tu m'en crois, retirons-nous, cher sire ; voilà le grand jour venu, retournons au Louvre.

— Peux-tu croire que je resterai au Louvre pendant le combat ?

— Ventre de biche ! tu y resteras, car si l'on te voyait ici, chacun dirait, au cas où tes amis seraient vainqueurs, que tu as forcé la victoire par quelque sortilège, et, au cas où ils seraient vaincus, que tu leur as porté malheur.

— Et que me font les bruits et les interprétations ? Je les aimerai jusqu'au bout.

— Je veux bien que tu sois esprit fort, Henri ; je te fais même mon compliment d'aimer tes amis, c'est une vertu rare chez les princes ; mais je ne veux pas que tu laisses M. d'Anjou seul au Louvre.

— Crillon n'est-il pas là ?

— Eh ! Crillon n'est qu'un buffle, un rhinocéros, un sanglier, tout ce que tu voudras de brave et d'indomptable ; tandis que ton frère, c'est l'orvet, c'est la vipère, c'est le serpent à sonnettes, c'est tout animal dont la puissance est moins dans sa force que dans son venin.

— Tu as raison, j'aurais dû le faire jeter à la Bastille.

— Je t'avais bien dit que tu avais tort de le voir.

— Oui, j'ai été vaincu par son assurance, par son aplomb, par ce service qu'il prétend m'avoir rendu.

— Raison de plus pour que tu t'en défies. Rentrons, mon fils, crois-moi.

Henri suivit le conseil de Chicot, et reprit avec lui le chemin du Louvre, après avoir jeté un dernier regard sur le futur champ du combat.

Déjà tout le monde était sur pied dans le Louvre, lorsque le roi et Chicot y entrèrent.

Les jeunes gens s'y étaient éveillés des premiers et se faisaient habiller par leurs laquais.

Le roi demanda à quelle chose ils s'occupaient.

Schomberg faisait des pliés, Quélus se bassinait les yeux avec de l'eau de vigne, Maugiron buvait un verre de vin d'Espagne, d'Épernon aiguisait son épée sur une pierre.

On pouvait le voir, d'ailleurs, car il s'était, pour cette opération, fait apporter un grès à la porte de la chambre commune.

— Et tu dis que cet homme n'est pas un Bayard ? fit Henri en le regardant avec amour.

— Non, je dis que c'est un rémouleur, voilà tout, reprit Chicot.

D'Épernon le vit, et cria : Le roi !

Alors, malgré la résolution qu'il avait prise, et que même, sans cette circonstance, il n'eût pas eu la force de maintenir, Henri entra dans leur chambre.

Nous l'avons déjà dit, c'était un roi plein de majesté et qui avait une grande puissance sur lui-même.

Son visage, tranquille et presque souriant, ne trahissait donc aucun sentiment de son cœur.

— Bonjour, Messieurs, dit-il ; je vous trouve en excellentes dispositions, ce me semble.

— Dieu merci ! oui, sire, répliqua Quélus.

— Vous avez l'air sombre, Maugiron.

— Sire, je suis très superstitieux, comme le sait Votre Majesté, et comme j'ai fait de mauvais rêves, je me remets le cœur avec un doigt de vin d'Espagne.

— Mon ami, dit le roi, il faut se rappeler, et je parle d'après Miron, qui est un grand docteur, il faut se rappeler, dis-je, que les rêves dépendent des impressions de la veille, mais n'influent jamais sur les actions du lendemain, sauf toutefois la volonté de Dieu.

— Aussi, sire, dit d'Épernon, me voyez-vous aguerri. J'ai aussi fort mal songé cette nuit ; mais, malgré le songe, le bras est bon et le coup d'œil perçant.

Et il se fendit contre le mur, auquel il fit une entaille avec son épée fraîche émoulue.

— Oui, dit Chicot, vous avez rêvé que vous aviez du sang à vos bottes ; ce rêve-là n'est pas mauvais : il signifie que l'on sera un jour un triomphateur dans le genre d'Alexandre et de César.

— Mes braves, dit Henri, vous savez que l'honneur de votre prince est en question, puisque c'est sa cause en quelque sorte que vous défendez ; mais l'honneur seulement, entendez-vous bien ; ne vous préoccupez donc pas de la sécurité de ma personne. Cette nuit j'ai assis mon trône de manière à ce que, d'ici à quelque temps du moins, aucune secousse ne le puisse ébranler. Battez-vous donc pour l'honneur.

— Sire, soyez tranquille ; nous perdrons peut-être la vie, dit Quélus, mais en tout cas l'honneur sera sauf.

— Messieurs, continua le roi, je vous aime tendrement, et je vous estime aussi. Laissez-moi donc vous donner un conseil : pas de fausse bravoure ; ce n'est pas en mourant que vous me donnerez raison, mais en tuant vos ennemis.

— Oh ! quant à moi, dit d'Épernon, je ne fais pas de quartier.

— Moi, dit Quélus, je ne réponds de rien ; je ferai ce que je pourrai, voilà tout.

— Et moi, dit Maugiron, je réponds à Sa Majesté que si je meurs je tuerai mon homme coup pour coup.

— Vous vous battez à l'épée seule ?

— A l'épée et à la dague, dit Schomberg.

Le roi tenait sa main sur sa poitrine.

Peut-être cette main et ce cœur qui se touchaient se parlaient-ils l'un à l'autre de leurs craintes par leurs frémissements et leurs pulsations ; mais, à l'extérieur, fier, l'œil sec, la lèvre hautaine, il était bien le roi, c'est-à-dire qu'il envoyait bien des soldats au combat et non des amis à la mort.

— En vérité, mon roi, lui dit Chicot, tu es vraiment beau en ce moment.

Les gentilshommes étaient prêts ; il ne leur restait plus qu'à faire la révérence à leur maître.

— Allez-vous à cheval ? dit Henri.

— Non pas, sire, dit Quélus, nous marcherons ; c'est un salutaire exercice, il dégage la tête, et Votre Majesté l'a dit mille fois, c'est la tête plus que le bras qui dirige l'épée.

— Vous avez raison, mon fils. Votre main.

Quélus s'inclina et baisa la main du roi : les autres l'imitèrent.

D'Épernon s'agenouilla en disant :

— Sire, bénissez mon épée.

— Non pas d'Épernon, fit le roi ; rendez votre épée à votre page. Je vous réserve des épées meilleures que les vôtres. Apporte les épées, Chicot.

— Non pas, dit le Gascon ; donne cette commission à ton capitaine des gardes, mon fils ; je ne suis qu'un fou, moi, qu'un païen même ; et les bénédictions du ciel pourraient se changer en sortilèges funestes, si le diable, mon ami, s'avisait de regarder à mes mains, et s'apercevait de ce que je porte.

— Quelles sont donc ces épées, sire ? demanda Schomberg en jetant un coup d'œil sur la caisse qu'un officier venait d'apporter.

— Des épées d'Italie, mon fils, des épées forgées à Milan, les coquilles en sont bonnes, vous le voyez ; et comme, à l'exception de Schomberg, vous avez tous les mains délicates, le premier coup de fouet vous désarmerait, si vos mains n'étaient bien emboîtées.

— Merci, merci, Majesté, dirent ensemble et d'une seule voix les quatre jeunes gens.

— Allez, il est temps, dit le roi, qui ne pouvait dominer plus longtemps son émotion.

— Sire, demanda Quélus, n'aurons-nous point pour nous encourager les regards de Votre Majesté ?

— Non, cela ne serait pas convenable ; vous vous battez sans qu'on le sache, vous vous battez sans mon autorisation, ne donnons pas de solennité au combat ;

qu'on le croie surtout le résultat d'une querelle particulière.

Et il les congédia d'un geste vraiment majestueux.

Lorsqu'ils furent hors de sa présence, que les derniers valets eurent franchi le seuil du Louvre, et qu'on
n'entendit plus le bruit, ni des éperons ni des cuirasses
que portaient les écuyers armés en guerre :

— Ah ! je me meurs, dit le roi en tombant sur une
estrade.

— Et moi, dit Chicot, je veux voir ce duel ; j'ai
l'idée, je ne sais pourquoi, mais je l'ai, qu'il s'y passera
quelque chose de curieux à l'endroit d'Épernon.

— Tu me quittes, Chicot ? dit le roi d'une voix
lamentable.

— Oui, dit Chicot ; car si quelqu'un d'entre eux
faisait mal son devoir, je serais là pour le remplacer et
soutenir l'honneur de mon roi.

— Va donc, dit Henri.

A peine le Gascon eut-il le congé, qu'il partit, rapide
comme l'éclair.

Le roi alors rentra dans sa chambre, en fit fermer les
volets, défendit à qui que ce fût dans le Louvre de
pousser un cri ou de proférer une parole, et il dit
seulement à Crillon qui savait tout ce qui allait se
passer :

— Si nous sommes vainqueurs, Crillon, tu me le
diras ; si au contraire nous sommes vaincus, tu frappe-
ras trois coups à ma porte.

— Oui, sire, répondit Crillon en secouant la tête.

CHAPITRE XCVI

LES AMIS DE BUSSY

Si les amis du roi avaient passé la nuit à dormir
tranquillement, ceux du duc d'Anjou avaient pris la
même précaution.

A la suite d'un bon souper auquel ils s'étaient réunis d'eux-mêmes, sans le conseil ni la présence de leur patron, qui ne prenait pas de ses favoris les mêmes inquiétudes que le roi prenait des siens, ils se couchèrent dans de bons lits, chez Antraguet, dont la maison avait été choisie comme lieu de réunion, se trouvant la plus proche du champ de bataille.

Un écuyer, celui de Riberac, grand chasseur et habile armurier, avait passé toute la journée à nettoyer, fourbir et aiguiser les armes.

Il fut, en outre, chargé de réveiller les jeunes gens au point du jour ; c'était son habitude tous les matins de fête, de chasse ou de duel.

Antraguet, avant de souper, s'en était allé voir, rue Saint-Denis, une petite marchande qu'il idolâtrait, et qu'on n'appelait dans tout le quartier que la belle imagière. Riberac avait écrit à sa mère, Livarot avait fait son testament.

A trois heures sonnant, c'est-à-dire quand les amis du roi s'éveillaient à peine, ils étaient déjà tous sur pied, frais, dispos et armés de bonne sorte.

Ils avaient pris des caleçons et des bas rouges pour que leurs ennemis ne vissent pas leur sang, et que ce sang ne les effrayât point eux-mêmes ; ils avaient des pourpoints de soie grise, afin, si l'on se battait tout habillé, qu'aucun pli ne gênât leurs mouvements ; enfin, ils étaient chaussés de souliers sans talons, et leurs pages portaient leurs épées, pour que leur bras et leur épaule n'éprouvassent aucune fatigue.

C'était un admirable temps pour l'amour, pour la bataille ou pour la promenade : le soleil dorait les pignons des toits sur lesquels fondait étincelante la rosée de la nuit.

Une senteur âcre et délicieuse en même temps montait des jardins et se répandait par les rues. Le pavé était sec et l'air vif.

Avant de sortir de la maison, les jeunes gens avaient fait demander au duc d'Anjou des nouvelles de Bussy.

On leur avait fait répondre qu'il était sorti la veille à dix heures du soir, et qu'il n'était pas rentré depuis.

Le messager s'informa s'il était sorti seul et armé.

Il apprit qu'il était sorti accompagné de Remy, et que tous deux avaient leurs épées.

Au reste, on n'était point inquiet chez le comte, il faisait souvent des absences semblables ; puis on le savait si fort, si brave et si adroit que ses absences, même prolongées, causaient peu d'inquiétudes.

Les trois amis se firent répéter tous ces détails.

— Bon, dit Antraguet, n'avez-vous pas entendu dire, Messieurs, que le roi avait commandé une grande chasse au cerf dans la forêt de Compiègne, et que M. de Monsoreau avait à cet effet dû partir hier ?

— Oui, répondirent les jeunes gens.

— Alors je sais où il est : tandis que le grand veneur détourne le cerf, lui chasse la biche du grand veneur. Soyez tranquilles, Messieurs, il est plus près du terrain que nous, et il y sera avant nous.

— Oui, dit Livarot, mais fatigué, harassé, n'ayant pas dormi.

Antraguet haussa les épaules.

— Est-ce que Bussy se fatigue ? répliqua-t-il. Allons ! en route, en route, Messieurs ; nous le prendrons en passant.

Tous se mirent en marche.

C'était juste le moment où Henri distribuait les épées à leurs ennemis ; ils avaient donc dix minutes à peu près d'avance sur eux.

Comme Antraguet demeurait vers Saint-Eustache, ils prirent la rue des Lombards, la rue de la Verrerie et enfin la rue Saint-Antoine.

Toutes ces rues étaient désertes. Les paysans qui venaient de Montreuil, de Vincennes ou de Saint-Maur-les-Fossés avec leur lait et leurs légumes, et qui dormaient sur leurs chariots ou sur leurs mules, étaient seuls admis à voir cette fière escouade de trois vaillants hommes suivis de leurs trois pages et de leurs trois écuyers.

Plus de bravades, plus de cris, plus de menaces ; lorsqu'on se bat pour tuer ou pour être tué, qu'on sait que le duel de part et d'autre sera acharné, mortel, sans miséricorde, on réfléchit ; les plus étourdis des trois étaient, ce matin-là, les plus rêveurs.

En arrivant à la hauteur de la rue Sainte-Catherine, tous trois portèrent, avec un sourire qui indiquait qu'une même pensée les tenait en ce moment, leurs yeux vers la petite maison de Monsoreau.

— On verra bien de là, dit Antraguet, et je suis sûr que la pauvre Diane viendra plus d'une fois à sa fenêtre.

— Tiens ! dit Riberac, elle y est déjà venue, ce me semble.

— Pourquoi cela ?

— Elle est ouverte.

— C'est vrai. Mais pourquoi cette échelle dressée devant la fenêtre, quand le logis a des portes ?

— En effet, c'est bizarre, dit Antraguet.

Tous trois s'approchèrent de la maison, avec le pressentiment intérieur qu'ils marchaient à quelque grave révélation.

— Et nous ne sommes pas les seuls à nous étonner, dit Livarot : voyez ces paysans qui passent et qui se dressent dans leurs voitures pour regarder.

Les jeunes gens arrivèrent sous le balcon.

Un maraîcher y était déjà et semblait examiner la terre.

— Eh ! seigneur de Monsoreau, cria Antraguet, venez-vous nous voir ? en ce cas dépêchez-vous, car nous tenons à arriver les premiers.

Ils attendirent, mais inutilement.

— Personne ne répond, dit Riberac ; mais pourquoi, diable ! cette échelle ?

— Eh ! manant, dit Livarot au maraîcher ; que fais-tu là ? Est-ce que c'est toi qui as dressé cette échelle ?

— Dieu m'en garde ! Messieurs, répondit-il.

— Et pourquoi cela ? demanda Antraguet.

— Regardez donc là-haut.

Tous trois levèrent la tête.

— Du sang ! s'écria Riberac.

— Ma foi, oui, du sang, dit le villageois, et qui est bien noir, même.

— La porte a été forcée, dit en même temps le page d'Antraguet.

Antraguet jeta un coup d'œil de la porte à la fenêtre, et, saisissant l'échelle, il fut sur le balcon en une seconde.

Il plongea son regard dans la chambre.

— Qu'y a-t-il donc ? demandèrent les autres, qui le virent chanceler et pâlir.

Un cri terrible fut sa seule réponse.

Livarot était monté derrière lui.

— Des cadavres ! la mort, la mort partout ! s'écria le jeune homme.

Et tous deux entrèrent dans la chambre.

Riberac resta en bas, de peur de surprise.

Pendant ce temps, le maraîcher arrêtait, par ses exclamations, tous les passants.

La chambre portait partout les traces de l'horrible lutte de la nuit. Les taches, ou plutôt une rivière de sang s'était étendue sur le carreau. Les tentures étaient hachées de coups d'épées et de balles de pistolets. Les meubles gisaient brisés et rouges, dans des débris de chair et de vêtements.

— Oh ! Remy, le pauvre Remy ! dit tout à coup Antraguet.

— Mort ? demanda Livarot.

— Déjà froid.

— Mais il faut donc, s'écria Livarot, qu'un régiment de reîtres ait passé par cette chambre !

En ce moment Livarot vit la porte du corridor ouverte ; des traces de sang indiquaient que de ce côté aussi avait eu lieu la lutte ; il suivit les terribles vestiges et vint jusqu'à l'escalier.

La cour était vide et solitaire.

Pendant ce temps, Antraguet, au lieu de le suivre, prenait le chemin de la chambre voisine ; il y avait du sang partout : le sang conduisait à la fenêtre.

Il se pencha sur son appui et plongea son œil effrayé sur le petit jardin.

Le treillage de fer retenait encore le cadavre livide et raide du malheureux Bussy.

A cette vue, ce ne fut pas un cri, mais un rugissement qui s'échappa de la poitrine d'Antraguet.

Livarot accourut.

— Regarde, dit Antraguet, Bussy mort !

— Bussy assassiné, précipité par une fenêtre ! Entre, Riberac, entre.

Pendant ce temps, Livarot s'élançait dans la cour, et rencontrait au bas de l'escalier Riberac qu'il emmenait avec lui.

Une petite porte qui communiquait de la cour au petit jardin leur donna passage.

— C'est bien lui, s'écria Livarot.

— Il a le poing haché, dit Riberac.

— Il a deux balles dans la poitrine.

— Il est criblé de coups de dague.

— Ah ! pauvre Bussy, hurlait Antraguet ; vengeance ! vengeance !

En se retournant, Livarot heurta un second cadavre.

— Monsoreau ! cria-t-il.

— Quoi ! Monsoreau aussi ?

— Oui, Monsoreau percé comme un crible, et qui a eu la tête brisée sur le pavé.

— Ah çà ! mais on a donc assassiné tous nos amis, cette nuit.

— Et sa femme, sa femme, cria Antraguet ; Diane, madame Diane !

Personne ne répondit, excepté la populace qui commençait à fourmiller autour de la maison.

C'est en ce moment que le roi et Chicot arrivaient à la hauteur de la rue Sainte-Catherine, et se détournaient pour éviter le rassemblement.

— Bussy ! pauvre Bussy, s'écriait Riberac désespéré.

— Oui, dit Antraguet : on a voulu se défaire du plus terrible de nous tous.

— C'est une lâcheté ! c'est une infamie ! crièrent les deux autres jeunes gens.

— Allons nous plaindre au duc, cria l'un d'eux.

— Non pas, dit Antraguet, ne chargeons personne du soin de notre vengeance ; nous serions mal vengés, ami : attends-moi.

En une seconde il descendit et rejoignit Livarot et Riberac.

— Mes amis, dit-il, regardez cette noble figure du plus brave des hommes, voyez les gouttes encore vermeilles de son sang ; celui-là nous donne l'exemple : celui-là ne chargeait personne du soin de le venger... Bussy ! Bussy ! nous ferons comme toi, et sois tranquille, nous nous vengerons.

En disant ces mots il se découvrit, posa ses lèvres sur les lèvres de Bussy, et, tirant son épée, il la trempa dans son sang.

— Bussy, dit-il, je jure sur ton cadavre que ce sang sera lavé dans le sang de tes ennemis !

— Bussy, dirent les autres, nous jurons de tuer ou de mourir !

— Messieurs, dit Antraguet remettant son épée au fourreau, pas de merci, pas de miséricorde, n'est-ce pas ?

Les deux jeunes gens étendirent la main sur le cadavre :

— Pas de merci, pas de miséricorde, répétèrent-ils.

— Mais, dit Livarot, nous ne serons plus que trois contre quatre.

— Oui, mais nous n'aurons assassiné personne, nous, dit Antraguet, et Dieu fera forts ceux qui sont innocents. Adieu, Bussy !

— Adieu, Bussy ! répétèrent les deux autres compagnons.

Et ils sortirent, l'effroi dans l'âme et la pâleur au front, de cette maison maudite.

Ils y avaient trouvé, avec l'image de la mort, ce désespoir profond qui centuple les forces ; ils y avaient recueilli cette indignation généreuse qui rend l'homme supérieur à son essence mortelle.

Ils percèrent avec peine la foule, tant en un quart d'heure la foule était devenue considérable.

En arrivant sur le terrain, ils trouvèrent leurs ennemis qui les attendaient, les uns assis sur des pierres, les autres pittoresquement campés sur les barrières de bois.

Ils firent les derniers pas en courant, honteux d'arriver les derniers.

Les quatre mignons avaient avec eux quatre écuyers.

Leurs quatre épées, posées à terre, semblaient attendre et se reposer comme eux.

— Messieurs, dit Quélus en se levant et en saluant avec une espèce de morgue hautaine, nous avons eu l'honneur de vous attendre.

— Excusez-nous, Messieurs, dit Antraguet ; mais nous fussions arrivés avant vous sans le retard d'un de nos compagnons.

— M. de Bussy ? fit d'Épernon ; effectivement, je ne le vois pas. Il paraît qu'il se fait tirer l'oreille, ce matin.

— Nous avons bien attendu jusqu'à présent, dit Schomberg ; nous attendrons bien encore.

— M. de Bussy ne viendra pas, répondit Antraguet.

Une stupeur profonde se peignit sur tous les visages, celui d'Épernon seul exprima un autre sentiment.

— Il ne viendra pas ? dit-il ; ah ! ah ! le brave des braves a donc peur ?

— Ce ne peut être pour cela, reprit Quélus.

— Vous avez raison, Monsieur, dit Livarot.

— Et pourquoi ne viendra-t-il pas ? demanda Maugiron.

— Parce qu'il est mort, répliqua Antraguet.

— Mort ! s'écrièrent les mignons.

D'Épernon ne dit rien, et pâlit même légèrement.

— Et mort assassiné ! reprit Antraguet. Ne le savez-vous pas, Messieurs ?

— Non, dit Quélus, et pourquoi le saurions-nous ?

— D'ailleurs, est-ce sûr ? demanda d'Épernon.

Antraguet tira sa rapière.

— Si sûr, dit-il, que voilà de son sang sur mon épée.

— Assassiné ! s'écrièrent les trois amis du roi. M. de Bussy assassiné !

D'Épernon continuait de secouer la tête d'un air de doute.

— Ce sang crie vengeance, dit Riberac ; ne l'entendez-vous pas, Messieurs ?

— Ah çà ! reprit Schomberg, on dirait que votre douleur a un sens.

— Pardieu ! fit Antraguet.

— Qu'est-ce à dire ? s'écria Quélus.

— *Cherche à qui le crime profite*, dit le légiste, murmura Livarot.

— Ah çà ! Messieurs, vous expliquerez-vous haut et clair ? dit Maugiron d'une voix tonnante.

— Nous venons justement pour cela, Messieurs, dit Riberac, et nous avons plus de sujets qu'il n'en faut pour nous égorger cent fois.

— Alors, vite l'épée à la main, dit d'Épernon en tirant son arme du fourreau ; et faisons vite.

— Oh ! oh ! vous êtes bien pressé, monsieur le Gascon, dit Livarot, vous ne chantiez pas si haut quand nous étions quatre contre quatre.

— Est-ce notre faute, si vous n'êtes plus que trois ? répondit d'Épernon.

— Oui, c'est votre faute, s'écria Antraguet ; il est mort parce qu'on l'aimait mieux couché dans la tombe que debout sur le terrain ; il est mort le poing coupé, pour que son poing ne pût plus soutenir son épée ; il est mort parce qu'il fallait à tout prix éteindre ces yeux dont l'éclair vous eût ébloui tous quatre. Comprenez-vous ? suis-je clair ?

Schomberg, Maugiron et d'Épernon hurlaient de rage.

— Assez, assez, Messieurs, dit Quélus. Retirez-vous, monsieur d'Épernon ; nous nous battrons trois contre trois ; ces Messieurs verront alors si, malgré notre droit, nous sommes gens à profiter d'un malheur que nous déplorons comme eux. Venez, Messieurs, venez, ajouta le jeune homme en jetant son chapeau en arrière et en levant la main gauche tandis que de la droite il faisait siffler son épée ; venez, et, en nous voyant combattre à ciel ouvert et sous le regard de Dieu, vous pourrez juger si nous sommes des assassins. Allons, de l'espace ! de l'espace !

— Ah ! je vous haïssais, dit Schomberg, maintenant je vous exècre.

— Et moi, dit Antraguet, il y a une heure je vous eusse tué, maintenant je vous égorgerais. En garde ! Messieurs, en garde !

— Avec nos pourpoints ou sans pourpoints ? demanda Schomberg.

— Sans pourpoint, sans chemise, dit Antraguet ; la poitrine à nu, le cœur à découvert.

Les jeunes gens jetèrent leurs pourpoints et arrachèrent leurs chemises.

— Tiens, dit Quélus en se dévêtant, j'ai perdu ma dague. Elle tenait mal au fourreau et sera tombée en route.

— Ou vous l'aurez laissée chez M. de Monsoreau, place de la Bastille, dit Antraguet, dans quelque fourreau dont vous n'aurez pas osé la retirer.

Quélus poussa un hurlement de rage et tomba en garde.

— Mais il n'a pas de dague, monsieur Antraguet, il n'a pas de dague, cria Chicot qui arrivait en ce moment sur le champ de bataille.

— Tant pis pour lui, dit Antraguet ; ce n'est point ma faute.

Et tirant sa dague de la main gauche, il tomba en garde de son côté.

CHAPITRE XCVII

LE COMBAT

Le terrain sur lequel allait avoir lieu cette terrible rencontre était ombragé d'arbres, ainsi que nous l'avons vu, et situé à l'écart.

Il n'était fréquenté d'ordinaire que par les enfants qui venaient y jouer le jour, ou les ivrognes et les voleurs qui venaient y dormir la nuit.

Les barrières, dressées par les marchands de chevaux, écartaient naturellement la foule qui, semblable aux flots d'une rivière, suit toujours un courant et ne s'arrête ou ne revient qu'attirée par quelque remous.

Les passants longeaient cet espace et ne s'y arrêtaient point.

D'ailleurs, il était de trop bonne heure, et l'empressement général se portait vers la maison sanglante de Monsoreau.

Chicot, le cœur palpitant, bien qu'il ne fût pas fort tendre de sa nature, s'assit en avant des laquais et des pages sur une balustrade de bois.

Il n'aimait pas les Angevins, il détestait les mignons ; mais les uns et les autres étaient de braves jeunes gens, et sous leur chair courait un sang généreux que bientôt on allait voir jaillir au grand jour.

D'Épernon voulut risquer une dernière fois la bravade.

— Quoi ! on a donc bien peur de moi ? s'écria-t-il.

— Taisez-vous, bavard, lui dit Antraguet.

— J'ai mon droit, répliqua d'Épernon, la partie fut liée à huit.

— Allons, au large ! dit Riberac impatienté en lui barrant le passage.

Il s'en revint avec des airs de têtes superbes et rengaina son épée.

— Venez, dit Chicot, venez, fleur des braves, sans quoi vous allez perdre encore une paire de souliers comme hier.

— Que dit ce maître fou ?

— Je dis que tout à l'heure il y aura du sang par terre, et vous marcheriez dedans comme vous fîtes cette nuit.

D'Épernon devint blafard. Toute sa jactance tombait sous ce terrible reproche.

Il s'assit à dix pas de Chicot, qu'il ne regardait plus sans terreur.

Riberac et Schomberg s'approchèrent après le salut d'usage.

Quélus et Antraguet qui, depuis un instant déjà,

étaient tombés en garde, engagèrent le fer en faisant un pas en avant.

Maugiron et Livarot, appuyés chacun sur une barrière, se guettaient en faisant des feintes sur place pour engager l'épée dans leur garde favorite.

Le combat commença comme cinq heures sonnaient à Saint-Paul.

La fureur était peinte sur les traits des combattants ; mais leurs lèvres serrées, leur pâleur menaçante, l'involontaire tremblement du poignet indiquaient que cette fureur était maintenue par eux à force de prudence, et que, pareille à un cheval fougueux, elle ne s'échapperait point sans de grands ravages.

Il y eut durant plusieurs minutes, ce qui est un espace de temps énorme, un frottement d'épées qui n'était pas encore un cliquetis.

Pas un coup ne fut porté.

Riberac, fatigué ou plutôt satisfait d'avoir tâté son adversaire, baissa la main et attendit un moment.

Schomberg fit deux pas rapides, et lui porta un coup qui fut le premier éclair sorti du nuage.

Riberac fut frappé.

Sa peau devint livide, et un jet de sang sortit de son épaule ; il rompit pour se rendre compte à lui-même de sa blessure.

Schomberg voulut renouveler le coup ; mais Riberac releva son épée par une parade de prime, et lui porta un coup qui l'atteignit au côté.

Chacun avait sa blessure.

— Maintenant, reposons-nous quelques secondes, si vous voulez, dit Riberac.

Cependant Quélus et Antraguet s'échauffaient de leur côté ; mais Quélus, n'ayant pas de dague, avait un grand désavantage ; il était obligé de parer avec son bras gauche, et comme son bras était nu, chaque parade lui coûtait une blessure.

Sans être atteint grièvement, au bout de quelques secondes il avait la main complètement ensanglantée.

Antraguet, au contraire, comprenant tout son avantage, et non moins habile que Quélus, parait avec une mesure extrême. Trois coups de riposte portèrent, et, sans être touché grièvement, le sang s'échappa de la poitrine de Quélus par trois blessures.

Mais à chaque coup Quélus répéta :

— Ce n'est rien.

Livarot et Maugiron en étaient toujours à la prudence.

Quant à Riberac, furieux de douleur, et sentant qu'il commençait à perdre ses forces avec son sang, il fondit sur Schomberg.

Schomberg ne recula point d'un pas et se contenta de tendre son épée.

Les deux jeunes gens firent coup fourré.

Riberac eut la poitrine traversée, et Schomberg fut blessé au col.

Riberac, blessé mortellement, porta la main gauche à sa plaie en se découvrant.

Schomberg en profita pour porter à Riberac un second coup qui lui traversa les chairs.

Mais Riberac, de sa main droite, saisit la main de son adversaire, et de la gauche lui enfonça dans la poitrine sa dague jusqu'à la coquille.

La lame aiguë traversa le cœur.

Schomberg poussa un cri sourd et tomba sur le dos, entraînant avec lui Riberac, toujours traversé par l'épée.

Livarot voyant tomber son ami fit un pas de retraite rapide et courut à lui, poursuivi par Maugiron.

Il gagna plusieurs pas dans la course, et aidant Riberac dans les efforts qu'il faisait pour se débarrasser de l'épée de Schomberg, il lui arracha cette épée de la poitrine.

Mais alors, rejoint par Maugiron, force lui fut de se défendre avec le désavantage d'un terrain glissant, d'une garde mauvaise et du soleil dans les yeux.

Au bout d'une seconde, un coup d'estoc ouvrit la tête de Livarot, qui laissa échapper son épée et tomba sur les genoux.

Quélus était vivement serré par Antraguet. Maugiron se hâta de percer Livarot d'un autre coup de pointe. Livarot tomba tout à fait.

D'Épernon poussa un grand cri.

Quélus et Maugiron restaient contre le seul Antraguet. Quélus était tout sanglant, mais de blessures légères.

Maugiron était à peu près sauf.

Antraguet comprit le danger ; il n'avait pas reçu la moindre égratignure, mais il commençait à se sentir fatigué ; ce n'était cependant pas le moment de demander trêve à un homme blessé, furieux, haletant, et à un autre tout chaud de carnage. D'un coup de fouet il écarta violemment l'épée de Quélus, et, profitant de l'écartement du fer, il sauta légèrement par-dessus une barrière.

Quélus revint par un coup de taille, mais qui n'entama que le bois.

En ce moment Maugiron attaqua Antraguet de flanc. Antraguet se retourna.

Quélus profita du mouvement pour passer sous la barrière.

— Il est perdu, dit Chicot.

— Vive le roi ! cria d'Épernon ; hardi ! mes lions, hardi.

— Monsieur, du silence, s'il vous plaît, dit Antraguet ; n'insultez pas un homme qui se battra jusqu'au dernier souffle.

— Et qui n'est pas encore mort, s'écria Livarot.

Et, au moment où nul ne pensait plus à lui, hideux de la fange sanglante qui lui couvrait le corps, il se releva sur ses genoux et plongea sa dague entre les épaules de Maugiron, qui tomba comme une masse en soupirant.

— Jésus, mon Dieu ! je suis mort.

Livarot retomba évanoui ; l'action et la colère avaient épuisé le reste de ses forces.

— Monsieur de Quélus, dit Antraguet abaissant son épée, vous êtes un brave homme, rendez-vous, je vous offre la vie.

— Et pourquoi me rendre ? dit Quélus, suis-je à terre ?

— Non ; mais vous êtes criblé de coups, et moi je suis sain et sauf.

— Vive le roi ! cria Quélus, j'ai encore mon épée, Monsieur.

Et il se fendit sur Antraguet, qui para le coup, si rapide qu'il eût été.

— Non, Monsieur, vous ne l'avez plus, dit Antraguet, saisissant à pleine main la lame près de la garde.

Et il tordit le bras de Quélus qui lâcha l'épée.

Seulement Antraguet se coupa légèrement un doigt de la main gauche.

— Oh ! hurla Quélus, une épée ! une épée !

Et se lançant sur Antraguet d'un bond de tigre, il l'enveloppa de ses deux bras.

Antraguet se laissa prendre au corps, et, passant son épée dans sa main gauche et sa dague dans sa main droite, il se mit à frapper sur Quélus sans relâche et partout, s'éclaboussant à chaque coup du sang de son ennemi à qui rien ne pouvait faire lâcher prise, et qui criait à chaque blessure :

— Vive le roi !

Il réussit même à retenir la main qui le frappait et à garrotter, comme eût fait un serpent, son ennemi intact entre ses jambes et ses bras.

Antraguet sentit que la respiration allait lui manquer.

En effet, il chancela et tomba.

Mais en tombant, comme si tout le devait favoriser ce jour-là, il étouffa pour ainsi dire le malheureux Quélus.

— Vive le roi ! murmura ce dernier à l'agonie.

Antraguet parvint à dégager sa poitrine de l'étreinte, il se raidit sur un bras, et le frappant d'un dernier coup qui lui traversa la poitrine :

— Tiens, lui dit-il, es-tu content ?

— Vive le r... ! articula Quélus, les yeux à demi fermés.

Ce fut tout ; le silence et la terreur de la mort régnaient sur le champ de bataille.

Antraguet se releva tout sanglant, mais du sang de son ennemi ; il n'avait, comme nous l'avons dit, qu'une égratignure à la main.

D'Épernon, épouvanté, fit un signe de croix et prit la fuite, comme s'il eût été poursuivi par un spectre.

Antraguet jeta sur ses compagnons et ses ennemis, morts et mourants, le même regard qu'Horace dut jeter sur le champ de bataille qui décidait les destins de Rome.

Chicot accourut et releva Quélus qui rendait son sang par dix-neuf blessures.

Le mouvement le ranima.

Il rouvrit les yeux.

— Antraguet, sur l'honneur, dit-il, je suis innocent de la mort de Bussy.

— Oh ! je vous crois, Monsieur, fit Antraguet attendri, je vous crois.

— Fuyez, murmura Quélus, fuyez ; le roi ne vous pardonnerait pas.

— Et moi, Monsieur, je ne vous abandonnerai pas ainsi, dit Antraguet, dût l'échafaud me prendre.

— Sauvez-vous, jeune homme, dit Chicot, et ne tentez pas Dieu ; vous vous sauvez par un miracle, n'en demandez pas deux le même jour.

Antraguet s'approcha de Riberac qui respirait encore.

— Eh bien ? demanda celui-ci.

— Nous sommes vainqueurs, répondit Antraguet à voix basse pour ne pas offenser Quélus.

— Merci, dit Riberac. Va-t'en.

Et il retomba évanoui.

Antraguet ramassa sa propre épée qu'il avait laissé tomber dans la lutte, puis celles de Quélus, de Schomberg et de Maugiron.

— Achevez-moi, Monsieur, dit Quélus, ou laissez-moi mon épée.

— La voici, monsieur le comte, dit Antraguet en la lui offrant avec un salut respectueux.

Une larme brilla aux yeux du blessé.

— Nous eussions pu être amis, murmura-t-il.

Antraguet lui tendit la main.

— Bien ! fit Chicot, c'est on ne peut plus chevaleresque. Mais sauve-toi, Antraguet, tu es digne de vivre.

— Et mes compagnons ? demanda le jeune homme.

— J'en aurai soin, comme des amis du roi.

Antraguet s'enveloppa du manteau que lui tendait son écuyer, afin que l'on ne vît pas le sang dont il était couvert, et, laissant les morts et les blessés au milieu des pages et des laquais, il disparut par la porte Saint-Antoine.

CHAPITRE XCVIII

CONCLUSION

Le roi, pâle d'inquiétude et frémissant au moindre bruit, arpentait la salle d'armes, conjecturant, avec l'expérience d'un homme exercé, tout le temps que ses amis avaient dû employer à joindre et à combattre leurs adversaires, ainsi que toutes les chances bonnes ou mauvaises que leur donnaient leur caractère, leur force et leur adresse.

— A cette heure, avait-il dit d'abord, ils traversent la rue Saint-Antoine.

Ils entrent dans le champ clos, maintenant.

On dégaine. A cette heure, ils en sont aux mains.

Et, à ces mots, le pauvre roi, tout frissonnant, s'était mis en prières.

Mais le fond du cœur absorbait d'autres sentiments, et cette dévotion des lèvres ne faisait que glisser à la surface.

Au bout de quelques secondes, le roi se releva.

— Pourvu que Quélus, dit-il, se souvienne de ce coup de riposte que je lui ai montré, en parant avec l'épée et en frappant avec la dague.

Quant à Schomberg, l'homme de sang-froid, il doit tuer ce Riberac. Maugiron, s'il n'a pas mauvaise chance, se débarrassera vite de Livarot. Mais d'Épernon ! oh ! celui-là est mort. Heureusement que c'est

celui des quatre que j'aime le moins. Mais, malheureusement, ce n'est pas le tout qu'il soit mort, c'est
que, lui mort, Bussy, le terrible Bussy, ne tombe sur
les autres en se multipliant. Ah ! mon pauvre Quélus !
mon pauvre Schomberg ! mon pauvre Maugiron !

— Sire ! dit à la porte la voix de Crillon.

— Quoi ! déjà ! s'écria le roi.

— Non, sire, je n'apporte aucune nouvelle, si ce
n'est que le duc d'Anjou demande à parler à Votre
Majesté.

— Et pourquoi faire ? demanda le roi, dialoguant
toujours à travers la porte.

— Il dit que le moment est venu pour lui
d'apprendre à Votre Majesté quel genre de service il
lui a rendu, et que ce qu'il a à dire au roi calmera une
partie des craintes qui l'agitent en ce moment.

— Eh bien ! allez donc, dit le roi.

En ce moment, et comme Crillon se retournait pour
obéir, un pas rapide retentit par les montées, et l'on
entendit une voix qui disait à Crillon :

— Je veux parler au roi à l'instant même.

Le roi reconnut la voix et ouvrit lui-même.

— Viens, Saint-Luc, viens, dit-il. Qu'y a-t-il
encore ? Mais qu'as-tu, mon Dieu, et qu'est-il arrivé ?
Sont-ils morts ?

En effet, Saint-Luc, pâle, sans chapeau, sans épée,
tout marbré de taches de sang, se précipitait dans la
chambre du roi.

— Sire ! cria Saint-Luc en se jetant aux genoux du
roi, vengeance ! je viens vous demander vengeance.

— Mon pauvre Saint-Luc, dit le roi, qu'y a-t-il
donc ? parle, et qui peut te causer un pareil désespoir ?

— Sire, un de vos sujets, le plus noble, un de vos
soldats, le plus brave... La parole lui manqua.

— Hein ! fit en s'avançant Crillon qui croyait avoir
des droits, à ce dernier titre surtout.

— A été égorgé cette nuit, traîtreusement égorgé,
assassiné, acheva Saint-Luc.

Le roi, préoccupé d'une seule idée, se rassura ; ce
n'était aucun de ses quatre amis, puisqu'il les avait vus
le matin.

— Égorgé, assassiné cette nuit, dit le roi ; de qui parles-tu donc, Saint-Luc ?

— Sire, vous ne l'aimiez pas, je le sais bien, continua Saint-Luc ; mais il était fidèle, et, dans l'occasion, je vous le jure, il eût donné tout son sang pour Votre Majesté ; sans quoi il n'eût pas été mon ami.

— Ah ! fit le roi qui commençait à comprendre.

Et quelque chose comme un éclair, sinon de joie, du moins d'espérance, illumina son visage.

— Vengeance, sire, pour M. de Bussy, cria Saint-Luc, vengeance !

— Pour M. de Bussy ? répéta le roi, en appuyant sur chaque mot.

— Oui, pour M. de Bussy, que vingt assassins ont poignardé cette nuit. Et bien leur en a pris d'être vingt, car il en a tué quatorze.

— M. de Bussy mort !...

— Oui, sire.

— Alors, il ne se bat pas ce matin, dit tout à coup le roi, emporté par un mouvement irrésistible.

Saint-Luc lança au roi un regard qu'il ne put soutenir : en se détournant, il vit Crillon qui, toujours debout près de la porte, attendait de nouveaux ordres.

Il lui fit signe d'amener le duc d'Anjou.

— Non, sire, ajouta Saint-Luc d'une voix sévère ; M. de Bussy ne s'est point battu en effet, et voilà pourquoi je viens demander, non pas vengeance, comme j'ai eu tort de le dire à Votre Majesté, mais justice ; car j'aime mon roi, et surtout l'honneur de mon roi par-dessus toutes choses, et je trouve qu'en poignardant M. de Bussy, on a rendu un déplorable service à Votre Majesté.

Le duc d'Anjou venait d'arriver à la porte ; il s'y tenait debout et immobile comme une statue de bronze.

Les paroles de Saint-Luc avaient éclairé le roi ; elles lui rappelaient le service que son frère prétendait lui avoir rendu.

Son regard se croisa avec celui du duc, et il n'eut plus de doute, car, en même temps qu'il lui répondait

oui du regard, le duc avait fait de haut en bas un signe
imperceptible de tête.

— Savez-vous ce que l'on va dire maintenant ?
s'écria Saint-Luc. On va dire, si vos amis sont vainqueurs, qu'ils ne le sont que parce que vous avez fait
égorger Bussy.

— Et qui dira cela, Monsieur ? demanda le roi.

— Pardieu ! tout le monde, dit Crillon, se mêlant
sans façon et comme d'habitude à la conversation.

— Non, Monsieur, dit le roi, inquiet et subjugué
par cette opinion de celui qui était le plus brave de son
royaume, depuis que Bussy était mort ; non, Monsieur, on ne le dira pas, car vous me nommerez
l'assassin.

Saint-Luc vit une ombre se projeter.

C'était le duc d'Anjou qui venait de faire deux pas
dans la chambre. Il se retourna et le reconnut.

— Oui, sire, je le nommerai ! dit-il en se relevant,
car je veux à tout prix disculper Votre Majesté d'une
si abominable action.

— Eh bien ! dites.

Le duc s'arrêta et attendit tranquillement.

Crillon se tenait derrière lui, le regardant de travers
et secouant la tête.

— Sire, reprit Saint-Luc, cette nuit on a fait tomber
Bussy dans un piège : tandis qu'il rendait visite à une
femme dont il était aimé, le mari, prévenu par un
traître, est rentré chez lui avec des assassins ; il y en
avait partout : dans la rue, dans la cour et jusque dans
le jardin.

Si tout n'eût pas été fermé, comme nous l'avons dit,
dans la chambre du roi, on eût pu voir, malgré sa
puissance sur lui-même, pâlir le prince à ces dernières
paroles.

— Bussy s'est défendu comme un lion, sire, mais le
nombre l'a emporté, et...

— Et il est mort, interrompit le roi, et mort justement, car je ne vengerai certes pas un adultère.

— Sire, je n'ai pas fini mon récit, reprit Saint-Luc.
Le malheureux, après s'être défendu près d'une demi-

heure dans la chambre, après avoir triomphé de ses ennemis, le malheureux se sauvait blessé, sanglant, mutilé ; il ne s'agissait que de lui tendre une main secourable, que je lui eusse tendue, moi, si je n'eusse été arrêté, avec la femme qu'il m'avait confiée, par ses assassins ; si je n'eusse été garrotté, bâillonné. Malheureusement on avait oublié de m'ôter la vue comme on m'avait ôté la parole, et j'ai vu, sire, j'ai vu deux hommes s'approcher du malheureux Bussy, suspendu par la cuisse aux lances d'une grille de fer ; j'ai entendu le blessé leur demander secours, car, dans ces deux hommes il avait le droit de voir deux amis. Eh bien ! l'un, sire, c'est horrible à raconter ! mais, croyez-le, c'était encore bien plus horrible à voir et à entendre, l'un a ordonné de faire feu, et l'autre a obéi.

Crillon serra les poings et fronça le sourcil.

— Et vous connaissez l'assassin ? demanda le roi ému malgré lui.

— Oui, dit Saint-Luc.

Et se retournant vers le prince en chargeant sa parole et son geste de toute sa haine si longtemps contenue :

— C'est monseigneur, dit-il ; l'assassin, c'est le prince ! l'assassin, c'est l'ami !

Le roi s'attendait à ce coup, le duc le supporta sans sourciller.

— Oui, dit-il tranquillement, oui, monsieur de Saint-Luc a bien vu et bien entendu ; c'est moi qui ai fait tuer M. de Bussy, et Votre Majesté appréciera cette action, car M. de Bussy était mon serviteur, c'est vrai ; mais ce matin, quelque chose que j'aie pu lui dire, M. de Bussy devait porter les armes contre Votre Majesté.

— Tu mens ! assassin ! tu mens ! s'écria Saint-Luc : Bussy percé de coups, Bussy la main hachée de coups d'épée, l'épaule brisée d'une balle, Bussy pendant accroché par la cuisse au treillis de fer, Bussy n'était plus bon qu'à inspirer de la pitié à ses plus cruels ennemis, et ses plus cruels ennemis l'eussent secouru. Mais toi, toi l'assassin de La Mole et de Coconnas, tu

as tué Bussy comme, les uns après les autres, tous tes
amis ; tu as tué Bussy, non parce qu'il était l'ennemi
de ton frère, mais parce qu'il était le confident de tes
secrets. Ah ! Monsoreau savait bien, lui, pourquoi tu
faisais ce crime.

— Cordieu ! murmura Crillon, que ne suis-je le
roi !

— On m'insulte chez vous, mon frère, dit le duc,
blême de terreur, car entre la main convulsive de
Crillon et le regard sanglant de Saint-Luc il ne se
sentait pas en sûreté.

— Sortez ! Crillon, dit le roi.

Crillon sortit.

— Justice ! sire, justice ! continua de crier Saint-
Luc.

— Sire, dit le duc, punissez-moi donc d'avoir sauvé
ce matin les amis de Votre Majesté, et d'avoir donné
une éclatante justice à votre cause qui est la mienne.

— Et moi, reprit Saint-Luc ne se possédant plus, je
te dis que la cause dont tu es est une cause maudite, et
qu'où tu passes doit s'abattre sur tes pas la colère de
Dieu ! Sire, sire ! votre frère a protégé nos amis, malheur à eux !

Le roi sentit passer en lui comme un frisson de
terreur.

En ce moment même on entendit au-dehors une
vague rumeur, puis des pas précipités, puis des inter-
rogatoires empressés.

Il se fit un grand, un profond silence.

Au milieu de ce silence, et comme si une voix du
ciel venait donner raison à Saint-Luc, trois coups
frappés avec lenteur et solennité ébranlèrent la porte
sous le poing vigoureux de Crillon.

Une sueur froide inonda les tempes de Henri et
bouleversa les traits de son visage.

— Vaincus ! s'écria-t-il, mes pauvres amis vaincus !

— Que vous disais-je, sire ? s'écria Saint-Luc.

Le duc joignit les mains avec terreur.

— Vois-tu, lâche ! s'écria le jeune homme avec un
superbe effort, voilà comme les assassinats sauvent

l'honneur des princes ! Viens donc m'égorger aussi, je n'ai pas d'épée.

Et il lança son gant de soie au visage du duc.

François poussa un cri de rage et devint livide.

Mais le roi ne vit rien, n'entendit rien ; il avait laissé tomber son front entre ses mains.

— Oh ! murmurait-il, mes pauvres amis, ils sont vaincus, blessés ! Oh ! qui me donnera d'eux des nouvelles certaines ?

— Moi, sire, dit Chicot.

Le roi reconnut cette voix amie, et tendit ses bras en avant.

— Eh bien ? dit-il.

— Deux sont déjà morts, et le troisième va rendre le dernier soupir.

— Quel est ce troisième qui n'est pas encore mort ?

— Quélus, sire !

— Et où est-il ?

— A l'hôtel Boissy, où je l'ai fait transporter.

Le roi n'en écouta point davantage, et s'élança hors de l'appartement en poussant des cris lamentables.

Saint-Luc avait conduit Diane chez son amie, Jeanne de Brissac ; de là son retard à se présenter au Louvre.

Jeanne passa trois jours et trois nuits à veiller la malheureuse femme en proie au plus atroce délire.

Le quatrième jour, Jeanne, brisée de fatigue, alla prendre un peu de repos ; mais lorsqu'elle rentra, deux heures après, dans la chambre de son amie, elle ne la trouva plus [1].

On sait que Quélus, le seul des trois combattants défenseurs de la cause du roi qui ait survécu à dix-neuf blessures, mourut dans ce même hôtel de Boissy où Chicot l'avait fait transporter, après une agonie de trente jours, et entre les bras du roi.

Henri fut inconsolable.

---

1. Peut-être l'auteur nous racontera-t-il ce qu'elle était devenue dans son prochain roman, intitulé *Les Quarante-Cinq*, où nous retrouverons une partie des personnages qui ont pris part à l'intrigue de *La Dame de Monsoreau*.

Il fit faire à ses trois amis de magnifiques tombeaux où ils étaient taillés en marbre et dans leur grandeur naturelle.

Il fonda des messes à leur intention, les recommanda aux prières des prêtres, et ajouta à ses oraisons habituelles ce distique qu'il répéta toute sa vie après ses prières du matin et du soir :

> Que Dieu reçoive en son giron
> Quélus, Schomberg et Maugiron.

Pendant près de trois mois, Crillon garda à vue le duc d'Anjou que le roi avait pris dans une haine profonde et auquel il ne pardonna jamais.

On atteignit ainsi le mois de septembre, époque à laquelle Chicot qui ne quittait pas son maître, et qui eût consolé Henri, si Henri eût pu être consolé, reçut la lettre suivante, datée du prieuré de Beaune.

Elle était écrite de la main d'un clerc.

« Cher seigneur Chicot,

« L'air est doux dans notre pays, et les vendanges promettent d'être belles en Bourgogne, cette année. On dit que le roi, notre sire, à qui j'ai sauvé la vie, à ce qu'il paraît, a toujours beaucoup de chagrin ; amenez-le au prieuré, cher monsieur Chicot, nous lui ferons boire d'un vin de 1550 que j'ai découvert dans mon cellier, et qui est capable de faire oublier les plus grandes douleurs ; cela le réjouira, je n'en doute point, car j'ai trouvé dans les livres saints cette phrase admirable : "Le bon vin réjouit le cœur de l'homme !" C'est très beau en latin, je vous le ferai lire. Venez donc, cher monsieur Chicot, venez avec le roi, venez avec M. d'Épernon, venez avec M. de Saint-Luc ; et vous verrez que nous engraisserons tous.

« Le révérend prieur DOM GORENFLOT,
qui se dit votre humble serviteur et ami.

« *P.S.* Vous direz au roi que je n'ai pas encore eu le temps de prier pour l'âme de ses amis, comme il me l'avait recommandé, à cause des embarras que m'a donnés mon installation ; mais, aussitôt les vendanges faites, je m'occuperai certainement d'eux. »

— Amen, dit Chicot ; voilà de pauvres diables bien recommandés à Dieu !

DICTIONNAIRE DES PRINCIPAUX
PERSONNAGES HISTORIQUES[1]

ANJOU François-Hercule, duc d'Alençon, puis d' (1554-1584). Cinquième fils de Henri II et de Catherine de Médicis, il ne cessa d'intriguer et de fomenter des troubles pour parvenir au trône, ses trois aînés n'ayant pas d'enfants. Il prit la tête des « malcontents » qui devinrent en 1575 les « Politiques » et s'allièrent temporairement aux huguenots ; le duc parvint ainsi à se faire octroyer l'Anjou et la Touraine l'année suivante après la « paix de Monsieur ». Visant tour à tour, puis simultanément, la main d'Elisabeth d'Angleterre et le trône des Pays-Bas, louvoyant entre l'alliance avec les protestants et le soutien de la Ligue, il se brouille de nouveau avec Henri III en 1578, mais se réconcilie avec lui à l'occasion de l'assassinat de Bussy et entreprend la conquête des Pays-Bas. Reconnu souverain constitutionnel de dix-sept provinces en 1582, il est incapable de tenir tête aux troupes espagnoles et échoue dans son projet de mariage anglais. Sa mort en 1584 ouvre une grave crise de succession, le plus proche parent du roi régnant étant désormais un prince protestant, Henri de Navarre. Tuberculeux, à demi contrefait, dissimulé et perfide, ambitieux et versatile, il laisse le souvenir

---

1. Les personnages sont classés au nom qu'ils portent dans le roman.

d'un prince malfaisant, n'hésitant pas à sacrifier ses
serviteurs les plus dévoués : La Mole, Coconnas ou
Bussy.

ANTRAGUET Charles de Balsac d'Entragues, *dit*
(1547-1600 ?). Le surnom visait à distinguer « le bel
Antraguet » de son frère aîné, François, gouverneur
d'Orléans, qui épouse en 1578 Marie Touchet, maîtresse de Charles IX. Antraguet était un fidèle du duc
de Guise, non du duc d'Anjou ; il ne dut qu'à la
protection de son maître d'échapper à la vengeance du
roi à la suite de la mort de Quélus dont il était l'adversaire lors du duel des mignons.

AUBIGNÉ Théodore-Agrippa d', (1552-1630). Fin
lettré, d'Aubigné embrasse très jeune la carrière des
armes, après avoir juré de venger les conjurés
d'Amboise en 1560. Compagnon du prince de Condé,
puis du roi de Navarre, il participe à toutes les guerres
civiles dans les rangs des huguenots ; il restera toujours
un protestant intraitable, se brouillant avec Henri IV
après son abjuration. La postérité voit en lui le visionnaire exalté, poète satirique et épique des *Tragiques*
(1577-1616) ; Dumas, qui utilise son *Histoire universelle* a surtout retenu son austérité calviniste et sa rude
franchise, devenue légendaire.

AURILLY, AVRILLY, ou AVRIGNY. On sait peu de
chose de ce favori, « mignon de couchette » du duc
d'Anjou.

BUSSY D'AMBOISE Louis de Clermont d'Amboise,
dit (1549 ?-1579). Élevé à la cour, le jeune Bussy
s'attacha d'abord au futur Henri III qu'il servit au
siège de La Rochelle en 1573 avant de l'accompagner
en Pologne d'où il revint prématurément au début de
1574 ; il s'attacha alors à François d'Alençon. Après la
campagne contre les huguenots où il fut blessé, il
revint à la cour et devint l'amant de Marguerite de
Navarre, succédant à La Mole et à Saint-Luc... Duel-
liste, querelleur et séducteur impénitent, il s'attira de
nombreux ennemis dans l'entourage du roi et fut l'un
des animateurs de la rébellion du duc d'Alençon en
1575-1576 ; son maître l'en récompensa en lui don-

nant le gouvernement de l'Anjou après la « paix de Monsieur ». Il se rend odieux à ses administrés par ses exactions ; devant les plaintes, il revient à la cour en 1578 et cause plusieurs scandales avant d'accompagner son maître dans sa fuite. Il se consacre alors à la préparation de l'expédition des Pays-Bas qu'il pousse le duc à accomplir, commande les troupes qui entrent aux Pays-Bas durant l'été 1578, mais doit repasser la frontière à la fin de l'année ; il réside à Alençon, puis aux Ponts-de-Cé et fait la connaissance de la comtesse de Montsoreau au printemps de 1579. On connaît la suite : c'est le 19 août 1579 qu'il tombe dans l'embuscade tendue par Montsoreau au manoir de La Coutancière, se jette par la fenêtre pour échapper aux spadassins et meurt empalé sur une grille.

CATHERINE DE MÉDICIS (1519-1589), fille de Laurent II de Médicis, épouse de Henri II en 1533, reine de France en 1547. Elle eut cinq fils, dont trois rois de France : François II (1544-1560), Charles IX (1550-1574) et Henri III (1551-1589), son deuxième fils, Louis, n'ayant vécu qu'un an (1549-1550). De ses trois filles, deux furent reines, Elisabeth (1545-1568) épouse de Philippe II d'Espagne et Marguerite (1553-1615) épouse de Henri IV ; sa deuxième fille, Claude (1547-1575) épousa Charles II, duc de Lorraine. Peu de personnages historiques ont suscité des jugements aussi contradictoires : intrigante et ne reculant devant aucun crime pour exercer le pouvoir, selon les uns ; grande politique manœuvrant avec habileté entre les factions rivales selon d'autres — dont Balzac qui en fait « un grand Roi ». Ce qui est assuré, c'est qu'elle gouverna en fait sous les règnes de François II et de Charles IX, sinon de Henri III et qu'elle sut maintenir le pouvoir royal, mis en péril par de puissantes factions, et l'indépendance de la France au milieu des guerres civiles et des menaces d'interventions étrangères. Elle n'hésita pas à accomplir, en 1578-1579, des tournées de pourparlers et de pacification en Anjou et dans tout le Midi et y obtint de notables succès.

CHICOT Jean-Antoine d'Anglarez, Anglerez, ou Anglerais, *dit* (1540?-1591). D'origine gasconne, il embrassa d'abord la carrière des armes et se fit une réputation de fine lame et d'indomptable querelleur : sa querelle avec le duc de Mayenne, rapportée par d'Aubigné, en est une illustration. Au service du marquis de Villars, il participe aux premières guerres de religion dans les rangs catholiques, puis devient « chevaucheur » de Charles IX dont il porte les messages avant d'assurer la défense de la ville de Loches dont Villars est gouverneur. Il s'attache alors au service du futur Henri III en qualité de porte-manteau, mais continue à résider à Loches; ce n'est, semble-t-il, qu'en 1580 qu'il commence sa carrière de « fol ». Il sera toujours un bouffon marginal, le seul à porter l'épée et non les attributs ordinaires de la fonction; si Dumas exagère évidemment les services rendus par Chicot au roi, il est avéré que le bouffon a conseillé son maître et recueilli ses confidences à maintes reprises. Henri III l'anoblit en 1584. Son franc-parler était proverbial et nombre de brochures satiriques ont paru sous son nom. A la mort de Henri III, il passa au service de Henri IV et jouit des mêmes prérogatives; il fut tué au siège de Rouen en 1592.

COSSÉ-BRISSAC Charles de (1506-1563). Maréchal de France, grand maître de l'artillerie de Henri II. Il était mort depuis quinze ans lors du mariage de sa fille avec Saint-Luc.

CRILLON Louis Balbis de Berton de (1543-1615). Grand capitaine français, surnommé « le brave des braves », il fit preuve d'une fidélité absolue à la monarchie sous Charles IX, Henri III et Henri IV et d'un dévouement à toute épreuve, mais refusa de s'associer à la Saint-Barthélemy et à l'assassinat du duc de Guise.

DAVID Jean. On ne sait à peu près rien sur cet obscur avocat au Parlement de Paris, d'origine gasconne; agent des Guises, il fut envoyé en mission à Rome en compagnie de Pierre de Gondi, évêque de Paris, en 1574, et mourut, peut-être à Lyon durant son retour, en novembre 1576.

ÉPERNON Jean-Louis de Nogaret de La Valette, duc d' (1554-1642). Il avait combattu sous les ordres du duc d'Alençon dans les rangs catholiques et participé au siège de La Rochelle en 1573, puis s'était attaché au roi de Navarre qu'il avait suivi dans sa fuite en 1575, avant de l'abandonner. Attaché ensuite au duc d'Anjou, il le suivit dans les campagnes de 1577 puis le quitta pour devenir l'un des mignons du roi. Après la mort de Quélus, il devint l'un des préférés de Henri III qui le fit duc d'Épernon en 1581 et le couvrit d'honneurs : amiral de France et gouverneur de Normandie, entre autres. D'Épernon se rendit insupportable par son orgueil et ses prétentions qui firent de lui la cible des pamphlétaires ; sa carrière montre suffisamment son arrivisme et son opportunisme, mais il ne semble jamais avoir manifesté la lâcheté dont le crédite Dumas. Il poursuivit sa carrière sous Henri IV et fit nommer Marie de Médicis régente en 1610.

FOSSEUSE Françoise de Montmorency, *dite* la belle (1566- ?). Fille du baron de Fosseux, demoiselle d'honneur de Marguerite de Navarre, maîtresse de Henri de Navarre à 16 ans, elle fut l'une des responsables de la « guerre des amoureux » en 1580.

GUISE Henri de Lorraine, duc de (1550-1588), *dit* le Balafré. L'un des chefs du parti catholique, instigateur de l'assassinat de Coligny et de la Saint-Barthélemy, fondateur de la Ligue, il ne cessa d'intriguer pour éliminer les huguenots et éviter l'accession au trône de Henri de Navarre. La force militaire qu'il avait rassemblée, son alliance avec le roi d'Espagne et le prestige dont il jouissait auprès de la population parisienne conduisirent Henri III à le faire assassiner à Blois. Il était l'époux de Catherine de Clèves, héroïne de *Henri III et sa cour.*

HENRI DE BOURBON, roi de Navarre (1553-1610), roi de France sous le nom de Henri IV en 1589. Il fit son apprentissage militaire dans les rangs calvinistes à Jarnac et à Moncontour et continua à guerroyer jusqu'à la paix de Saint-Germain (1570). Il fut alors attiré à la cour par Charles IX et son mariage avec

Marguerite de Valois, célébré le 18 août 1572, fut considéré comme le gage de la réconciliation des deux partis. Il abjure pour échapper au massacre et vit à la cour, à demi-prisonnier, jusqu'au 25 février 1576 où il s'enfuit à la faveur d'une chasse à Senlis. Il reprend alors les luttes avec les troupes protestantes jusqu'à la journée des Barricades (12 mai 1588) à l'issue de laquelle Henri III se réconcilie avec lui, et les deux beaux-frères entreprennent le siège de Paris, tenu par les Ligueurs. On connaît la suite, sa conquête du royaume et sa seconde abjuration. Il fit annuler en 1599 son mariage avec Marguerite qui ne lui avait pas donné d'enfant et épousa Marie de Médicis.

HENRI III (1551-1589). Quatrième fils de Henri II, il passe pour avoir été le préféré de sa mère. Il présente un curieux assemblage de vertus militaires (victoires de Jarnac et de Moncontour en 1569), d'indolence et de débauche, d'adresse diplomatique, de folles passions pour différentes maîtresses, comme Marie de Clèves, et de mœurs efféminées, de pratiques dévotes et superstitieuses qui allèrent en s'amplifiant. Élu roi de Pologne en 1573, il abandonna son royaume l'année suivante à la mort de Charles IX dont il devenait l'héritier. La partie de son règne qui correspond à l'action de *La Dame de Monsoreau* fut consacrée à maintenir l'équilibre entre les trois forces qui menaçaient le pouvoir royal : huguenots de Henri de Navarre, catholiques ligueurs des Guises, « politiques » du duc d'Anjou, et à éviter l'intervention des puissants voisins, Elisabeth d'Angleterre et Philippe II d'Espagne, circonstances dans lesquelles il fit preuve d'une grande habileté. On tend de nos jours à réhabiliter quelque peu ce « roi shakespearien » (P. Chevallier).

LIVAROT Jean de Duras, seigneur de (?-1581). Il tierçait Quélus lors du duel des mignons où il tua Schomberg et survécut à un « grand coup sur la tête » dont il pensa mourir durant six semaines. Il fut tué en duel par le marquis de Meignelay.

LORRAINE Louis II de Lorraine, cardinal de Guise,

dit cardinal de (1555-1588). Frère cadet du Balafré et de Mayenne, il prit une part égale à celle de ses aînés dans les agissements de la Ligue et fut assassiné à Blois le lendemain de la mort de son frère.

LOUISE de Lorraine-Vaudémont (1553-1601), épouse de Henri III, reine de France. Douce, simple et pieuse, affligée par sa stérilité, mise à l'écart des affaires par Catherine de Médicis, elle se réfugia dans la dévotion et, après 1589, ne cessa de s'employer pour que justice fût rendue à la mémoire de Henri III.

MARGUERITE DE VALOIS, reine de Navarre (1553-1615) troisième fille et avant-dernier enfant de Henri II, surnommée Margot par ses frères. « Hors la folie de l'amour, elle était fort raisonnable » écrit Tallemant des Réaux. Femme d'esprit et fine lettrée, elle défraie les chroniques scandaleuses du temps qui lui prêtent ses trois frères pour premiers amants et ses palefreniers pour derniers. Elle était en effet la maîtresse du duc de Guise au moment de son mariage, devint ensuite celle de La Mole et se fit apporter la tête de son amant après son supplice. La suite de sa vie fut tout aussi agitée : maîtresse de Bussy d'Amboise, elle fait tuer son ennemi Du Guast, rejoint son époux en Navarre et continue à mener de front intrigues amoureuses et entreprises politiques lesquelles lui vaudront une demi-captivité au château d'Usson en Auvergne (1587-1605) ; elle y écrivit ses *Mémoires* qui ne furent publiés qu'en 1628. Elle reparut à la cour après l'annulation de son mariage et termina sa vie entourée d'une petite académie précieuse.

MAUGIRON Louis de (?-1578). Fils du Lieutenant général du Dauphiné, il est le second de Quélus lors du duel des mignons et est tué par Riberac.

MAYENNE Charles de Lorraine, duc de (1554-1611). Deuxième fils de François de Guise, frère cadet du Balafré, il avait accompagné le futur Henri III en Pologne. Chef de guerre redouté, il commanda l'armée royale contre les huguenots avant de se lancer avec ses frères dans les entreprises de la Ligue, puis de combattre Henri IV en 1589-1593. Sa corpulence était proverbiale.

MÉRIDOR Olivier de Maridor(t), (?-1574). Époux d'Anne de Matignon, ce gentilhomme manceau protestant était mort lorsque l'une de ses filles épousa le comte de Montsoreau. Dumas place un imaginaire château de Méridor près de Baugé (qu'il écrit toujours Beaugé) en Anjou.

MONSOREAU Charles de Chambes, comte de Montsoreau (1549-1621). Fils cadet, il se consacra aux études pour lesquelles il avait beaucoup de goût, mais participa néanmoins aux combats dans les rangs catholiques, notamment à La Rochelle. A la mort de son aîné en 1575, il entre au service du duc d'Anjou, épouse l'année suivante Françoise de Maridor, qui avait été fiancée à son frère, et devient gentilhomme de la chambre du duc, ce qui l'amène à la cour où sa femme est dame d'honneur de la reine mère. Il ne se mêle pas aux intrigues et devient, en 1578, grand veneur du duc, puis l'accompagne dans l'expédition des Pays-Bas. Après avoir fait assassiner Bussy dans son manoir de La Coutancière, il gravit paisiblement l'échelle sociale : conseiller d'État, maréchal de camp dans la campagne de Bretagne en 1589 ; on le voit encore, en 1619, recevoir Marie de Médicis à Angers.

MONSOREAU Françoise de Maridor(t) (1555?-1620), épouse en premières noces de Jean de Coesmes, baron de Lucé (1573), veuve en 1574, comtesse de Montsoreau en 1576. Aucun portrait de la dame de Montsoreau, célèbre pour sa beauté, ne nous est parvenu. Sa vie est sans grand rapport avec les romans de Dumas, tant en ce qui concerne sa jeunesse, passée dans la région du Mans, davantage avec sa mère qu'avec son père, que pour la suite des événements. Elle a effectivement été courtisée par Bussy, mais n'a peut-être jamais été sa maîtresse ; on ne sait pas davantage si elle a rédigé volontairement ou sous la menace le billet qui attirait Bussy dans le fatal guet-apens (voir introduction, p. 25). Elle semble avoir vécu très paisiblement auprès de son époux dont elle eut six enfants.

MONTPENSIER Catherine-Marie de Lorraine,

duchesse de (1552-1596). Sœur aînée du Balafré, elle s'associa activement à toutes les entreprises de la Ligue et manifesta envers Henri III une haine inexpiable ; on lui attribue le rôle d'instigatrice du geste de Jacques Clément.

O François, marquis d' (1535 ?-1594). Mignon de Henri III, il joue un rôle effacé dans le roman. Nommé surintendant des finances en 1578, cet homme, « tout confit de débauches » selon Mézeray, étonna la cour par ses dépenses fastueuses auxquelles le trésor royal servait en partie d'aliment.

QUÉLUS Jacques de Lévis, comte de (1554-1578). Le plus aimé, peut-être, de tous les mignons, était aussi connu pour sa bravoure ; elle lui valut, lors du fameux duel où il combattit Antraguet, dix-neuf blessures dont il mourut trente-trois jours plus tard, constamment soigné par le roi lui-même qui, selon L'Estoile, « portait à Maugiron et à lui une merveilleuse amitié, car il les baisa tous deux morts, fist tondre leurs testes et serrer leurs blonds cheveux, osta à Quélus les pendans de ses aureilles, que lui-mesmes auparavant lui avoit donnés et attacchés de sa propre main ».

RIBERAC François d'Aydie, vicomte de (?-1578). Fidèle du duc de Guise, il seconda Antraguet lors du duel où il tua Maugiron, mais fut mortellement blessé par lui et mourut le lendemain.

SAINT-LUC François d'Espinay de (1554-1597). L'un des favoris de Henri III, disgracié en 1580 pour des raisons mal éclaircies (voir l'introduction, p. 21) ; il se réfugia alors dans son gouvernement de Saintonge où il résista, à Brouage, au siège entrepris par les protestants, puis fut fait prisonnier à Coutras en 1587, avant de se rallier à Henri IV au service duquel il pacifia la Bretagne et joua un rôle important dans la reddition de Paris en 1594. Henri IV le nomma grand maître de l'artillerie. L'un de ses descendants intenta à Dumas un procès que le romancier gagna en 1848.

SAINT-LUC Jeanne de Cossé-Brissac, Mme de. Fille du grand maître de l'artillerie de François Ier, elle

épouse effectivement Saint-Luc le 9 février 1578.
L'Estoile a laissé d'elle un portrait peu flatteur (voir
l'introduction, p. 18).

SCHOMBERG Georges de (?-1578). Frère d'un
illustre capitaine allemand au service de Henri III, puis
de Henri IV, ce favori du duc de Guise ne doit, quant
à lui, sa célébrité qu'à sa mort, face à Livarot, alors
qu'il tierçait Antraguet au duel des mignons.

BIBLIOGRAPHIE

Éditions

Dumas a été, nous l'avons dit, fort mal servi par l'édition, dès son époque, et la situation n'a fait que se dégrader par la suite, comme si son statut d'auteur « populaire » autorisait toutes les négligences et excusait la plus complète désinvolture.

Le lecteur désireux de connaître toute l'œuvre de Dumas devra se reporter à la moins infidèle des éditions d'œuvres complètes : Michel Lévy, en ... 308 volumes.

A notre époque, il convient de saluer les efforts de Fernande BASSAN qui a entrepris de publier le *Théâtre* complet chez Minard (2 vol. parus, 1974-1980) et ceux de Claude SCHOPP, qui a réédité, dans la collection « Bouquins » chez R. Laffont, les principaux romans en recourant aux manuscrits dispersés à travers le monde : *Mémoires d'un médecin*, 3 vol. 1990. *Les Trois Mousquetaires, Vingt ans après, Le Vicomte de Bragelonne*, 3 vol., 1991. *La Reine Margot, La Dame de Monsoreau, Les Quarante-Cinq*, 2 vol. 1992.

Dans la même collection, *Mes mémoires*, éd. de Pierre Josserand, avec une préface et un précieux « Quid de Dumas », par Claude Schopp, 2 vol. 1989.

On ne connaît pas de manuscrit de *La Dame de Monsoreau* en dehors du fragment de plan mentionné dans l'introduction, p. 6.

Bibliographie

Aucune bibliographie exhaustive; pour les éditions originales, on se reportera aux classiques Thieme ou Talvart et Place, ainsi qu'à MUNRO Douglas, *Alexandre Dumas père. A bibliography of works published in french,* 1825-1900, New York and London, Garland, 1981.

Biographies

CLOUARD Henri, *Alexandre Dumas,* Albin Michel, 1955.

MAUROIS André, *Les Trois Dumas,* Hachette, 1957.

SCHOPP Claude, *Alexandre Dumas, le génie de la vie,* biographie Mazarine, 1985.

ZIMMERMANN Daniel, *Alexandre Dumas le Grand,* Julliard, 1993.

Études

La rareté des études consacrées à l'œuvre de Dumas en général et à *La Dame de Monsoreau* en particulier est affligeante. C'est dans les préfaces des éditions (Gilbert Sigaux, Club de l'Honnête homme, 1979; Claude Schopp, éd. citée) que l'on pourra trouver des études sur notre roman.

Plusieurs érudits ont entrepris de restituer la véritable histoire de Mme de Monsoreau et de Bussy d'Amboise, considérablement déformée par Dumas, on l'a vu. On peut consulter par exemple :

LEVRON Jacques, *La Véritable Histoire de la Dame de Montsoreau,* Marcel Chapelon, s.d. [1938].

DARDENNE Roger, « La vraie Dame de Montsoreau », in *Demeures inspirées et Sites romanesques,* IV, éd. de *L'Illustration,* Baschet, 1963, p. 11-16.

Sur Dumas au travail, on peut mentionner :

SIMON Gustave, *Histoire d'une collaboration, Alexandre Dumas et Auguste Maquet,* Crès, 1919.

JAN Isabelle, *Alexandre Dumas romancier,* Les Éditions ouvrières, 1973.

MOLLIER Jean-Yves, *Michel et Calmann Lévy ou la naissance de l'édition moderne*, Calmann-Lévy, 1984.

Deux revues ont consacré un numéro à Dumas : *Europe* en février-mars 1970, *L'Arc* au 1ᵉʳ trimestre 1970. Le *Bulletin de l'Association* (puis *de la Société*) *des Amis d'Alexandre Dumas* a paru annuellement de 1971 à 1982, remplacé par les *Cahiers Alexandre Dumas* depuis 1983.

Sources possibles de « La Dame de Monsoreau »

Nous l'avons dit pour *La Reine Margot*, Dumas et Maquet ont puisé leurs informations à de multiples sources. Manifestement, pour ce roman, ils ont utilisé avant tout :

L'ESTOILE Pierre de, *Journal d'un bourgeois de Paris sous le règne de Henri III*; *Mémoires et Curiosités*, dans Michaud et Poujoulat, 2ᵉ série, t. I, 1837. Les citations sont données ici d'après l'édition parue en 1875 à la Librairie des Bibliophiles par un groupe d'érudits, en 4 vol. pour le règne de Henri III.

Plusieurs épisodes du roman sont empruntés à :

AUBIGNÉ Théodore Agrippa d', *Histoire universelle*, Maillé, 1616-1620, 3 vol.

BRANTÔME Pierre de Bourdeilles, abbé de, *Grands Capitaines français*; *Discours sur les duels*, cités ici d'après *Œuvres complètes*, t. VI, Renouard, 1873.

MARGUERITE DE VALOIS, *Mémoires*, publiés en 1628. Dans Michaud et Poujoulat, 1ʳᵉ série, t. X.

Selon son habitude, Dumas s'est également inspiré de l'*Histoire de France* d'Anquetil (éd. originale, 1803, innombrables rééditions), et de la *Biographie universelle* de Michaud, 52 vol., 1811-1828.

Pour une mise au point historique, on lira avec intérêt :

CHEVALLIER Pierre, *Henri III*, Fayard, 1985.

LEVER Maurice, *Le Sceptre et la Marotte, Histoire des fous de cour*, Fayard, 1983.

Adaptations : théâtre et opéra

Nous avons signalé dans la note sur le texte le drame tiré du roman par Maquet et représenté à l'Ambigu-Comique avec succès en 1860-1861;

Mélingue y tenait le rôle de Chicot, il le tient encore lors de la reprise à la Porte-Saint-Martin en 1868-1869. Ce rôle est celui qui a remporté les faveurs des comédiens : Constant Coquelin en 1899, Jacques Destoop en 1958 à la Comédie-Française. Pour cette dernière reprise, le drame bénéficiait d'une distribution de rêve : Bernard Dhéran ou François Chaumette en duc d'Anjou, Yonnel en Méridor, Jacques Sereys en Henri III, Claude Winter en Diane...

En 1888, l'Opéra de Paris donna une *Dame de Monsoreau* en 5 actes et 7 tableaux, tirée de la pièce de Maquet, musique de Gaston Salvayre. Malgré la présence du grand ténor Jean de Reszké dans le rôle de Bussy, l'œuvre n'eut que quelques représentations.

Filmographie

Au contraire de *La Reine Margot,* qui a fait l'objet de deux réalisations modernes, *La Dame de Monsoreau* n'a guère tenté les cinéastes, sans doute en raison de la longueur du roman et de sa complexité ? Nous n'avons trouvé trace que de deux adaptations, toutes deux en plusieurs épisodes (documentation aimablement rassemblée par Christian Bony) :

La Dame de Monsoreau, film muet de René Le Somptier (1923) en six épisodes. Diane : Geneviève Félix; Mme de Saint-Luc : Gina Manès; Bussy : Rolla-Norman; Chicot : Jean d'Yd; Saint-Luc : Pierre Almette; Monsoreau : Victor Vina; Henri III : Raoul Praxy; duc d'Anjou : Philippe Richard.

La Dame de Monsoreau, série télévisée de Yannick Andréï (1968) en sept épisodes de 55 minutes. Diane : Karen Petersen; Bussy : Nicolas Silberg; Chicot : Michel Creton; Monsoreau : François Maistre; Henri III : Denis Manuel; duc d'Anjou : Gérard Berner. Remarquable adaptation.

CHRONOLOGIE

1762 : *27 mars :* Naissance à Saint-Domingue de Thomas-Alexandre, fils naturel du marquis Davy de la Pailleterie et d'une esclave noire, Césette (ou Cessette ?) Dumas qui mourra en 1772.

1769 : *3 juillet :* Naissance à Villers-Cotterêts de Marie-Louise Elisabeth Labouret, fille d'aubergistes.

1776 : Thomas-Alexandre, vendu au départ de son père, parvient à le rejoindre en France.

1786 : Il s'engage dans les dragons de la reine, sous le seul nom de sa mère, Dumas.

1789 : En garnison à Villers-Cotterêts, le jeune dragon fait la connaissance de Marie-Louise Labouret.

1792 : Thomas-Alexandre est nommé brigadier en février, lieutenant-colonel en septembre. Il épouse Marie-Louise Labouret le 28 novembre.

1793 : *30 juillet :* il est nommé général de brigade ; *17 septembre :* naissance d'Alexandrine-Aimée, sœur aînée d'Alexandre (une autre fille, née en 1796, ne vivra qu'un an).

1801 : A la suite de graves ennuis de santé, Thomas-Alexandre se met en congé avec le grade de général de division, mais ne perçoit pas de pension.

1802 : *24 juillet :* naissance à Villers-Cotterêts d'Alexandre. Le général Dumas est mis à la retraite en septembre, la famille vit chichement.

1806 : *26 février :* mort du général; sa veuve n'obtien-
dra un bureau de tabac qu'en 1814, la famille vit
désormais dans la gêne.

1816 : Après des études sans éclat, le jeune Alexandre
Dumas Davy de la Pailleterie, dont les titres ont été
rétablis en 1813, entre comme clerc de notaire à
Villers-Cotterêts. Il assiste avec son ami Adolphe de
Leuven à une représentation de l'*Hamlet* adapté par
Ducis, à Soissons : impression inoubliable. Il écrira
des vaudevilles avec son ami les années suivantes.

1822 : Alexandre est reçu avec son ami Leuven, dans
la loge du grand tragédien Talma.

1823 : Le général Foy, député de l'Aisne, fait engager
Alexandre comme surnuméraire dans les bureaux
du duc d'Orléans, futur Louis-Philippe. Liaison
avec sa voisine de palier, Laure Labay, qui lui donnera l'année suivante un fils, Alexandre, que son
père ne reconnaîtra qu'en 1831.

1824 : Mme Dumas mère rejoint son fils à Paris, ils
s'installent 53, rue du Faubourg-Saint-Denis.

1825-1827 : Alexandre passe le plus clair de son
temps au bureau à lire et à écrire; il reçoit plusieurs
réprimandes, mais obtient cependant de l'avance-
ment. Il devient l'amant de Mélanie Waldor, femme
de lettres.

1828 : *Avril :* Alexandre lit au Théâtre-Français *Christine*, tragédie; la pièce est reçue, mais la représentation ajournée. Il écrit alors *Henri III et sa cour*,
drame reçu au Théâtre-Français en septembre. En
octobre, son traitement est suspendu.

1829 : *10 février :* première triomphale de *Henri III et
sa cour*. Alexandre se lie avec la jeunesse roman-
tique; il est nommé bibliothécaire adjoint du duc
d'Orléans. Sa mère est frappée d'apoplexie et
demeure à demi paralysée. Liaisons avec diverses
actrices.

1830 : *25 février :* Alexandre assiste à la bataille d'*Her-
nani*. *30 mars :* première de *Christine*, mais à
l'Odéon. *28-29 juillet :* Alexandre participe active-

ment aux journées révolutionnaires; il part le 30 pour s'emparer de la poudrière de Soissons et en convoie le contenu à Paris le 1ᵉʳ août. *Août-septembre :* voyage en Bretagne et en Vendée.

1831 : *10 janvier :* première de *Napoléon Bonaparte* à l'Odéon. Alexandre démissionne de ses fonctions de bibliothécaire. *5 mars :* naissance de Marie-Alexandrine, fille de l'actrice Belle Krelsamer, seul enfant reconnu par Dumas avec Alexandre fils. *3 mai :* première triomphale d'*Antony* à la Porte-Saint-Martin, avec Bocage et Marie Dorval. *Juillet-août :* voyage en Normandie. *20 octobre :* première de *Charles VII chez ses grands vassaux* à l'Odéon. *10 décembre :* première de *Richard Darlington* à la Porte-Saint-Martin. Dumas commence à écrire des *Scènes historiques* pour la *Revue des Deux Mondes.*

1832 : *6 février :* première de *Teresa,* salle Ventadour. Liaison avec Ida Ferrier. *29 mai :* première de *La Tour de Nesle,* récrite par Dumas à partir d'un manuscrit de Félix Gaillardet, il s'ensuivra plusieurs procès. *Juin :* il participe aux émeutes qui suivent l'enterrement du général Lamarque. *Juillet-octobre :* voyage dans les Alpes suisses et françaises et en Italie du Nord.

1833 : *30 mars* (et non 15 mars 1832, comme on l'a cru longtemps) : Dumas donne un grand bal costumé dans son appartement, décoré pour la circonstance par les plus grands peintres. *Juin : Gaule et France. Février-août : Impressions de voyage* (Suisse) dans la *Revue des Deux Mondes,* c'est un nouveau type de récit de voyage qui apparaît. *28 décembre :* première d'*Angèle* à la Porte-Saint-Martin; Dumas s'est brouillé avec Victor Hugo le mois précédent.

1834 : Liaison avec Marie Dorval. *Novembre-décembre :* voyage à Marseille.

1835 : *Avril : Isabel de Bavière. Mai-décembre :* grand voyage en Italie et en Sicile avec Ida, qui donnera lieu à plusieurs récits plus ou moins romancés.

1836 : *Août : Kean* aux Variétés. Dumas se réconcilie avec Hugo et commence à collaborer à *La Presse* fondée par Girardin.

1837 : Rapports amicaux avec le duc d'Orléans, fils aîné de Louis-Philippe.

1838 : *Mai-juin : Le Capitaine Paul* dans *Le Siècle*. *1er août :* mort de Mme Dumas mère. *Août-octobre :* voyage en Belgique et en Allemagne en compagnie de Gérard de Nerval pour une partie. *Novembre :* ouverture, avec *Ruy Blas*, du théâtre de la Renaissance, dont Hugo et Dumas espèrent beaucoup. Nerval présente Maquet à Dumas.

1839 : *2 avril :* première de *Mademoiselle de Belle-Isle*, au Théâtre-Français. *10 avril :* première de *L'Alchimiste* (avec Nerval) à la Renaissance. *16 avril :* première de *Léo Burckart*, issu du voyage d'Allemagne, avec Nerval. Succès moyen pour ces trois drames.

1840 : *5 février :* Dumas épouse Ida Ferrier, sur injonction du duc d'Orléans. *De juin à mars 1841 :* séjour à Florence avec Ida.

1841 : *Juin-septembre :* nouveau séjour à Florence. *Le Siècle* commence à publier *Le Chevalier d'Harmental* écrit avec Maquet, en juin.

1842 : Alexandre poursuit la publication de ses impressions de voyage en Italie, séjourne à Florence presque toute l'année et voyage en Méditerranée fin juin. Le 3 août il est à Paris pour les funérailles de son ami, le duc d'Orléans.

1843 : Séjours alternés à Florence et à Paris. A Marseille, Dumas emprunte les *Mémoires de d'Artagnan* à la Bibliothèque municipale. Il fait la cour sans succès à l'illustre tragédienne Rachel.

1844 : *14 mars :* début des *Trois Mousquetaires* dans *Le Siècle*. Dumas s'installe à Saint-Germain-en-Laye ; durant l'été il achète des terrains à Port-Marly dans l'intention de se construire un château. *28 août :* début du *Comte de Monte-Cristo* dans le *Journal des Débats*. Il se sépare d'Ida Ferrier en octobre, puis voyage en Belgique, Hollande, Allemagne avec son fils. *25 décembre :* début de *La Reine Margot* dans *La Presse.*

1845 : *21 janvier :* début de *Vingt ans après* dans *Le Siècle. Février :* Mirecourt publie son pamphlet, *Fabrique de romans,* il sera condamné le 16 mai. *21 mai :* début du *Chevalier de Maison-Rouge* dans *La Démocratie pacifique. 27 août :* début de *La Dame de Monsoreau* (suite de *La Reine Margot*) dans *Le Constitutionnel.* Durant toute l'année, il séjourne à Saint-Germain surveillant la construction de son château de Monte-Cristo.

1846 : *31 mai :* début des *Mémoires d'un médecin, Joseph Balsamo* dans *La Presse. Octobre :* départ pour un voyage en Espagne, puis au Maroc, en Algérie et en Tunisie.

1847 : Après son retour en janvier, il est accusé d'avoir voyagé aux frais de l'État et de façon princière. *20 février :* ouverture de *son* Théâtre-Historique avec *La Reine Margot,* très grand succès. *13 mai : Le Constitutionnel* commence la publication des *Quarante-Cinq,* dernier volet de la trilogie ouverte par *La Reine Margot.* Dumas s'installe fin juin à Monte-Cristo et y donne une réception fabuleuse le 25 juillet. *20 octobre :* début du *Vicomte de Bragelonne* dans *Le Siècle.*

1848 : Dumas prend part aux journées révolutionnaires de février ; il mène plusieurs campagnes électorales, mais est battu. La séparation de biens avec Ida Ferrier est prononcée le 10 février.

1848-1851 : Graves difficultés financières qui aboutissent à la saisie du château de Monte-Cristo (août 1848), à sa vente (mars 1849), à la faillite du Théâtre-Historique (décembre 1850). En 1850-1851, la fin des *Mémoires d'un médecin* met un terme à la collaboration avec Maquet à qui Dumas doit beaucoup d'argent. En septembre 1851, il est sous le coup d'une contrainte par corps, et, après le coup d'État du 2 décembre, il s'exile à Bruxelles. *Mes*

Mémoires commencent à paraître dans *La Presse* le 16 décembre.

1852 : Séjour en Belgique avec quelques voyages en Hollande, en Allemagne et en Italie.

1853 : Dumas rentre en France et fonde un journal, *Le Mousquetaire* (20 novembre).

1854 : *25 mai :* début des *Mohicans de Paris* dans *Le Mousquetaire.*

1855-1857 : Petits voyages en France. Le 20 décembre 1856, le *Journal pour tous* commence la publication des *Compagnons de Jéhu,* le dernier grand roman, avec *Les Louves de Machecoul,* l'année suivante, dans le même journal. Dumas survit en publiant, dans divers journaux, des chroniques et des souvenirs de voyage. Fin du *Mousquetaire* en février 1857, il sera relayé par *Le Monte-Cristo.* En mars-avril 1857, il voyage en Angleterre pour *La Presse* et rend visite à Hugo à Guernesey.

1858-1859 : Du 15 juin au 10 mars, grand voyage en Russie, retour par Constantinople et la Grèce. Il fait construire un yacht, le *Monte-Cristo* sur lequel il n'aura jamais l'autorisation de naviguer. En décembre, un traité avec l'éditeur Michel Lévy met fin à une longue période de démêlés et redonne un peu d'aisance à Dumas.

1860 : Il achète une goélette, l'*Emma* et fait une longue croisière sur les côtes italiennes, se mêlant à l'expédition de Garibaldi.

1861-1865 : Séjour alternés à Paris et en Italie (Naples).

1866-1868 : Dumas reprend la rédaction du *Mousquetaire* en décembre 1866, il fonde *Dartagnan* en janvier 1868.

1869-1870 : La santé de Dumas se détériore, il séjourne en Normandie, puis en Bretagne durant l'été de 1869, voyage en Espagne au printemps de 1870. Il meurt près de Dieppe le 5 décembre 1870, à peu près ruiné. Son corps sera transporté au cimetière de Villers-Cotterêts en 1872.

TABLE

TABLE 475

GF Flammarion

99/09/73990-IX-1999 — Impr. MAURY Eurolivres, 45300 Manchecourt.
N° d'édition FG085106. — Mars 1995. — Printed in France.